南京大学研究生"三个一百"优质课程建设项目建设成果

汉语方言学
Chinese Dialectology

顾黔 著

商务印书馆
The Commercial Press

目 录

前言 ··· 1

第一章 绪论 ·· 3
  第一节 方言学基本概念 ·· 3
    一 语言和方言 ··· 3
    二 方言和共同语 ·· 5
    三 研究对象、内容和任务 ································· 6
  第二节 汉语方言学史概述 ····································· 7
    一 先秦至元代方言研究 ···································· 7
    二 明清方言研究 ··· 13
    三 20世纪以来的方言研究 ································ 16

第二章 汉语方言的分区 ··· 19
  第一节 汉语方言分区的历史与标准 ····················· 19
    一 西人的汉语方言分区 ·································· 19
    二 中国学者的汉语方言分区 ··························· 28
    三 汉语方言分区标准 ····································· 32
  第二节 方言的分布及特点 ·································· 38
    一 官话 ··· 39

二　晋语 ·· 151
　　三　吴语 ·· 174
　　四　徽语 ·· 211
　　五　湘语 ·· 241
　　六　赣语 ·· 256
　　七　客家话 ·· 280
　　八　粤语 ·· 300
　　九　闽语 ·· 317
　　十　平话和土话 ·· 341

第三章　汉语方言语音调查与研究 ························· 359
　第一节　汉语方言语音调查的理论与方法 ············ 359
　　一　方言田野调查 ··· 359
　　二　调查表格的制订 ······································ 361
　　三　调查前的准备工作 ··································· 370
　第二节　汉语方言语音分析 ······························ 376
　　一　归纳声韵调系统 ······································ 376
　　二　语流音变的归纳及整理 ····························· 387
　　三　如何探求语音对应规律 ····························· 394
　　四　实验语音与汉语方言研究 ························· 400
　第三节　汉语方言语音调查材料的整理 ··············· 415
　　一　声韵调配合表 ··· 415
　　二　同音字汇 ··· 419
　　三　语音调查报告 ··· 423

第四章 汉语方言词汇调查与研究 ································ 427

第一节 汉语方言词汇调查 ··· 427
  一 调查对象 ··· 427
  二 调查表格的设计 ··· 428
  三 调查步骤、方法及注意事项 ·································· 440

第二节 汉语方言词汇系统及特点 ································ 444
  一 官话 ··· 444
  二 晋语 ··· 447
  三 吴语 ··· 449
  四 徽语 ··· 450
  五 湘语 ··· 451
  六 粤语 ··· 454
  七 闽语 ··· 456
  八 客家话 ··· 458
  九 赣语 ··· 460

第三节 汉语方言词汇研究 ··· 461
  一 方言的词义分析 ··· 462
  二 方言特征词 ·· 470
  三 方言词汇用字 ··· 476

第五章 汉语方言语法调查与研究 ································ 480

第一节 汉语方言语法调查 ··· 480
  一 调查表格的设计 ··· 480
  二 方言语法调查注意事项 ······································· 492
  三 方言语法材料的整理及归纳 ·································· 494

第二节　汉语方言语法的描写与分析 …………………… 496
　　　　一　词法描写与分析 ……………………………………… 496
　　　　二　句法描写与分析 ……………………………………… 511
　　第三节　汉语方言语法的比较研究 …………………………… 528
　　　　一　共时比较研究 ………………………………………… 528
　　　　二　历时比较研究 ………………………………………… 536

第六章　方言地理学 ………………………………………………… 547
　　第一节　方言地理学的形成与发展 …………………………… 547
　　　　一　方言地理学的发轫 …………………………………… 547
　　　　二　方言地理学在中国的发展 …………………………… 549
　　第二节　方言地理学的研究步骤和方法 ……………………… 555
　　　　一　方言区域调查 ………………………………………… 555
　　　　二　方言地图 ……………………………………………… 556

参考文献 …………………………………………………………… 560

表目录

表 2-1	黎锦熙《新著国语文法》方言分区	30
表 2-2	丁邦新的汉语方言分区	33
表 2-3	古入声字的今调类	39
表 2-4	北京与哈尔滨古清入归派比较	40
表 2-5	东北官话古影疑母开口一二等今读表	42
表 2-6	冀鲁官话知系字的读音类型	55
表 2-7	石济片、沧惠片尖团分混对照表	55
表 2-8	冀鲁官话古影疑母开口呼洪音今读表	55
表 2-9	冀鲁官话中曾梗摄入声洪音字的读音	56
表 2-10	冀鲁官话中咸山深臻摄例字读音	58
表 2-11	胶辽官话古清入字今读表	60
表 2-12	胶辽官话古日母字今读表	61
表 2-13	中原官话古入声今读表	67
表 2-14	徐淮片与其他片调值差异表	77
表 2-15	中原官话古全浊声母对照表	92
表 2-16	中原官话尖团音对照表	93
表 2-17	中原官话古知庄章组字音对照表	93
表 2-18	中原官话古日母今读对照表	94
表 2-19	中原官话古见系开口二等字腭化对照表	95

表 2-20	中原官话古疑、影母开口今读对照表	95
表 2-21	中原官话蟹摄一二等对照表	96
表 2-22	中原官话蟹摄三四等、止摄三等对照表	97
表 2-23	中原官话古阳声韵今读对照表	98
表 2-24	中原官话宕江摄入声与果摄对照表	99
表 2-25	中原官话曾梗摄入声与蟹止摄对照表	99
表 2-26	中原官话古今声调对照表	100
表 2-27	兰银官话古全浊声母对照表	103
表 2-28	兰银官话见系开口二等文白异读对照表	103
表 2-29	兰银官话曾梗摄入声文白异读对照表	104
表 2-30	兰银官话三声调方言调类、调值对照表	104
表 2-31	兰银官话二声调方言调类、调值对照表	105
表 2-32	通泰片古入声字今读	113
表 2-33	洪巢片古入声字今读	116
表 2-34	黄孝片古入声字今读	119
表 2-35	江淮官话古全浊声母今读	121
表 2-36	江淮官话古泥来母今读	122
表 2-37	江淮官话知章组洪音与精组洪音今读(一)	123
表 2-38	江淮官话知章组洪音与精组洪音今读(二)	123
表 2-39	江淮官话尖团分混	124
表 2-40	江淮官话古开口见系二等字文白异读	124
表 2-41	通泰片、洪巢片蟹效流摄今读	125
表 2-42	黄孝片遇蟹效流摄今读	126
表 2-43	江淮官话古端系合口字今读	126
表 2-44	江淮官话古阳声韵今读(一)	127

表 2-45	江淮官话古阳声韵今读(二)	128
表 2-46	江淮官话古阳声韵今读(三)	128
表 2-47	江淮官话古深臻曾梗舒声韵今读	129
表 2-48	江淮官话入声韵今读(一)	130
表 2-49	江淮官话入声韵今读(二)	130
表 2-50	通泰片古今声调对照表	131
表 2-51	黄孝片古今声调对照表	131
表 2-52	洪巢片古今声调对照表	132
表 2-53	西南官话的声调类型	134
表 2-54	成渝小片和黔中小片撮口呼韵母比较表	136
表 2-55	晋语古今声调对应关系	152
表 2-56	徽语与周边吴语、赣语古全浊声母仄声今读比较	212
表 2-57	徽语古全浊声母今读	228
表 2-58	徽语古知系字今读	229
表 2-59	徽语古章组、见组三四等今读	229
表 2-60	徽语古泥来母今读	230
表 2-61	徽语尖团分混	231
表 2-62	徽语古蟹止流通摄见晓组今读	232
表 2-63	徽语古微日疑母今读	233
表 2-64	徽语古匣母字今读	234
表 2-65	徽语古蟹止效流摄今读	234
表 2-66	徽语古阳声韵今读	235
表 2-67	徽语古通摄今读	236
表 2-68	徽语古蟹摄一二等字今读	237
表 2-69	徽语古山摄合口一二等字今读	238

表 2-70	徽语古今声调对照表	239
表 2-71	长沙、双峰古全浊声母今读表	242
表 2-72	湘语古深臻曾梗摄今读表	243
表 2-73	"松""蚊"两字文白异读表	243
表 2-74	长沙古全浊声母今读表	244
表 2-75	长沙、望城、岳阳_{荣家湾}泥来母读音比较表	244
表 2-76	双峰_{梓门桥}古全浊声母今读表	246
表 2-77	衡阳_{西渡}古全浊声母今读表	249
表 2-78	泸溪_{武溪}古全浊声母今读表	251
表 2-79	东安_{花桥}、江永_{桃川}古全浊声母今读表	253
表 2-80	赣语古全浊声母今读表	259
表 2-81	昌都片今声母送气与调类分化关系表	261
表 2-82	昌都片古声母送气与调类分化关系表	261
表 2-83	宜浏片止摄开口三等精、庄组字与知三、章组字韵母表	264
表 2-84	吉茶片咸深山臻宕江曾梗通九摄的鼻化韵表	267
表 2-85	吉茶片的调类	268
表 2-86	抚广片古透定母字读音表	270
表 2-87	鹰弋片梗摄字读音表	274
表 2-88	大通片遇摄合口一等端系字与帮、见系字韵母表	276
表 2-89	耒资片"搬""班""官""关_姓"读音表	277
表 2-90	怀岳片桓韵和覃寒韵今读表	278
表 2-91	客家话纯客县分布表	281
表 2-92	客家话古全浊声母今读表	281
表 2-93	客家话古全浊声母今读不送气例字表	282
表 2-94	客家话古非敷奉母读重唇例字表	282

表 2-95	客家话古微日母今读表	283
表 2-96	客家话古全浊上、次浊上今读	284
表 2-97	梅惠小片客家话声调比较表	285
表 2-98	龙华小片客家话声调比较表	286
表 2-99	粤北片客家话声调比较表	288
表 2-100	粤西片客家话声调比较表	289
表 2-101	汀州片客家话古咸深山臻摄阳声韵今读表	289
表 2-102	汀州片客家话古入声今读表	290
表 2-103	汀州片客家话古来母细音今读表	290
表 2-104	宁龙片客家话古合口二等今读表	291
表 2-105	于信片客家话古晓匣母合口今读表	292
表 2-106	于信片客家话古效摄三四等今读表	292
表 2-107	铜桂片客家话声调比较表	293
表 2-108	闽语古全浊声母今读表	317
表 2-109	闽语古云母白读	318
表 2-110	闽语古以母白读	318
表 2-111	闽语古匣母白读	318
表 2-112	闽语古知组字白读	319
表 2-113	闽语古章组字今读	319
表 2-114	闽语古三等韵白读同一等韵	320
表 2-115	闽北片古来母字读[s-]	329
表 2-116	闽北片古浊平字今读表	329
表 2-117	桂南片古全浊声母今读表	343
表 2-118	桂北片、湘南片古全浊声母今读不送气清音表	343
表 2-119	桂北片、湘南片、粤北片古全浊声母今读送气清音表	343

表 2-120	桂南片知组二三等今读对照表	344
表 2-121	桂南片古阳声韵今读表	345
表 2-122	桂南片古入声韵今读表	345
表 2-123	桂北片、湘南片、粤北片古入声韵今读表	346
表 3-1	《方言调查字表》"假开二：麻"	362
表 3-2	《方言调查字表》"果合一：戈"（节选）	364
表 3-3	前字清平的两字组连读变调调查表	368
表 3-4	知庄章声母调查表	369
表 3-5	南京方言声母表	385
表 3-6	泰州方言韵母表	385
表 3-7	瑞昌方言声调表	386
表 3-8	北京话儿化音变规律表	392
表 3-9	获嘉方言中 Z 变韵母与基本韵母的关系	393
表 3-10	获嘉方言 Z 变韵母表	394
表 3-11	泰兴方言帮组声母古今对应关系表	395
表 3-12	泰兴方言阴声韵古今对应规律表（一）	396
表 3-13	泰兴方言阴声韵古今对应规律表（二）	396
表 3-14	泰兴方言声调古今对应关系表	397
表 3-15	合肥方言与北京方言声母对应关系表	399
表 3-16	北京话声韵拼合关系表	416
表 3-17	无锡话声母声调配合关系表	417
表 3-18	泰兴方言声韵调配合表（节选）	417
表 3-19	《江苏省和上海市方言概况》字音对照表（节选）	425
表 4-1	《方言调查词汇表》词目举例	429
表 4-2	《方言调查词汇手册》词目举例	431

表 4-3	《汉语方言词汇同言线调查简表》词目举例	434
表 4-4	《汉语方言词汇同言线调查详表》词目举例	434
表 4-5	《汉语方言词汇同言线调查短表》词目举例	435
表 4-6	《中国语言资源调查手册·汉语方言》词目举例	436
表 4-7	《分类词表》词目举例	438
表 4-8	《江淮方言基本词汇调查表》词目举例	439
表 4-9	官话基本词汇对比举例	445
表 4-10	北部吴语与南部吴语词汇差异例词	449
表 4-11	闽南话与普通话词汇对比	456
表 4-12	闽南与闽东方言词汇对比	457
表 4-13	江西南昌、湖南平江、福建邵武词汇对比	461
表 4-14	四十一个方言点的"蓝色"义场	463
表 4-15	太原的"混合蓝色"义场	466
表 4-16	客家方言一级特征词表——外区罕见词表（节选）	472
表 4-17	客家方言二级特征词表——客粤方言关系特征词表（节选）	473
表 4-18	方言训读字举例	477
表 5-1	《汉语方言语法调查问卷》例句（节选）	486
表 5-2	江苏海门方言的指示代词系统	501
表 5-3	北京话"de"与苏州话、常州话对应成分比较表	529
表 5-4	广州话"咁""哋""嘅"的用法	530
表 5-5	江苏省境内方言处置标记分布表	532
表 5-6	苏州方言第一人称代词表	537
表 6-1	史语所的方言调查报告及所含方言地图数量表	550
表 6-2	含方言地图的文献举例表	553

图目录

图 2-1	徐通锵汉语方言分区(2004)	34
图 3-1	测试背景噪音和语音音量步骤(一)	373
图 3-2	测试背景噪音和语音音量步骤(二)	373
图 3-3	斐风功能(一)	402
图 3-4	斐风功能(二)	402
图 3-5	斐风声波图	403
图 3-6	斐风语图	403
图 3-7	斐风音高曲线图	403
图 3-8	斐风"声韵调校验"功能	404
图 3-9	斐风"最小对立比较"功能	404
图 3-10	斐风搜索功能	405
图 3-11	斐风导出词表功能	405
图 3-12	斐风导出声母表功能	405
图 3-13	泰兴方言"[t](刀)"语图	407
图 3-14	泰兴方言"[s](生)"语图	407
图 3-15	泰兴方言"[ts](做)"语图	408
图 3-16	泰兴方言"[z̺](人)"语图	409
图 3-17	泰兴方言"[n](南)"语图	409
图 3-18	泰兴方言"[l](来)"语图	410

图 3-19　泰兴方言"[i](米)"语图 ············· 411

图 3-20　泰兴方言"[u](赌)"语图 ············ 412

图 3-21　泰兴方言"[a](蛇)"语图 ············· 412

图 3-22　泰兴方言声学元音图 ················ 413

图 3-23　泰兴方言声调系统 ·················· 414

图 3-24　南京方言声调格局图 ················ 415

前　言

本教材系统介绍方言调查研究必备的语音、词汇、语法基础知识，重点阐述方言分区、方言地理、方言历史等基本概念和基础理论，注重对方言现象的具体分析，强调理论与实践相结合，探讨汉语方言学研究的前沿问题。具体包括以下内容：

第一章介绍方言学基本概念、研究内容和任务，便于读者了解何谓方言及汉语方言学的形成和发展等。第二章汉语方言的分区，包括19世纪以来中西方学者关于汉语方言分区的历史、方案及标准，汉语各大方言的地理分布及特点。

第三、四、五章分别介绍调查与研究汉语方言语音、词汇、语法的理论和方法。语音方面主要介绍了田野调查的具体流程、注意事项及调查表格的设计，如何记录、归纳某一方言的音系以及实验语音学在方言研究中的应用等。词汇方面主要介绍了各大方言的词汇系统及特点，还有方言的词义分析、方言特征词以及方言词汇用字的考证等。语法方面主要介绍了如何开展方言词法、句法的描写与分析，以及如何从共时、历时维度进行方言语法的比较。

第六章介绍方言地理学的形成与发展、方言地理学的研究步骤和方法，包括方言区域调查、方言地图的绘制及解释等。

本书写作过程中，汪莹、阮仁平、陈嘉乐、白雪坤、杨丽、薄又铖、陈沛莹、贾宁波、李彬源、林明康、刘彦哲、乔艳敏、王惑立、吴齐阳、徐榕、姚思婕、赵锦秀、祝晨琳等积极参与了资料搜集和校对等工作。商务印书馆为本书的出版给予大力支持,提供诸多方便。在此一并表示衷心感谢。

　　本教材可供本科生和研究生教学、研究使用。非专业读者也可以通过阅读本书,了解汉语方言学的基本内容。

第一章
绪　论

第一节　方言学基本概念

一　语言和方言

语言(language)是人类特有的、最重要的交际、思维和认知工具,也是文化信息的主要载体。语言的属性丰富且复杂,它具有普遍性与多样性、任意性与理据性、稳定性与变异性等。语言是由语音形式和语义内容约定而成的、根据语法规则构成的层级系统,即音义结合的符号系统。语言研究可以从语音、词汇、语法三个方面着手,三者相互独立而又密切关联。

"方言"一词,较早见于西汉扬雄[①]所著《輶轩使者绝代语释别国方言》,简称《方言》。《方言》收集"殊方异语",汉语方言和少数民族语言均在采集范围之内。

19世纪初期,方言研究在西方已成为一门学科。英语"dialect",源

[①] 扬雄(公元前53年—公元18年),字子云,蜀郡成都人,于汉成帝时官至黄门侍郎,王莽新朝时升为大夫,校书天禄阁。

自古希腊语"dialectos",意思是"语言、言语、方言"。早期西方学者认为方言是一种语言在特定的地理区域形成的特殊形式,这种特殊形式在发音、词汇使用和语法结构等方面区别于该语言的标准形式。此后,他们将地域因素和社会因素融入方言的界定,认为方言是语言的地域变体或社会变体。

一种语言可以分化出若干种方言,一种方言又可以再分出多种下位方言。如此层层下分,可以形成一个如同倒置树杈形状的层级图谱。汉语方言依据地域变体分为四级:区—片—小片—点。汉语方言极其丰富,每种方言都有自己的语音、词汇和语法系统,不同方言之间,这些系统存在着不同程度的差异。总体而言,北方方言之间的差异较小,南方方言之间的差异较大,特别是语音方面。

社会方言(social dialect)是语言的社会变体。区别于地域方言,社会方言是同一地域的社会成员因职业、阶层、年龄、性别、语用环境、个人风格等差异形成的各具特色的语言变体。山西理发行业用语中至少有两百个特殊词语,也就是"行话""行业语",例如,称鼻子为"气筒",称兵为"滴水儿"(谐"滴水成冰"的冰),称痛为"辣"。[①] 一般来说,使用同一种方言的老年人和青少年的语言系统存在不同程度的差异。老派的语言系统比较稳定,新派则更易受到如普通话、网络用语等外部因素影响,产生新的方言成分。例如吴语中,老派称电影为"影戏",新派则称"电影"。高淳方言里,老派说"日头""火焰虫""粟米",新派说"太阳""萤火虫""玉米"。

---

① 参见侯精一:《山西理发社群行话的研究报告》,《中国语文》,1988年第2期。

二 方言和共同语

春秋战国时就有所谓"雅言"。《论语·述而》:"子所雅言,《诗》《书》执礼皆雅言也。"说孔子诵读《诗经》《尚书》以及执行礼仪时都用雅言而不说鲁语。何谓雅言?其义有三:(1)雅者,正也,雅言就是规范标准的共同语形式。作为官方语言,雅言自然也包含庄重典雅的意思。(2)雅言亦指雅音(雅言之音),即共同语的标准音。(3)雅者,夏也,雅言即夏言,是华夏部族的共同语。①

扬雄《方言》中的"通语、凡语、凡通语、通名、四方之通语、绝代语",指某词语没有地域限制,当时比较通行,具有民族共同语的性质,如:"膠,譎,诈也。凉州西南之间曰膠,自关而东西或曰譎,或曰膠。诈,通语也。"②隋唐至宋代的《切韵》《广韵》《集韵》等韵书所代表的"正音"、元周德清《中原音韵》的"天下通语"都具备共同语性质。

明代将汉民族共同语称为"官话"。意大利传教士利玛窦在《利玛窦中国札记》中写道:"还有一种整个帝国通用的口语,被称为官话(Quon-hoa),是民用和法庭用的官方语言。这种国语的产生可能是由于这一事实,即所有的行政长官都不是他们所管辖的那个省份的人……为了使他们不必需学会那个省份的方言,就使用了这种通用的语言来处理政府的事务。官话现在在受过教育的阶层当中很流行,并且在外省人和他们所要访问的那个省份的居民之间使用。"③这一称呼

---

① 参见叶宝奎:《明清官话音系》,厦门大学出版社,2001年,第1页。
② 周祖谟校笺:《方言校笺(附索引)》,中华书局,1993年,第21页。
③ 〔意〕利玛窦、〔比〕金尼阁著,何高济等译,何兆武校:《利玛窦中国札记》,中华书局,1983年,第30页。

一直沿用到 20 世纪 40 年代。

1956 年 2 月 6 日,国务院发布《关于推广普通话的指示》,正式确定汉民族共同语——普通话的标准:以北京语音为标准音、以北方话为基础方言、以典范的现代白话文著作为语法规范。

方言和普通话"你中有我,我中有你"。一方面,随着普通话的大力推广,方言受到普通话的影响,逐渐向其靠拢,如新派苏州方言疑母、微母字有读零声母的现象,如银[ȵin^{112}]$_{老}$/[in^{112}]$_{新}$;另一方面,普通话也吸收了方言的成分,如"买单""T恤衫""减肥""打的"是从粤语中吸收的,"瘪三""货色"是从吴语中吸收的。

三 研究对象、内容和任务

汉语方言学的研究对象,包括单个方言点、方言片、方言区或整个汉语方言。从时间上看,既可以是现代汉语方言,也可以是古代某一历史时期的方言。从使用人群上看,有汉族使用的方言,也有其他民族使用的汉语方言,例如散居在全国各地的回族使用的汉语方言,还有海外华人使用的粤语、闽语、客家话等。

研究汉语方言,首先要调查方言的语音、词汇、语法系统,描写清楚方言的面貌,以判断方言的系属,这是方言研究的基础。其次,通过方言比较,开展方言分区、方言地理、方言接触等研究工作。最后,结合历史文献,分析方言特征的历史层次,探究方言的产生、发展和演变过程。此外,方言应用研究有助于推动语言政策制定、语言资源保护、地名研究、地方戏曲编写、刑事侦查等相关学科的发展。

第二节　汉语方言学史概述

汉语方言调查研究的历史十分悠久,早在两千多年前的先秦时期已初见端倪。西周时期有輶轩之使采集方言的制度,《左传》《战国策》等典籍就有方言的记载。西汉扬雄《方言》是古代方言研究的里程碑。明清时期方言研究成果斐然,以戴震、王念孙、钱大昕为代表的学者精通考据,考证方言俗语本字以及词源,在传统方言研究领域达到顶峰。另一方面,西洋传教士使用罗马字母标注汉语方言语音,为方言史研究提供了珍贵材料。20世纪以来,赵元任、罗常培、杨时逢等学者吸收西方现代语言学理论和方法,在汉语方言领域积极耕耘,汉语方言学逐渐成为一门独立的现代学科。

一　先秦至元代方言研究

春秋战国时期,文献中已有对方言的记录,反映出时人对方言差异的粗略认知。

秦伯师于河西,魏人在东,寿余曰:请东人之能与夫二三有司言者,吾与之先。使士会。(《左传·文公十三年》)[1]

---

[1]　[清]阮元校刻:《十三经注疏》(清嘉庆刊本),中华书局,2009年,第4021页。

魏寿余想要士会回晋国,但因听不懂秦国话,所以要求秦国派遣通晓两地语言的人来。这说明秦魏之间言语不通。

> 楚人谓乳谷,谓虎於菟。(《左传·宣公四年》)①
> 郑人谓玉未理者璞,周人谓鼠未腊者朴。周人怀朴过郑贾曰:欲买朴乎?郑贾曰:欲之。出其朴,视之,乃鼠也。因谢不取。(《战国策·秦策三·应侯曰》)②
> 孟子谓戴不胜曰:子欲子之王之善与?我明告子。有楚大夫于此,欲其子之齐语也,则使齐人傅诸?使楚人傅诸?曰:使齐人傅之。曰:一齐人傅之,众楚人咻之,虽日挞而求其齐也,不可得矣。引而置之庄狱之间数年,虽日挞而求其楚,亦不可得矣。(《孟子·滕文公下》)③

孟子以楚子学齐语为例,讨论如何使王行善政,揭示楚、齐两地方言不同。这些材料虽零星细碎,但反映出先秦学者已经注意到各地方言的差异。

第一部系统的方言调查研究专著是西汉扬雄所著《方言》。他在首都长安对来自全国各地的孝廉、士卒进行调查,边问边记,再加以整理,著成一部方言词汇集。这一传统可以追溯到西周时期。西周王室重视方言采集,扬雄《答刘歆书》载:"常闻先代輶轩之使奏籍之书,皆藏于周秦之室。"④《风俗通义·序》载:"周、秦常以岁八月遣輶轩之使,

---

① [清]阮元校刻:《十三经注疏》(清嘉庆刊本),第4059页。
② [汉]刘向集录,范祥雍笺证,范邦瑾协校:《战国策笺证》,上海古籍出版社,2006年,第341页。
③ [清]阮元校刻:《十三经注疏》(清嘉庆刊本),第5898页。
④ [清]钱绎撰集,李发舜、黄建中点校:《方言笺疏》,中华书局,1991年,第520页。

求异代方言,还奏籍之,藏于秘室。"①可见周代已设有调查方言俚语的专职官员,每年秋收后游走各地,采集民歌、童谣和方言异语。但随着朝代更迭,大批资料丢失散尽,幸有严君平和林闾翁孺②二人保存了部分材料。扬雄继承前志,在此基础上花费数十年时间调查、整理、研究,始成《方言》。《方言》收录的词语可分为五类,具体如下。③

一是通语、凡语、凡通语,指不受地域限制的共同词。如:

娥、𡣇,好也。……好,其通语也。(卷一)

嫁、逝、徂、适,往也。自家而出谓之嫁。……往,凡语也。(卷一)

釥、嫽,好也。……好,凡通语也。(卷二)

二是某地至某地之间通语,指通行范围较广的方言词。如:

覆结谓之帻巾,或谓承露,或谓之覆采,皆赵魏之间通语也。(卷四)

三是某地语,通行于某一地的方言词,通行范围较窄。如:

烈、枿,余也。陈郑之间曰枿,晋卫之间曰烈,秦晋之间曰肄,

---

① [汉]应劭撰,王利器校注:《风俗通义校注》,中华书局,1981年,第11页。
② 扬雄《答刘歆书》:"及其破也,遗弃无见之者。独蜀人有严君平、临邛林闾翁孺者,深好训诂,犹见轺轩之使所奏言。翁孺与雄外家牵连之亲。又君平过误,有以私遇;少而与雄也,君平财有干言耳。"(见《方言笺疏》第520—521页)
③ [汉]扬雄撰,[晋]郭璞注:《方言》,中华书局,2016年。本书所引《方言》条目均出自此版本,不再一一说明。

或曰烈。(卷一)

苏、芥,草也。江淮南楚之间曰苏,自关而西或曰草,或曰芥。(卷三)

四为古代的雅言词及方言词。如:

敦、丰、庞……大也……皆古今语也。(卷一)

五为转语,因时代地域不同或其他原因而音有转变的词。如:

庸谓之倯,转语也。(卷三)

《方言》收录了大量汉代口语词汇,对后人研究汉代的方言具有重要价值。书中常将赵燕、秦晋、齐鲁等区域并举,体现了朴素的方言分区意识。林语堂据此将前汉分为秦晋、郑韩周、燕代、吴越扬等14个方言区。[①]

汉末刘熙《释名》在探求语源的同时收录了当时的方言词汇。据华学诚《周秦汉晋方言研究史》考察,有明确方言地域的材料共计40条。列举如下:

天,豫司兖冀以舌腹言之,天,显也,在上高显也。青徐以舌头言之。天,坦也,坦然高而远也。(《释天》)

敏,闵也,进叙无否滞之言也,故汝颍言敏曰闵也。(《释言语》)

---

① 参见林语堂:《前汉方音区域考》,《林语堂名著全集(第十九卷:语言学论丛)》,东北师范大学出版社,1994年,第19页。

贵，归也，物所归仰也。汝颍言贵声如归往之归也。(《释言语》)

库，舍也，物所在之舍也，故齐鲁谓库曰舍也。(《释宫室》)①

东汉许慎《说文解字》中也引用方言俗语，涉及多地方言。如：

笔（聿部）：秦谓之笔，从聿从竹。

魝（刀部）：楚人谓治鱼也。

椎（木部）：击也，齐谓之终葵。②

西晋郭璞著有《尔雅注》《方言注》等注书，音义兼备，多以今语释古语，以通语释方言，记录了大量晋代语言材料。其中包括多处江东方言，这与政治中心转移、汉人南迁有密切关联。《尔雅注》中反映江东方言的材料如下：

宵田为獠。注：今江东亦呼猎为獠，音辽。(《尔雅·释天》)

潬，沙出。注：今江东呼水中沙堆为潬，音但。(《尔雅·释水》)

土蜂。注：今江东呼大蜂在地中作房者为土蜂。(《尔雅·释虫》)③

南北朝至隋朝出现了一大批反映方言的韵书，记载方音和俗语材料。陆法言《切韵》序言道："吕静《韵集》、夏侯咏《韵略》、阳休之《韵略》、周思言《音韵》、李季节《音谱》、杜台卿《韵略》等各有乖互。"④但

① [汉]刘熙：《释名》，中华书局，2016 年，第 1、48、51、83 页。

② [汉]许慎：《说文解字》，中华书局，1978 年，第 65、92、123 页。

③ [晋]郭璞注，[宋]邢昺疏，王世伟整理：《尔雅注疏》，上海古籍出版社，2010 年，第 310、365、500 页。

④ 严学宭：《广韵导读》，巴蜀书社，1990 年，第 241—243 页。

可惜这些"各有土风"的韵书著作均已亡佚。《切韵》还指出各地方言间的区别:"吴楚则时伤轻浅,燕赵则多涉重浊。"①颜之推《颜氏家训·音辞篇》关于方言论述较多,指出各地方言不同,南北方音差异明显:

夫九州之人,言语不同,生民已来,固常然矣。……南方水土和柔,其音清举而切诣,失在浮浅,其辞多鄙俗。北方山川深厚,其音沈浊而鈋钝,得其质直,其辞多古语。……其谬失轻微者,则南人以钱为涎,以石为射,以贱为羡,以是为舐;北人以庶为戍,以如为儒,以紫为姊,以洽为狎。②

唐陆德明《经典释文》中收录了一些方言词汇与读音:

楚人名火曰燥,齐人曰燬,吴人曰䊛。(《诗·汝坟》释文)
古人谓藏为去,案今关中尤有此音。(《左传·昭公十九年》释文)③

北宋邵雍的《皇极经世·声音唱和图》是隋唐至宋重要的方言文献。周祖谟指出:"邵氏之书不仅为洛邑之方音,亦即当时中州之恒言矣。"④它对考证宋代汴洛方言有重要价值。

元周德清《中原音韵》以北曲作品的用韵为依据,记录了14世纪北方口语语音,反映出浊声母清化、平分阴阳、入派三声等语音演变,是

---

① 严学宭:《广韵导读》,第235页。
② [南北朝]颜之推撰,檀作文译注:《颜氏家训》,中华书局,2011年,第288—289页。
③ [唐]陆德明:《经典释文》,上海古籍出版社,2013年,第212、1116页。
④ 周祖谟:《宋代汴洛语音考》,《问学集》,中华书局,1966年,第582页。

一部十分重要的历史文献。

总的来说,明代以前专论方言的论著较少,大多依附于训诂、音韵等,尚未成为一门独立的学科。

二 明清方言研究

明清两代方言文献丰富,种类繁多。

一是记录零星方言词语的地方志书。如正德《姑苏志》、嘉靖《兴宁县志》、康熙《临晋县志》等。

二是载录方言的文人笔记。如陶宗仪《辍耕录》、岳元声《方言据》、杨慎《俗言》、顾炎武《日知录》、钱大昕《十驾斋养新录》等。张位《问奇集·各地乡音》中列举了各地方音的不同,例如:

燕赵:北为卑,绿为虑,六为溜,色为筛,饭为放,粥为周,霍为火,银为音,谷为孤。

秦晋:红为魂,国为归,数为树,百为撇,东为敦,中为肫。

梁宋:都为兜,席为西,墨为昧,识为时,於为俞,肱为公。①

三是方言韵书。如福州《戚林八音》、泉州《汇音妙悟》、广州《千字同音》、徽州《乡音字汇》、武昌《字音汇集》、合肥《同声韵学便览》、河北《重订司马温公等韵图经》等。

四是疏证校勘扬雄《方言》的论著。如陈与郊《方言类聚》四卷、戴震《方言疏证》、王念孙《方言疏证补》等,对《方言》有阐发之功。

---

① [明]张位:《问奇集》,《续修四库全书》(第238册),上海古籍出版社,1996年,第215页。

五是沿袭《方言》体例，搜罗、收录历史文献中方言词汇的著作。如杭世骏《续方言》、程先甲《广续方言》、张慎仪《续方言新校补》等，可惜的是未能收录当时"活的"口语方言词汇。

六是考证方言俗语本字的著作。按性质可分为两类：一是考证某一词语的历史渊源，即找出某些词语在古书中的出处，如钱大昕《恒言录》、翟灏《通俗编》等；二是考订方言俗语本字，如胡文英《吴下方言考》、杨恭桓《客话本字》、孙锦标《南通方言疏证》等。

七是搜罗汇编某地方言词汇的著作。明末清初四川遂宁人李实的《蜀语》是其代表，指出"字无雅俗"，方言俗语和典雅的书面语同等重要。此书收录蜀地方言词语 500 余条，均注音释义，语料价值很高，是我国现存最早的研究地域方言的著作，对后世影响巨大。

八是西方传教士和学者编著的方言词典、《圣经》译本、研究论著等。明朝末年，西方传教士纷纷来华。为传教之便，一些传教士用罗马字母为汉字注音，编纂词典，如罗明坚（Michele Ruggieri）、利玛窦（Matteo Ricci）《葡汉词典》（*Dicionário Português-Chinês*）、利玛窦《西字奇迹》（*Wonder of Western Writin*, 1605）、金尼阁（Nicolas Trigault）《西儒耳目资》（*A Help to Western Scholars*, 1626）等。清初有传教士万济国（Francisco Varo）编著汉语—西班牙语词典《华语官话词典》（*Vocabulario de la lengua Mandarina*）、叶尊孝（Basilio Brollo）编著汉语—拉丁语词典《汉字西译》（*Dictinarium Sinico Latinum*, 1694），他们尝试采用不同的拉丁语拼音方案，或多或少借鉴了罗明坚、利玛窦、金尼阁的注音系统。19 世纪以后，方言词典蜂出，有马礼逊（Robert Morrison）《广东省土话字汇》（*A Vocabulary of the Canton Dialect*, 1828）、麦都思（Walter H. Medhurst）《福建方言字典》（*A Dictionary of the Hok-keen Dialect of the Chinese Language*, 1832）、裨治文（Elijah C. Bridgman）

《广东方言读本》(A Chinese Chrestomathy in the Canton Dialect,1841)、湛约翰(John Chalmers)《英粤字典》(An English and Cantonese Pocket Dictionary,1859)、艾约瑟(Joseph Edkins)《上海方言词典》(A Vocabulary of the Shanghai Dialect,1869)、麦利和(Robert S. Maclay)《福州方言拼音字典》(An Alphabetic Dictionary of the Chinese Language in the Foochow Dialect,1870)、杜嘉德(Cartairs Douglas)《厦英大辞典》(Chinese-English Dictionary of Vernacular or Spoken Language of Amoy,1873)、睦礼逊(William T. Morrison)《宁波方言字语汇解》(An Anglo-Chinese Vocabulary of the Ningpo Dialect,1876)、帕克(Edward H. Parker)《广东话音节表》(Canton Syllabary,1880)等110种[①],主要记录了吴、闽、客、粤、赣方言。记录其他方言的较少,有童文献(Paul Perny)《西语译汉入门》(Dictionnaire Francais-Latin-Chinois de la Langue Mandarine Parlee,1869)、殷德生(James Addison Ingle)《汉音集字》(Hankow Syllabary: With References to Giles' Dictionary,1899)、钟秀芝(Adam Grainger)《西蜀方言》(Western Mandarin, or the Spoken Language of Western China,1900)等。

《圣经》的方言译本,使用官话的有《马太福音》(大英圣书公会,上海,1854)、《新约》(大英圣书公会,上海,1857)、《路加福音》(内地会,镇江,1869)、《约翰福音》(内地会,镇江,1870)。此外,还有使用上海话、宁波话、福州话、厦门话、汕头话、广州话、客家话、金华话、杭州话、苏州话、台州话、邵武话、海南话、建阳话、温州话等方言的译本。

相较于词典与《圣经》译本,专门研究方言的论著较少。主要有艾约瑟《上海口语语法》(A Grammar of Colloquial Chinese as Exhibited in

---

① 参见游汝杰:《汉语方言学教程》(第二版),上海教育出版社,2016年,第232页。

the Shanghai Dialect,1853)、《汉语官话口语语法》(A Grammar of the Chinese Colloquial Language Commonly Called the Mandarin Dialect, 1857),卡斯塔尼达(Benjamin Castaneda)《广东土音》(Gramatica elemental de la Lengua China, Dialeto cantones,1869)等。《上海口语语法》是第一部汉语方言语法学著作,用英语语法框架分析上海话语法。1832 年,裨治文创办《中国丛报》(Chinese Repository),卫三畏(Samuel Wells Williams)、马儒翰(John R. Marrison)等都在此探讨过汉语方言及相关问题。

英国驻华公使威妥玛(Thomas Francis Wade)编著了《语言自迩集》(Yu-yen Tzŭ-êrh Chi,1867),这是一本教授北京话的教材,系统记录了 19 世纪中叶的北京话。奥地利天文学家弗朗茨·屈耐特(Franz Kühnert)著有《南京字汇》(Syllabar des Nanking-Dialectes, oder der Correcten Aussprache sammt Vocabular zum Studium der Hochchinesischen Umgangssprache,1898),记录了 19 世纪末的南京官话。

三 20 世纪以来的方言研究

20 世纪初,西方现代语言学理论和方法陆续传入中国。1928 年,国立中央研究院历史语言研究所成立,赵元任等学者运用新的理论与方法,建立起调查研究汉语方言的范式,汉语方言学从此成为一门独立的学科。

此后,语言学界以现代活的方言为研究对象,运用新的方法记录、描写、分析,兼顾古今音的对比,进行历史比较研究,调查并整理出一系列高质量的区域方言综合性调查报告,如赵元任《现代吴语的研究》(1928),赵元任、丁声树、杨时逢、吴宗济、董同龢《湖北方言调查报告》

(1948)等。还有一些专门考察单点方言的著作,如赵元任《钟祥方言记》(1939),罗常培《厦门音系》(1930)、《临川音系》(1940),董同龢《华阳凉水井客家话记音》(1948)等。这一时期的方言论著大多以记录语音为主,用国际音标记音。当时设计的调查表,至今仍为汉语方言工作者采用,具有开创性的贡献。

《现代吴语的研究》是中国第一部用现代语言学方法研究方言的著作,分吴音与吴语两部分。吴音部分探讨吴方言的声母、韵母、声调,比较各地的语音特点;吴语部分列举大量方言词语,附长篇语料"北风与太阳"。该书用国际音标记音,审音严谨,分析细致深入,是汉语方言调查研究的代表性著作。

1950年中国科学院语言研究所成立,1954年设立方言组,丁声树、李荣分别担任组长和副组长,语言所创办了《中国语文》和《语言研究》(1956—1959)两种学术刊物,刊载包括方言学在内的语言学论文。专业学术机构的建立和专业学术刊物的创办,为新中国汉语方言的调查研究创造了条件。

随着简化汉字、推广普通话、制定和推行汉语拼音方案三大语文政策的贯彻执行,尤其是为了更有效地在全国推广普通话,迫切需要了解全国汉语方言的基本情况,方言普查受到高度重视。这一时期编制了一系列专著和工具书,如《方言调查字表》(1955)、《汉语方言调查手册》(1957)、《汉语方言概要》(1960)、《汉语方音字汇》(1962)等。

从1956年起,汉语方言普查工作全面展开,此后两年多完成了全国1849个方言点的调查。在此基础上,学界编写了近1200种调查报告、300余种普通话学习手册、20多种省区的方言概况,其中《江苏省和上海市方言概况》(1960)学术质量最高,是反映方言普查工作成果的代表性著作。单点调查成果《昌黎方言志》(1960)是这一时期编写的第一部方言志,调查方言点193个,材料丰富,分析细致,为后来的方言调查积累了有益经验。

此后,一些比较重要的论文陆续发表,如赵元任《台山语料》(1951)、董同龢《厦门方言的音韵》(1957)、杨时逢《台湾桃园客家方言》(1957)、王福堂《绍兴话记音》(1959)、詹伯慧《潮州方言》(1959)、郑张尚芳《温州音系》(1964)、李荣《温岭方言语音分析》(1966)、丁邦新《如皋方言的音韵》(1966)等。20世纪五六十年代的汉语方言调查研究在深度和广度上均有所进步,取得了一定的成绩,但总的来看还是以语音调查和描写为主,词汇和语法调查还比较薄弱。

20世纪七八十年代以后,方言研究进入繁荣期,成果丰硕。地图集有李荣等主编《中国语言地图集》(1987),曹志耘主编《汉语方言地图集》(2008),熊正辉、张振兴等主编《中国语言地图集(第2版)》(2012)[①]等。词典有李荣主编《现代汉语方言大词典(分卷本)》(1993—1998)、许宝华主编《汉语方言大词典》(1999)等。音库有侯精一主编《现代汉语方言音库》(1994—1999)。调查报告和丛书有詹伯慧、张日昇主编《珠江三角洲方言调查报告》(1987),侯精一、温端政《山西方言调查研究报告》(1993),钱乃荣《当代吴语的研究》(1992),鲍明炜、顾黔主编《江苏方言研究丛书》(2011至今),汪国胜主编《湖北方言研究丛书》(2014至今)等。语法研究有黄伯荣主编《汉语方言语法类编》(1996)、邢向东《陕北晋语语法比较研究》(2006)等。此时期语音、词汇、语法调查研究并举,深度广度都得到了拓展。

---

① 后文简称"《地图集》"。

第二章
汉语方言的分区

汉语方言分区的思想,古已有之。西汉扬雄《方言》已有朴素的方言分区概念。书中对不同区域方言词语进行辨析,隐含了方言分区的雏形。19世纪以后,中西方学者对汉语方言的分区都进行了有益探索。本章介绍汉语方言分区的方案与标准,简述方言分区的历史及发展。

第一节 汉语方言分区的历史与标准

一 西人的汉语方言分区

明清时期,大量西方传教士来华,为了更有效地开展传教工作,不少传教士开始学习汉语,包括官话和各地方言。因此,传教士中不乏出色的语言和方言学者。例如马礼逊指出:"(中国)官场的发音,欧洲称为官腔,中国称为官话,是中国各地的官员和受教育人士所用的。官话与各省方言不同,而各省方言彼此之间也不同。澳门方言跟广州方言有异,南京官话与北京官话也不同。因此,任何一种正字法都必然是不完美的。"①再如麦都思认为:"在中国旅行应当通晓中国的语言。众所周知,中国各省区的方言差异很大,但外国人往往并不了解这种差异的惊人程度。一些省的方言差异大到不同省的人彼此无法沟通。甚至同一省内,方言也有差异。这是旅行途中一大障碍。如果没有官话,就无法便利出行。"②从他们撰写的著作中,可以发现他们对汉语及方言的认识较为深入,代表人物有艾约瑟、甲柏连孜、伍丁、吉普森、穆麟德等。

(一) 艾约瑟

艾约瑟在其《汉语官话口语语法》(*A Grammar of the Chinese Col-*

---

① Robert Morrison, *A Grammar of the Chinese Language*. Mission Press, 1815, p. 3. 原文如下:

The pronunciation of the court, called in Enrope the Mandarine Tongue (in Chinese 官话 *Kwan hwa* Public officer's dialect) and which is spoken by public officers and persons of education in every part of the Empire, is different from the dialect of each Province; the Provinces moreover dilfer amongst themselves. The dialect of Macao is different from that of Canton, and the mandarine dialect of Nanking is different from that of Peking; hence any one orthography must of necessity be imperfect.

② Walter Henry Medhurst, *A Glance at the Interior of China: Obtained during a Journey through the Silk and Green Tea Districts*. Mission Press, 1845/1849, p. 34. 原文如下:

A traveller in China ought to be well acquainted with the language; it is generally known, that the provincial dialects, in various parts of the empire, differ much from ench other; but strangers are not aware of the amazing extent of this difference. The dialects vary so much in the several provinces, that the natives of one are incapable of making themselves intelligible to those of another; even in the several parts of the same province, or prefecture, the dialects differ. This of course is a great bar to travelling, and were it not for the Mandarin dialect, would be an insuperable obstacle to convenient locomotion. The keepers of rice and teashops, however, and all those with whom travellers are likely to come into contact, are generally acquainted with the court dialect; so that a person, knowing this, can make his way through the eighteen provinces; but then he ought to know it thoroughly, and be able to converse in it without mistakes. It is very possible for a man to have studied Mandarin for years, and to have read in it all the books of Confucius, in addition to various ancient and modern authors; and even be able to compose essays, and write books in the language himself; and yet be ignorant of the commonest terms, and the most familiar phrases.

loquial Language Commonly Called the Mandarin Dialect,1857)一书中，对汉语方言进行了细致划分，详细描述了每个方言区的音韵特点。具体如下：

1. 北部各省(Nothern provinces)

该方言区在语音上的变化最大，主要有：

① 有8个首辅音变为其他辅音，浊辅音[g,d,b,v,dz,z,ɦ]变成了相应的清辅音。

② 1个辅音韵尾变为其他辅音，即[-m]尾并入[-n]尾。

③ 3个塞音韵尾消失，即[-p,-t,-k]三个辅音韵尾消失。

④ 1个声调派入其他声调，即"入派三声"。

⑤ 产生了1个新的声调，指阳平调。①

2. 江南及浙江(Kiang-nan and Cheh-kiang)

这里的"江南"指清代的行政区划"江南省"。该片方言的主要特点有：

① 长江及其稍北的区域，完整地保留了古声母系统，主要是古全浊声母。

② [-m]尾变成了[-n]尾。

③ 塞音韵尾[-t,-p]已经消失，但一些乡村地区保留有[-k]尾。

④ 声调"平上去入，各分阴阳"，因此有8个声调。调类不仅阴阳高低相配，而且与声母也有严格的配合关系，硬辅音(hard consonants and aspirates)②配高调，软辅音(soft consonants and nasals)配低调。

⑤ 一字多音现象十分普遍。一些词有两种读音，一种为口语音，

---

① 艾约瑟认为古代汉语的声调为平、上、去、入四声，故阳平是从平声中"新产生的"。
② 这里的硬辅音指不送气清音，软辅音指浊音。

一种为读书音。前者是比较老派的发音,后者较为接近官话。

⑥ 苏州、杭州、宁波、温州及周边地区大体可以看作同一种方言,使用人口约 3000 万人。

⑦ 徽州方言自成一派。特点是软辅音变为硬辅音和送气音;口语中不分[-n]和[-ŋ],不过读书音中仍作区分;没有其他的辅音韵尾。

3. 江西(Kiang-si)

又可细分为抚州府(Fu-cheu-fu)、南康府(Nan-k'ang-fu)和南昌(Nan-c'hang)三种。

① 江西东部抚州府。软辅音均读为送气音;[-p,-t,-k,-m,-n,-ŋ]六个辅音韵尾,只有[-k]韵尾仍存在;有 7 个声调,音高规律难寻。①

② 鄱阳湖东部的南康府。保留了古代声母系统;只缺[-k,-t]辅音韵尾;有 8 个声调,有规则地分为高、低两个系列。

③ 省会南昌,硬辅音和送气辅音不规则地出现在阳调。

4. 湖南(Hu-nan)

湖南的大部分地区软辅音仍然存在,但正慢慢消失。这一结论是他与湖南五个地方的本地人交谈观察所得。这五个地方是:长沙府安化(Ngan-hwa in C'hang-sha-fu)_{今益阳市安化县}、衡州府清泉(T'sing-t'siuen in Heng-cheu-fu)_{今衡阳市衡南县}、靠近广西边境的永州府(Yung-cheu-fu near the boundary of Kwang-si)_{今永州市}、靠近四川边境的辰州沅陵县(Yuen-ling-hien in Shen-cheu near the Sï-c'hwen boundary)_{今怀化市沅陵县}、靠近贵州边境的沅洲(Yuen-cheu near the Kwei-cheu boundary)_{今芷江侗族自治县}。

长沙的声调与官话相同,有 5 个。这里的官话,应指当时南京、武

---

① 艾约瑟所谓"音高规律难寻"可能指抚州话平声、入声阴低阳高,去声阴高阳低的现象。罗常培《临川音系》绘制的"临川声调曲线图"直观地反映了这一现象。

汉、成都等地的官话。

5. 广东(Canton)

又分为客家话(Hakka dialect)、海南岛话(island of Hai-nan dialect)、潮州府话(the dialect of C'hau-cheu-fu dialect)。

客家话使用者分布于广东、广西的许多地方,多为嘉应州(Kia-ying-cheu)的移民后代,他们祖上大多在康熙年间离开家乡,向西迁徙,定居在乡村地区,现在人口已占当地人口的三分之一。客家话的特点如下:

① 软辅音读为送气音,所有阳调字的声母都是送气的。

② [y]被[zh](j)替代。

③ [-k]尾被[-t]尾替代。

④ 有6个声调,第二、三调与第六、七调趋同。

海南岛方言里,一些字的读音与安南_{今越南}语中的汉字音十分接近,有硬辅音逐渐软辅音化的现象,如"帝""地"官话读为[ti'],但海南岛读为[di']。很多官话声母为[w,f]的字,海南岛读为[b,p],如"万"[ban]、"父"[p'u]。这里的"硬辅音软辅音化"指的应为不送气塞音内爆化的现象,如海口方言"帝"今读[di^{阴去}]。

潮州府与福建邻接,其方言的元音、辅音与闽南方言十分接近,但声调有所区别。潮州府方言有8个声调,其中去声分三类。[-m,-k,-t,-p]尾俱全,但口语中[-ŋ,-n,-m]尾常常鼻化,[-k,-t,-p]尾易丢失。此外,还存在以下特点:

① [k]代替[h]。如:行、况、汗、绘、滑、县、呵、厚、猴、效。

② [t]代替[ch]。如:中、虫、宠、诛、茶、猪、黜、唇、著。

③ [p]代替[f]。如:幅、放、纺、父、斧、缝、飞、分。

④ 有[n]代替[j]的现象。如:肉、懦、汝。

⑤ [m]代替[w]。如:勿、缓、物、微、问。

⑥ [j]代替[y]。如:俞、踰、谕、裕、悦、允。

⑦ [b]替代[w]。如:未、毋、巫、侮、务、亡、文。

⑧ [ŋ]代替[i,y,w]。如:宜、言、雅、严、尧、午、五、银。

⑨ [ch]和[c'h]代替[s]和[sh]。如:十、星、醒、叔、膝、僧、已、舌、世、试、鲜、石、上、深、寻、树、手、蛇、徐、水等。

6. 福建(Fuh-kien)

南部以漳州话(the dialect of Chang-cheu)为代表。漳州话与潮州话十分接近,对潮州话的描述几乎都适用于漳州话。

北部以福州话(the dialect of Fuh-cheu)为代表,其方言与上述几种方言差别较大。[-n,-m]尾并入[-ŋ]尾;[-t,-p]尾逐渐消失。与漳州话一样,声调有 7 个。一些字词读音与漳州话、潮州话一样,如"行"[kiang]、"分"[pung]、"重"[teing]。

7. 西部各省(Western provinces)

广西(Kwang-si)东部大部分地区说客家话,四川官话作为优势语言通行于部分地区。第四调与第五调合流,如"何"与"合"同音;[-ŋ]尾与[-n]尾合流,如"平"与"贫"同音。

四川省会成都(C'heng-du),辅音[g]在元音[i]前仍保留,一些词里还有[ŋ-]声母,如"义"[gi']①。

贵州(Kwei-cheu)方言,不管什么字词,常常由带一个软[j]的[y]开头,这一点与客家话相同。

---

① 这里"义"应为[ŋi'],疑为讹误。

艾约瑟重点关注不同方言在存古与创新上的差异,再加地域上的考虑,由此形成了早期的汉语方言分区。

(二) 甲柏连孜

甲柏连孜(Georg von der Gabelentz)《汉文经纬》(*Chinesische Grammatik: Mit Ausschluss des niederen stiles und der heutigen umgangssprache*,1881)列出了五种汉语方言[①]:

1. 官话(kuān-hoá)

又分为南官话、北官话和西官话。他指出,南官话也称正音(čing-yīm),中心区域在南京,近代经受了一些变化。17—18世纪传教士著作记录的就是南官话。北官话最具代表性的是京话(kīng-hoá),广为人们接受,尤其通行于官员间,欧洲来华外交人士学习的也是北官话。西官话的中心区域在成都府。

2. 浙江和江苏的方言(Če-kiang, Kiang-su)

尤其是上海话,语法和韵母与官话有很多一致的地方,但声母系统区别很大。

3. 广东本地话(Kuang-tung pùn [pèn]-tí-hoá)

在广东的各种方言里,以广州方言最为人熟知,也最重要。除了少数例外,广州话完好地保留了古韵尾。

---

① 参见 Georg von der Gabelentz, *Chinesische Grammatik: Mit Ausschluss des niederen Stiles und der heutigen Umgangssprache*. T. O. Weigel, 1881, pp. 14-15。

4. 客家话(hek-kiā-hoá)

与广州话很接近。"客家"的意思是客人、外来移民。康熙年间(1662—1722),客家人西迁,由嘉应州迁至广东、广西等地定居。

5. 福建省的方言(Fu-kien,本地发音 Hokkien)

包括潮州府的土话。声母系统非常特别,韵腹带有奇特的鼻音,拥有大量独特的词语。许多单音节词有两种读音,口语里的发音与读书时的发音不一样。

(三) 伍丁与吉普森

伍丁也指出汉语"有多少种不同的方言尚不清楚"。他已经了解到的方言至少有 24 种,其中官话、苏州话、上海话、宁波话、福州话、厦门话、汕头话、客家话、广州话是 9 种主要的方言。①

吉普森将汉语方言分为 10 大类 15 小类。具体如下:

1. 官话(北部官话、南部官话、西部官话);
2. 苏州话;
3. 上海话;
4. 宁波话、金华话、温州话、台州话;
5. 福州话;
6. 厦门话;
7. 汕头话;
8. 客家话;

---

① 参见 S. F. Woodin, "Review of the various colloquial versions and the comparative advantages of Roman letters and Chinese characters", *Records of the General Conference of the Protestant Missionaries of China*, American Presbyterian Mission Press, 1890, pp. 89-98。

9. 广州话；
10. 海南话。

（四）穆麟德

德国人穆麟德（Paul Georg von Möllendorff）1869 年来华，曾先后在中国海关和德国驻华领事馆任职，为李鸿章的幕僚。1896 年，他发表《现行中国之异族语及中国方言之分类》①，将汉语方言分为 4 个大类 9 个小类，具体如下：

1. 广东方言（The Kuangtung Dialects）

主要分布于广东省，又可分为广州话、客家话。

广州话是权威方言，使用人口大约有 1500 万。保留 [-k,-t,-p,-m] 尾，因此在一定程度上可以看作唐代中古音的代表。客家话是广东省的第二方言，使用人口大约 500 万，通行于嘉应州（Chia-ying Chou）各地。

2. 闽方言（Min dialects）

主要分布于广东省东部、福建省、台湾省以及浙江省南部。有漳州话、潮州话、福州话三种。漳州话使用人口大约有 1000 万，潮州话使用人口超过 500 万，福州话使用人口也有 500 万左右。

3. 吴方言（Wu dialects）

主要通行于古代吴国境内，在公元 250 年其使用范围还包括整个

---

① 参见 P. G. von Möllendorff. "On the foreign language spoken in China and the classificaiton", *The China Mission Handbook*. American Presbyterian Mission Press, 1896, pp. 46−57.

浙江省。该方言还是日译吴音的基础,具有很高的研究价值。吴方言分温州话、宁波话、苏州和上海话、徽州话四种。温州话使用人口大约有 100 万,主要分布于浙江省温州市,主要特点是无[-p,-t,-k,-m]尾,有 8 个声调,这是中国境内最难理解的方言。宁波话使用人口接近 2500 万,有许多子类型,其中之一就是台州话。苏州话和上海话分布于江苏南部,实际上可看作同一种方言,使用人口大约 1800 万。徽州话也应属于吴语一类,穆麟德对于该方言了解不多,但能够确定它与周边的方言有所区别。

4. 官话(Kuan-hua/the Mandarin dialect)

中国的五分之四都说官话,使用人口有 3 亿。官话可以分为北部、中部和西部三类。北部官话主要分布于北京、山东、山西等省份。中部官话分布在扬子江流域,包括江苏省和安徽省,最远可至杭州(南宋首都)。西部官话分布于湖北、湖南、四川等地。

高本汉《中国音韵学研究》将自己调查的 30 种汉语方言分为官话、吴方言、闽方言、粤方言四大类,采用的就是穆麟德的分类方式。1922 年,《中华归主——中国基督教事业统计(1901—1920)》中的《中国语言区域分划图》,是第一幅汉语方言分区图,将汉语方言划为官话、吴语、闽语、粤语、客家话 5 区,这也是穆麟德方案的延伸。

二 中国学者的汉语方言分区

章太炎较早对现代汉语方言进行了分类。他在《訄书》(1910)中将汉语方言分为 10 种,1915 年又在《检论·方言》中调整为 9 种。胡以鲁《国语学草创》(1912 年著成)沿袭章氏的 10 区分法,对各方言的

分布范围进行了描写。不过,同章氏一样,他并未对这些方言进行命名。其分区如下①:

1. 直隶、山东、山西以及彰德、卫辉、怀庆等一带,特点是"高亢殆无入声"。

2. 陕西,语音上有"中原之遗风逸韵",特点是"明晰简直"。

3. 河南至湖北、镇江。"尔雅正大之夏音产地也"。其中武昌、汉阳之音为"醇中之醇"。

4. 湖南,大体是古代楚语的覆盖范围。

5. 福建,尤其是漳州、泉州最为"佶屈聱牙"。

6. 广东。福建和广东语音极其复杂,此二种"最屡杂"。

7. 开封以东,由山东之曹、沇、沂至江淮间,特点是"大体似朔风,具有四声"。

8. 苏州、松江、太仓、常州以及浙江湖州、嘉兴、杭州、宁波、绍兴等。其中宁波、绍兴为"沿海居民方言之代表",特点是多"濡弱之音"。

9. 徽州宁国之高原。浙江衢州、金华、严州,江西之广信、饶州等也属于这类。

10. 四川,因地域特异而别为一类。

黎锦熙《新著国语教学法》(1925)将汉语方言分为北方官话、南方官话、苏浙语、海滨语四大类,又细分为12系,以江河水系命名,具体如表2-1②:

---

① 参见胡以鲁编:《国语学草创》,商务印书馆,1923年,第93页。
② 参见黎锦熙:《新著国语教学法》,商务印书馆,1925年,第83—87页。

表 2-1 黎锦熙《新著国语文法》方言分区

北方官话	1. 河北系	直隶、山西_{但太原一带土语较多}、东三省、山东北部_{登莱半岛土语也很多，但可属此系}、河南的河北道
	2. 河南系	河南中部开封一带、山东南部、江苏和安徽的淮北一带
	3. 河西系	陕西、甘肃、新疆
南方官话	4. 江淮系	江苏江北一带_{但东边要除开北岸的南通，西边要添加南岸的镇江和南京}、安徽中部芜湖安庆一带、江西九江
	5. 江汉系	河南南部、湖北
	6. 江湖系	湖南东部、湖北的东南一角、江西西部南部_{土语复杂，唯江西赣州较为普通}
	7. 金沙系	四川、云南、贵州、广西西北部、湖南西部
苏浙语	8. 太湖系	江苏苏常沪海两道、浙江浙西的钱塘道_{旧杭嘉湖三府，但杭州及其附近的话，要另属于南方官话，似近乎江湖系}、浙东宁波和绍兴
	9. 浙源系	浙江上流的金华道_{旧金严衢三府}、安徽徽州宁国等、江西饶州广信
海滨语	10. 瓯嘉系	浙江的永嘉道_{旧温处台三府}、福建福宁等
	11. 闽海系	福建闽江流域、漳州、厦门、广东潮汕_{福州和厦门、汕头的语音本不同，但仍可归作一个系统}
	12. 粤海系	广东大部分地区、广西东部

王力《中国音韵学》(1936)采用语音标准对汉语方言进行分区，大体分为官话音系、吴音系、闽音系、粤音系、客家话五大系，每个系都有各自的方音特征。

1. 官话音系：无浊音[b,d,g,v,z]；无[-m,-p,-t,-k]韵尾；声调至多 6 类。

2. 吴音系：有浊音[b', d', g', v, z]，且与古代的浊音系统相当；无[-m,-p,-t,-k]韵尾；声调在 6 类以上，去声有两类。

3. 闽音系：多数古浊声母平声字今读不送气；知彻澄母有时保存

破裂音读[t,t']；无轻唇音[f,v]；有[-m,-p,-t,-k]韵尾；声调在 7 类以上，与古代的声调系统不尽相同。

4. 粤音系：无浊音[b,d,g,v,z]；有[-m,-p,-t,-k]韵尾；声调在 7 类以上，与古代的声调系统大致相当。

5. 客家话：无浊音[b,d,g,z]；古浊声母无论平仄，今读送气音；有[-m,-p,-t,-k]韵尾；有撮口呼；上、去各只有一类，平、入各分两类。①

1943 年，赵元任《中国的语言和方言》将汉语方言分为粤方言、客家方言、厦门—汕头方言、福州方言、吴方言、湘方言、北方官话、南方官话、西南官话 9 种。1955 年，罗常培、吕叔湘《现代汉语规范问题》将官话合一，又分闽语为闽北、闽南两类，即有北方话、江浙话、湖南话、江西话、客家话、闽北话、闽南话、广东话 8 类。1956 年，丁声树、李荣的《汉语方言调查简表》亦分为此 8 类，只是名称有所更改，分别是：官话区、吴语区、湘语区、赣语区、客家话区、闽北话区、闽南话区、粤语区。1960 年，袁家骅《汉语方言概要》将闽南、闽北合并，分汉语方言为 7 区：北方方言、吴方言、湘方言、赣方言、客家方言、粤方言、闽方言。此后，汉语七大方言的划分方案被学术界普遍接受。

1987 年，李荣在《中国语言地图集》中从官话里分出晋语、徽语，并将广西境内一些归属不明的方言划为平话，使汉语方言增为 10 区。《地图集》(2012) 沿用了这一分区方案，即官话、晋语、吴语、闽语、客家话、粤语、湘语、赣语、徽语、平话和土话 10 区。该方案是目前学界较为通行的汉语方言分区方案。

---

① 参见王力：《中国音韵学》，商务印书馆，1936 年，第 279—281 页。

三 汉语方言分区标准

(一) 语音标准

汉语方言分区大多依照语音特征划分。例如《地图集》(2012)分区的两条基本标准"古入声字的演变"和"古浊声母的演变",均为语音标准。

语音标准可分为单一标准和多项标准。单一标准指根据某一个语音特点划分方言。例如李荣《官话方言的分区》根据有无入声,将晋语从官话方言中划分出来;李小凡《汉语方言分区方法再认识》提出依据古全浊声母的演变这条标准,可将汉语方言划分为吴、湘、客赣、闽、粤、官话6类典型方言。多项标准以某一个语音特点为主要依据,同时参考其他语音特点进行分区。例如吴语保留古全浊声母,这是它区别于其他方言的最重要特点。但这一语音标准无法使吴语和老湘语相区别,因为老湘语也有浊音声母。因此还需要使用其他语音标准,比如非敷奉母和晓匣母是否混同、泥来母是否相混等,才能将吴语和老湘语区别开来。①

丁邦新提出汉语分区的条件可分为历史性的和平面性的。例如,古全浊声母的演变是历史性条件,[f,x]分混是平面性的条件。汉语方言的划分可遵循以下原则:用早期历史性条件区分大方言,用晚期历史性条件区分次方言,用现在的平面性条件区分小方言。具体如表2-2②:

---

① 参见王福堂:《汉语方言语音的演变和层次》,语文出版社,1999年,第49页。
② 表格引自丁邦新:《汉语方言分区的条件》,《丁邦新语言学论文集》,商务印书馆,1998年,第171—172页。原载《清华学报》1982年第14卷(第1、2期合刊)。略有修改。

表 2-2 丁邦新的汉语方言分区

普遍条件	官话	吴语	湘语	赣语	客家话	闽语	粤语
1. 古全浊塞音声母 b-, d-, g- 的演变	清化;平声送气,仄声不送气	浊;送气	浊,不送气 或清化;不送气	清化;平仄皆送气	清化;平仄皆送气	清化;大致不送气	清化;平声送气,仄声不送气
2. 古塞音韵尾 -p, -t, -k 的演变	消失;或并为 -ʔ	并为 -ʔ	消失	并为 -ʔ;或 -ʔ,-t;或保存 -p,-t,-ʔ	保存 -p,-t,-k 三种	消失;或并为 -k 或保存三种;或变为 -p,-t,-k,-ʔ	保存 -p,-t,-k 三种
独特条件	官话	吴语	湘语	赣语	客家话	闽语	粤语
3. 古知彻澄母字读 t, tʰ	−	−	−	−	−	+	−
4. 古次浊上声"马""买""领""晚"等字读阴平	−	−	−	−	+	−	−
补充条件	官话	吴语	湘语	赣语	客家话	闽语	粤语
5. 古舌根音 k-, kʰ-, x- 在前高元音前的演变	变舌面音 tɕ-, tɕʰ-, ɕ-	变舌面音 tɕ-, tɕʰ-, ɕ-	变舌面音 tɕ-, tɕʰ-, ɕ-	变舌面音 tɕ-, tɕʰ-, ɕ-	仍读舌根音 k-, kʰ-, x-	仍读舌根音 k-, kʰ-, x-	仍读舌根音 k-, kʰ-, x-
6. 古调类平上去入的演变	大致四调,平分阴阳	七至八调,皆分阴阳,阳上或归阳去	四至六调,平分阴阳,去或分阴阳	五至七调,去分阴阳,入分阴阳 或分阴阳	五至六调,平入分阴阳	七至八调,皆分阴阳,阳上或阴去	七调以上,大致皆分阴阳,入声分三四种

王福堂认为早期历史性语音标准主要有古浊声母、轻唇音声母、舌上音声母的音值;晚期历史性语音标准主要有照二照三组声母的音值、见晓组声母的音值,阴声韵、阳声韵、入声韵韵尾的演变,调类的分合,入声的分派等。①

徐通锵提出汉语方言的分区应遵循三条原则:第一应以音变规律的先后为序,第二以影响汉语音系体系性演变的音变规律为根据,第三应在地域上广泛分布。② 据此划分出了六大方言区,见图2-1。

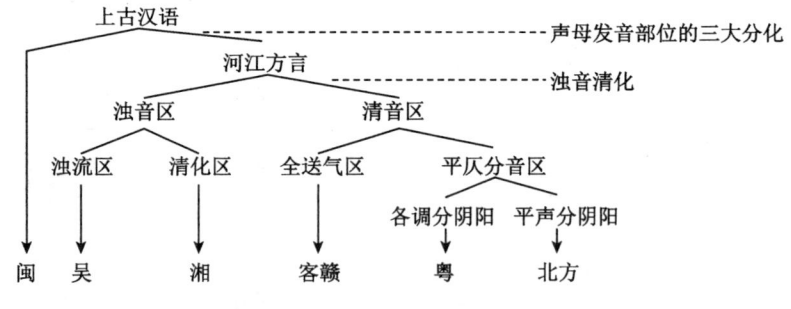

图2-1 徐通锵汉语方言分区(2004)

王洪君认为,从理论上说,徐通锵的方案最符合严格的历史比较法,但个别具体标准不符合方言音韵史的实际情况,因此他提出了一种新的模型来表示汉语方言的历史关系。依据古音的遗留和音系的创新与重组为标准,将汉语方言分为北方方言、闽方言、吴方言、赣方言、客家方言、粤方言、湘方言等八类。③

目前学界对汉语方言的分区偏重语音标准,分别选取声母、韵母、声调具有明显区别特征的条目。声母方面如古全浊声母的演变、轻唇

---

① 参见王福堂:《汉语方言语音的演变和层次》,第47页。
② 参见徐通锵:《音变的规律和汉语方言的分区》,《南开语言学刊》,2004年第2期。
③ 参见王洪君:《历史语言学方法论与汉语方言音韵史个案研究》,商务印书馆,2014年,第618页。

音声母的音值、知彻澄母的音值、照穿床审禅母的音值、泥来母的分混、舌根音声母是否腭化、非敷奉母和晓匣母合口的分混等。韵母方面如介音的分合、元音的长短、古鼻音韵尾的演变、塞音韵尾的演变。声调方面如古平上去各调的分合、入声的演变等。

（二）词汇和语法标准

单纯以词汇或语法为汉语方言分区标准的做法较少。近年来,有学者尝试用词汇和语法标准进行方言分区。

丁邦新讨论了如何利用方言词汇进行方言分区,并列举了三种情况。① 第一,某个词在历史上出现过,到某一时期后被其他同义词替代,而这个词却在某一方言中得以保存。例如"锅"一词,汉语方言可分三类:一是官话、湘语、赣语,大多说"锅""锅子";二是吴语、粤语、客家话,多说"镬""镬子";三是闽语,多用"鼎"一类的词,保留了西汉以前的说法。第二,某词最常用的意义在历史上可以肯定在什么时代使用哪一类字,有的词在某个时期前不见使用,后来在许多方言中出现,只有少数方言没有该词。例如表"击打"义的词,官话、湘语、赣语、吴语、粤语、客家话等均用"打",只有闽语用"拍"。东汉许慎《说文解字》中无"打"字,表示"打"义的字是"击","打"表"击打"义应产生于东汉中期。现代汉语各方言中只有闽语从古汉语歧出的时间至少在汉代以前。因此,闽语用"拍"不用"打"可以作为分区的条件之一。第三,溯源方言里特有词汇的历史。例如广州话的"睇",类似意义官话、湘语、吴语、赣语、客家话用"看"来表达,闽语既用"看"也用"觑",只有粤语不用"看"而用"睇"。扬雄

---

① 参见丁邦新:《方言词汇的时代性》,《北京大学学报(哲学社会科学版)》,2005年第5期。

《方言》载:"睇,眄也。陈楚之间,南楚之外曰睇。"①《楚辞》中也确有其用例:"既含睇兮又宜笑,子慕予兮善窈窕。"(《九歌·山鬼》)②早期的楚语词在粤语中得以保存,可作为分区的依据。

岳立静、钱曾怡根据词频统计结果,筛选出现代汉语 80 个口语高频词,整理这些词在 15 种方言中的说法,依据与标准语的接近度划定基础方言与非基础方言。其中,能起区别特征词作用的词语主要有 22 个,包括:他、说、怎么_{副词}、小、知道、给_{动词}、吃、找、这个、干_{动词}、他们、时候、告诉等。据此还可推测各方言间的相对接近度,进而划分次方言。③ 方言与标准语之间、方言与方言之间口语高频词的比较,为汉语方言分区提供了一条有效的词汇考量途径。但词汇分布范围相对较广,即使相隔甚远的两个方言,也可能存在共享相同词语的情况,因此词汇标准更宜作为方言分区的补充标准。

相较于语音和词汇,语法的变化速度最为缓慢。语法结构中体现出的一些鲜明特征,在方言分区中的作用不亚于语音。方言语法的稳定性不仅体现在历时的语言演化中,在共时的语言接触中也有所显现。例如在普通话的强势影响下,南京话的是非问句仍然采用"阿 VP"(如:阿吃过啦?)的形式。正是语法的这种相对稳定性,使得它可以作为方言分区的一项标准。谢留文对赣语进行内部分片时,语法上的差异也是重要参考标准。例如赣语鹰弋片的分区标准之一是第一人称代词"我"多说"阿""阿里"。④ 如何选取合适的语法标准,如何在语法标准、语音标准、词汇标准之间取得一个适度的平衡,仍是一个亟待深入

---

① [清]钱绎撰集,李发舜、黄建中点校:《方言笺疏》,第 86 页。
② [汉]刘向辑,[汉]王逸注,[宋]洪兴祖补注,孙雪霄校点:《楚辞》,上海古籍出版社,2015 年,第 97 页。
③ 参见岳立静、钱曾怡:《口语高频词比较的方言分区意义》,《文史哲》,2012 年第 3 期。
④ 参见谢留文:《赣语的分区(稿)》,《方言》,2006 年第 3 期。

探讨的课题。

(三) 综合性标准

一些学者采用以语音特征为主,以词汇与语法特征为辅的综合性标准,对汉语方言进行分区。其中,最具代表性的是美国汉学家罗杰瑞提出的10项分区标准①:

1. 第三人称代词是"他"或"他"的同源词;
2. 领属助词用"的"或"的"的同源词;
3. 常用否定词是"不"或"不"的同源词;
4. 表示动物性别的词序在前,如"母鸡";
5. 只有平声分阴阳;
6. 古舌根音声母在[i-]前腭化;
7. "站立"义用"站"或"站"的同源词;
8. "行走"义用"走"或"走"的同源词;
9. "儿子"义用"儿(子)"或"儿"的同源词;
10. "房屋"义用"房(子)"或"房"的同源词。

据此,可将汉语方言分为北、中、南三区。北区相当于现行分区中的官话,中区大体包括吴语、湘语、赣语,南区涵盖闽语、粤语和客家话。

---

① Jerry Norman. *Chinese*. Cambridge University Press, 1988. p.182. 原文如下:
  1. The third-person pronoun is *tā* or cognate to it.
  2. The subordinative particle is *de* (*di*) or cognate to it.
  3. The ordinary negative is *bù* or cognate to it.
  4. The gender marker for animals is prefixed, as in the word for 'hen' *mǔji*.
  5. There is a register distinction only in the *píng* tonal category.
  6. Velars are palatalized before *i*.
  7. *Zhàn* or words cognate to it are used for 'to stand'.
  8. *Zǒu* or words cognate to it are used for 'to walk'.
  9. *Érzi* or words cognate to it are used for 'son'.
  10. *Fángzi* or words cognate to it are used for 'house'.

后罗杰瑞又将原先的 10 项标准更新为 15 项。他删去了原标准中的"常用否定词是'不'或'不'的同源词"和"只有平声分阴阳"两条,新增如下标准①:

1. 连系词用"是"或"是"的同源词;
2. "染"和"热"读非鼻音声母;
3. "尾"和"蚊"读非鼻音声母;
4. 去声是否分阴阳;
5. "穿衣"的动词用"穿"或"穿"的同源词;
6. "(烹饪的)锅"义用"锅"或"锅"的同源词;
7. "下雨"的动词用"下"或"下"的同源词。

汉语方言的分区是一项十分复杂的工作,既要以语言事实为依据,又要兼顾历史地理人文等因素。因此在方言分区研究中,应精细、全面地进行考察,做出准确、适宜的方言划分。

第二节　方言的分布及特点

《地图集》(2012)将汉语分为官话、晋语、吴语、闽语、客家话、粤

---

① Jerry Norman. "Chinese dialects: Phonolory", In G. Thurgood & R. J. LaPolla (Eds.), *The Sino-Tibetan Languages*. Routledge, 2003. pp. 73–76. 原文如下:
1. The copula is *shì*, or cognate to it.
2. Words like *rǎn* 'dye' and *rè* 'hot' have a non-nasal initial.
3. Words like *wěi* 'tail' and *wén* 'mosquito' have a non-nasal initial.
4. The *qù* tone lacks a register distinction.
5. The verb 'to wear (clothing)' is *chuān*, or cognate to it.
6. The word for '(cooking) pot' is *guō*, or cognate to it.
7. The verb in the expression 'to rain' is *xià*, or cognate to it.

语、湘语、赣语、徽语、平话和土话10区,官话下又可分出东北官话、北京官话、冀鲁官话、胶辽官话、中原官话、兰银官话、江淮官话、西南官话8区。本节依次介绍各区方言的分布、特点以及内部分片。

一 官话

官话,由于主要分布于汉语地区的北部,所以又称北方官话、北方话。官话分布于以下三部分地域的汉民族居住区和某些少数民族自治区:1.长江以北地区;2.长江以南包括西南的四川、贵州、云南三省,湖北西北角,镇江至九江的部分沿长江地区;3.河西走廊及新疆全省区。从东北的黑龙江到西南的澜沧江,从东部的黄海之滨到西部的新疆边陲,直线距离都在三千公里以上。南北、东西呈斜状的"T"字形,很像一只南北为翼、由东向西通过河西走廊到新疆的大尾巴蜻蜓。整个官话区覆盖内蒙古、黑龙江、吉林、辽宁、北京、天津、河北、山东、河南、安徽、江苏、湖北、湖南、四川、重庆、云南、贵州、山西、陕西、宁夏、甘肃、青海、新疆、广西、江西、浙江等26个省(自治区、直辖市),共辖1771个县市(旗)区,使用人口约80858.5万,约占使用汉语总人口数的71.4%。

依据古入声今调类,官话方言可分为8区,见表2-3。

表2-3 古入声字的今调类

	西南官话	中原官话	冀鲁官话	兰银官话	北京官话 东北官话	胶辽官话	江淮官话
古清音	阳平	阴平	阴平	去声	阴阳上去	上声	入声
古次浊	阳平	阴平	去声	去声	去声	去声	入声
古全浊	阳平	阳平	阳平	阳平	阳平	阳平	入声

说明:引自《中国语言地图集》(第1版,1987),略作修改,增加"东北官话"。

东北官话与北京官话古清入今分归阴平、阳平、上声、去声,但东北官话今读上声的字比北京多得多;四声调值和北京相近,但是阴平的调值比北京低;东北官话多数方言无[ʐ]声母(北京的[ʐ]读零声母)。

(一) 东北官话

东北官话分布在黑龙江、吉林、辽宁、内蒙古四省及自治区。在相当长的历史时期内,这一地区占统治地位的民族所使用的语言都属于阿尔泰语系。从辽代开始,大批汉人从关内幽燕地区①移居东北。随着民族间的交流融合,汉人所说的幽燕方言影响扩大,逐渐占据优势地位。这种以燕京话为中心的幽燕方言和东北少数民族语言接触形成的汉语方言就是早期的东北官话。元明清时期,关内汉人逐渐成为这一地区的主体民族,东北官话的使用范围和人口数量进一步扩大。②

东北官话的语音特点主要有以下五点。

1. 古清入分派阴平、阳平、上声和去声,归入上声的字比北京官话多。以哈尔滨为例,见表2-4。

表 2-4　北京与哈尔滨古清入归派比较

北京	哈尔滨今上声
阴平	泼劈扑踏塌撒插削客刮黑
阳平	伯福结觉节国

---

① 幽燕地区大体上北起燕山,南抵黄河,西邻太行山,东滨渤海,为今华北平原北部,亦称河北平原。参见李恩军主编:《中国历史地理学》,人民交通出版社,1995年,第182页。

② 参见尹世超编写:《哈尔滨话音档》,上海教育出版社,1998年,第43—45页。

(续表)

北京	哈尔滨今上声
上声	百柏笔法发塔铁眨窄尺甲脚角曲雪血渴骨
去声	迫腹促色触雀刻霍

2. 一些地区没有[ʐ]声母，日母字大多读零声母，与影疑母同。如沈阳、长春"如=鱼"[y阳平]、"柔=油"[iou阳平]、"人=银"[in阳平]、"软=远"[yan上]、"肉=又"[iou去]。

3. 古知庄章组与精组洪音今读相混。如沈阳、通化等读[ts, tsʰ, s]，"增=争=蒸"[tsəŋ阴平]、"操=抄=超"[tsʰau阴平]、"臊=稍=烧"[sau阴平]；锦州、兴城等读[tʂ, tʂʰ, ʂ]，"自=至=制"[tʂʐ去]、"瓷=池=迟"[tʂʰʐ阳平]、"四=示=世"[ʂʐ去]。

4. 不分尖团，精组细音与见晓组细音合流，读[tɕ]组。如沈阳"酒=九"[tɕiəu上]、"休=修"[ɕiəu阴平]。

5. 北京话读[po, pʰo, mo, fo]的字，东北官话韵母为[ɤ]。如哈尔滨"波"[pɤ阴平]、"泼"[pʰɤ阴平]、"摸"[mɤ阴平]、"佛"[fɤ阳平]。

东北官话下分吉沈片、哈阜片和黑松片。吉沈片52个县市区主要分布在辽宁、吉林和黑龙江三省，分为蛟宁、通溪、延吉三个小片。哈阜片68个县市主要分布在黑龙江、辽宁、吉林三省和内蒙古自治区东部，分为肇扶、长锦两个小片。黑松片78个县市旗主要分布在黑龙江省和内蒙古自治区部分地区，分为嫩克、佳富、站话三个小片。① 分片依据是古影疑母开口一二等的今读：吉沈片多读零声母，哈阜片多读[n]声母，黑松片读音不定。见表2-5。

---

① 参见中国社会科学院语言研究所等编：《中国语言地图集（第2版）》，商务印书馆，2012年，第39页。

表 2-5　东北官话古影疑母开口一二等今读表

		鹅	爱	矮	袄	藕	安	暗	恩	昂
吉沈片	通化	ɣ阳平	ai去	ai上	au上	ou上	an阴平	an去	ən阴平	aŋ阴平
哈阜片	长春	nɣ阳平	nai去	nai上	nau上	nou上	nan阴平	nan去	nən阴平	naŋ阴平
黑松片	嫩江	ɣ阳平	ai去	nai上	nau上	nou上	an阴平	an去	ən阴平	aŋ阴平

兹以沈阳为例,列举音系如下。①

沈阳音系

声母(19个)

p	布别	pʰ	怕盘	m	门木			f	飞冯
t	到夺	tʰ	太同	n	怒年			l	路吕
ts	祖争	tsʰ	粗昌			s	散书	ʐ	绕然
tɕ	经结	tɕʰ	丘旗			ɕ	休鞋		
k	贵钢	kʰ	开口			x	灰胡		
Ø	日午元而								

说明:

① [n]与齐齿呼、撮口呼相拼实际音值为[ȵ]。

② 老派无[tʂ, tʂʰ, ʂ]声母,分别并入[ts, tsʰ, s],实际音值介于[tʂ, tʂʰ, ʂ]和[ts, tsʰ, s]之间。

③ 古日母字大部分读零声母,少部分字读[ʐ]声母,也有一些读[l]。

韵母(37个)

ɿ	资知	i	第急	u	故木	y	虚绿

---

① 沈阳音系参考陈章太、李行健主编:《普通话基础方言基本词汇集·语音卷》,语文出版社,1996年,第670—671页。

ər	儿尔							
a	爬辣	ia	架夹	ua	花刮			
		ie	姐接			ye	靴缺	
ɤ	舌波			uɤ	过国			
		iu	如入					
ai	百盖			uai	怪帅			
ei	北倍			uei	柜贵	yei	蕊	
au	保饱	iau	条交					
əu	斗丑	iəu	流秋					
an	胆三	ian	间衔	uan	短酸	yan	权圆	
ən	根森	in	紧林	uən	魂温	yn	群勋	
aŋ	党仓	iaŋ	讲良	uaŋ	光床			
əŋ	庚横	iŋ	灵星	uŋ	红东	yŋ	穷雄	

说明：

① 合口呼韵母拼零声母时，[u]的实际音值为[v]。

② [in, yn, iŋ, uŋ, yŋ]的实际音值分别是[iən, yən, iəŋ, uəŋ, yəŋ]，但语流中[ə]发音不明显。

声调(4个)

阴平	33	诗梯开黑
阳平	35	时题鹅舌
上声	213	使体你铁
去声	53	试替近月

探讨东北官话分区及内部语音特点的论著主要有李荣《官话方言的分区》(1985)、贺巍《东北官话的分区(稿)》(1986)、林焘《北京官话

区的划分》(1987)、李荣《汉语方言的分区》(1989)、张志敏《东北官话的分区(稿)》(2005)、钱曾怡主编《汉语官话方言研究》(2010)等。

东北官话单点或某区域的调查研究成果有内蒙古教育厅方言调查工作组《乌兰浩特语音简介》(1958)、辽宁大学语言文学系语言教研室(宋学执笔)《辽宁语音说略》(1963)、游汝杰《黑龙江省的站人和站话述略》(1993)、陈立中《黑龙江站话研究》(2005)、张世方《东北方言的知系声母的演变》(2009)等。

依托历史文献,考察某一历史时期东北官话面貌的论著主要有李无未《清末民初东北官话的语音特点》(2013)、邹德文《清代东北方言语音研究》(2016)等。东北官话词汇研究成果颇丰。清代以来,散见一些见闻录和地方志记录东北官话特色词语,如18世纪杨宾《柳边纪略》、西清《黑龙江外记》等,拉开了东北官话词汇研究的序幕。海外汉语教材中也有东北官话词汇相关论著,如19世纪朝鲜《你呢贵姓》[①]等,具有较高的汉语方言史价值。

20世纪50年代以来,得益于方言普查和普通话推广工作,东北官话研究成果集中体现于方言辞书的编纂。如刘禾编《常用东北方言词浅释》(1959)、许皓光和张大明编《简明东北方言词典》(1988)、尹世超编纂《哈尔滨方言词典》(1997)、尹世超主编《东北方言概念词典》(2010)等。

(二) 北京官话

北京官话主要分布在北京市及其郊县和邻近的河北、天津、辽宁、内蒙古的部分地区,据《地图集》(2012),北京官话区面积约2.67万平方公里,其使用人口约2676万人。

---

① 收录于汪维辉编:《朝鲜时代汉语教科书丛刊》,中华书局,2005年。

关于北京地区方言的记载,最早见于西汉扬雄的《方言》,其中的"燕"即北京地区。在漫长的历史发展过程中,北京地区的方言与东北地区的汉语方言或少数民族语言不断接触,又与其南部的河北方言保持密切联系。因此,今天的北京话与东北、河北方言有很多共同特征。

北京官话的语音特点如下。①

1. 古知庄章组声母合并为一组,如"珍知=臻庄=真章"[tʂən阴平],"丑彻=瞅初=丑昌"[tʂʰou上],"绸澄=愁崇=酬禅"[tʂʰou阳平],"梳生=书书"[ʂu阴平],"士崇=市禅"[ʂʅ去]。

2. 不分尖团,精组细音字读[tɕ]组声母,与见晓组细音字同,如"酒精=九见"[tɕiou上],"焦精=骄见"[tɕiau阴平],"妻清=欺溪"[tɕʰi阴平],"清清=轻溪"[tɕʰiŋ阴平],"须心=虚晓"[ɕy阴平]。

3. 见系开口二等字的声母发生腭化,与精组细音合并,如北京"街"声母读[tɕ],承德"解"声母读[tɕ]等。

4. 泥来母不混,如"泥泥"[ni阳平]≠"离来"[li阳平],"怒泥"[nu去]≠"路来"[lu去],但有个别泥母字读来母,如承德"嫩"读[lən去]。

5. 宕江曾梗通五摄入声字韵母存在文白异读。以宕江摄为例:"鹤"韵母文读[ɤ],白读[au];"薄剥"文读[o],白读[au];"落骆络凿绰"文读[uo],白读[au];"雀鹊爵嚼削约疟跃觉角学"文读[ye],白读[iau]。

6. 部分泥来母合口字今读开口呼,主要见于山摄和通摄,如:北京"暖山合一"[nan上]、"乱山合一"[lan去]、"弄通合一"[nəŋ去]、"农通合一"[nuŋ阳平]。

---

① 北京官话的语音特点参考钱曾怡主编:《汉语官话方言研究》,齐鲁书社,2010年,第68—74页。

7. 北京官话一般有阴平、阳平、上声、去声四个声调，平分阴阳，全浊上变去，全浊入归阳平，次浊入归去声，清入派入四声。

根据阴平调值的差异，北京官话可分为京承片和朝峰片两片。京承片阴平调值为55，朝峰片处在东北官话向北京官话的过渡地带，阴平调值为33或44，比京承片低，具有东北官话的特点。

兹列北京音系如下。①

北京音系

声母(22个)

p	邦布病逼	pʰ	怕飘平拍	m	明慢门麦	f	粉翻房服	
t	低刀豆独	tʰ	贪天堂踢	n	奴泥脑诺			l 罗来老绿
ts	走字葬责	tsʰ	草仓雌测			s	寺赛散森	
tʂ	债罩知纸	tʂʰ	柴茶超齿			ʂ	沙诗声舌	ʐ 软让热日
tɕ	酒接讲紧	tɕʰ	秋全缺囚			ɕ	新旋玄雄	
k	高跪工国	kʰ	开亏葵客			x	海花后红	
ø	岸延闻云							

韵母(38个)

ɿ	资瓷此四	i	基第急力	u	故府骨物	y	女橘屈域	
ʅ	支世湿石							
ər	尔耳贰儿							
a	他爬杂辣	ia	架佳夹辖	ua	瓜话夸刷			
		iɛ	茄野街接			yɛ	靴绝月缺	
ɤ	歌车合舌							
o	婆末佛墨			uo	多过活说			

---

① 北京音系参考林焘、周一民、蔡文兰编写：《北京话音档》，上海教育出版社，1998年，第4—7、9页。

ai	开太买百			uai	外怪帅拽			
ei	贝内类北			uei	灰岁桂微			
ɑu	桃饱招雹	iɑu	巧蕉条药					
ou	豆丑收楼	iou	秋幼六舅					
an	蓝衫染山	ian	减验间年	uan	换关船软	yan	全远玄捐	
ən	枕门人分	in	林贫近银	uən	魂春顺问	yn	均群熏云	
ɑŋ	昌党刚狼	iɑŋ	羊良讲乡	uɑŋ	双光床狂			
əŋ	增绳庚声	iŋ	鹰硬兵星	uəŋ	翁瓮嗡			
				uŋ	同虫荣重	yŋ	穷永用兄	

声调(4个)

阴平	55	弯高婚黑
阳平	35	完穷鹅毒
上声	214	晚苦五笔
去声	51	万近菜力

北京官话的研究对象大多为北京话。用现代语言学方法研究北京话始于20世纪二三十年代，如赵元任《北平音系的性质》(1937)等。1955年，现代汉语规范问题学术会议将北京音定为普通话的标准音，大大推动了北京话的研究。主要成果有黄典诚《北京话》(1954)、傅懋勣《北京话的音位和拼音字母》(1956)、陈文彬《北京话多音词发展的趋势和速度》(1958)、徐世荣《普通话语音讲话》(1958)等。

20世纪80年代曾开展大规模的北京话调查，胡明扬《北京话初探》(1987)和《北京话研究》(1992)等成果问世。同时，纵向、横向的比较研究也很丰富，如徐世荣《普通话语音和北京土音的界限》(1979)、朱德熙《北京话、广州话、文水话和福州话里的"的"》(1980)、林焘《北京官话溯源》(1987)、陈刚《古清入声在北京话里的演变情况》(1988)等。

21世纪以来,有关北京话的研究更为细致深入,成果如高晓虹《北京话庄组字分化现象试析》(2002),王福堂《北京话儿化韵的产生过程》(2002),方梅《指示词"这"和"那"在北京话中的语法化》(2002),耿振生《北京话文白异读的形成》(2003),刘祥柏《北京话"一+名"结构分析》(2004),李宇明、陈前瑞《北京话"给"字被动句的地位及其历史发展》(2005),张世方《北京官话语音研究》(2010)等。

(三) 冀鲁官话

分布在河北大部、山东部分地区、天津(除武清区)以及北京平谷、山西广灵等地。冀鲁官话的特点是,大体上古清入今读阴平,次浊入归去声,全浊入归阳平。根据古清入今调类和调值可分为保唐片、石济片、沧惠片。石济片绝大多数归阴平;沧惠片多归阴平,但读阴平的比例低于石济片;保唐片分归阴阳上去四声,读阴平和上声的比北京多。

1. 内部分布特点及代表点音系

(1) 石济片

分布在河北、山东的66个县市,可分为赵深小片、邢衡小片、聊泰小片。主要语音特点如下:

① 古清入多读阴平。

② 上声一般读高平调,去声多读低降调,阳平一般读高降调。

③ 古知庄章组合为一套,读[tʂ, tʂʰ, ʂ]。

④ 影疑母开口呼洪音大多声母为[ŋ],少数为[n],如赵深小片的井陉、深县(今深州市)、武强。石家庄"爱"读[ŋai⁺],井陉"爱"读[nɛ⁺]。

兹以济南为例,列举音系如下。①

济南音系

声母(24个)

p	布病别	pʰ	怕平扑	m	麻忙木	f	飞付房		
t	多对弟	tʰ	土突驼	n	内怒南			l	炉连荣
ts	租杂宗	tsʰ	瓷催存			s	苏寺僧		
tʂ	猪捉正	tʂʰ	初赤程			ʂ	师舌生	ʐ	热肉
tɕ	精九聚	tɕʰ	秋区齐	ȵ	泥娘牛	ɕ	笑谢贤		
k	歌跪共	kʰ	开空葵	ŋ	饿岸袄	x	呼荒航		
ø	耳言碗远								

说明:
① [tɕ, tɕʰ, ȵ, ɕ]发音部位偏前。
② [ʐ]摩擦性不强,实际音值为[ɻ]。

韵母(38个)

ɿ	资此思	i	闭地七益	u	布母竹出	y	女律足局
ʅ	支赤湿日							
ɚ	耳二							
a	巴打铡法	ia	加佳瞎押	ua	瓜抓刷话		
ɛ	该太矮亥	iɛ	街鞋涯矮	uɛ	怪坏衰歪		
		ie	姐爷别叶			ye	靴月角药
ɤ	波哥鹤合			uɤ	多果握略		
ɔ	包高贸勺	iɔ	标条交钥				
ei	杯飞德册			uei	对穗惠卫		

---

① 济南话音系参考北大中文系语言学教研室编,王福堂修订:《汉语方音字汇》(第二版重排本),语文出版社,2003年,第8—9页。

ou	斗瘦口肉	iou	九秋牛六					
æ	潘担甘暗	iæ	边点减烟	uæ	关碗短川	yæ	捐全远	
ɛ	本分枕根	iɛ	林巾心因	uɛ	吞寸昏问	yɛ	军训孕	
aŋ	当房港航	iaŋ	良江向央	uaŋ	壮窗荒王			
əŋ	蓬灯冷庚	iŋ	冰丁京杏	uəŋ	翁			
		iuŋ	倾兄永	uŋ	东龙中公			

说明：

① [ɤ]韵与非舌根音声母相拼时,实际音值近[ə]。

② [i, u, y]舌位偏高。

③ [uŋ]韵中的[u]舌位偏低,实际音值为[ʊ]。

④ [ɚ]韵舌位偏低。

声调(4个)

阴平	213	高天飞尺
阳平	42	人同穷白
上声	55	短苦老各
去声	21	到近汗麦

(2) 沧惠片

分布在河北、山东的44个县(市、区),包括黄乐小片、阳寿小片、莒照小片、章桓小片。主要语音特征见下:

① 古清入声多归阴平,少数散归阳平、上声、去声,读上声的字比石济片多。

② 一般阴平读低降升,阳平读高降,上声读高平,去声为低降。

兹以沧州为例,列举音系如下。①

沧州音系

声母(23个)

p	巴步败	pʰ	爬佩漂	m	庙美埋	f	夫放肥	v	围午饿
t	多到戴	tʰ	台摊铁	n	挪女岸			l	罗类路
ts	左嘴祖	tsʰ	搓揣虫			s	睡虽帅		
tʂ	招主枕	tʂʰ	昌处潮			ʂ	烧书声	z̢	绕染认
tɕ	焦精节	tɕʰ	茄全秋			ɕ	修线想		
k	歌规固	kʰ	开葵苦			x	贺毁化		
∅	儿润远严								

韵母(37个)

ɿ	知尺十	i	急踢以	u	出赌故	y	虚绿雨
ʅ	资支是						
a	爬辣打	ia	夹虾掐	ua	花刮夸		
ɤ	河割坡			uo	过活郭		
ər	耳儿二						
		ie	姐野别			ye	缺靴月
ai	百盖歪	iai	街鞋届	uai	拽揣衰		
ei	北妹雷			uei	桂恢追		
ɔ	保桃烧	ci	药消条				
ou	收丑舟	iou	丢修流				
æ̃	三寒竿	iæ̃	间衔廉	uæ̃	官宽短	yæ̃	软捐犬
nɛ	根喷神	iɛn	紧邻新	uɛn	温昏昆	yɛn	云熏匀

---

① 沧州音系参考河北省地方志编纂委员会编:《河北省志·方言志》,方志出版社, 2005年,第86—87页。

aŋ	党桑帮	iaŋ	讲枪响	uaŋ	光荒匡		
əŋ	朋风坑	iŋ	灵星厅	uŋ	东统聋	yŋ	胸雍琼

说明：新派无[iai]韵，与[ie]韵母合流。

声调(3个)

阴平	213	诗高猪七秃天逼吃加说街北挑班
上声	55	穷古寒口鹅好儿吕夺佛白伪葵谋棉
去声	42	近正阵六麦灭志物获沂怪豹蜕阔月

说明：古浊平、清上、次浊上合流，这里称作上声。

(3) 保唐片

分布在北京、天津、河北和山西的52个县(市、区)，包括涞阜小片、定霸小片、天津小片、蓟遵小片、滦昌小片、抚龙小片等6个小片。特点如下：

① 古清入派入四声。

② 一般上声为降升调，去声为全降调或高降调，阳平为平调或升调。

③ 大多不分尖团。少数地区分尖团，如蠡县"精"声母为[ts]，"经"声母为[tɕ]。

④ 影疑母开口呼洪音一般读[n]，如衡水；少数读[ŋ]，如涞源。

兹以唐山为例，列举音系如下。①

唐山音系

声母(23个)

p	布步别	pʰ	怕盘盼	m	妈门灭	f	飞符房
t	到夺东	tʰ	太同贴	n	难怒袄	l	兰路连

---

① 唐山音系参考陈章太、李行健主编：《普通话基础方言基本词汇集·语音卷》，第69—70页；河北省地方志编纂委员会编：《河北省志·方言志》，第27—29页。

ts	祖糟足	tsʰ	仓曹从			s	散苏丝	
tʂ	招主蒸	tʂʰ	初昌锄			ʂ	税书生	ʐ 认若日
tɕ	杰精节	tɕʰ	秋全权			ɕ	修旋玄	
k	贵光骨	kʰ	开葵渴	ŋ	诺	x	化黄获	
∅	而严危元							

说明：

① [n]与齐齿呼、撮口呼相拼，实际音值为[ȵ]。

② [ŋ]只与[ɤ]相拼。

韵母(36个)

ɿ	资此私	i	第衣急	u	故鹿木	y	雨虚欲
ʅ	支吃日						
a	八拉杀	ia	架掐瞎	ua	花刮抓		
ɤ	割河勃			uɤ	过国活		
		iɛ	姐野			yɛ	靴缺
ər	儿耳二						
ai	百盖带			uai	怪帅歪		
ei	北妹肺			uei	桂贵对		
au	保桃烧	iau	药条交				
əu	斗丑收	iəu	流牛修				
an	胆三含	ian	间衔检	uan	短官酸	yan	权捐玄
ən	根痕针	in	紧林心	uən	魂温吞	yn	云群军
aŋ	党桑张	iaŋ	讲良羊	uaŋ	光床黄		
əŋ	庚横灯	iŋ	灵星宁	uŋ	东红翁	yŋ	穷胸永

说明：

① [ian, yan]韵中的[a]实际音值为[ɐ]，[iɛ, yɛ]韵中的[ɛ]实际音值为[E]。

② [in, yn, iŋ, uŋ, yŋ]五韵,实际音值为[iᵊn, yᵊn, iᵊŋ, uᵊŋ yᵊŋ]。

声调(4个)

阴平	55	高猪安开抽天婚飞扎鸽吃失湿一竹
阳平	33	穷陈才寒徐扶麻滑薄十急食杂读白
上声	214	古纸短口草五老暖网得笔福百铁尺
去声	51	近社账醉抗汉共助汗往害月入人六药

2. 冀鲁官话的一致性

冀鲁官话在声母、韵母等方面都有相当高的一致性,具体体现在以下几个方面。

(1) 古全浊声母清化,今逢塞音塞擦音平声送气,仄声不送气。

(2) 古来母与泥娘母不混。来母读[l],泥娘母读[n]。

(3) 见组逢洪音读[k, kʰ, x],精组逢洪音读[ts, tsʰ, s]。

(4) [f]与[x]不混。只有个别地方如昌黎一些乡镇的少数人把少数[f]声母读成[x],如:"发"[xua阴平]、"饭"[xuan去]、"房"[xuan阳平]。

(5) 大多区分前后鼻音,少数相混,如阜平、蔚县、井陉等地将[en]韵字读[eŋ]。

3. 冀鲁官话的差异性

冀鲁官话在声母上的差异主要表现在古知系字今读、是否分尖团以及古影母开口呼的今读等三个方面。

(1) 知庄章三组声母分为两种类型,合一型和二分型,见表2-6。

表 2-6　冀鲁官话知系字的读音类型

类型		方言点	支	知	馋	缠	生	声
合一型	与精组不混读tʂ组	济南	tʂʅ阴平		tʂʰã阳平		ʂəŋ阴平	
	与精组混读ts组	涞源	tsʅ阴平		tsʰã阳平		səŋ阴平	
	与精组混读tʂ组	保定	tʂʅ阴平		tʂʰan阳平		ʂəŋ阴平	
二分型	知≠支≠资	沂南	tʂʅ阴平	tʃʅ阴平	tʂʰã阳平	tʃʰã阳平	ʂəŋ阴平	ʃəŋ阴平

由表 2-6 可见，"支""知"等字济南均读[tʂ]组，涞源均读[ts]组，为合一型。沂南"支""馋""生"等读[tʂ]组，"知""缠""声"读[tʃ]组，为二分型。

（2）石济片、沧惠片一些方言区分尖团，见表 2-7。

表 2-7　石济片、沧惠片尖团分混对照表

类型	地点	精	经	清	轻	星	兴
不分尖团	济南	tɕiŋ阴平	tɕiŋ阴平	tɕʰiŋ阴平	tɕʰiŋ阴平	ɕiŋ阴平	ɕiŋ阴平
区分尖团	石家庄	tsiŋ阴平	tɕiŋ阴平	tsʰiŋ阴平	tɕʰiŋ阴平	siŋ阴平	ɕiŋ阴平
	衡水	tθiŋ阴平	tɕiŋ阴平	tθʰiŋ阴平	tɕʰiŋ阴平	θiŋ阴平	ɕiŋ阴平
	莒县	tsiŋ阴平	tɕiŋ阴平	tsʰiŋ阴平	tɕʰiŋ阴平	siŋ阴平	ɕiŋ阴平
	利津	tsiŋ阴平	tɕiŋ阴平	tsʰiŋ阴平	tɕʰiŋ阴平	siŋ阴平	ɕiŋ阴平

说明：表中语料参考钱曾怡《汉语官话方言研究》、石明远《山东省莒县方言音系》、杨秋泽《利津方言志》。

（3）古影疑母开口呼洪音今读零声母、[ɣ]、[n]、[ŋ]四种读音，见表 2-8。

表 2-8　冀鲁官话古影疑母开口呼洪音今读表

地点	安	爱	袄	饿	恩
济南	ŋã阴平	ŋɛ去	ŋɔ上	ŋə去	ŋə̃阴平

(续表)

地点	安	爱	袄	饿	恩
石家庄	ŋan阴平	ŋai去	ŋau上	ŋɤ去	ŋən阴平
昌黎	ŋan阴平	ŋai去	ŋɑu上	ŋɤ去	ŋən阴平
利津	ŋæ̃阴平	ŋɤ去	ŋɔ上	ŋə去	ŋə̃阴平
保定	nan阴平	nai去	nau上	nɤ去	nən阴平
天津	nan阴平	nai去	nau上	nɤ去	nən阴平
广灵	næ阴平	nɛ去	nɑu上	nə去	nəŋ阴平
聊城	ɤã阴平	ɤɛ去	ɤɔ上	ɤə去	ɤə̃阴平
莒南	ɤã阴平	ɤɛ去	ɤɔ上	ɤə去	ɤə̃阴平
乐亭	an阴平	ai去	au上	ɤ去	ən阴平

说明:表中语料参考钱曾怡《汉语官话方言研究》,陈章太、李行健《普通话基础方言基本词汇集·语音卷》。

"安""爱""袄""饿""恩"等古影疑母开口呼,济南、石家庄、昌黎、利津等声母读为[ŋ],保定、天津、广灵等读为[n],聊城、莒南等读为[ɤ],乐亭读为零声母。

韵母方面的差异主要表现在古入声韵的读音、前鼻音韵尾的读音、前响复合元音[ai]和[au]的读音、儿化与儿尾四个方面。

(4) 古入声韵与阴声韵合流,一般曾梗摄入声洪音读[ei](或[uei]),河北、山东等地略有不同,见表2-9。

表2-9 冀鲁官话中曾梗摄入声洪音字的读音

	曾开一					梗开二				
	北	墨	德	则	黑	百	拍	麦	窄	册
济南	pei阴平	mei去	tei阴平	tsei阴平	xei阴平	pei阴平	pʰei阴平	mei去	tʂei阴平	tʂʰei阴平
寿光	pei阴平	mei去	tei阴平	tsei阴平	xei阴平	pei阴平	pʰei阴平	mei去	tʂei阴平	tʂʰei阴平

（续表）

	曾开一				梗开二				
	北	墨	德	则	黑	百	拍	麦	窄	册
利津	pei⁴	mei去	tei⁴	tsei⁴	xei⁴	pei⁴	pʰei⁴	mei⁴	tʂei⁴	tʂʰei⁴
莒县	pei阴平	mei阳平	tei上	tsei阳平	xei阴平	pei阴平	pʰei阴平	mei阳平	tʂei阴平	tʂʰei阴平
聊城	pei阴平	mei去	tei阴平	tsɛ阴平	xei阴平	pɛ阴平	pʰɛ阴平	mɛ去	tsɛ阴平	tsʰɛ阴平
德州	pei阴平	mei去	tei阴平	tsei阴平	xei阴平	pɛ阴平	pʰɛ阴平	mɛ去	tsɛ阴平	tsʰɛ阴平
沧州	pei上	mei去	tɤ阳平	tsei阳平	xei阴平	pai阴平	pʰai阴平	mai去	tsai上	tsʰai去
石家庄	pei上	mei去	tɤ阳平	tsɤ去	xei阴平	pai阴平	pʰai阴平	mai去	tsai上	tsʰai去
保定	pei上	mo去	tɤ上	tsɤ阳平	xei阴平	pai上	pʰai阴平	mai去	tsai上	tsʰɤ上
天津	pei上	mo去	tɤ阳平	tsɤ阳平	xei阴平	pai上	pʰai阴平	mai去	tsai上	tsʰɤ去
昌黎	pei上	muo去	tɤ阳平	tsɤ阳平	xei阴平	pai上	pʰai阴平	mai去	tsai上	tsai上

说明：表中语料参考钱曾怡《汉语官话方言研究》、石明远《山东省莒县方言音系》。

山东济南以东、胶济线沿线及以南地区，曾梗摄入声洪音字一般读[ei]（或[uei]），只有少数不十分整齐。河北沧州、石家庄、保定、天津、昌黎等规律性不强的地区读[ei]、[ai]（[ɛ]）、[o]、[ɤ]（[ə]）、[uo]（[uə]）不等。

宕江摄入声字的读音，与曾梗摄入声类似。济南、莒县等地宕江摄入声一般读[uo]、[ye]，较为一致；保定等地读[uo]、[ye]和[au]（[ɔ]）、[iau]（[iɔ]），情况不一。

（5）前鼻音韵尾的读音不同。古咸山深臻摄阳声韵在冀鲁官话中有三种情况：一是保留[n]尾，二是弱化成鼻化韵，三是读开尾韵。见表2-10。

表 2-10　冀鲁官话中咸山深臻摄例字读音

	三	翻	建	严	团	官	拳	院
莒县	san阴平	fan阴平	tɕian去	ian阳平	tʰuan阳平	kuan阴平	tɕʰyan阳平	yan去
沂南	θã阴平	fã阴平	tɕiã去	iã阳平	tʰuã阳平	kuã阴平	tɕʰyã阳平	yã去
盐山	sa阴平	fa阴平	tɕia去	ia阳平	tʰua阳平	kua阴平	tɕʰya阳平	ya去

（6）冀鲁官话中既有儿化也有儿尾，主要有以下四种情况。

① 大部分地区与北京相同，原韵母加卷舌动作成为一个音节。如济南：

字[tsɿ]—字儿[tser]　花[xua]—花儿[xuar]

神[ʂə̃]—神儿[ʂer]

② 河北秦皇岛等地的儿化韵为平舌儿化韵，非卷舌儿化韵，收[ɯ]尾，如"桃花儿"[tʰau阳平 xuaɯ阴平]。

③ 山东章丘、淄博一带没有卷舌儿化，采用变韵形式，如博山"圈"[tɕʰyæ阴平]—"圈儿"[tɕʰyɛ阴平]。

④ 河北保定等地既有儿化，也有儿尾[ər]，如"圈儿"[tɕʰyar阴平]、"穗儿"[suər去]、"桃儿"[tʰau阳平 uər]、"羊儿"[iaŋ阳平 ŋər]。

冀鲁官话区各地的声调多为阴平、阳平、上声、去声四个，如涞源、保定、唐山、天津、昌黎、抚宁、石家庄、衡水、济南、寿光等。少数地区有五个，如利津保留入声，为阴平、阳平、上声、去声、入声。还有一些是三个调，分为两类：一是平声不分阴阳，有平声、上声、去声三个调，如河北滦县(今滦州市)、行唐和井陉等；二是阳平与上声合并，有阴平、阳平上、去声三个声调，如山东莱芜、博山及河北东南部的沧县、盐山等地。

20世纪二三十年代，讨论冀鲁官话的文章有傅振伦《新河方言中名物之性属》(1926)、张洵如《河间方言一瞥》(1932)、赵元任《定县方言改国音的注意点》(1936)等。

1957年,北京大学等七所高校调查河北方言,出版《河北方言概况》(1961)等。1959年,丁声树、李荣等深入调查河北昌黎方言,出版《昌黎方言志》(1960),"成为在此之后汉语方言调查研究的典范"[①]。此外,冀鲁官话的研究还见于《山东省志·方言志》(1993)、《河北方言词汇编》(1995)、《山东方言研究》(2001)、《河北省志·方言志》(2005)等论著。

专门探讨冀鲁官话的方志有《利津方言志》(1990)、《获鹿方言志》(1990)、《德州方言志》(1991)、《淄川方言志》(1994)、《寿光方言志》(1995)、《聊城方言志》(1995)、《莒县方言志》(1995)、《新泰方言志》(1996)、《宁津方言志》(2003)、《沂南方言志》(2010)、《章丘方言志》(2011)。专著有《河北盐山方言研究》(2015)、《沧州献县方言研究》(2020)、《衡水桃城区方言研究》(2021)、《唐山曹妃甸方言研究》(2021)、《衡水武邑县方言研究》(2023)等。

此外还有不少单篇论文涉及冀鲁官话的虚词、构词法、句法等,如《山东寿光方言的形容词》(1990)、《济南话的虚词"可"》(1994)、《河北方言的音变造词》(1996)、《河北方言"处置""被动"等常见句式的特点》(2017)等,推动了对冀鲁官话的深入研究。

(四) 胶辽官话

胶辽官话主要分布于山东半岛(又称"胶东半岛")和辽东半岛,故而得名。胶辽官话区包括山东省威海、烟台、青岛三市,潍坊市大部和日照、临沂两市局部,还包括辽宁省大连、营口、丹东三市和鞍山市的岫

---

① 张振兴:《再读〈昌黎方言志〉,怀念大家丁声树——纪念〈昌黎方言志〉出版50周年》,《语文研究》,2010年第2期。

岩满族自治县,共 44 个县(市、区)。此外,吉林省通化、梅河口、长白、抚松一带山地和黑龙江省抚远的二屯方言岛、虎林方言岛也属胶辽官话。① 从历史上看,东北地区的胶辽官话是由山东半岛的居民带来的。辽东半岛南部与胶东地区的方言特征更为接近,越往北,胶辽官话的典型特征越弱。②

1. 语音特点

胶辽官话的语音特点主要有以下三个方面。

(1) 古清入今读上声,这是胶辽官话最主要的特征,也是判断胶辽官话的首要标准,见表 2-11。

表 2-11 胶辽官话古清入字今读表

	割	八	发	哭	福	咳	渴	笔	客	壁
烟台	ka$^\text{上}$	pa$^\text{上}$	fa$^\text{上}$	k^{h}u$^\text{上}$	fu$^\text{上}$	k^{h}ə$^\text{上}$	k^{h}a$^\text{上}$	pi$^\text{上}$	k^{h}ə$^\text{上}$	pi$^\text{上}$
大连	ka$^\text{上}$ kə$^\text{上}$	pa$^\text{上}$	fa$^\text{上}$	k^{h}u$^\text{上}$	fu$^\text{上}$	k^{h}ə$^\text{上}$	k^{h}ə$^\text{上}$ k^{h}a$^\text{上}$	pi$^\text{上}$	k^{h}ə$^\text{上}$	pi$^\text{上}$
诸城	ka$^\text{上}$	pa$^\text{上}$	fa$^\text{上}$	k^{h}u$^\text{上}$	fu$^\text{上}$	k^{h}ə$^\text{上}$	k^{h}ə$^\text{上}$	pi$^\text{上}$	k^{h}ə$^\text{上}$	pi$^\text{上}$
丹东	ka$^\text{上}$ kə$^\text{上}$	pa$^\text{上}$	fa$^\text{上}$	k^{h}u$^\text{上}$	fu$^\text{上}$	k^{h}ə$^\text{上}$	k^{h}ə$^\text{上}$ k^{h}a$^\text{上}$	pi$^\text{上}$	k^{h}ə$^\text{上}$	pi$^\text{上}$

(2) 止摄开口日母 "儿" "二" "而" "耳" "饵" 等字,山东威海、文登、烟台、蓬莱、招远、莱阳,辽宁大连、庄河、普兰店、营口、丹东等读[ər]。山东胶莱河平原以西大多读[lə],如胶南、胶州、即墨、崂山、寒亭、昌邑、高密、安丘、诸城、五莲、临朐、青州、沂水等。其他日母

---

① 参见中国社会科学院语言研究所等编:《中国语言地图集(第 2 版)》,第 49—50 页。
② 参见张树铮:《山东方言语音特征的扩散方向和历史层次》,《山东大学学报(哲学社会科学版)》,2007 年第 5 期。

字一般读零声母,少数读[l],见表 2-12。

表 2-12 胶辽官话古日母字今读表

	肉	让	软	扔
烟台	iou 去	iaŋ 去	yan 上	ləŋ 阴平
大连	iou 去	iaŋ 去	yan 上	ləŋ 阴平
诸城	iou 去	iaŋ 去	yan 上	ləŋ 阴平
青州	lou 去	laŋ 去	luã 上	ləŋ 阴平
临朐	lou 去	laŋ 去	luã 上	ləŋ 阴平
丹东	iou 去	iaŋ 去	yan 上	ləŋ 阴平

青州、临朐"肉""让""软""扔"等字均读[l],与来母相混,跟山东西部章丘、淄博、东营一带的方言一致。

(3) 古知庄章组多数地区读两套声母。如烟台"支"[tsʅ 阴平] ≠ "知"[tɕi 阴平],"愁"[tsʰou 阳平] ≠ "绸"[tɕʰiou 阳平],"梳"[su 阴平] ≠ "书"[ɕy 阴平];诸城"支"[tʂʅ 阴平] ≠ "知"[tʃi 阴平],"愁"[tʂʰou 阳平] ≠ "绸"[tʃʰiou 阳平],"梳"[ʂu 阴平] ≠ "书"[ʃu 阴平]。①

2. 内部分片及代表点音系

胶辽官话分登连片、青莱片、盖桓片。

登连片主要分布在山东和辽宁两省的 21 个县(市、区),又下分烟威、蓬龙和大岫三个小片。这一片区位于胶辽半岛最南端和山东半岛最东部,大部分被海洋包围,受其他方言影响较小,因此最具胶辽官话的典型特征:

① 清入和一些次浊入声字一同归入上声。如烟台"福 非"[fu 上]、"七 清"[tɕʰi 上]、"麦 明"[mo 上]、"落 来"[luo 上]、"月 疑"[yø 上]。

---

① 烟台方言和诸城方言语料引自侯精一主编:《现代汉语方言概论》,第 22 页。

② 部分方言区分尖团音。如荣成、文登、威海等"精"[tsiŋ⁸⁵ᵖ] ≠ "经"[ciŋ⁸⁵ᵖ],"取"[tsʰy⁸ᵖ] ≠ "曲"[cʰy⁸ᵖ],"修"[siou⁸⁵ᵖ] ≠ "休"[ɕiou⁸⁵ᵖ];烟台、海阳等"精"[tɕiŋ⁸⁵ᵖ] ≠ "经"[ciŋ⁸⁵ᵖ],"取"[tɕʰy⁸ᵖ] ≠ "曲"[cʰy⁸ᵖ],"修"[ɕiou⁸⁵ᵖ] ≠ "休"[ɕiou⁸⁵ᵖ]。辽宁只有长海县一处分尖团,如"精"[tʃiŋ⁸⁵ᵖ] ≠ "经"[ciŋ⁸⁵ᵖ],其他地区均不分尖团,都读[tɕ,tɕʰ,ɕ]。①

③ 古蟹止山臻摄合口一三等端系字多数没有[-u-]介音。如烟台"对"[tei⁸ᵖ]、"尊"[tsən⁸⁵ᵖ]、"乱"[lan⁸ᵖ]。

④ 古曾梗摄开口一二等入声韵,一般读为[ɤ]([ə])或[ɛ]。如烟台"窄"[tsɤ⁸ᵖ]、"色"[sɤ⁸ᵖ]、"贼"[tsɤ⁸ᵖ],荣成"墨"[mɛ⁸ᵖ]。

兹以大连为例,列举音系如下。②

大连音系

声母(21个)

p	布别	pʰ	怕偏	m	门棉	f	飞冯	
t	豆定	tʰ	汤田	n	内年			l 路吕
ts	紫追	tsʰ	草吹			s	苏山	
tʂ	张专	tʂʰ	超船			ʂ	收说	
tɕ	精经	tɕʰ	旗劝			ɕ	休鞋	
k	贵钢	kʰ	开口			x	灰胡	
Ø	安肉午元而							

说明:

① [n]与齐齿呼、撮口呼相拼实际音值为[ȵ]。

② [tʂ,tʂʰ,ʂ]的发音部位偏前。

---

① 山东方言和辽宁方言语料引自钱曾怡主编:《汉语官话方言研究》。

② 大连音系参考陈章太、李行健主编:《普通话基础方言基本词汇集·语音卷》,第733—734页。

③ 零声母与开口呼相拼略带[ɣ]或[ʔ],与合口呼相拼略带[v]或[ʋ]。

韵母(37 个)

ɿ	死纸	i	细急	u	故木	y	鱼入
ʅ	世直						
ər	儿尔						
a	茶八	ia	加瞎	ua	瓜刷		
		ie	茄血			ye	靴月
ɣ	课佛			uɣ	锅昨		
ai	海败	iai	阶蟹	uai	怪帅		
əi	倍力			uəi	灰吹		
au	毛饱	iau	条交				
əu	走丑	iəu	流肉				
an	三满	ian	减眼	uan	官船	yan	权圆
ən	根森	in	斤人	uən	寸文	yn	群勋
aŋ	党仓	iaŋ	讲良	uaŋ	光床		
əŋ	庚横	iŋ	灵星	uŋ	翁东	yŋ	松雄

说明:

① [ai,iai,uai,an,ian,uan,yan]中的[a]实际音值是[æ];[au,iau,aŋ,iaŋ,uaŋ]中的[a]实际音值是[ɑ]。

② [ie,ye]中的[e]实际音值是[ɛ]。

③ [ər]有[ər,ɑr]两个变体,"儿"读[ər],"而""耳""饵""尔""二"读[ɑr]。

声调(4 个)

阴平	312	诗梯开勃
阳平	34	时题鹅急

上声　　　213　　　使体你革
去声　　　53　　　 试替近六

青莱片分布在山东省的 15 个县(市、区)，下分胶莲、莱昌和青临三个小片。西部、南部与冀鲁官话相接，主要特征如下：

① 除青州、临朐、寒亭外，大多分尖团，如莱州"间"[tɕiã^{阴平}] ≠ "尖"[tsiã^{阴平}]，"牵"[tɕʰiã^{阴平}] ≠ "千"[tsʰiã^{阴平}]，"掀"[ɕiã^{阴平}] ≠ "先"[siã^{阴平}]。

② 古曾梗摄开口一二等入声韵读[ei]，如莱州、青岛、青州的"窄"[tʂei^{上}]、"色"[ʂei^{上}]、"贼"[tsei^{去}]、"墨"[mei^{去}]。

③ 古止摄三等开口日母大多读[lə]，如诸城"儿"[lə^{阳平}]、"耳"[lə^{上}]、"二"[lə^{去}]。

④ 古咸深山臻四摄今读鼻化韵，如青岛"山"[ʂã^{阴平}]、"咸"[ɕiã^{阳平}]、"深"[ʂẽ^{阴平}]、"斤"[tɕiẽ^{阴平}]。

兹以青岛为例，列举音系如下。①

青岛音系

声母(26 个)

p	布步	pʰ	怕盘	m	门米	f	飞冯	
t	到道	tʰ	太同	n	南女			l 蓝扔
ts	增精	tsʰ	从清			s	苏须	
tʂ	争摘	tʂʰ	巢测			ʂ	师色	ɭ 儿耳
tɕ	经局	tɕʰ	权缺			ɕ	虚瞎	
tʃ	蒸专	tʃʰ	抽春			ʃ	书顺	

---

① 青岛音系参考陈章太、李行健主编：《普通话基础方言基本词汇集·语音卷》，第 777—778 页。

| k | 贵跪 | kʰ | 开葵 | | | x | 化胡 | ɣ | 岸欧 |

| ∅ | 言软元 |

说明：

① [n]逢细音为[ȵ]。

② [ts, tsʰ, s]与细音相拼有舌面前音色彩。

③ 老派[l̩]与韵母[ə]相拼，如"儿""耳""二"等，新派一律读[ər]。

④ 新派零声母与合口呼([u]韵除外)相拼，实际音值为[v]。

韵母(32个)

ɿ	资知	i	地日	u	书不	y	欲如
ʅ	支师						
a	爬割	ia	架甲	ua	花刮		
ɛ	盖开	iɛ	介矮	uɛ	外快		
ɔ	烧曹	iɔ	咬绕				
ə	波儿	iə	铁热	uə	过国	yə	脚弱
ou	收欧	iou	流肉				
ā	胆短	iā	言然	uā	完宽	yā	远软
ē	根吞	iē	银人	uē	村温	yē	云闰
aŋ	党昌	iaŋ	洋让	uaŋ	王壮		
oŋ	争忠翁	ioŋ	英拥荣				

说明：

① [u]与[tʃ, tʃʰ, ʃ]相拼，实际音值近[ʮ]。

② [ə]与唇音相拼实际音值近[o]，与[l̩]相拼实际音值近[ɯ]。

③ [iə, yə]中的[ə]近[ɛ]。

声调(3个)

| 平声 | 213 | 诗衣乌冤 |

| 上声 | 55 | 使椅竹足 |
| 去声 | 42 | 是姨物局 |

盖桓片主要分布在辽宁省 7 个县(市、区)和黑龙江省虎林市,北部与东北官话相接,方言特征与东北官话十分相近,主要有:

① 不分尖团,都读[tɕ, tɕʰ, ɕ],如丹东"精=经"[tɕiŋ^{阴平}]、"清=轻"[tɕʰiŋ^{阴平}]、"星=兴"[ɕiŋ^{阴平}]。

② 古曾梗摄开口一二等入声韵今读[ai, ɤ, ei],与东北官话基本相同,与登连片和青莱片不同,如丹东"色"[sai^{上}]、"墨"[mɤ^{去}]、"贼"[tsei^{阳平}]。

胶东话的调查研究起步较早。元代于钦《齐乘》(6卷)后附《齐乘释音》一卷,注释了一些齐地方言的异读、地名字读音。清末和民国时期修撰的方志亦有相关记载,如《胶州志》(1845)、《胶澳志》(1928)、《莱阳县志》(1935)、《牟平县志》(1936)、《潍县志稿》(1941)等。

20 世纪五六十年代,为了推广普通话,出版了一系列方言与普通话对照手册,如吉林省推广普通话工作委员会《吉林人学习普通话手册》(1959)、山东省方言调查指导组《胶东人怎样学习普通话》(1960)等。20 世纪 80 年代以来,许多地方编写了方言志,如钱曾怡等《烟台方言报告》(1982)、赵日新等《即墨方言志》(1991)、罗福腾《牟平方言志》(1992)、李行杰《青岛话音档》(1999)等。

专门探讨胶辽官话的文章有金贵士《东北黄海沿岸几个地方的语音问题》(1959)、宋学《辽宁语音说略》(1963)、钱曾怡《文登、荣成方言中古全浊平声的读音》(1981)、钱曾怡等《山东诸城、五莲方言的声韵特点》(1984)、刘翠香《山东栖霞方言中表示处所/时间的介词》(2004)等。

（五）中原官话

中原官话横跨河南、河北、山东、江苏、安徽、山西、陕西、甘肃、宁夏、青海、新疆、四川等 12 个省（自治区），共 400 个县（市、区），使用人口约 2 亿。重要特征是古清入、次浊入今读阴平，全浊入今读阳平，见表 2-13。

表 2-13 中原官话古入声今读表

		落 来铎	学 匣觉	百 帮陌	石 禅昔
信蚌片	信阳	luo阴平	ɕyo阴平	pɛ阴平	sʅ阳平
商阜片	阜阳	luo阴平	ɕyo阴平	pɛ阴平	sʅ阳平
徐淮片	徐州	luə阴平	ɕyə阳平	pe阴平	sʅ阳平
兖菏片	枣庄	luə阴平	ɕyə阳平	pe阴平	sʅ阳平
郑开片	郑州	luo阴平	ɕyo阳平	pɛ阴平	sʅ阳平
洛嵩片	洛阳	luə阴平	ɕiə阳平	pæ阴平	ʂi阳平
关中片	西安	luɤ阴平	ɕyɤ阳平	pei阴平	sʅ阳平
汾河片	洪洞	lo阴平	ɕio阳平	pɛ阴平	sʅ阳平
秦陇片	岐山	luo阴平	ɕyo阳平	pei阴平	sʅ阳平
陇中片	天水	luə平	ɕyə平	pei平	sʅ平
河州片	乐都	luɤ平	ɕyɤ平	piE平	sʅ平
南疆片	焉耆	luo平	ɕyɛ平	pei平	sʅ平

说明：信阳方言语料引自叶祖贵《信阳地区方言语音研究》；阜阳语料引自陈章太、李行健《普通话基础方言基本词汇集·语音卷》；徐州语料引自江苏省和上海市方言调查指导组编《江苏省和上海市方言概况》；枣庄语料引自张凯、葛婷《枣庄方言语音研究》；郑州语料引自卢甲文《郑州方言志》；洛阳语料引自贺巍《洛阳方言研究》；西安语料引自孙立新编《西安方言研究》；洪洞语料引自乔全生《洪洞方言研究》；岐山语料引自吴媛、韩宝玉《岐山方言调查研究》；天水语料引自朱富林编著《甘肃方音字汇》；乐都语料引自曹志耘、邵朝阳《青海乐都方言音系》；焉耆语料引自刘俐李《焉耆汉语方言研究》。下同。

1. 内部分片及代表点音系

中原官话可分为14片,郑开片、洛嵩片、南鲁片、漯项片、商阜片、信蚌片、兖菏片、徐淮片、汾河片、关中片、秦陇片、陇中片、河州片、南疆片。

（1）郑开片

分布在河北大名、魏县_{县城以东}以及河南郑州、开封等地,共24个县(市、区)。主要特点如下：

① 古知庄章三组大都读[tʂ, tʂʰ, ʂ],与北京话的规律大致相同。如"站"[tʂan^去]、"庄"[tʂuaŋ^{阴平}]、"穿"[tʂʰuan^{阴平}]等。

② 古曾摄开口一等、三等庄组和梗摄开口二等的入声字,今大都读[ɛ]韵。如郑州、新郑、通许、封丘、尉氏"百柏伯"[pɛ^{阴平}]、"德得"[tɛ^{阴平}]、"则"[tsɛ^{阴平}]、"肋勒"[tsɛ^{阴平}]、"拆_{~开}测侧策册"[tsʰɛ^{阴平}]等。

③ 除魏县、大名、清丰、内黄等少数方言外,大多有Z变韵。如郑州、开封"柿^Z"[ʂou^去]、"梯^Z"[tʰiou^{阴平}]、"刷^Z"[ʂuau^{阴平}]。

兹以郑州为例,列举音系如下。①

郑州音系

声母(22个)

p	布比	pʰ	普盘	m	门麻	f	飞符		
t	到灯	tʰ	太天	n	难女			l	兰吕
ts	糟节	tsʰ	曹齐			s	散旋		
tʂ	招蒸	tʂʰ	潮昌			ʂ	扇声	ʐ	忍软
tɕ	经九	tɕʰ	丘桥			ɕ	休歇		

---

① 郑州音系参考卢甲文：《郑州方言志》,语文出版社,1992年,第11—13页。

| k | 贵古 | kʰ | 葵口 | | | x | 化厚 |
| ø | 言碗 | | | | | | |

说明：

① [n]与齐齿呼、撮口呼相拼时，实际音值为[ɲ]。

② [tʂ, tʂʰ, ʂ, ʐ]的发音部位偏前。

③ [tɕ, tɕʰ, ɕ]的发音部位偏后。

④ 零声母与开口呼相拼时略带[ɣ]。

韵母(42个)

ɿ	资四	i	第一	u	故木	y	雨举
ʅ	支直						
ɭ	耳而						
a	爬大	ia	架夹	ua	花话		
o	婆摸			uo	过活	yo	确约
ɤ	河各						
ɛ	色窄	iɛ	姐接	uɛ	国	yɛ	靴月
ʅɛ	蛇社						
ai	盖买			uai	怪帅		
ei	北妹			uei	桂委		
au	袄桃	iau	条桥				
ou	斗收	iou	流救				
an	胆竿	ian	间减	uan	短专	yan	权卷
ən	根神	in	紧邻	uən	魂尊	yn	均云
aŋ	党方	iaŋ	讲娘	uaŋ	光望		
əŋ	更正	iŋ	灵平	uəŋ	翁		
				uŋ	同送	yuŋ	琼胸

说明：

① [u]与[f]相拼时，实际音值是[ʋ]。

② [o,uo,yo,ou,iou]中的[o]略展。

③ [ʴɛ]只拼舌尖后音。

④ [uəŋ]只与零声母相拼。

声调(4个)

阴平	24	猜衣笔麦
阳平	42	才移杂佛
上声	53	彩椅乙闸
去声	312	菜意玉剧

（2）洛嵩片

分布在河南洛阳、嵩县、巩义、登封等 15 个县(市、区)，主要特点如下：

① 古知庄章组今读两套。以洛阳为例，知组二等逢开口呼读[ts, tsʰ, s]，合口呼读[tʂ, tʂʰ, ʂ]，如"罩"[tsau去]、"茶"[tsʰa阳平]、"桌"[tʂuɤ阴平]、"赚"[tʂuan去]等；庄组不论等摄逢开口呼读[ts, tsʰ, s]，合口呼读[tʂ, tʂʰ, ʂ]，如"查"[tsʰa阳平]、"纱"[sa阴平]、"壮"[tʂuaŋ去]、"窗"[tʂʰuaŋ阴平]等；章组除止摄开口呼读[ts, tsʰ, s]，其他都读[tʂ, tʂʰ, ʂ]，如"支"[tsʅ阴平]、"翅"[tsʰʅ去]、"臭"[tʂʰou去]、"手"[ʂou上]等。

② 儿化韵大都以[-ɯ]收尾。例如，洛阳"树枝儿"[ʂu去 tsəɯ阴平]、"竹批儿"[tʂu阴平 pʰiɯ阴平]、"小兔儿"[siau上 tʰuɯ去]、"小驴儿"[siau上 lyɯ阳平]。

兹以洛阳为例，列举音系如下。①

---

① 洛阳音系参考贺巍:《洛阳方言研究》，社会科学文献出版社，1993 年，第 29—31、36 页。

洛阳音系

声母(23个)

p	巴比包般	pʰ	婆皮排朋	m	米梅猫满	f	飞粉翻方	v	武味晚文
t	多肚袋队	tʰ	台桃头谈	n	奴奶年娘			l	梨连林兰
ts	枝早剪精	tsʰ	茶财愁枪			s	丝山心箱		
tʂ	知猪专中	tʂʰ	迟稠穿城			ʂ	湿书烧升	ʐ	肉绕人让
tɕ	鸡锯军脚	tɕʰ	去桥钳琴			ɕ	许晓贤兄		
k	古狗高缸	kʰ	苦考开看			x	河海后很		
∅	安藕衣鱼								

韵母(36个)

ï	枝丝池日	i	米里旗洗	u	布普肚路	y	女吕取渠
a	马打拿茶	ia	家架夏鸭	ua	抓挂花娃		
ə	薄遮车摸	iə	嚼脚学药	uə	拖锅桌说		
		iɛ	爹姐茄叶			yɛ	瘸绝决穴
æ	排奶栽宅			uæ	摔怪坏获		
ei	杯梅贼笔			uei	对退类醉		
əu	头走收肉	iəu	酒柳球袖				
ɔ	帽刀早好	iɔ	表条焦轿				
an	盘满胆战	ian	边店天见	uan	短酸官碗	yan	全选劝元
ən	笨粉针深	in	贫信金勤	un	顿春顺滚	yn	论俊群晕
aŋ	帮糖狼桑	iaŋ	良姜香羊	uaŋ	庄窗光筐		
əŋ	崩风绳更	iŋ	明零精星	uŋ	东葱肿红	yŋ	松穷胸用
ɯ	耳二黑给						

说明：

① [u]与[m,v]相拼是自成音节的[m̩,v̩]，与[f]相拼为[fv̩]。

② [an,ian,uan,yan]中的[a]实际音值为[ɛ]。

③ [ə]与[p,pʰ,m]相拼略带[u]介音,与[tʂ,tʂʰ,ʂ,ʐ]相拼实际读音是[tʂʅə,tʂʰʅə,ʂʅə,ʐʅə]。

声调(4个)

阴平	33	边偏笔日
阳平	31	平人白合
上声	53	比水有眼
去声	412	父厚岸用

(3)南鲁片

分布在陕西商南以及河南南阳、鲁山、长葛、郏县等地,共29个县(市、区),主要特点如下:

① 古知庄章组大都读[tʂ,tʂʰ,ʂ],与北京话的规律大致相同。

② 古蟹摄合口一等和止摄合口端精组,大都无[u]介音,如南阳、唐河、新野、鲁山等地"堆"[tei阴平]、"对"[tei去]、"推"[tʰei阴平]、"罪"[tsei去]等。

③ "黑""坷""给""胳""核""后"等字大都读[ɯ]韵,如襄城、郏县、临汝、方城等地"黑"[xɯ阴平]、"给"[kɯ阴平]、"胳"[kɯ阴平]、"坷"[kʰɯ阴平]等。除南鲁片、洛嵩片外无此韵。

(4)漯项片

分布在河南漯河、项城、周口、上蔡等17个县(市、区),主要特点如下:

① 古知庄章组大都读[ts,tsʰ,s],如西华、淮阳、周口、漯河、项城等地"租=猪"[tsu阴平]、"走=肘"[tsou上]、"村=春"[tsʰun阴平]、

"仓=昌"[tsʰaŋ^阴平]、"增=征"[tsəŋ^阴平]。

② 古蟹摄合口一等和止摄合口端精组,大都有[u]介音,如上蔡、周口、驻马店、确山等地"推"[tʰuei^阴平]、"嘴"[tsuei^上]、"岁"[suei^去],与南鲁片不同。

(5) 商阜片

分布在河南商丘、睢县、太康以及安徽阜阳、亳州、濉溪等地,共23个县(市、区),主要特点为古知庄章组今读[tʂ,tʂʰ,ʂ],如商丘、柘城、界首、太和等地"猪"[tʂu^阴平]、"桌"[tʂuə^阴平]、"张"[tʂaŋ^阴平]、"成"[tʂʰəŋ^阳平]等。

兹以阜阳为例,列举音系如下。①

阜阳音系

声母(23个)

p	玻布	pʰ	普旁	m	毛门	f	夫双		
t	得都	tʰ	特土	n	脑年			l	路连
ts	资祭	tsʰ	次齐			s	桑西		
tʂ	柱张	tʂʰ	除昌			ʂ	书商	ʐ	如让
tɕ	基足	tɕʰ	欺客			ɕ	希黑		
k	哥古	kʰ	渴苦			x	喝虎	ɣ	熬俺
ø	也闻云								

说明:[n]与齐齿呼、撮口呼相拼实际音值为[ȵ]。

韵母(39个)

| ɿ | 资雌 | i | 衣鲫 | u | 土乌 | y | 迂聚 |

---

① 阜阳音系参考陈章太、李行健主编:《普通话基础方言基本词汇集·语音卷》,第1769—1770页。

ʅ	知是						
a	他爬	ia	家牙	ua	抓花		
ɛ	爱拍			uɛ	歪乖		
ɔ	高烧	iɔ	要表				
e	配推	ie	耶接	ue	威为		
ɤ	鹅车						
				əu	绌雪	yə	月缺
o	播波			uo	窝多	yo	约岳
ou	周欧	iou	修优				
æ̃	安般	iæ̃	烟鲜	uæ̃	弯端	yæ̃	冤园
ã	方帮	iã	想央	uã	窗汪		
ẽ	跟门	iẽ	金林	uẽ	昆春	yẽ	晕云
əŋ	硬亨	iŋ	英兵				
uŋ	轰用	iuŋ	兄倾				
l̩	儿而						

说明：

① [a, ia, ua] 中的 [a] 实际音值为 [ʌ]，[ã, iã, uã] 中的 [a] 实际音值为 [ɑ]。

② [ʅ] 稍带摩擦。

声调(4个)

阴平	213	妈诗识北
阳平	55	麻时石甲
上声	24	马使孔体
去声	51	是动式六

(6) 信蚌片

分布在河南信阳、桐柏、息县以及安徽蚌埠、金寨等地,共 21 个县(市、区),主要特点如下:

① 古深臻与曾梗摄阳声韵合流,如信阳、寿县、蚌埠、五河等地"跟根=庚羹更耕"[kən阴平]、"斤巾金=京荆经"[tɕin阴平]、"辛欣=兴"[ɕin阴平]。其他各片均不合流。

② 一些方言古泥来母相混,读[l],如桐柏、信阳、罗山、光山、新县、潢川、固始、商城、霍邱、凤台等地"难南男楠=篮蓝兰栏拦"[lan阳平]、"奴=卢炉"[lu阳平]。

③ 一些方言古晓匣母合口呼与非组相混,如信阳"夫=呼"[fu阴平]、"房=皇"[faŋ阳平],寿县"非=灰"[xuei阴平]、"方=荒"[xuaŋ阴平]。

兹以信阳为例,列举音系如下。①

信阳音系

声母(20 个)

p	八不步别	pʰ	盘怕皮旁	m	门面毛埋	f	飞罚互风		
t	夺到道担	tʰ	同太土叹					l	兰难怒路
ts	糟争招重	tsʰ	从吵畅船			s	森帅是生	z	仁日拥容
tɕ	剑焦猪倦	tɕʰ	腔秋春居	ȵ	年娘牛泥	ɕ	勋小顺旋		
k	甘古干贵	kʰ	开葵哭扛	ŋ	硬袄昂岸	x	河海很杭		
ø	玩延约雨								

说明:

① [ȵ]的发音部位稍后,近[ɲ]。

② 零声母与合口呼相拼,实际音值近[v]。

---

① 信阳音系参考叶祖贵:《信阳地区方言语音研究》,中国社会科学出版社,2014 年,第 20—21 页。

韵母(41个)

ɿ	资吃支师	i	第几踢衣	u	布母胡故	y	鱼吕虚出
a	马挖发花	ia	家下架压	ua	瓜夸抓挎		
ɛ	蛇车或黑	iɛ	姐铁别夜	uɛ	国	yɛ	靴缺说月
ɚ	而二儿耳						
ɤ	歌可河贺						
o	波破摸活			uo	多桌科禾	yo	略岳确药
ai	帅盖来爱	iai	界街械研	uai	怪快乖块		
ei	妹堆退最			uei	归亏桂葵		
au	饱桃靠好	iau	挑票交腰				
ou	丑读鹿醋	iou	丢球刘优				
an	胆酸竿换	ian	面间连言	uan	关宽管款	yan	权宣船软
ən	根庚孙硬	in	林心星灵	uən	滚捆困棍	yn	军云顺唇
aŋ	党床黄康	iaŋ	江枪娘央	uaŋ	光广筐矿		
oŋ	东用农聋			uoŋ	翁嗡瓮	yoŋ	胸雄熊兄
ṇ	你	ү̣	屋吴五雾				

说明:

① [i-,y-](包括[i,y])与零声母相拼摩擦显著,老年人尤为突出。

② [u-](包括[u])与[k,kʰ]相拼,有时读成[v]或[ʋ]。

③ [a,ia,ua,au,iau,aŋ,iaŋ,uaŋ]中的[a]实际音值为[A]。

④ [ɛ,iɛ,uɛ]中的[ɛ]舌位略高。

⑤ [o,ou,iou]中的[o]舌位略前,开口度不大。

声调(4个)

阴平	213	衣昏知天惜八药桌
阳平	33	时婆服田白截昨毒
上声	35	每马老火九主晚水

去声　　　53　　　　付注稻旱见到电汗

说明：阳平的终点略高，介于3与4之间。

(7) 兖菏片

分布于河南范县、台前以及山东兖州、菏泽、枣庄等地，共33个县(市、区)，主要特点如下：

① 阴平为213曲折调，是本片"山东口音"区别于"河南口音"的主要特点。

② 一些方言"抓""猪""庄""吹""初""窗""刷""树""双"等字声母为[pf, pfʰ]，如泗水、枣庄、滕州等地"抓"[pfa^阴平]、"吹"[pfʰei^阴平]等。

③ 北京话[ʂ]与合口呼相拼的字，郓城、菏泽、平邑、泗水、滕州、郯城等地声母今读[f]，如"刷＝发"[fa^阴平]、"鼠＝府"[fu^上]、"树＝富"[fu^去]等。其他各片这两类字的声母不同。

(8) 徐淮片

分布在安徽淮北、砀山、萧县以及江苏徐州、丰县等地，共14个县(市、区)，主要特点如下：

① 本片和其他各片的差别主要表现在4个声调的调值上，见表2-14。

表2-14　徐淮片与其他片调值差异表

调类	例字	徐淮片 徐州	兖菏片 兖州	郑开片 郑州	洛嵩片 洛阳	南鲁片 南阳	漯项片 漯河	商阜片 商丘	信蚌片 信阳
阴平	刚知专尊丁	213	213	24	33	35	24	24	24
阳平	穷陈床才唐	55	42	42	31	31	53	52	53
上声	古展纸走短	35	55	55	53	55	55	55	55
去声	盖帐正醉对	51	312	31	412	41	31	31	312

除了阴平调值与兖菏片相同外,其他声调的调值都与各片存在明显差别。

② 不分尖团,如徐州、铜山、砀山、邳州、宿迁等地"齐＝旗"[tɕʰi阳平]、"洗＝喜"[ɕi上]、"全＝拳"[tɕʰyan阳平]。

兹以徐州为例,列举音系如下。①

徐州音系

声母(24个)

p	板边步	pʰ	怕飘盘	m	门米母	f	飞费父	v	味碗万王
t	到地毒	tʰ	太天图	n	南努			l	兰六路吕
ts	灾祖站	tsʰ	粗茶产			s	赛苏杀		
tʂ	制主桌	tʂʰ	车厂船			ʂ	手书所	ʐ	热肉软
tɕ	鸡集举	tɕʰ	秋前去	ȵ	你年女	ɕ	修席许		
k	贵给共	kʰ	课开狂			x	海化豪		
∅	爱儿研威云								

韵母(37个)

ɿ	资支时	i	低飞七惜	u	粗不木卒	y	居余律绿
ʅ	知池失日						
ər	儿二						
ɑ	爬沙法	iɑ	家匣辖	uɑ	瓜挂刮		
ɔ	包赵高	iɔ	表桥挑				
ə	波遮歌合舌	iə	爹借叶铁	uə	多科说郭	yə	靴缺学药
ɛ	抬排柴	iɛ	街鞋涯	ɜu	摔怪怀		
e	杯北责色			ue	堆水威桂		

---

① 徐州音系参考江苏省和上海市方言调查指导组编:《江苏省和上海市方言概况》,江苏人民出版社,1960年,第51—52页。

ou	偷手口	iou	流球油				
æ	搬班甘	iæ	减连天	uæ	官关万	yæ	宣元犬
ə	针门分	iə	今贫信	uə	村论文	yə	军巡云
ɑŋ	帮胖唱	iɑŋ	江良羊	uɑŋ	窗庄光		
əŋ	明登庚成	iŋ	冰青迎	uŋ	东虫松	yŋ	穷兄永

说明：

① [ɑ, iɑ, uɑ]中的[ɑ]舌位偏央。

② [ə, yə]中的[ə]舌位偏后。

③ [i]韵母逢阴平时末尾略开，音近[iɪ]。

④ [ou, iou]中的[ou]动程较小。

⑤ [æ, iæ, uæ, yæ]中的[æ]略关。

声调(4个)

阴平	313	刚开婚急出黑各尺说入
阳平	55	穷寒鹅局合
上声	35	古口好五
去声	51	是社盖抗汉共害岸

(9) 汾河片

分布在山西运城、永济、闻喜、新绛、临汾、洪洞，陕西韩城、合阳等29个县(市、区)。可分为平阳小片、绛州小片、解州小片。主要特点如下：

① 古全浊声母清化，今塞音、塞擦音无论平仄，多数送气，如新绛"婆"[pʰə^阳平]、"跪"[kʰuei^去]①。

② 北京话[tʂ, tʂʰ, ʂ, ʐ]拼合口呼的字，汾河片(平阳小片除外)声

---

① 新绛方言语料引自朱耀龙编著：《新绛方言志》，山西高校联合出版社，1990年。

母读[pf,pfʰ,f,v]，如运城"主"[pfu⊥]、"出"[pfʰu阴平]、"暑"[fu⊥]、"入"[vu阴平]①。

③ 假摄三等有文白异读，文读主元音是[ɛ,ɛ,e]，白读主元音是[a,ɑ]，如运城"借"[tɕiɛ去,tɕia去]、"车"[tʂʰɛ阴平,tʂʰa阴平]。

④ 宕摄舒声韵有文白异读，文读为[aŋ,iaŋ,uaŋ]，白读与果摄合流，主元音为[o]，如洪洞"狼"[laŋ阳平,lo阳平]"。

⑤ 曾梗摄舒声韵白读不合流，如洪洞"蒸"[tʂe阴平]≠"争"[tsɛ阴平]。梗摄二等舒声韵与三四等白读不同，如运城"争"[tʂa阴平]≠"正"[tʂɛ阴平]。

兹以闻喜为例，列举音系如下。②

闻喜音系

声母(23个)

p	巴半布比	pʰ	坡拔步皮	m	妈麦慢米					
pf	猪中庄转	pfʰ	除床虫出			f	发方双唇	v	闻软如戎
t	都定兵比	tʰ	天地皮辫					l	来路米男
ts	走糟纸招	tsʰ	存产杂赵			s	沙四柴锄	z	日耳认让
tɕ	将节姜结	tɕʰ	秋舅贱起	ȵ	泥硬有牛	ɕ	小星晓查		
k	古公广革	kʰ	开客跪起	ŋ	安傲我牛	x	化魂杏鞋		
Ø	而羊远荣								

说明：[ts,tsʰ,s,z]舌位比北京话靠后，接近舌叶音[tʃ,tʃʰ,ʃ,ʒ]。

韵母(37个)

ɿ	资字师实	i	衣贝黑追	u	五布谋毒	y	鱼居虚吕

---

① 运城方言语料引自吕枕甲：《运城方言志》，山西高校联合出版社，1991年。
② 闻喜音系参考侯精一、温端政主编：《山西方言调查研究报告》，山西高校联合出版社，1993年，第666—668页。

a	巴打拿车	ia	家茄野夏	ua	瓜蛙化垮	ya	瘸
ə	歌多床汤	iə	羊量药确	uə	坐朵课火		
ɛ	涉车色宅	iɛ	介病冷鞋			yɛ	决靴悦横
ər	二而儿尔						
ai	台柴鞋败	iai	该碍改衰	uai	歪乖坏快		
ei	贼北开黑			uei	最为苇危	yei	对鬼灰国
au	包高考招	iau	交小桥表				
əu	头走狗生	iəu	流又秋生				
ã	丹板贪咸	iã	安连天干	uã	乱团管短	yã	园权泉怨
eĩ	根恩人灯	ieĩ	今心银巾	ueĩ	温顿尊孙	yeĩ	云军俊允
ɯŋ	刚争戎床	iɯŋ	形病象羊	uŋ	东黄矿横	yŋ	凶永兄容

说明：

① [u, uŋ]中的[u]，实际发音唇形略闭。

② [ɛ]的实际音值在[ε]和[ə]之间。

③ [ai, ã, iã, uã, yã]中的[a]实际音值是[æ]。

声调(4个)

阴平	31	刚开婚工商秋天甲碧勿辣
阳平	213	穷陈人龙寒近共帽白释觅
上声	45	占我有女比买九板督僻抹
去声	51	欠对暗送菜盖黑笔入麦月

(10) 关中片

分布在陕西西安、高陵、蓝田、铜川、咸阳、武功、渭南、潼关、华阴、商洛、华县、甘肃宁县、宁夏泾源、河南灵宝等48个县(市、区)。主要特点如下：

① 北京话[tʂ, tʂʰ, ʂ, ʐ]拼合口呼的字，大多数方言读[tʃɥ-, tʃʰɥ-, ʃɥ-, ʒɥ-]或[tsɥ-, tsʰɥ-, sɥ-, zɥ-]，少数读[pfu, pfʰu, fu, vu]。如西安"煮"[pfu⁺]、"出"[pfʰu阴平]、"树"[fu去]、"入"[vu阳平]。

② 古泥来母不混，如西安"南"[nã阳平] ≠ "蓝"[lã阳平]、"年"[niã阳平] ≠ "连"[liã阳平]。

③ 古深臻摄与曾梗摄不混，如西安"审"[ʂẽ⁺] ≠ "省"[ʂəŋ⁺]、"林"[liẽ阳平] ≠ "灵"[liŋ阳平]。

兹以西安为例，列举音系如下。①

西安音系

声母(26个)

p	保败冰布	pʰ	怕排胖扑			m	妈卖木毛	
pf	捉猪中装	pfʰ	闯春出穿	f	发房风水			v	文物入网
t	大到都等	tʰ	它秃天梯			n	拿难牛咬	l	李老楼凉
ts	昨在只早	tsʰ	查菜草次	s	师山梢生			
tʂ	织张正这	tʂʰ	迟超昌城	ʂ	上手失少			ʐ	肉人然热
tɕ	鸡交九居	tɕʰ	齐掐区圈	ɕ	西现徐玄			
k	哥盖高谷	kʰ	康看可哭	x	瞎孩航红	ŋ	我爱安欧	
ø	阿五有元							

说明：[n]拼齐齿呼实际音值为[ɲ]。

韵母(39个)

ɿ	资次刺丝四	i	低梯西米里	u	不扑出胡古	y	举取女虚驴
ʅ	直知吃世失						

---

① 西安音系参考兰宾汉：《西安方言语法调查研究》，中华书局，2011年，第11—12页。

ɚ	二儿耳而日						
ɑ	妈他打拉啥	iɑ	加掐夏牙俩	uɑ	爪花画夸娃		
ɛ	代太来再买	iɛ	接姐写切野	uɛ	外块怪坏怀	yɛ	雪决缺月劣
ɯ	圪疙胳咳核						
ɤ	哥可我说热						
o	菠薄坡没磨	uo	多脱喝坐罗			yo	药脚确学削
ei	白赔妹黑贼	uei	对会最累腿				
ɑu	保跑早到老	iɑu	表漂小叫妙				
ou	斗头走猴肉	iou	牛流酒秋袖				
ã	班盼反站兰	iã	变面见前线	uã	弯断团暖欢	yã	捐圈选宣园
ẽ	本分门跟问	iẽ	宾民林心金	uẽ	村论孙困魂	yẽ	云运军群训
əŋ	朋梦灯虫省	iŋ	京轻醒灵明	uŋ	东龙从松工	yŋ	穷雄用容荣
ɑŋ	当方堂狼忙	iɑŋ	江香奖想箱	uɑŋ	光广逛皇慌		

说明：

① [ɑ]实际音值为[A]。

② [u]和[pf, pfʰ, f, v]相拼时，实际音值是[ʋ]。

声调(4个)

阴平	21	新春秋黑立桌吃兵冬风
阳平	24	年来钱刘还明从回流强
上声	53	早走脑好跑水土暖椅马
去声	55	到醉会电坏累饭贵世界

(11) 秦陇片

分布在陕西宝鸡、岐山、凤翔、扶风、眉县、陇县、太白、略阳，宁夏彭阳、海原、盐池_{东片}、青海西宁、平安、湟中、湟源、华隆、甘肃庆阳、泾川、灵台、庆城、成县、礼县、舟曲、岷县、武山、四川九寨沟等 63 个县（市、区）。主要特点如下：

① 多数方言前后鼻音不分，如岐山"深＝声"[ʂəŋ阳平]、"民＝明"[miŋ阳平]。

② 古泥来母今逢洪音相混，逢细音有别，如岐山"男＝兰"[læ阳平]、"年"[ȵiæ阳平]≠"连"[liæ阳平]。

兹以岐山为例，列举音系如下。①

岐山音系

声母(26 个)

p	布巴玻饱	pʰ	步坡怕杯	m	磨马门民	f	飞非冯妇	v	微围危娃
t	带到夺堆	tʰ	太道舵读					l	南蓝连脑老
ts	左糟争渣	tsʰ	仓坐从查			s	丝师诗修		
tʂ	招主蒸知	tʂʰ	昌虫锄出			ʂ	书扇耍水	ʐ	认绕酿柔
ȶ	跌节精丁	ȶʰ	且甜藉提						
tɕ	经结举金	tɕʰ	去穷轿件	ȵ	年硬捏泥	ɕ	虚旋休锨		
k	贵果哥瓜	kʰ	跪柜颗苦	ŋ	岸案袄矮	x	河禾下灰		
ø	延元运约而月								

说明：

① [u]和[pf, pfʰ, f, v]相拼时，实际音值是[ʋ]。

② [ȶ, ȶʰ]实际音值是[tᴢ, tᴢʰ]。

③ [s]与齐齿呼相拼时实际音值是[sʲ]。

韵母(34 个)

| ɿ | 只迟资指 | i | 低离去眉 | u | 夫谋苦做 | y | 女桔曲徐 |

---

① 岐山音系参考吴嫒、韩宝育：《岐山方言调查研究》，中华书局，2016 年，第 10—13 页。

ʅ	如住烛乳						
A	那洒拉八	iA	家夹辖牙	uA	瓜挖刮划		
o	卧拨没摸			uo	果勺脱桌	yo	雀约握虐
ɣ	蛇歌个搁	iɛ	茄姐械滴			yɛ	月掘镢越
ɔ	刀贸稻摸	iɔ	表跃耀飘				
E	来外衰歪			uE	块乖淮拐		
ei	杯披摔则			ui	雷跪国获		
ou	斗收抠	iou	流休九				
ɚ	儿日扔耳						
æ	南拴闲碗	iæ	减颜眼监	uæ	官幻惯端	yæ	轩绢玄联
ɑŋ	帮张庄邦	iɑŋ	良枪江强	uɑŋ	匡光矿黄		
əŋ	深吞登钟	iŋ	林民冰兵	uŋ	敦弘轰东	yŋ	嫩伦倾穷

说明:

① [uo]中的[o]开口度略小。

② [yɛ]中的[ɛ]略圆唇。

③ [əŋ, iŋ, uŋ, yŋ]中的[ŋ]实际音值为[ɲ]。

声调(4个)

阴平	31	诗识月梯滴灯
阳平	24	时石牌笛移棉
上声	53	古五敢管老暖
去声	44	试事是弟父厚

(12) 陇中片

分布在甘肃天水、秦安、静宁、通渭、渭源、临洮、宁夏西吉、隆德等14个县(市、区)。主要特点是平声不分阴阳,只有平声、上声、去声3

个单字调。

兹以天水为例,列举音系如下。①

天水音系

声母(29个)

p	帮比布抱	pʰ	杯怕皮步	m	米木慢门	f	飞翻房父		
t	端到队敌	tʰ	腿透同读					l	男努兰连
ts	紫祖争纸	tsʰ	菜醋吵铡			s	三苏生是	z	揉
tʂ	知阵州章	tʂʰ	超陈昌成			ʂ	实神收社	ʐ	热染让人
tʃ	猪追庄砖	tʃʰ	锤柱初床			ʃ	刷顺书筛	ʒ	如软
tɕ	精节见舅	tɕʰ	清匠气局	ȵ	泥咬压脸	ɕ	心邪选学	ʑ	疑椅又油
k	歌高广贵	kʰ	开考巩跪	ŋ	我额安恩	x	化灰河汗		
∅	武而鱼王								

说明:

① [m]成阻部位接触松,鼻音弱。

② [l]有时舌体较硬且有闪弹,后带较弱的[d],实际读音为[lᵈ]。

③ [ts, tsʰ, s]偶尔带舌叶音色彩。

④ [tʂ, tʂʰ, ʂ, ʐ]发音部位偏前。

⑤ [ȵ]鼻音色彩较弱,后多带擦音[ʑ]读为[ȵʑ]。

韵母(33个)

ɿ	资词纸是	i	鸡比急七	u	土姑不屋	y	驴据取玉	
ʅ	世知直吃					ʮ	做醋煮入	
ər	儿耳二							
a	他麻抓打	ia	家夏恰压	ua	夸画滑袜			

---

① 天水音系参考朱富林编著:《甘肃方音字汇》,中国社会科学出版社,2022年,第12—13页。

ɛ	戴摆街帅	iɛ	姐灭铁滴	uɛ	乖快怀外		
		ʅə	遮扯说热	uə	多科物桌	yə	雪月脚缺
ei	辈肺水贼			uei	堆雷嘴位		
ɔu	刀跑吵赵	iɔu	效叫雀饺				
əu	头走周手	iəu	留九幼六				
æ	贪站山砖	iæ	脸盐天电	uæ	短算官完	yæ	馅捐劝悬
ã	唐装棒夯	iã	凉枪样江	uã	广狂慌旺		
əŋ	深本登虫	iəŋ	心民冰青	uəŋ	村温冻红	yəŋ	军巡永穷

说明：

① [ɿ, ʅ, ɥ, ʮ, i, y]略带摩擦。

② [u]唇形略展，略带摩擦。

③ [a, ia, ua]中的[a]实际音值为[A]。

④ [ã, iã, uã]中的[ã]舌位偏央，有时带有弱鼻音尾[-ŋ]。

声调(3个)

平声	13	高穷鹅笔读月
上声	53	古口手五
去声	55	近盖共帽

(13) 河州片

分布在甘肃临夏、和政、广河，青海民和、乐都、循化等10个县(市、区)。主要语音特点如下：

① 古全浊声母仄声今逢塞音、塞擦音不送气，如乐都"坐"[tsuɤ去]、"跪"[kui去]。而汾河片、秦陇片、陇中片仄声今读送气。

② 古庄组开口、知组二等和章组止摄字与精组不混，读[tʂ, tʂʰ, ʂ]。如乐都"支"[tʂʅ平] ≠ "资"[tsɿ平]、"缠"[tʂʰã平] ≠ "蚕"。

[tsʰã平]、"山"[ʂã平] ≠ "三"[sã平]。

③ 古泥来母不混,如乐都"南"[nã平] ≠ "兰"[lã平]、"年"[niã平] ≠ "连"[liã平]。

④ 平声不分阴阳,有平声、上声、去声3个单字调。

兹以乐都为例,列举音系如下。①

乐都音系

声母(24个)

p	班白	pʰ	怕盘	m	麦泥女逆	f	分书双	v	文软碗
t	东定	tʰ	太同	n	南宁硬业安			l	兰路刘李驴
ts	走资聚低鸡居	tsʰ	草刺妻取梯区			s	三西苏需虚	z	椅鱼
tʂ	知猪专责	tʂʰ	吃出船测			ʂ	湿山色	ʐ	日人
tɕ	精绝经军	tɕʰ	青全轻拳			ɕ	修选休玄		
k	根街	kʰ	开腔			h	海鞋		
∅	儿五褥牙圆								

说明:

① [l]与[ɿ,ʯ]相拼时有擦音色彩。

② [ts]组与[ɿ,ʯ]相拼时有舌叶音色彩。

③ 零声母音节开头略有摩擦。[v]实际音值为[ʋ]。

韵母(32个)

ɿ	比米低立资机衣	ʅ	支事	ʯ	租粗区虚吕雨	
		i	你	v	布土路出古五入	
ɑ	爬刷娃阿	iɑ	架牙	uɑ	瓜抓	

---

① 乐都音系参考曹志耘、邵朝阳:《青海乐都方言音系》,《方言》,2001年第4期。

ɛ	帅外儿爱			uɛ	快		
		ii	杯妹飞水威贼	ui	对岁追归回		
ɤ	剥破说窄策各黑	iE	百墨德铁姐爷	uɤ	多作郭桌戳	yɤ	虐脚缺学药
ɔ	包高	iɔ	条要				
əu	藕走	iəu	九有				
ã	安闩弯	iã	天烟	uã	短砖船	yã	恋全圆
õ	党双王	iõ	讲样	uõ	光庄窗		
əŋ	根庚温	iŋ	新星英	uəŋ	蹲魂东红虫	yəŋ	轮军云兄荣
m̩	母						

说明：

① [i,y]逢零声母时实际音值是[j,ɥ]。

② [ɔ,iɔ]中的[ɔ]舌位略高，且有动程，实际音值近[ɛE]。

③ [õ]组韵母鼻化较弱。

声调(3个)

平声	13	高开飞陈鹅湖得七黑月六药局白熟
上声	53	古水好马老有
去声	34	盖大放淡近厚

说明：上声实际音值近553，其中55较短。老年人用53和55为自由变读，年轻人读55。

(14) 南疆片

分布在新疆阿拉尔、图木舒克、吐鲁番、鄯善、库尔勒、轮台、尉犁、焉耆、喀什、疏勒、英吉沙、泽普、叶城、莎车、和田、于田、民丰、阿克苏、沙雅、新和、阿图什、伊宁、霍城、巩留、甘肃敦煌_{河东}等56个县(市、区)。主要特点如下：

① "波"和"车"韵母相同,都读不圆唇元音,如焉耆韵母为[ɤ]。

② 古庄组、知组二等、章组止摄开口三等声母今读[tṣ,tṣʰ,ṣ],如焉耆"纸"[tsɿ ᵘᵖ]、"茶"[tsʰa ᵖ]、"生"[səŋ ᵖ]。

③ 平声不分阴阳,有平声、上声、去声 3 个单字调。

兹以焉耆为例,列举音系如下。①

焉耆音系

声母(25 个)

p	补兵	pʰ	批朋	m	米门	f	乏方	v	吴握
t	毒点	tʰ	替同	n	拿南			l	拉冷
ts	走争	tsʰ	此产			s	诗散		
tṣ	猪展	tṣʰ	唱床			ṣ	蛇赏	ʐ	入让
tɕ	讲绝	tɕʰ	丘劝	ȵ	女硬	ɕ	许闲		
k	古根	kʰ	开孔	ŋ	饿岸	x	瞎画		
∅	欧外								

说明:

① [tṣ,tṣʰ,k,kʰ]与[u]相拼时,实际音值是[tṣf,tṣfʰ,kf,kfʰ]。

② "袄""爱"等字声母有时读[ŋ],有时读[ɤ],偶尔还读[n]。

韵母(33 个)

ɿ	资师	i	备鸡	u	补书	y	驴屈
ʅ	知池						
ər	儿而						
a	霸杀	ia	家牙	ua	抓华		
ɤ	莫车			uo	多说		

---

① 焉耆音系参考刘俐李:《焉耆汉语方言研究》,新疆大学出版社,1994 年,第 20—24 页。

ɛ	排鞋	iɛ	别切	uɛ	甩快	yɛ	略月
ɔ	宝刀	iɔ	苗焦				
ei	白美			uei	雷位		
ou	头沟	iou	丢求				
aⁿ	反贪	iaⁿ	间先	uaⁿ	团关	yaⁿ	娟远
əŋ	笨朋	iŋ	林灵	uŋ	顿冻	yŋ	穷群
				uəŋ	温稳		
aʵ	帮让	iaʵ	粮香	uaʵ	双广		

说明：

① [ou, iou, uo] 中的 [o] 实际音值接近 [ə]。[u] 和 [u-] 实际是 [ʊ]。

② [yɛ] 有时候读为 [yʵ]。

声调(3个)

平声	24	边丁尊陈穷人食白桌麦
上声	51	比粉短体手古好暖女老
去声	44	父坐柱近唱树共靠岸用

2. 语音特征及各片差异

(1) 中原官话古全浊声母一律清化，今逢塞音、塞擦音一般平声送气，仄声不送气。汾河片、关中片、秦陇片、陇中片略有差异，见表 2-15。大多数方言古全浊声母清化遵循"平送仄不送"的规律，与其他官话方言一致。汾河片文读层"平送仄不送"，白读层无论平仄，一律送气。如洪洞并母去声"地"文读声母为 [t]，白读声母为 [tʰ]。

(2) 尖团分合情况不一致。中原官话大多不分尖团，分尖团的点集中在郑开片、洛嵩片、漯项片、南鲁片、商阜片、秦陇片，见表 2-16。

表 2-15 中原官话古全浊声母对照表

		爬并	白并	头定	地定	墙从	坐从	茶澄	直澄	穷群	舅群
信蚌片	信阳	pʰa阳平	pai阳平	tʰou阳平	ti去	tɕʰiaŋ阳平	tsuo去	tsʰa阳平	tsʅ阳平	tɕʰyoŋ阳平	tɕiou去
商阜片	阜阳	pʰa阳平	pɛ阳平	tʰou阳平	ti去	tsʰia阳平	tsuo去	tʂʰa阳平	tʂʅ阳平	tɕʰiuŋ阳平	tɕiou去
徐淮片	徐州	pʰa阳平	pɛ阳平	tʰou阳平	ti去	tɕʰiaŋ阳平	tsuɛ去	tʂʰɑ阳平	tʂʅ阳平	tɕʰyŋ阳平	tɕiou去
兖菏片	枣庄	pʰa阳平	pɛ阳平	tʰo阳平	ti去	tɕʰiaŋ阳平	tɕyɤ去	tʂʰa阳平	tʂʅ阳平	tɕʰyŋ阳平	tɕio去
郑开片	郑州	pʰa阳平	pai阳平	tʰe阳平	ti去	tsʰiaŋ阳平	tsuɑ去	tʂʰa阳平	tʂʅ阳平	tɕʰyŋ阳平	tɕiou去
洛嵩片	洛阳	pʰa阳平	pæ阳平	tʰou阳平	ti去	tɕʰiaŋ阳平	tsuɤ去	tsʰa阳平	tsʅ阳平	tɕʰyŋ阳平	tɕieu去
关中片	西安	pʰa阳平	pʰei阳平	tʰou阳平	ti阳去/tʰi阴去	tɕʰiaŋ阳平/tɕʰiou阳平	tso阳去/tsʰo阴去	tsʰɑ阳平	tsʅ阳平/tsʰʅ阳平	tɕʰyeŋ阳平	tɕiou阳去/tɕʰiou阳去
汾河片	洪洞	pʰa阳平	pʰei阳平	tʰou阳平	ti去	tsʰiaŋ阳平	tsʰuo去	tsʰA阳平	tsʅ阳平	tɕʰyŋ阳平	tɕʰiu去
秦陇片	岐山	pʰA阳平	pɛ平	tʰɤ平	ti去	tɕʰiã平	tsuɛ去	tsʰA平	tsʅ平	tɕʰyeŋ阳平	tɕiu去
陇中片	天水	pʰɑ平	piE平	tʰeu平	tsʅ去	tɕʰiɒ平	tsuɛx去	tsʰɑ平	tsʅ平	tɕʰyeŋ阳平	tɕieu去
河州片	乐都	pʰɑ平	pei平	tʰou平	ti去	tɕʰiax平	tsuo去	tsʰa平	tsʅ平	tɕʰyŋ阳平	tɕiou去
南疆片	焉耆										

表 2-16　中原官话尖团音对照表

		酒精	九见	秋清	丘溪	修心	休晓
郑开片	郑州	tsiou⊥	tɕiou⊥	tshiou阴平	tɕhiou阴平	siou阴平	ɕiou阴平
洛嵩片	洛阳	tsiəu⊥	tɕiəu⊥	tshiəu阴平	tɕhiəu阴平	siəu阴平	ɕiəu阴平
漯项片	漯河	tsiou⊥	tɕiou⊥	tshiou阴平	tɕhiou阴平	siou阴平	ɕiou阴平
南鲁片	郏县	tsiu⊥	tɕiu⊥	tshiu阴平	tɕhiu阴平	siu阴平	ɕiu阴平
秦陇片	岐山	ʦiu⊥	tɕiu⊥	ʦhiu阴平	tɕhiu阴平	siu阴平	ɕiu阴平
信蚌片	信阳	tɕiou⊥	tɕiou⊥	tɕhiou阴平	tɕhiou阴平	ɕiou阴平	ɕiou阴平
商阜片	阜阳	tsiou⊥	tɕiou⊥	tshiou阴平	tɕhiou阴平	siou阴平	ɕiou阴平
徐淮片	徐州	tɕiou⊥	tɕiou⊥	tɕhiou阴平	tɕhiou阴平	ɕiou阴平	ɕiou阴平
兖菏片	枣庄	tɕio⊥	tɕio⊥	tɕhio阴平	tɕhio阴平	ɕio阴平	ɕio阴平
关中片	西安	tɕiɤu⊥	tɕiɤu⊥	tɕhiɤu阴平	tɕhiɤu阴平	ɕiɤu阴平	ɕiɤu阴平
汾河片	洪洞	tɕiou⊥	tɕiou⊥	tɕhiou阴平	tɕhiou阴平	ɕiou阴平	ɕiou阴平
陇中片	天水	tɕiəu⊥	tɕiəu⊥	tɕhiəu平	tɕhiəu平	ɕiəu平	ɕiəu平
河州片	乐都	tɕiəu⊥	tɕiəu⊥	tɕhiəu平	tɕhiəu平	ɕiəu平	ɕiəu平
南疆片	焉耆	tɕiou⊥	tɕiou⊥	tɕhiou平	tɕhiou平	ɕiou平	ɕiou平

（3）古知庄章组演变情况较为复杂,见表 2-17。

表 2-17　中原官话古知庄章组字音对照表

		站知	山生	车昌	庄庄	猪知	穿昌	书书
信蚌片	信阳	tsan去	san阳平	tshɤ阳平	tsuaŋ阳平	tɕy阴平	tshuan阴平	ɕy阴平
商阜片	阜阳	tʂæ去	ʂæ阳平	tʂhɤ阳平	tʂuã阳平	tʂu阴平	tʂhuæ阴平	ʂu阴平
徐淮片	徐州	tsæ去	sæ阳平	tʂhə阳平	tsuaŋ阳平	tʂu阴平	tʂhu阴平	ʂu阴平
兖菏片	枣庄	tsa去	sa阳平	tshɤ阳平	pfaŋ阳平	pfu阴平	pfhã阴平	fu阴平
郑开片	郑州	tsan去	san阴平	tʂhɿɛ阳平	tsuan阳平	tʂu阴平	tʂhuan阴平	ʂu阴平
洛嵩片	洛阳	tsan去	san阴平	tʂhə阳平	tsuaŋ阳平	tʂu阴平	tʂhuan阴平	ʂu阴平
关中片	西安	tʂa去	ʂa阴平	tshɤ阴平	pfaŋ阴平	pfu阴平	pfhã阴平	fu阴平

(续表)

		站 知	山 生	车 昌	庄 庄	猪 知	穿 昌	书 书
汾河片	运城	tṣæ去	ṣæ阴平	tṣʰE平	pfaŋ阴平	pfu阴平	pfʰæ阴平	fu阴平
秦陇片	岐山	tsæ去	sæ阴平	tsʰɤ平	tṣuaŋ阴平	tṣʅ阴平	tsʰuæ阴平	ṣʅ阴平
陇中片	天水	tṣæ去	ṣæ平	tṣʰɿə平	tṣuã平	tṣʅ平	tṣʰuæ平	ṣʅ平
河州片	乐都	tṣa去	ṣa平	tṣʰɤ平	tṣʰuõ平	tṣv平	tṣʰua平	fv平
南疆片	焉耆	tṣaⁿ去	ṣaⁿ平	tṣʰɤ平	tṣuaɤ̃平	tṣu平	tṣʰuaⁿ平	ṣu平

其中，商阜片、郑开片、漯项片、南鲁片古知庄章组字一律读[tṣ, tṣʰ, ṣ]。北京话[tṣ, tṣʰ, ṣ, ʐ]拼合口呼的字，汾河片、兖菏片、关中片声母读[pf, pfʰ, f, v]。

(4) 古日母今读零声母或浊擦音、浊边擦音，见表2-18。

表2-18 中原官话古日母今读对照表

		儿	惹	染	软	闰	肉
信蚌片	信阳	ɚ阳平	zɛ上	zan上	zuan上	yn去	zou去
商阜片	阜阳	l̩阳平	ʐɤ上	ʐæ上	ʐuæ上	yɛ去	ʐou去
徐淮片	徐州	ər阳平	ʐə上	ʐæ̃上	ʐuæ̃上	yɤ̃去	ʐou去
兖菏片	枣庄	l̩阳平	zə上	zã上	vã上	yɛ去	zo去
郑开片	郑州	l̩阳平	ʐɛ上	ʐan上	ʐuan上	yn去	ʐou去
洛嵩片	洛阳	ɯ阳平	ʐə上	ʐan上	ʐuan上	ʐun上	ʐəu去
关中片	西安	ər阳平	ʐɤ上	ʐã上	vã上	vɛ去	ʐɤu去
汾河片	洪洞	ər阳平	ʐe上	ʐan上	van上	ven阳去	ʐou阴平
秦陇片	岐山	ər阳平	ʐə上	ʐæ上	ʐuan上	vã去	ʐou去
陇中片	天水	ər平	ʐɿə上	ʐæ上	ʐuæ上	zuæ去	ʐəu去
河州片	乐都	ər平	ʐɤ上	ʐã上	vã上	vã去	ʐəu去
南疆片	焉耆	ər平	ʐɤ上	ʐaⁿ上	ʐuaⁿ上	ʐuŋ去	ʐou去

(5) 古见系开口二等字腭化情况不一。从地理上看，东部各片大

多腭化,西部各片一些字有文白异读,白读声母[k]组,文读声母[tɕ]组,见表2-19。

表2-19 中原官话古见系开口二等字腭化对照表

		家	掐	瞎	牙	监	街
信蚌片	信阳	tɕia^{阴平}	tɕʰia^{阴平}	ɕia^{阴平}	ia^{阳平}	tɕian^{阴平}	tɕiai^{阴平}
商阜片	阜阳	tɕia^{阴平}	tɕʰia^{阴平}	ɕia^{阴平}	ia^{阳平}	tɕiæ̃^{阴平}	tɕie^{阴平}
徐淮片	徐州	tɕiɑ^{阴平}	tɕʰiɑ^{阴平}	ɕiɑ^{阴平}	iɑ^{阳平}	tɕiæ̃^{阴平}	tɕiɛ^{阴平}
兖菏片	枣庄	tɕiɑ^{阴平}	tɕʰiɑ^{阴平}	ɕiɑ^{阴平}	iɑ^{阳平}	tɕiã^{阴平}	tɕiɛ^{阴平}
郑开片	郑州	tɕia^{阴平}	tɕʰia^{阴平}	ɕia^{阴平}	ia^{阳平}	tɕian^{阴平}	tɕie^{阴平}
洛嵩片	洛阳	tɕia^{阴平}	tɕʰia^{阴平}	ɕia^{阴平}	ia^{阳平}	tɕian^{阴平}	tɕiɛ^{阴平}
关中片	西安	tɕia^{阴平}	tɕʰia^{阴平}	ɕia^{阴平}/xa^{阴平}	ia^{阳平}	tɕiã^{阴平}	tɕiɛ^{阴平}
汾河片	洪洞	tɕia^{阴平}	tɕʰia^{阴平}	ɕia^{阴平}/xa^{阴平}	ia^{阳平}	tɕian^{阴平}	tɕie^{阴平}
秦陇片	岐山	tɕiʌ^{阴平}	tɕʰiʌ^{阴平}	ɕiʌ^{阴平}/xʌ^{阴平}	iʌ^{阳平}	tɕiæ̃^{阴平}	tɕie^{阴平}
陇中片	天水	tɕia^平	tɕʰia^平	ɕia^平/xa^平	ia^平	tɕiæ̃^平	tɕie^平/kɛ^平
河州片	乐都	tɕia^平	tɕʰia^平	ɕia^平/xa^平	ia^平	tɕiã^平	tɕie^平/kɛ^平
南疆片	焉耆	tɕia^{阴平}	tɕʰia^阴	ɕia^平/xa^平	ia^平	tɕia^{n平}	tɕie^平

(6) 古疑、影母开口今读零声母、[ŋ]、[n]或[ɣ],见表2-20。

表2-20 中原官话古疑、影母开口今读对照表

		爱_影	矮_影	安_影	鹅_疑	藕_疑	岸_疑
信蚌片	信阳	ŋai^去	ŋai^上	ŋan^{阴平}	ŋɤ^{阳平}	ŋou^上	ŋan^去
商阜片	阜阳	ɣɛ^去	ɣɛ^上	ɣæ^{阴平}	ɣɤ^{阳平}	ɣou^上	ɣæ^去

(续表)

		爱影	矮影	安影	鹅疑	藕疑	岸疑
徐淮片	徐州	ε去	ε上	æ阴平	ə阳平	ou上	æ去
兖菏片	枣庄	ε去	ε上	ã阴平	ə阳平	o上	ã去
郑开片	郑州	ai去	ai上	an阴平	ɤ阳平	ou上	an去
洛嵩片	洛阳	ɣæ去	ɣæ上	ɣan阴平	ɣə阳平	ɣəu上	ɣan去
关中片	西安	ŋε去	ŋε上	ŋã阴平	ŋɤ阳平	ŋɤu上	ŋã去
汾河片	洪洞	ŋai阳去	ŋai上	ŋan阴平	ŋo阳平	ŋou上	ŋan阳去
秦陇片	岐山	ŋæ去	ŋæ上	ŋã阴平	ŋɤ阳平	ŋou上	ŋã去
陇中片	天水	ŋε去	ŋε上	ŋæ̃平	ŋɤ平	ŋou上	ŋæ̃去
河州片	乐都	nε去	nε上	nã平	nuɤ平	nəu上	nã去
南疆片	焉耆	ŋε去	ŋε上	aⁿ平	ŋɤ平	ou上	ŋaⁿ去

关中片、汾河片、秦陇片、陇中片、信蚌片、南疆片今读[ŋ]声母,河州片今读[n]声母,洛嵩片、商阜片读[ɣ]声母,郑开片、兖菏片、徐淮片读零声母。

(7) 蟹止摄分合情况各异。蟹摄开口一二等主元音大多相同,合口不同,见表2-21。

表2-21 中原官话蟹摄一二等对照表

		菜蟹开一	开蟹开一	买蟹开二	奶蟹开二	灰蟹合一	怪蟹合二	坏蟹合二
信蚌片	信阳	tsʰai去	kʰai阴平	mai上	lai上	fei阴平	kuai去	fai去
商阜片	阜阳	tsʰɛ去	kʰɛ阴平	mɛ上	nɛ上	xuɛ阴平	kuɛ去	xuɛ去
徐淮片	徐州	tsʰɛ去	kʰɛ阴平	mɛ上	nɛ上	xuɛ阴平	kuɛ去	xuɛ去
兖菏片	枣庄	tsʰɛ去	kʰɛ阴平	mɛ上	nɛ上	xuɛ阴平	kuɛ去	xuɛ去
郑开片	郑州	tsʰai去	kʰai阴平	mai上	nai上	xuei阴平	kuai去	xuai去
洛嵩片	洛阳	tsʰæ去	kʰæ阴平	mæ上	næ上	xuei阴平	kuæ去	xuæ去
关中片	西安	tsʰæ去	kʰæ阴平	mæ上	næ上	xuei阴平	kuæ去	xuæ去

(续表)

		菜蟹开一	开蟹开一	买蟹开二	奶蟹开二	灰蟹合一	怪蟹合二	坏蟹合二
汾河片	洪洞	tsʰɑi 阴去	kʰɑi 阴平	mɑi 上	nɑi 上	xuei 阴平	kuɑi 阴去	xuai 阳去
秦陇片	岐山	tsʰE 去	kʰE 阴平	mE 上	læ 上	xui 阴平	kuE 去	xuE 去
陇中片	天水	tsʰɛ 去	kʰɛ 平	mɛ 上	lɛ 上	xuei 平	kuɛ 去	xuɛ 去
河州片	乐都	tsʰɛ 去	kʰɛ 平	mɛ 上	nɛ 上	hui 平	kuɛ 去	huɛ 去
南疆片	焉耆	tsʰɛ 去	kʰɛ 平	mɛ 上	nɛ 上	xuei 平	kuɛ 去	xuɛ 去

由表可见,蟹摄一二等开口主元音读[E,ɛ,æ,a,ɑ],合口一等主元音多读[e],二等主元音同开口。

蟹摄开口三四等和止摄开口三等合流,蟹摄合口三四等与止摄合口三等合流,见表 2-22。

表 2-22 中原官话蟹摄三四等、止摄三等对照表

		制蟹开三	泥蟹开四	知止开三	里止开三	岁蟹合三	桂蟹合四	吹止合三
信蚌片	信阳	tsɿ 去	ȵi 阴平	tsɿ 阴平	li 上	sei 去	kuei 去	tʂʰei 阴平
商阜片	阜阳	tʂʅ 去	ni 阳平	tʂʅ 阴平	li 上	sue 去	kue 去	tsʰue 阴平
徐淮片	徐州	tʂʅ 去	ȵi 阳平	tʂʅ 阴平	li 上	sue 去	kue 去	tsʰue 阴平
兖菏片	枣庄	tsɿ 去	ȵi 阳平	tsɿ 阴平	li 上	çye 去	kue 去	pfʰe 阴平
郑开片	郑州	tʂʅ 去	ni 阳平	tʂʅ 阴平	li 上	suei 去	kuei 去	tʂʰuei 阴平
洛嵩片	洛阳	tʂʅ① 去	ni 阳平	tʂʅ 阴平	li 上	suei 去	kuei 去	tʂʰuei 阴平
关中片	西安	tʂʅ 去	ni 阳平	tʂʅ 阴平	li 上	suei 去	kuei 去	pfʰei 阴平
汾河片	洪洞	tʂʅ 阴去	ȵi 阳平	tʂʅ 阴平	li 上	suei 阴去 / çy 阴去	kuei 阴去	tʂʰuei 阴平 / tʂʰu 阴平
秦陇片	岐山	tʂʅ 去	ȵi 阳平	tʂʅ 阴平	li 上	sui 去	kui 去	tʂʰei 平
陇中片	天水	tʂʅ 去	ȵi 平	tʂʅ 平	li 上	suei 去 / tsuei 去	kuei 去	tʃʰei 平

---

① 据贺巍《洛阳方言研究》:"[ɿ]表示舌尖前元音,[ʅ]表示舌尖后元音,本书一律写成[ʅ]。[ʅ]是舌尖前元音还是舌尖后元音,由前边的声母是[ts]还是[tʂ]决定。"

(续表)

		制蟹开三	泥蟹开四	知止开三	里止开三	岁蟹合三	桂蟹合四	吹蟹合三
河州片	乐都	tʂʅ去	mɿ平	tʂʅ平	lɿ上	sui去	kui去	tʂʰui平
南疆片	焉耆	tʂʅ去	ȵi平	tʂʅ平	li上	suei去	kuei去	tʂʰuei平

(8) 古阳声韵大多保留鼻韵尾,少数读鼻化韵,见表2-23。信蚌片,秦陇片、陇中片、河州片、南疆片深臻曾梗摄合流。

表2-23 中原官话古阳声韵今读对照表

		沉深	林臻	墙宕	窗江	等曾	冷梗	红通
信蚌片	信阳	tsʰən阳平	lin阳平	tɕʰiaŋ阳平	tsʰaŋ阴平	tən上	lən上	foŋ阳平
商阜片	阜阳	tʂʰẽ阳平	liẽ阳平	tsʰiã阳平	tsʰuã阴平	təŋ上	ləŋ上	xuŋ阳平
徐淮片	徐州	tʂʰɚ̃阳平	liɚ̃阳平	tɕʰiaŋ阳平	tsʰuaŋ阴平	təŋ上	ləŋ上	xuŋ阳平
兖菏片	枣庄	tʂʰẽ阳平	lẽ阳平	tɕʰiaŋ阳平	pfʰaŋ阴平	təŋ上	ləŋ上	xuŋ阳平
郑开片	郑州	tʂʰən阳平	lin阳平	tsʰiaŋ阳平	tsʰuaŋ阴平	təŋ上	ləŋ上	xuŋ阳平
洛嵩片	洛阳	tʂʰən阳平	lin阳平	tsʰiaŋ阳平	tsʰuaŋ阴平	təŋ上	ləŋ上	xuŋ阳平
关中片	西安	tʂʰẽ阳平	liẽ阳平	tɕʰiaŋ阳平	pfʰaŋ阴平	tən上	lən上	xuəŋ阳平
汾河片	洪洞	tʂʰen阳平	lien阳平	tɕʰiaŋ阳平 / tɕʰio阳平	tsʰuaŋ阴平 / tʂʰo阳平	təŋ上 / ten上	ləŋ上 / le上	xueŋ阳平 / xuen阳平
秦陇片	岐山	tsʰəŋ阳平	liŋ阳平	tɕʰiaŋ阳平	tsʰaŋ阴平	təŋ上	ləŋ上	xuŋ阳平
陇中片	天水	tsʰəŋ阳平	liəŋ阳平	tɕʰiã平	tʃʰã平	təŋ上	ləŋ上	xuəŋ平
河州片	乐都	tsʰəŋ平	liŋ平	tɕʰiõ平	tsʰuõ平	təŋ上	ləŋ上	xuəŋ平
南疆片	焉耆	tsʰəŋ平	liŋ平	tɕʰiaɤ̃平	tsʰuaɤ̃平	təŋ上	ləŋ上	xuŋ平

由表可见,曾梗通摄一律读鼻尾韵,汾河片宕江梗摄白读开尾韵。

(9) 没有独立的入声韵。大多数方言宕江摄入声韵与果摄合流,见表2-24。一些方言曾梗摄入声韵与蟹止摄合流,见表2-25。

表 2-24　中原官话宕江摄入声与果摄对照表

		落宕	郭宕	桌江	我果
信蚌片	信阳	luo阴平	kuo阴平	tsuo阴平	uo上
商阜片	阜阳	luo阴平	kuo阴平	tʂuo阴平	uo上
徐淮片	徐州	luə阴平	kuə阴平	tʂuə阴平	və上
兖菏片	枣庄	luə阴平	kuə阴平	pfə阴平	uə上
郑开片	郑州	luo阴平	kuo阴平	tʂuo阴平	uo上
洛嵩片	洛阳	luə阴平	kuə阴平	tʂuə阴平	uə上
关中片	西安	luɤ阴平	kuɤ阴平	pfuɤ阴平	ŋɤ上
汾河片	洪洞	lo阴平	kuo阴平	tʂo阴平	ŋo阴去
秦陇片	岐山	luo阴平	kuo阴平	tʂuo阴平	ŋɤ上
陇中片	天水	luə平	kuə平	tsuə阴平	ŋuə上
河州片	乐都	luɤ平	kuɤ平	tʂuɤ平	vɤ上
南疆片	焉耆	luo平	kuo去	tʂuo平	uo上

表 2-25　中原官话曾梗摄入声与蟹止摄对照表

		北曾开一	百梗开二	杯蟹合二	力曾开三	石梗开三	米蟹开四	纸止开三
信蚌片	信阳	pɛ阴平	pɛ阴平	pei阴平	li阴平	ʂʅ阳平	mi上	tsʅ上
商阜片	阜阳	pɛ阴平 / pe阴平	pɛ阴平	pe阴平	li阴平	ʂʅ阳平	mi上	tʂʅ上
徐淮片	徐州	pe阴平	pe阴平	pe阴平	li阴平	ʂʅ阳平	mi上	tsʅ上
兖菏片	枣庄	pe阴平	pe阴平	pe阴平	li阴平	ʂʅ阳平	mi上	tsʅ上
郑开片	郑州	pei阴平	pɛ阴平	pei阴平	li阴平	ʂʅ阳平	mi上	tʂʅ上
洛嵩片	洛阳	pei阴平	pæ阴平	pei阴平	li阴平	ʂï阳平	mi上	tsï上
关中片	西安	pei阴平	pei阴平	pei阴平	li阴平	ʂʅ阳平	mi上	tsʅ上
汾河片	洪洞	pei阴平	pɛ阴平	pei阴平	li阴平	ʂʅ阳平	mi上	tsʅ上

(续表)

		北 曾开一	百 梗开二	杯 蟹合一	力 曾开三	石 梗开三	米 蟹开四	纸 止开三
秦陇片	岐山	pei 阴平	pei 阴平	pʰei 阴平	li 阳平	ʂʅ 阳平	mi 上	tsʅ 上
陇中片	天水	pei 平	pei 平	pʰei 平	li 平	ʂʅ 平	mi 上	tsʅ 上
河州片	乐都	piε 平	piε 平	pıi 平	lŋ 平	ʂʅ 阳平	mŋ 上	tsʅ 上
南疆片	焉耆	pei 平	pei 平	pei 平	li 阴平	ʂʅ 平	mi 上	tsʅ 上

（10）声调一般为4个，平声分阴阳，全浊上归去，古全浊入归阳平，清、次浊入归阴平。少数方言有3个调或5个调，见表2-26。

表2-26 中原官话古今声调对照表

		平		上		去		入	
		清	浊	清、次浊	全浊	浊	清	清、次浊	全浊
信蚌片	信阳	213	33	35		53		=213	=33
商阜片	阜阳	213	55	24		51		=213	=55
徐淮片	徐州	313	55	35		51		=313	=55
兖菏片	枣庄	213	55	24		42		=213	=55
郑开片	郑州	24	42	53		312		=24	=42
洛嵩片	洛阳	33	31	53		412		=33	=31
关中片	西安	21	24	53		55		=21	=24
汾河片	平阳 洪洞	21	24	42	53	33		=21	=24
	绛州 新绛	53	325	44		31			=325
	解州 运城	31	13	53		33		=31	=13
秦陇片	岐山	31	24	53		44		=31	=24
陇中片	天水	13	53	44				=13	
河州片	乐都	13	53	34				=13	
南疆片	焉耆	24	51	44				=24	

平阳小片有 5 个声调,去声分阴阳。陇中片、河州片、南疆片有 3 个声调,平声不分阴阳。

20 世纪初,高本汉《中国音韵学研究》①收录了西安、平阳(今临汾)、开封等方言的字音,是最早用罗马字母记录中原官话方言的材料,具有重要的学术价值。1933 年,白涤洲全面细致地调查了关中 42 个县市的音系,完成《关中方音调查报告》(1954 年由喻世长整理出版),是中原官话研究史上第一份区域性的系统语音调查报告。

20 世纪五六十年代,全国开展了大规模的方言普查,涉及中原官话的调查报告有《陕西方言概况》(1960)、《河南方言概况(初稿)》(1962)、《安徽方言概况》(1962)等。80 年代以来,研究不断深入,单点单片方言研究论著及文章有尉迟治平《论隋唐长安音和洛阳音的声母系统——兼答刘广和同志》(1985),李申《徐州方言志》(1985),王洪君《山西闻喜方言的白读层与宋西北方音》(1987),卢甲文《郑州方言志》(1992),贺巍《洛阳方言研究》(1993),刘俐李《焉耆汉语方言研究》(1994),贺巍《洛阳方言词典》(1996),乔全生《洪洞方言研究》(1999),曹志耘、邵朝阳《青海乐都方言音系》(2001),张成材《中古音与青海方音字汇》(2006),辛永芬《浚县方言语法研究》(2006)等。

专题探讨中原官话语音、词汇、语法的论著及文章有贺巍《河南省西南部方言的语音异同》(1985),张启焕等《河南方言研究》(1993),黄淬伯《唐代关中方言音系》(1998),王临惠《试论晋南方言中的几种文白异读现象》(1999),王军虎《陕西关中方言的 ɿ 类韵母》(2001),张维佳《关中方言果摄读音的分化及历史层次》(2002),莫超《白龙江流

---

① 法文原本在 1915—1926 年分四次陆续发表,中译本于 1940 年首次出版,由赵元任、罗常培、李方桂合译。

域汉语方言语法研究》(2004)，张树铮《山东方言语音特征的扩散方向和历史层次》(2007)，邢向东等《秦晋两省沿河方言比较研究》(2012)，段亚广《中原官话音韵研究》(2012)，贡贵训《豫皖两省境内沿淮方言语音研究》(2019)，秋谷裕幸《中原官话汾河片音韵史研究》(2020)，侯超《皖北中原官话方言语法研究》(2021)等。

（六）兰银官话

1. 方言分布与语音特点

兰银官话分布在甘肃、宁夏、新疆三个省(自治区)。历史上匈奴、鲜卑、月氏等多民族在此聚居。现今东南与陕西、青海相邻，西北分别与我国的内蒙古自治区以及蒙古国、哈萨克斯坦、俄罗斯接壤，被中原官话、晋语、藏缅语、蒙古语及其他民族语言包围，语言环境复杂。

兰银官话可分为金城片、河西片、银吴片、北疆片4个片，主要特征是古清、次浊入今读去声，全浊入今读阳平。此外，还具有以下语音特点①。

（1）古全浊声母全部清化，塞音、塞擦音平声送气仄声不送气，如"词""囚"平声送气，"肚""跪"仄声不送气。但有一些字清化后，仄声也送气，见表2-27。

（2）见系开口二等字有文白异读，见表2-28。

（3）曾开一、曾开三庄组和梗开二入声合流，部分点有文白异读，见表2-29。

---

① 兰州方言语料引自高葆泰：《兰州方言音系》，甘肃人民出版社，1985年；酒泉语料引自朱富林编著：《甘肃方音字汇》；银川语料引自高葆泰、张安生编写：《银川话音档》，上海教育出版社，1997年；乌鲁木齐语料引自周磊编写：《乌鲁木齐话音档》，上海教育出版社，1998年。

表 2-27　兰银官话古全浊声母对照表

		爬並	避並	头定	驼定	茶澄	绽澄	墙从	坐从	穷群	舅群
金城片	兰州	pʰa 阳平	pʰi 上	tʰəu 阳平	tuɤ 去	tʂʰa 阳平	tʂʰɛ 去	tɕʰiɑ̃ 阳平	tsuɤ 去	tɕʰyə̃ 阳平	tɕiou 去
河西片	酒泉	pʰa 阳平	pʰi 去	tʰɤu 阳平上	tʰuə 去	tʂʰa 阳平上	tʂʰa 上	tɕʰiɑŋ 阳平上	tsuə 去	tɕʰyŋ 阳平上	tɕiou 去
银吴片	银川	pʰa 阳平上	pʰi 阳平上	tʰou 阳平上	tʰuə 阳平上	tʂʰa 阳平上	tʂʰæ 上	tɕʰiaŋ 阳平上	tsuə 去	tɕʰyŋ 阳平上	tɕiou 去
北疆片	乌鲁木齐	pʰa 阳平	pi 去	tʰɤu 阳平	tuɤ 去	tsʰa 阳平	tsan 去	tɕʰiaŋ 阳平	tsuɤ 去	tɕʰyŋ 阳平	tɕiɤu 去

表 2-28　兰银官话见系开口二等文白异读对照表

		解蟹开二	敲效开二	腔江开二	角江开二	杏梗开二
金城片	兰州	tɕie 上 / kɛ 上	tɕʰio 阴平 / kʰɔ 阴平	tɕʰiɑ̃ 阴平	tɕye 去	ɕiə̃ 去
河西片	酒泉	tɕie 阳平上 / ke 阳平上	tɕʰie 阴平 / kʰɵ 阴平	tɕʰiaŋ 阴平	tɕyɤ 去 / kɤ 去	ɕin 去 / xəŋ 去
银吴片	银川	tɕie 阳平上 / ke 阳平上	kʰɔ 阴平	tɕʰiaŋ 阴平	tɕyɤ 去 / kɤ 去	xəŋ 去
北疆片	乌鲁木齐	tɕiɤ 阳平 / kai 阳平	tɕʰio 阴平	tɕʰiaŋ 阳平 / kʰaŋ 阳平	tɕyɤ 去 / kɤ 去	ɕin 去 / xɤŋ 去

表 2-29　兰银官话曾梗摄入声文白异读对照表

		墨曾开一	克曾开一	色曾开三	白梗开二	麦梗开二	客梗开二
金城片	兰州	mɤ去	kʰɤ去	ʂɤ去	pɤ阳平	mɤ去	kʰɤ去
河西片	酒泉	mə去	kʰə去	sə去	pɪ阳平上	mə去	kʰə去
银吴片	银川	mia去	kʰə去	sə去	pia去	mia去	kʰa去
北疆片	乌鲁木齐	mɤ去／mei阴平	kʰɤ去	sɤ去／sei阴平	pai阳平／pei阳平	mai去／mei去	kʰɤ去／kʰei阴平

（4）兰银官话绝大多数方言点的声调为 3 个，归并方式有 4 种：一是阳平与上声合并，分布最为广泛；二是阴平与阳平合并，如金城片永登、皋兰；三是阴平与上声合并，如河西片古浪；四是阳平与去声合并，如银吴片盐池。详见表 2-30。兰州等地有 4 个声调，详见下文"兰州音系"。少数方言点只有 2 个声调，归并方式有 3 种：一是阴平、阳平不分，上声、去声合并，如兰州西固马家山新派；二是阴平、阳平与去声合并，上声自成一调，如兰州红古村；三是阴平、阳平、上声合并，去声自成一调，如武威。详见表 2-31。①

表 2-30　兰银官话三声调方言调类、调值对照表

		阴平	阳平	上	去声
金城片	永登	53		44	13
银吴片	银川	44	53		13
	中卫	44	53		13
	灵武	44	53		13
	盐池	44	13	53	=13

---

① 永登、盐池、古浪、西固新派、兰州红古村、武威方言语料引自钱曾怡主编：《汉语官话方言研究》，其余语料引自周磊：《兰银官话的分区（稿）》，《方言》，2005 年第 3 期。

(续表)

		阴平	阳平	上	去声
河西片	嘉峪关	33	51		212
	酒泉	44	53		213
	张掖	55	53		31
	古浪	33	53	=33	13
北疆片	乌鲁木齐	44	51		213
	克拉玛依	44	53		213
	阿勒泰	44	51		23

表2-31 兰银官话二声调方言调类、调值对照表

	阴平	阳平	上声	去声
西固新派	53		13	
兰州红古村	13		55	=13
武威	35		31	

2. 内部分片及代表点音系

《中国语言地图集》(1987)将兰银官话划分为四个片,分别是金城片、河西片、银吴片、北疆片,共56个点。《地图集》(2012)在重新调查后保持片区名称不变,方言点增至70个。

(1) 金城片

分布在甘肃兰州、白银、榆中、永登、皋兰5个县(市、区)。其中,兰州、白银、榆中有4个单字调,永登、皋兰是3个单字调。北京话[tʂ,tʂʰ,ʂ]声母和合口呼相拼的字,在兰州、永登、皋兰读唇齿音[pf,pfʰ,f],如"主"读[pfu$^\text{上}$]。兰州[l]和[n]是自由变体,如"男""兰"同音,既可读[lẽ$^\text{阳平}$],也可读[nẽ$^\text{阳平}$],多数情况下读[l]。深臻、曾梗摄合

流,都读前鼻音,如:"林=陵"[lĩn阳平],"针=蒸"[tʂən阴平]。

兹以兰州为例,列举音系如下。①

兰州音系

声母(26个)

p	布保本	pʰ	怕皮平	m	磨美门				
pf	主中庄	pfʰ	处春窗			f	说风水	v	玩文王
t	刀单当	tʰ	太脱堂	n	南兰奴				
ts	增咋总	tsʰ	从粗词			s	思苏散	z	□□□②
tʂ	只展真	tʂʰ	昌产成			ʂ	师生沙	ʐ	日肉人
tɕ	精九江	tɕʰ	丘权曲	ȵ	女年良	ɕ	休宣兄		
k	高贵干	kʰ	考看开			x	好还后		
Ø	啊言远								

说明:

① [pʰ]送气时略带点舌尖前摩擦,在齐齿呼里更为显著。

② [z]仅出现于口语的[zɔ⁵³]、[zei³³]、[zʅ⁵³]三个音节中。[zɔ⁵³]用于表示愉快、兴奋、舒服等意思,如"~得很""~坏了"。[zei³³]用于戏谑和耍笑的场合,如在玩猜拳游戏时,"猜!猜!猜!"往往说成"[zei³³]咕噜[zei³³]"。[zʅ⁵³]常用来表示"淘气、撒娇"的意思,如"这个娃娃~得很"。

③ [tʂ,tʂʰ,ʂ,ʐ]发音部位偏前。

④ [x]的发音部位偏后,近于小舌清擦音[χ]。

⑤ 零声母在开口呼韵母前略带浊擦音[ɣ]或[ʁ],在齐齿呼韵母前略带半元音[j],在撮口呼韵母前略带半元音[ɥ]。

---

① 兰州音系参考高葆泰:《兰州方言音系》,第5—7页。
② "□"表示有音无字,下同。

韵母(32个)

ɿ	资词思死	i	地基踢衣	u	布普朱初	y	居屈许域
ʅ	知吃石日						
a	爬打纳发	ia	架恰霞亚	ua	瓜夸花画		
ɤ	歌客河恶	ie	别撇灭夜	uɤ	国课火托	ye	略绝学月
ɛ	盖帅开太			uɛ	乖快淮坏		
ɔ	饱桃烧叫	iɔ	标漂叫笑				
ɯ	给耳而二						
ei	倍佩水妹			uei	最翠岁队		
əu	斗头楼柔	iəu	九求秀友				
ɛ̃	胆三干安	iɛ̃	天年间言	uɛ̃	端团欢换	yɛ̃	捐泉宣元
ã	党昌帮忙	iã	良讲香央	uã	光狂荒黄		
ə̃	本朋人恩	iə̃	银京兵英	uə̃	盾红同弄	yə̃	永俊裙雄

说明：

① [i]单用和作[ei,uei]的韵尾时实际音值是[ɨ]，作介音时是[i]。

② [u]作介音时实际音值是[ʋ]，跟齿唇音[pf, pfʰ, f, v]相拼时是[ɣ]，与其他声母拼合或作韵尾时是[ɷ]。

③ [ie, ye]中的[e]舌位偏高。

声调(4个)

阴平	31	刚边初商飞天丁知
阳平	53	穷平唐娘人白合舌
上声	33	古好五女老手碗有
去声	24	唱世近柱黑月共桌

（2）河西片

分布在甘肃嘉峪关、酒泉、张掖、民勤、古浪等18个县(市、区)。最大的特点是,北京话开齐合撮四呼读零声母的字,在河西片中分别读[ɣ、ʑ、v、ʐ],如酒泉"暗"[ɣæ^{去}]、"英"[ʑiɤ^{阴平}]、"乌"[vu^{阴平}]、"雨"[ʐy^{阳平上}]。北京话的卷舌声母字在张掖、民乐、高台、临泽、肃南这5个方言点读法特别,如:"猪"[ku^{阴平}]、"出"[k^{h}u^{去}]、"书"[fu^{阴平}]、"入"[vu^{去}]。

兹以酒泉为例,列举音系如下。①

酒泉音系

声母(25个)

p	布步别	p^h	怕盘	m	门女	f	飞冯		v	闻围
t	到道夺	t^h	太同	n	难怒				l	兰路吕连
ts	糟祖增争	ts^h	仓醋曹从粗			s	僧生散苏丝			
tʂ	招主蒸	tʂ^h	昌处潮虫初			ʂ	声税书师诗		ʐ	认绕若闰日软
tɕ	杰精经焦举	tɕ^h	秋丘枪桥	ȵ	年硬	ɕ	修休线旋		ʑ	严运约
k	贵跪	k^h	开葵			x	话化		ɣ	而袄岸

说明:[n]拼齐齿呼韵母实际音值为[ȵ]。

韵母(32个)

ɿ	资支	i	地踢急飞费	u	母睹鹿武	y	女驴句雨虚欲
ʅ	知直日						
a	爬辣	ia	架夹	ua	花刮	ya	靴确缺月药
ə	河舌合$_ɣ$百北$_ɣ$	iə	姐介接	uə	过落郭活合$_ɣ$		

---

① 酒泉音系参考张燕来:《兰银官话语音研究》,北京语言大学出版社,2014年,第198—199页。

ɛ	盖街			uɛ	怪帅		
ɔ	饱桃烧	iɔ	条				
ii	倍妹给百ᵡ北ᵡ			ui	桂贵		
ou	斗丑收	iu	流				
ɯ	而耳						
æ	胆竿含	iæ	减连间检	uæ	短酸官	yæ	权圆
ɒɤ̃	党桑	iɒɤ̃	讲良	uɒɤ̃	光床		
əɤ̃	根庚	iɤ̃	紧林星灵	uɤ̃	温东魂红	yɤ̃	云穷殉胸

说明：

① [u]和[l]相拼时，实际音值是[ʉ]。

② [ə, iə, uə, yə]中的[ə]舌位略低；[ya]有[yə]异读，二者为自由变读。

③ [i, y]带有强烈摩擦，实际音值有时接近[ʝ, ɥ]。

声调(3个)

阴平	55	高猪开匹督
阳平上	53	穷陈古女抗急局
去声	13	近柱盖帐竹月

说明：去声[13]有另一变体[21]。

（3）银吴片

分布在宁夏银川、灵武、贺兰、中卫等14个县(市、区)，主要特点是古入声全浊声母字一部分归阳平，一部分归去声。北京话读[tʂ, tʂʰ, ʂ]声母的字，在银吴片(盐池除外)有些读[ts, tsʰ, s]，如"摘""助""初""愁""瘦""生"。梗摄合口云母平声、通摄以母字，如"荣""融""容""蓉""溶""熔"，银川话今读零声母。

兹以银川为例,列举音系如下。①

银川音系

声母(23个)

p	菠伴壁	pʰ	派旁劈	m	梅木门	f	飞翻乏	v	微玩握
t	到邓滴	tʰ	太同铁	n	南农女逆			l	篮聋吕立
ts	栽助摘	tsʰ	餐愁拆			s	松生速		
tʂ	知章镯	tʂʰ	除城插			ʂ	沙扇熟	z̩	如染热
tɕ	精就脚	tɕʰ	清齐缺			ɕ	心闲血		
k	高共国	kʰ	口狂磕			x	花喊活		
ø	鹅腰荣月								

韵母(33个)

ɿ	紫磁私	i	皮题吸	u	铺否绿	y	旅徐玉
ʅ	支迟实						
ər	儿耳二						
a	茶大客	ia	佳夏麦	ua	瓜抓刷		
ɯ	给去黑						
ə	歌车摘	iə	姐茄捏	uə	拖婆桌	yə	瘸靴掠
ɛ	台鞋裁			uɛ	快踹帅		
ɔ	刀闹贸	iɔ	交腰料				
ei	杯危贼			uei	推泪葵		
əu	豆收肉	iəu	流秋幼				
an	感三暖	ian	监鞭颜	uan	短环川	yan	卷泉员
ɑŋ	堂丈巷	iɑŋ	亮香江	uɑŋ	光黄窗		
əŋ	深盆风	iŋ	林秦冰	uŋ	村横中	yŋ	群兄用

---

① 银川音系参考高葆泰、张安生编写:《银川话音档》,第 4—7 页。

声调(3个)

阴平	44	高抽伤粗天边飞安
阳平上	53	穷唐云龙好走老买
去声	13	是盖病岸急桌麦局

(4) 北疆片

分布在新疆乌鲁木齐、哈密、石河子、吉木萨尔等 33 个县(市、区)。北疆片内部一致性强,阳平与上声合并,只有三个单字调。"波"和"车"韵母相同,读[ɤ]。古庄组、知组二等、章组止摄开口三等字如"斩""茶""撑""沙""市",今读[ts,tsʰ,s]。

兹以乌鲁木齐为例,列举音系如下。①

乌鲁木齐音系

声母(25个)

p	巴饱边帮步	pʰ	怕派盘胖铺	m	麻卖门妙母	f	发福冯税树	v	五蛙闻汪荣
t	达杜到当夺	tʰ	踏太土天唐	n	拿南脑努馕			l	拉来路莲冷
ts	争在子纸嘴	tsʰ	醋次迟查曹			s	思师散沙随		
tʂ	知直招助抓	tʂʰ	抽初处船成			ʂ	实蛇烧神商	ʐ	人热染嚷
tɕ	酒接讲紧杰	tɕʰ	秋全囚敲缺	ȵ	女泥年娘	ɕ	新休斜玄雄		
k	尕改国告跪	kʰ	卡开快葵客	ŋ	岸鹅额恶熬	x	瞎海花后红		
ø	耳爱云延								

韵母(32个)

ɿ	紫刺师指痔	i	皮米体笔粒	u	布猪图叔木	y	吕娶婿菊局
ʅ	知耻世尺直						

---

① 乌鲁木齐音系参考周磊编写:《乌鲁木齐话音档》,第 4—7 页。

ɚ	儿耳饵而二						
a	疤爬麻法拔	ia	家架虾鸭掐	ua	抓瓜花画滑		
ɣ	婆磨蛇格薄	iɣ	爹写夜铁灭	uɣ	多拖锅桌活	yɣ	靴绝缺学月
ai	买太财盖宅			uai	揣怪快槐坏		
ei	杯赔飞黑贼			uei	堆雷辉桂会		
ɔ	包毛闹早吵	iɔ	表庙郊笑腰				
ʏu	偷漏周狗猴	iʏu	留酒秋袖油				
an	班盘弯南山	ian	鞭棉尖烟炎	uan	端暖酸官换	yan	泉选元院娟
ɑŋ	帮方浪张夯	iɑŋ	凉江枪香羊	uɑŋ	庄窗疮光黄		
ɣŋ	本门针升成	iŋ	兵明林新影	uŋ	冬聪宏孙轮	yŋ	群云军兄晕

声调(3个)

阴平	44	高边安粗伤飞黑惜
阳平	51	穷陈寒人古丑局杂
去声	213	近柱盖岸共竹月桌

20世纪初,高本汉《中国音韵学研究》用现代语言学方法,记录了兰州方言的语音。罗常培《唐五代西北方音》(1933)探讨了西北方言的历史演变,为兰银官话的历史研究提供了范本。60年代,甘肃师范大学中文系方言调查室对甘肃全省方言进行大规模调查,编印了《甘肃方言概况》(1960)。

20世纪80年代后,兰银官话研究有了较大的进展,在方言分区、语音演变、词汇语法等方面进行了深入的探讨,主要成果有张盛裕《银川方言的声调》(1984),张盛裕、张成材《陕甘宁青四省区汉语方言的分区(稿)》(1986),刘俐李、周磊《新疆汉语方言的分区(稿)》(1986),李范文《宋代西北方音》(1994),张安生《同心回民话中的阿拉伯语、波斯语借调》(1994),张淑敏《兰州话量词的用法》(1997),曹志耘《敦煌方言的声调》(1998)等。

(七) 江淮官话

1. 方言分布与内部分片

江淮官话主要分布在安徽、江苏两省的长江、淮河之间大部分地区,故而得名。又因其位于长江下游,旧时亦称下江官话。苏皖两省淮河以北和长江以南一小部分地区,湖北东部的黄冈、孝感地区以及江西省的九江地区亦有分布。另外,鄂西北竹山、竹溪和相邻的陕西南部地区的所谓"客伙话"也属江淮官话,浙江省的个别地方也有说江淮官话的。江淮官话集中分布在 108 个县市,还有一些县市有少量分布,其总使用人口约 8605 万人。

与其他官话方言不同,江淮官话最突出的特征是有独立的入声调类。根据古入声今读情况——是否分阴阳入、是否有塞音尾,可分为通泰片、洪巢片、黄孝片。

(1) 通泰片

分布在江苏长江以北地区的东南部和江中洲岛,遍及南通、泰州、盐城地区的 11 个县(市、区)。入声分阴阳、入声字有塞音韵尾,见表 2-32。

表 2-32 通泰片古入声字今读[①]

	骨 臻合一见	桌 江开二知	贴 咸开四透	鹊 宕开三清	麦 梗开二明	月 山合三疑	夺 山合一定	服 通合三奉
泰兴	kuəʔ 阴入	tsuaʔ 阴入	tʰiʔ 阴入	tɕʰiaʔ 阴入	mɔʔ 阳入	yuʔ 阳入	tʰʊʔ 阳入	fɔʔ 阴入 / fɔʔ 阳入
如皋	kuəʔ 阴入	tsuaʔ 阴入	tʰiʔ 阴入	tɕʰiaʔ 阴入	mɔʔ 阳入	yuʔ 阳入	tʰʊʔ 阳入	fɔʔ 阳入

---

① 如无特别说明,江淮官话各点语料均来自国家社科基金重大项目"苏皖鄂赣江淮官话与周边方言的接触演变研究及数据库建设"(19ZDA307)研究成果。

例如,如皋"骨""桌""贴""鹊"今读阴入,"麦""月""夺""服"今读阳入,两类字都有喉塞尾,调类不同。兹以泰州为例,列举音系如下。①

泰州音系

声母(19个)

p	饱比病布	pʰ	派盘病破	m	马米	f	方饭飞	v 弯晚威位
t	刀稻地对	tʰ	汤同稻地	n	南老年路女			
ts	走字针锥	tsʰ	草抽字吹寺			s	三寺生世孙	z 人让闰
tɕ	斤剪战旧	tɕʰ	千旗旧缠			ɕ	仙晓扇嫌下	
k	根古共	kʰ	考苦狂柜环			x	好花下患	
ø	哑矮移染五王雨愿							

说明:[z]略卷舌。

韵母(46个)

ɿ	纸字四世	i	比地泥鸡	u	布土锄火	y	腿女许雨
ər	儿耳二							
ɑ	马打茶蛇	iɑ	加虾写牙	uɑ	瓜夸花瓦	yɑ	瘸靴抓
ɛ	买来菜盖	iɛ	阶解鞋写	uɛ	乖快坏怀		
ɔ	饱刀早高	iɔ	表条小舀				
ɯ	豆楼走狗	iɯ	纽救秀有				
əi	飞费威微			uəi	腿鬼桂回		
		iĩ	背变天盐				
ɛ̃	反懒三眼	iɛ̃	间碱闲限	uɛ̃	关惯环患		
ũ	半磨短船官					yũ	绢劝宣远

---

① 泰州音系参考江苏省和上海市方言调查指导组编:《江苏省和上海市方言概况》,第83—85页。

ɑŋ	忙汤上巷	iɑŋ	两讲想羊	uɑŋ	光狂黄忘		
əŋ	门冷人肯	iŋ	民丁敬信	uəŋ	棍困昏魂	yŋ	俊群训云
oŋ	风同公横	ioŋ	窘胸熊用				
əʔ	佛得十黑	iɪʔ	劈笛舌噎	uəʔ	骨忽入		
æʔ	八塔闸鸭	iæʔ	夹瞎	uæʔ	括滑		
ʊʔ	末夺说割					yʊʔ	决血月越
ɑʔ	薄落弱角	iɑʔ	疟确削药	uɑʔ	郭扩		
ɔʔ	白毒熟哭	iɔʔ	局曲狱				

说明:

① [i,y]带有很显著的摩擦,不过没有南通那么厉害。

② [u]拼[k,kʰ,x]时实际音值为[əu]。

③ [ɑ,iɑ,uɑ,yɑ,ɑŋ,iɑŋ,uɑŋ,ɑʔ,iɑʔ,uɑʔ]中的[ɑ]略偏央。

④ [ɛ,iɛ,uɛ]中的[ɛ]略偏高。

⑤ [ɤɯ,iɤɯ]中的[ɤɯ]活动范围小,[ɯ]偏央。

⑥ [iĭ,ŏ,yŏ,ɛ̃,iɛ̃,uɛ̃]鼻音甚微。

⑦ [əŋ,iŋ,uəŋ,yŋ]中的[ŋ]尾不很稳定,有时是[n];[ɑŋ,oŋ]等韵中的[ŋ]尾稳定。

⑧ 泰州[ŋ]可以自成音节,只在口语里用,例如"我"的白读[ŋ̍⊥]。

⑨ [uɛ,uɑ,uəi,uē,uɑŋ,uəŋ,uæʔ,uɑʔ,uəʔ]这九个韵拼[n,ts,tsʰ,s,z]五声母的时候,[u]介音部位前移。同时[ts,tsʰ,s,z]舌面化,其中[ts,tsʰ]舌面化比[s,z]显著([n]一律不舌面化)。[uəi,uəŋ]两韵拼[n,ts,tsʰ,s,z]五声母,[u]介音是央元音[ʉ],听起来很像[øi,øŋ],[ts,tsʰ,s,z]部位介于[s]和[ɕ]之间。其他七韵拼[s,z]声母,介音也是央元音[ʉ],[s,z]部位介于[s]和[ɕ]之间;拼[ts,tsʰ]声母,介音很接近前元音[y],[ts,tsʰ]也很接近[tɕ,tɕʰ]。

声调(6个)

阴平	21	兵天新夏病梦

阳平	45	盘同人云	
上声	213	饱请手马	
去声	33	店菜向队病梦	
阴入	3	百黑落白佢	
阳入	4	滑舌绿白佢	

（2）洪巢片

在三片之中分布地域最广，江苏、安徽境内的江淮官话大多属于这一片，共包含 72 个县(市、区)。入声不分阴阳，入声字有塞音韵尾，见表 2-33。

表 2-33　洪巢片古入声字今读

	骨 臻合一见	桌 江开二知	贴 咸开四透	鹊 宕开三清	麦 梗开二明	月 山合三疑	夺 山合一定	服 通合三奉
南京	kuʔ˦	tʂoʔ˦	tʰeʔ˦	tɕʰyeʔ˦	məʔ˦	yeʔ˦	toʔ˦	fuʔ˦
芜湖	kuəʔ˦	tsuəʔ˦	tʰiəʔ˦	tɕʰyəʔ˦	məʔ˦	yəʔ˦	toʔ˦	foʔ˦

南京、芜湖"骨""桌""贴""鹊""麦""月""夺""服"均读入声，有喉塞尾。兹以南京为例，列举音系如下。①

南京音系

声母(21 个)

p	班变步	pʰ	怕普皮	m	门母米	f	飞夫冯		
t	到低端	tʰ	他梯图					l	南李路女
ts	走嘴助	tsʰ	草村锄			s	孙三事		
tʂ	张准住	tʂʰ	车吹床			ʂ	商书顺	z	人闰热
tɕ	酒捐旧	tɕʰ	妻区桥			ɕ	西许袖		

---

① 南京音系参考江苏省和上海市方言调查指导组编：《江苏省和上海市方言概况》，第 61—64 页。

| k | 高古共 | kʰ | 开苦狂 | | | x | 化火红 |
| ø | 硬腰汪远 | | | | | | |

说明：

① [n, l]不分，[n]和[l]可以任意互换。总的来说，用[l]的时候比较多。

② [tɕ, tɕʰ, ɕ]发音部位靠前。

③ [x]发音部位靠后。

韵母(48个)

ɿ	字死士	i	比你洗	u	布主五	y	女区雨
ʅ	智池是						
ər	儿耳二						
ɑ	怕拿茶	iɑ	加夏牙	uɑ	抓瓜花		
o	波多错歌我						
e	爹	ie	借写谢			ye	茄靴
ɐe	排代社海	iɐi	解鞋蟹	uɐe	帅怪外		
əi	杯配肥			uəi	对内水		
ɔu	包少好	iɔu	飘条咬				
əɯ	周狗后	iəɯ	流秋有				
ã	班汤汉	iã	江向羊	uã	乱床王		
ẽ	边天年	iẽ	肩先烟			yẽ	捐宣怨
əŋ	本生根	iŋ	兵民金	uəŋ	寸棍文	yəŋ	君群云
oŋ	东中翁	ioŋ	穷兄用				
ʅʔ	直吃十	iʔ	笔密力	uʔ	木竹哭	yʔ	律局曲
ɑʔ	法擦杀	iɑʔ	甲瞎鸭	uɑʔ	刷刮滑		
əʔ	白舌热			uəʔ	国阔或		
eʔ	别灭烈	ieʔ	结切歇			yeʔ	缺血月
oʔ	薄各说	ioʔ	脚学约				

说明：

① [ɑ, iɑ, uɑ]中的[ɑ]是后[ɑ]，不圆唇。

② [ie, ye]中的[e]略低。

③ [ɐe, iɐe, uɐu]中的[e]略低，[ɐ]活动范围不大。

④ [ɔu, uɔi]中的[ɔ]略低。

⑤ [əɯ, iəɯ]中的[ɯ]略低，[əɯ]活动范围不大。

⑥ [ã, iã, uã]中的[ã]偏央，鼻音起头不清楚，到末了才显著。

⑦ [ẽ, iẽ, yẽ]中的[ẽ]略低，鼻音起头不清楚，到末了才显著。

⑧ [iŋ]中间有不显著的[ə]，[əŋ, iŋ, uəŋ, yəŋ]中的[ŋ]尾不稳定，有时读成[n]。

⑨ [oŋ, ioŋ]中的[ŋ]尾稳定。

⑩ [ɑʔ, iɑʔ, uɑʔ]中的[ɑ]是后[ɑ]，不圆唇。

⑪ [eʔ, ieʔ, yeʔ]中的[e]略低。

声调(5个)

阴平	31	刚知专尊丁边
阳平	13	陈穷床才平寒
上声	22	古跑水巧五瓦
去声	44	汉秀共路大帽
入声	5	觉百急木药白局

(3) 黄孝片

分布在鄂东北黄冈、孝感地区，还有安徽、江西的部分县(市、区)。入声不分阴阳、入声字无塞音韵尾，有独立的入声调，见表2-34。

表 2-34 黄孝片古入声字今读

	骨 臻合一见	桌 江开二知	贴 咸开四透	鹊 宕开三清	麦 梗开二明	月 山合三疑	夺 山合一定	服 通合三奉
黄梅	ku˄	tso˄	tʰiæ˄	tɕʰio˄	mæ˄	ɥæ˄	to˄	fu˄
孝感	ku˄	tʂo˄	tʰiɛ˄	tɕʰio˄	mɛ˄	ɥɛ˄	to˄	fu˄

黄梅"骨""桌""贴""鹊""麦""月""夺""服"均读入声,无塞音尾。兹以孝感为例,列举音系见下。

孝感音系

声母(22 个)

p	兵病步八	pʰ	盘派片拍	m	门明米麦	f	风肥饭福
t	多低东毒	tʰ	偷甜讨踢	n	年连脑老		
ts	租早字贼	tsʰ	床草刺拆			s	丝酸事塞
tʂ	张主柱竹	tʂʰ	床丑唱尺			ʂ	书山顺十	ʐ	人荣肉弱
tɕ	酒九件急	tɕʰ	敲全欠秋			ɕ	想响谢县
k	高刚共谷	kʰ	敲肯课哭	ŋ	安熬咬岸	x	灰海好活
ø	软用问热						

说明:

① [n,l]混读。

② [tʂ,tʂʰ,ʂ]与[ʮ]类韵以外的韵母相拼时舌位略靠前。

韵母(43 个)

ɿ	师丝辞字	i	米戏对七	u	苦五骨谷	ʮ	猪雨出局
ʅ	试十直尺						
ɚ	儿耳二日						
a	茶塔法辣	ia	牙鸭假夏	ua	瓦刮话垮	ʮa	抓爪刷要
ɛ	北色白说	iɛ	茄贴爹谢	uɛ	国或获	ʮɛ	热月决说

e	车遮扯赊					ɥe	靴惹噘_{噘嘴}
o	歌坐活壳	io	药学脚确				
ɑi	开排鞋在			uɑi	快怪怀外	ɥɑi	揣衰帅率
ei	飞对最睡			uei	鬼亏回味	ɥei	追吹睡锐
ɑu	烧饱高好	iɑu	交桥吊票				
əu	豆丑六绿	iəu	油酒秋丢				
ɑn	南山半短			uɑn	官款欢玩	ɥɑn	专栓拳圆
ən	深灯真横	in	盐年心新星	uən	滚横困问	ɥən	春云均顺
ɑŋ	糖床伤刚	iɑŋ	响讲枪样	uɑŋ	光框黄王	ɥɑŋ	床双装壮
oŋ	东农中朋	ioŋ	兄穷熊用				
m̩	姆						
n̩	你						

说明：

① [ɻ]舌尖靠后，卷舌动作较[ɹ]更明显。

② [ɑ]与声母相拼时舌位较后。

③ [ɛ, iɛ, uɛ, ɥɛ]和[e, ɥe]相配，条件是：入声读[ɛ]类，舒声读[e]类。[e]组本应还有[ie, ue]与[ɛ]组配对，但[ie]读音很接近[iɛ]。

④ 自成音节的[m̩]出现在"姆妈"一词中，[n̩]限于第二人称"你"。

声调(6个)

阴平	33	东该灯风通开天春
阳平	31	铜皮糖红毒白盒罚门龙牛油
上声	52	懂古鬼九统苦讨草买老五有
阴去	35	冻怪半四痛快寸去
阳去	55	洞地饭树动罪近后卖路硬乱
入声	213	谷百搭节急哭拍塔切刻六麦叶月

2. 语音特点

江淮官话地处北方官话与南方吴徽赣语的过渡区域,往往与周边方言既存在相似性又有差异,因而内部一致性不高。江淮官话主要语音特点如下。

（1）古全浊声母业已清化,见表 2-35。

表 2-35　江淮官话古全浊声母今读

		袍並	白並	桃定	稻定	球群	舅群	昨从	撞澄
通泰片	如皋	pʰɔ 阳平	pʰɔʔ 阳入	tʰɔ 阴平	tʰɔ 阴平	tɕʰiʊ 阴平	tɕʰiʊ 阴平	tsʰaʔ 阳入	tsʰuaŋ 阴平
	泰兴	pʰɔ 阳平	pʰɔʔ 阳入	tʰɔ 阴平	tʰɔ 阴平	tɕʰiɤɯ 阴平	tɕʰiɤɯ 阴平	tsʰaʔ 阳入	tsʰuaŋ 阴平
	南通	pʰɤ 阳平	pʰoʔ 阳入	tʰɤ 阴平	tʰɤ 阳去	tɕʰø 阳平	tɕʰø 阳去	tsʰo 阳去	tɕʰyõ 阳去
洪巢片	南京	pʰɔ 阳平	pəʔ 入	tʰɔ 阴平	tɔ 去	tɕʰiəɯ 阳平	tɕiəɯ 去	tso 阳平 / tsʰo 阳去	tsuã 去 / tsʰuã 去
	芜湖	pʰɔ 阳平	pəʔ 入	tʰɔ 阴平	tɔ 去	tɕʰiu 阳平	tɕiu 去	tsʰʊ 阳平 / tsoʔ 阳入	tsʰuã 去 / tsʰuã 阳平
	涟水	pʰɔ 阳平	pɔʔ 入	tʰɔ 阴平	tɔ 去	tɕʰiʊ 阳平	tɕiʊ 去	tsa 阳平	tsuaŋ 去
黄孝片	黄梅	pʰau 阳平	pæ 入 / pʰie 阳去	tʰau 阴平	tau 去	tɕʰieu 阳平	tɕieu 去	tso 阳平 / tsʰo 阳入	tsaŋ 阳平
	孝感	pʰau 阳平	pɛ 阳平	tʰau 阴平	tau 阳去	tɕʰiəu 阳平	tɕiəu 去	tso 入	tsʮaŋ 上 / tsʰʮaŋ 上
	九江	pʰau 阳平	pæ 入	tʰao 阴平	tao 去	tɕʰiəɯ 阳平	tɕiəɯ 去	tso 入	tsaŋ 去

通泰片今逢塞音、塞擦音,白读无论平仄一律送气,文读则与洪巢片、黄孝片相同,平声送气,仄声不送气。例如,表中各字如皋均读送气清音。南京、九江等古全浊声母平声字"袍""桃""球"今读送气,仄声字"白""稻""舅"今读不送气。

（2）江淮官话古泥母与来母今读大多相混,见表 2-36。

表 2-36　江淮官话古泥来母今读

		南泥	蓝来	泥泥	离来	怒泥	路来	女泥	吕来
通泰片	如皋	nõ阳平	lɛ阳平	ni阳平	li阳平	nu阴平	lu阴平	ny上	ly上
	泰兴	nɛ̃阳平 / nõ阳平	lõ阳平	ni阳平	li阳平 / li阴平	nɤɯ去	lu阴平	ny上	ly上
	南通	nø̃阳平	lã阳平	ni阳平	li阳平	nʊ阳去	lu阴平	ny上	ly上
洪巢片	南京	lã阳平	lã阳平	li阳平	li阳平	lu去	lu去	ly上	ly上
	芜湖	læ̃阳平	læ̃阳平	li阳平	li阳平 / li去	lu去	lu去	ly上	ly上
	池州	nan阳平	nan阳平	ni阳平	ni阳平	nu去	nu去 / nəu去	y上	y上
黄孝片	黄梅	nan阳平	lan阳平	n̠i阳平	li阳平	neu阳去	leu阳去	ȵʮ上	ʮ上
	孝感	nan阳平	nan阳平	ni阳平 / i阳平	ni阳平	nəu阳去 / noŋ阳去	nəu阳去	ʮ上	ʮ上
	九江	læ̃阳平	læ̃阳平	n̠i阳平	li阳平	ləɯ去	ləɯ去	ȵʮ上	zʮ上

洪巢片"南蓝""泥离""怒路""女吕"各组字声母均相同,南京、芜湖读[l],池州读[n]或零声母。

通泰片一些地方能分[n]与[l]。例如,如皋上述各组字声母不同,"南""你""怒""女"读[n],"蓝""离""路""吕"读[l]。

黄孝片有一部分方言点洪音混同,细音有别。例如,九江"南""蓝""怒""路"声母均为[l],"泥"[n̠i阳平]≠"离"[li阳平],"女"[ȵʮ上]≠"吕"[zʮ上]。

(3) 古知章组①洪音与精组洪音江淮官话今读大多合为一套,少数分为两套,[ts]组和[tʂ]组。

---

① 江淮官话庄组字往往派入精组和知章组。对于不分[ts-,tʂ-]的方言,知系精组无对立;对于区分[ts-,tʂ-]的方言,庄组分别归入精组和知章组。因此讨论知系与精组的分合关系时,江淮官话庄组字可不予考虑。

通泰片和洪巢片东部,知章组洪音与精组洪音合流,主要读[ts]组,一些地方合流后均读[tʂ]组,见表2-37。

表2-37 江淮官话知章组洪音与精组洪音今读(一)

		糟精	招章	蚕从	缠澄	四心	试书	随邪	垂禅
通泰片	如皋	tsɔ阴平	tsɔ阴平	tɕʰyʊr阳平	tɕʰiɛ̃阳平 / tɕʰiĩ阳平	sɿ去	sɿ去	tsʰuei阳平 / suei阳平	tsʰuei阳平
通泰片	泰兴	tsɔ阴平	tsɔ阴平	tsʰʊ̃阳平	tɕʰiĩ阳平 / tɕʰiĩ阳平	sɿ去	sɿ去	suəi阳平 / tsʰəi阳平 / tɕʰy阳平	tsʰuəi阳平 / suəi阳平
洪巢片	南京	tsɔ阴平	tsɔ阴平	tsʰã阳平	tʂã阳平	sɿ去	ʂɿ去	suəi阳平 / tsʰuəi阳平	tsʰuəi阳平
洪巢片	连云港	tʂɔ阴平	tʂɔ阴平	tsʰæ̃阳平	tʂʰæ̃阳平	ʂɿ去	ʂɿ去	ʂei阳平	tsʰuei阳平

说明:连云港语料来自江苏省和上海市方言调查指导组编《江苏省和上海市方言概况》。

表2-37中各点声母大多读[ts,tsʰ,s],20世纪50年代连云港均读[tʂ,tʂʰ,ʂ]。

黄孝片和洪巢片西部大致上保持音类对立,只有个别方言点不分,见表2-38。

表2-38 江淮官话知章组洪音与精组洪音今读(二)

		糟精	招章	蚕从	缠澄	四心	试书	随邪	税书
洪巢片	六安	tsɔ阴平	tʂɔ阴平	tsʰæ̃阳平	tʂʰæ̃阳平	sɿ去	ʂɿ去	sei阳平	ʂuei去
洪巢片	池州	tsɒ阴平	tsɒ阴平	tsʰuan阳平	tsʰan阳平	sɿ去	sɿ去	sɪi阳平	ʂuɪi去
黄孝片	黄梅	tsau阴平	tsau阴平	tsʰon阳平	tsʰɛn阳平	sɿ阴去	sɿ阴去	ɕi阳平	ɕɥe阴去
黄孝片	孝感	tsau阴平	tʂau阴平	tsʰan阳平	tʂʰan阳平	sɿ阴去	ʂɿ阴去	sei阳平	ʂuei阴去

六安、孝感古精组洪音今读[ts]组,知章组今读[tʂ]组。黄梅则不

区分,各组例字声母相同。池州基本不区分[ts]组和[tʂ]组,"糟=招""蚕=缠""四=试",但"随≠税"。

(4) 江淮官话一般不分尖团。大多数方言精组、见晓组今读细音时,声母为[tɕ]组,见表2-39。

表2-39 江淮官话尖团分混

		酒精	九见	修心	休晓	妻清	欺溪
通泰片	如皋	tɕiʊ上	tɕiʊ上	ɕiʊ阴平	ɕiʊ阴平	tɕʰi阴平	tɕʰi阴平
	泰兴	tɕiɤɯ上	tɕiɤɯ上	ɕiɤɯ阴平	ɕiɤɯ阴平	tɕʰi阴平	tɕʰi阴平
	南通	tɕy上	tɕy上	ɕy阴平	ɕy阴平	tɕʰi阴平	tɕʰi阴平
洪巢片	南京	tɕiəɯ上	tɕiəɯ上	ɕiəɯ阴平	ɕiəɯ阴平	tɕʰi阴平	tɕʰi阴平
	芜湖	tɕiu上	tɕiu上	ɕiu阴平	ɕiu阴平	tɕʰi阴平	tɕʰi阴平
	六安	tɕiɯ上	tɕiɯ上	ɕiɯ阴平	ɕiɯ阴平	tsʰɿ阴平	tsʰɿ阴平
黄孝片	黄梅	tɕieu上	tɕieu上	ɕieu阴平	ɕieu阴平	tɕʰi阴平	tɕʰi阴平
	孝感	tɕiəu上	tɕiəu上	ɕiəu阴平	ɕiəu阴平	tɕʰi阴平	tɕʰi阴平
	九江	tɕiəɯ上	tɕiəɯ上	ɕiəɯ阴平	ɕiəɯ阴平	tɕʰi阴平	tɕʰi阴平

说明:六安"妻""欺"声母读[tsʰ],韵母擦化所致,但仍不分尖团,"妻=欺"。

表中各点"酒九""修休""妻欺"声母相同,不分尖团。现今,在南京老年人的日常口语中,尚有尖团对立的残存,如"钱"[tsʰiɛ阳平]≠"钳"[tɕʰiɛ阳平]。

(5) 古开口见系二等字大多存在文白异读,见表2-40。

表2-40 江淮官话古开口见系二等字文白异读

		家假	下假	敲效	夹咸	瞎山	巷江	角江	硬梗
通泰片	如皋	tɕia阴平 / ka阴平	ɕia阴平 / xa阴平	kʰɔ阴平	kɛʔ阴入	xɛʔ阴入	xaŋ阴平	kaʔ阴入	iəŋ去 / ŋəŋ阴平

(续表)

		家假	下假	敲效	夹咸	瞎山	巷江	角江	硬梗
通泰片	泰兴	tɕia阴平/ka阴平	ɕia阴平/xa阴平	tɕʰiɔ阴平/kʰɔ阴平	kæʔ阴入	xæʔ阴入	xaŋ阴平	kaʔ阴入	ŋəŋ阴平
	南通	tɕia阴平/ko阴平	ɕia阳去/xo阳去	tɕʰiɤ阴平/kʰɤ阴平	kaʔ阴入	xaʔ阴入	xõ阳去	koʔ阴入	ŋɛ̃阳去
洪巢片	南京	tɕia阴平	ɕia去	tɕʰiɔ阴平/kʰɔ阴平	tɕiaʔ入/kaʔ入	ɕiaʔ入5	ɕiã去	tɕyoʔ入/koʔ入	iŋ去/əŋ去
	芜湖	tɕia阴平/ka阴平	ɕia去/xa去	tɕʰiɔ阴平/kʰɔ阴平	kaʔ入	xaʔ入	xã去	koʔ入	ən去
	涟水	tɕia阴平/ka阴平	ɕia去/xa去	tɕʰiɔ阴平/kʰɔ阴平	kæʔ入	xæʔ入	xaŋ去	tɕiaʔ入/kaʔ入	ən去
黄孝片	黄梅	tɕia阴平/ka阴平	ɕia阳去/xa阳去	tɕʰiau阴平/kʰau阴平	tɕia入/ka入	ɕia入/xæ入	ɕiaŋ阳去/xaŋ阳去	tɕio入/ko入	ən阳去
	孝感	tɕia阴平/ka阴平	ɕia阳去/xa阳去	tɕiau阴平/kʰau阴平	tɕia入	ɕia入	ɕiaŋ阳去/xaŋ阳去	ko入	ŋən阳去
	九江	tɕiɒ阴平/kɒ阴平	ɕiɒ去/xɒ去	kʰao阴平	tɕiɒ入/kɒ入	ɕiɒ入	xaŋ入	ko入	ŋən入

表中各点例字往往文读[tɕ, tɕʰ, ɕ]声母，白读[k, kʰ, x]声母。

（6）有些江淮官话古蟹效流摄，或今读韵尾丢失，或部分韵类合并。通泰片和洪巢片的蟹效摄字大多失去韵尾，流摄字也多失去韵尾，见表 2-41。

表 2-41 通泰片、洪巢片蟹效流摄今读

		袋蟹	开蟹	苗效	炒效	豆流	修流
通泰片	如皋	tʰɛ阴平	kʰɛ阴平	miɔ阳平	tsʰɔ上	tʰei阴平	ɕiu阴平
	泰兴	tʰɛ阴平	kʰɛ阴平	miɔ阳平	tsʰɔ上	tʰəi阴平	ɕiɤɯ阴平
洪巢片	南京	tɛ去	kʰɛ阴平	miɔ阳平	tsʰɔ上	təɯ去	ɕiəɯ阴平
	芜湖	tɛ去	kʰɛ阴平	miɔ阳平	tsʰɔ上	tɯ去	ɕiu阴平

黄孝片蟹效摄字则大多保留有韵尾[-i]和[-u]。此外,遇摄的端、精、泥组字绝大多数也变为[-u]韵尾字,与相对应的流摄字合并,见表2-42。

表 2-42　黄孝片遇蟹效流摄今读

	袋蟹	开蟹	苗效	炒效	豆流	修流	土遇	租遇	炉遇
黄梅	tai阳去	kʰai阴平	miau阳平	tsʰau上	teu阳去	ɕieu阴平	tʰeu上	tseu阴平	leu阳平
孝感	tɑi阳去	kʰɑi阴平	miɑu阳平	tʂʰɑu上	təu阳去	ɕiəu阴平	tʰəu上	tsəu阴平	nəu阳平
英山	tai阳去	kʰai阴平	miau阳平	tsʰau上	təu阳去	ɕiəu阴平	tʰəu上	tsəu阴平	ləu阳平
麻城	tai阳去	kʰai阴平	miau阳平	tsʰau上	təu阳去	ɕiəu阴平	tʰəu上	tsəu阴平	ləu阳平
九江	tæ去	kʰæ阴平	miao阳平	tsʰao上	təɯ去	ɕiəɯ阴平	tʰəɯ上	tsəɯ阴平	ləɯ阳平

(7) 古端系合口字,江淮官话今读大多无[u-]介音,见表2-43。

表 2-43　江淮官话古端系合口字今读

		队蟹合一	嘴止合三	酸山合一	乱山合一	村臻合一	轮臻合三
通泰片	如皋	tei去	tɕy上	ɕyõ阴平	lõ阳平	tsʰuəŋ阴平	ləŋ阳平
	泰兴	təi去 tuəi去	tsuəi上 tɕy上	sõ阴平	lõ阳平	tsʰuəŋ阴平	ləŋ阳平
	南通	tʰe阳去	tɕy上	ɕỹ阴平	lỹ阳去	tɕʰyẽ阴平	lɛ阳平
洪巢片	南京	tuəi去	tsuəi上	suã阴平	luã去	tsʰuəŋ阴平	luəŋ阳平
	芜湖	tei去	tsei上	sõ阴平	lõ去	tsʰən阴平	lən阳平
	六安	tei去	tsei上	suẽ阴平	luẽ去	tsʰən阴平	lən阳平
黄孝片	黄梅	ti阴去	tɕi上	son阴平	lon阳平	tsʰən阴平	lən阳平
	孝感	tei阴去 ti阴去	tsei上 tɕi上	san阴平	nan阳去	tsʰən阴平	nən阳平
	九江	tei去	tsei上	sõ阴平	lõ去	tsʰən阴平	lən阳平

表中绝大多数方言,古蟹止臻摄合口端系字今读无介音。古山摄合口字除了洪巢片部分方言点(南京、六安等)存在合口介音外,其余大多数方言点今读也无介音。

(8)江淮官话古咸山摄合流,多数方言今读鼻化韵,宕江曾梗通摄保留一个或两个鼻辅音韵尾。古阳声韵的韵类归并情形见下。

通泰片、洪巢片多数点古阳声韵今读有5个相互对立的韵类,见表2-44。

表 2-44 江淮官话古阳声韵今读(一)

		搬 山	官 山	班 山	关 山	帮 宕	光 宕	奔 臻	棍 臻	崩 曾	公 通
通泰片	如皋	pũ 阴平	kũ 阴平	pẽ 阴平	kuẽ 阴平	paŋ 阴平	kuaŋ 阴平	pəŋ 阴平	kuəŋ 去	pɔŋ 阴平	kɔŋ 阴平
	泰兴	pũ 阴平	kũ 阴平	pẽ 阴平	kuẽ 阴平	paŋ 阴平	kuaŋ 阴平	pəŋ 阴平	kuəŋ 去	pɔŋ 阴平	kɔŋ 阴平
	南通	pũ 阴平	kũ 阴平	pã 阴平	kuã 阴平	põ 阴平	kuõ 阴平	pẽ 阴平	kuẽ 阴去	pʌŋ 阴平	kʌŋ 阴平
洪巢片	盐城	po 阴平	ko 阴平	pæ 阴平	kuæ 阴平	pa 阴平	kua 阴平	pən 阴平	kuən 去	pɔŋ 阴平	kɔŋ 阴平
	涟水	po 阴平	ko 阴平	pæ 阴平	kuæ 阴平	paŋ 阴平	kuaŋ 阴平	pən 阴平	kuən 阴平	poŋ 阴平	koŋ 阴平
	芜湖	pũ 阴平	kũ 阴平	pæ̃ 阴平	kuæ̃ 阴平	pã 阴平	kuã 阴平	pən 阴平	kuən 去	poŋ 阴平	koŋ 阴平

表 2-44 中各点,咸山摄洪音往往有两类韵母,[on]类主要是山摄合口一等字以及咸山摄开口韵一等见系字,[an]类多为开口一二等字(开口一等见系字除外)。宕江为一类,称为[aŋ]类;深臻全部和曾梗开口为一类,称为[ən]类;通摄和曾梗合口为一类,称为[oŋ]类。

江淮官话沿江的一些方言,如南京、池州、当涂等,咸山摄开口一二等与宕江摄不分,大多也没有咸山摄一二等韵内部的主元音对立,见表2-45。

表 2-45　江淮官话古阳声韵今读(二)

	搬	官	班	关	帮	光	奔	棍	崩	公
南京	pã阴平	kuã阴平	pã阴平	kuã阴平	pã阴平	kuã阴平	pəŋ阴平	kuəŋ去	pəŋ阴平	koŋ阴平
池州	pən阴平 ~家 pan阴平 ~迁	kuan阴平	pan阴平	kuan阴平	pan阴平	kuan阴平	pən阴平	kun去	poŋ阴平	koŋ阴平
当涂	pã阴平 põ	kuã阴平	pã阴平	kuã阴平	pã阴平	kuã阴平	pən阴平	kuən去	poŋ阴平	koŋ阴平

例如,南京"班=帮",没有[an]类与[aŋ]类的分别;"搬=班",没有[on]类与[an]类的分别。池州、当涂则是文读层"搬=班=帮"。

黄孝片多数方言没有咸山摄一二等韵内部的主元音对立,也就是没有[on]类与[an]类的分别。咸山摄开口一二等与宕江摄有别,"班≠帮",见表 2-46。

表 2-46　江淮官话古阳声韵今读(三)

	搬	官	班	关	帮	光	奔	棍	崩	公
黄梅	pən阴平	kuan阴平	pan阴平	kuan阴平	paŋ阴平	kuaŋ阴平	pən阴平	kuən阴去	poŋ阴平	koŋ阴平
孝感	pɑn阴平	kuɑn阴平	pɑn阴平	kuɑn阴平	pɑŋ阴平	kuɑŋ阴平	pən阴平	kuən阴去	poŋ阴平	koŋ阴平
英山	pan阴平	kuan阴平	pan阴平	kuan阴平	paŋ阴平	kuaŋ阴平	pən阴平	kuən阴去	pəŋ阴平	kəŋ阴平
麻城	pan阴平	kuan阴平	pan阴平	kuan阴平	paŋ阴平	kuaŋ阴平	pən阴平	kuən阴去	pən阴平	koŋ阴平
九江	põ阴平	kuõ阴平	pæ̃阴平	kuõ阴平	paŋ阴平	kuaŋ阴平	pən阴平	kuən去	poŋ阴平	koŋ阴平

(9) 江淮官话普遍[ən]与[əŋ]不分,[in]与[iŋ]不分。古深臻曾梗四摄舒声字今读韵尾多数方言合并为[-n],少数方言合并为[-ŋ],或者都读作鼻化韵,见表 2-47。

表 2-47 江淮官话古深臻曾梗舒声韵今读

		针深	真臻	蒸曾	征梗	音深	因臻	鹰曾	英梗
通泰片	如皋	tsəŋ阴平	tsəŋ阴平	tsəŋ阴平	tsəŋ阴平	iəŋ阴平	iəŋ阴平	iəŋ阴平	iəŋ阴平
	泰兴	tsəŋ阴平	tsəŋ阴平	tsəŋ阴平	tsəŋ阴平	iəŋ阴平	iəŋ阴平	iəŋ阴平	iəŋ阴平
洪巢片	南京	tsəŋ阴平	tsəŋ阴平	tsəŋ阴平	tsəŋ阴平	iŋ阴平	iŋ阴平	iŋ阴平	iŋ阴平
	芜湖	tsən阴平	tsən阴平	tsən阴平	tsən阴平	in阴平	in阴平	in阴平	in阴平
黄孝片	黄梅	tsən阴平	tsən阴平	tsən阴平	tsən阴平	in阴平	in阴平	in阴平	in阴平
	孝感	tʂən阴平	tʂən阴平	tʂən阴平	tʂən阴平	in阴平	in阴平	in阴平	in阴平

表中各点"针真蒸征""音因鹰英"同音。南京、如皋收[-ŋ]尾,芜湖、黄梅、孝感收[-n]尾。

(10) 江淮官话古入声今读根据有无塞音韵尾可以分为两类。第一类有塞音韵尾,也有独立的入声韵类,通泰片和洪巢片大多属于此类,见表 2-48。

入声韵主元音一般有高元音、中元音和低元音三类。例如,如皋有高元音[iiʔ,ʊʔ],中元音[əʔ],低元音[ɛʔ,aʔ,ɔʔ]。南京有高元音[iʔ,uʔ,oʔ],中元音[əʔ],低元音[ɑʔ]。

第二类没有塞音韵尾,古入声今读与阴声韵合流。黄孝片的入声韵没有塞音韵尾,今读元音韵尾,见表 2-49。

(11) 中古四声与今读调类关系,各片情况不一。

通泰片声调 6 到 7 个。七调区,古平上去入四声除上声外,依声母清浊各分阴阳。六调区去声不分阴阳,古全浊上、全浊去白读阴平,文读去声。见表 2-50。

黄孝片一般 6 个声调,入声不分阴阳,去声分阴阳(九江 5 个,不分阴阳去)。古全浊上、全浊入有相当一部分今读阳去。见表 2-51。

表 2-48 江淮官话入声韵今读(一)

		八咸	瞎山	集深	一臻	落宕	角江	割山	直曾	择梗	百梗	读通
通泰片	如皋	pɛʔ阴入	xɛʔ阴入	tɕiəʔ阴入 / tɕʰiaʔ阳入	iiʔ阴入	laʔ阳入	kaʔ阳入	koʔ阴入	tsʰəʔ阳入	tsəʔ阴入	pɔʔ阴入	fɔʔ阴入
	泰兴	pæʔ阴入	xæʔ阴入	tɕʰiiaʔ阳入	iəʔ阴入	laʔ阳入	kaʔ阴入	koʔ阴入	tsʰəʔ阳入	tsəʔ阴入	pʰɔʔ阳入	tɔʔ阴入 / tʰɔʔ阳入
洪巢片	南京	paʔ^	ɕiaʔ^	tɕiʔ^	iʔ^	loʔ^	tɕyoʔ^ / koʔ^	kəʔ^ / koʔ^	tʂʅ^	tsəʔ^	pəʔ^	fuʔ^
	芜湖	paʔ^	xaʔ^	tɕiaʔ^	iaʔ^	loʔ^	koʔ^	kəʔ^	tsəʔ^	tsəʔ^	pəʔ^	foʔ^

表 2-49 江淮官入声韵今读(二)

	八咸	瞎山	一臻	落宕	角江	割山	直曾	择梗	百梗	福通	读通
黄梅	pa^	ɕia^ / xæ^	i^	lo^	tɕio^ / ko^	ko^	tsʰʅ附去	tsʰæ^	pæ^	fu^	teu^ / tʰeu附去
孝感	pa^	ɕia^	i^	no^	ko^	ko^	tʂʅ附平	tsɛ^ / tsʰɛ^	pɛ^	fu^	tɐu附平
英山	pa^	ɕia^ / xa^	i^	lo^	ko^	ko^	tʂʅ附去	tsɛ^	pɛ^	fu^	teu附去
麻城	pa^	ɕia^	i^	lo^	tɕio^ / ko^	ko^	tʂʅ^	tsa^	pa^	fu^	teu^
九江	pɒ^	ɕiɒ^	i^	lo^	ko^	ko^	tʂʅ^	tsæ^	pæ^	fu^	tɐu^

表 2-50　通泰片古今声调对照表

	天 清平	糖 浊平	草 清上	幸 浊上	去 清去	定 浊去	七 清入	白 阳入
南通	阴平 21	阳平 35	上声 55	阳去 213	阴去 42	阳去 213	阴入 4	阳入 5
如东	阴平 21	阳平 35	上声 42	阳去 32	阴去 44	阳去 32	阴入 5	阳入 2
兴化	阴平 33	阳平 34	上声 213	阳去 21	阴去 53	阴去 53 / 阳去 21	阴入 4	阳入 5
如皋	阴平 21	阳平 35	上声 33	去声 44	去声 44	去声 44 / 阴平 21	阴入 5	阳入 35
泰兴	阴平 21	阳平 45	上声 213	阴平 21	去声 43	去声 43 / 阴平 21	阴入 43	阳入 45
海安	阴平 21	阳平 35	上声 213	去声 44 / 阴平 21	去声 44	去声 44 / 阴平 21	阴入 4	阳入 5

表 2-51　黄孝片古今声调对照表

	天 清平	糖 浊平	草 清上	杏 浊上	去 清去	洞 浊去	七 清入	白 阳入
黄梅	阴平 21	阳平 55	上声 13	阳去 33	阴去 35 / 阳去 33	阳去 33	入声 42	入声 42 / 阳去 33
孝感	阴平 33	阳平 31	上声 52	阳去 55	阴去 35	阳去 55	入声 213	阳平 31
英山	阴平 31	阳平 55	上声 34	阳去 33	阴去 35	阳去 33	入声 213	阳去 33
麻城	阴平 212	阳平 42	上声 45	阳去 334	阴去 35	阳去 334	入声 24	入声 24
九江	阴平 31	阳平 44	上声 35	去声 21	去声 21	去声 21	入声 53	入声 53

表 2-51 中各点"白"的不同音读类型,体现了黄孝片古全浊声母入声字不同的演变趋势。英山今读阳去,麻城、九江今读入声,黄梅白读阳去、文读入声。黄孝片古全浊入读阳去为底层,入声为晚近的层次。孝感今读阳平,则是受西南官话或普通话影响产生的最新层次。

洪巢片 5 个声调,入声不分阴阳,去声不分阴阳,古全浊上今读去声,见表 2-52。由表可见,泗洪"白"有入声、阳平两读,东海仅阳平一读,体现了洪巢片入声不断舒化的趋势。

表 2-52 洪巢片古今声调对照表

	天清平	糖浊平	草清上	杏浊上	去清去	洞浊去	七清入	白阳入
南京	阴平 31	阳平 24	上声 11		去声 44		入声 5	
涟水	阴平 31	阳平 35	上声 213		去声 55		入声 34	
泗洪	阴平 213	阳平 55	上声 224		去声 51		入声 5	阳平 55 入声 5
东海	阴平 213	阳平 55	上声 35		去声 41		入声 5	阳平 55
芜湖	阴平 31	阳平 35	上声 213		去声 55		入声 5	
六安	阴平 213	阳平 35	上声 224		去声 53		入声 4	
池州	阴平 445	阳平 24	上声 213		去声 54		入声 34	

江淮地区自古经济发达、文化繁盛,方言文献资料、研究著作丰富。17 世纪传教士文献中已有江淮官话的细致描写,比较著名的有利玛窦《西字奇迹》[①]和金尼阁《西儒耳目资》,学界大多认为其音系基础是当时的南京官话。

20 世纪初现代语言学逐步确立,歌谣研究会成立之后,报刊上登载了一些江淮官话的文章,如:叶德均《淮安方言录》(1929)、钱文晋《沭阳方言考》(1930)、李庆富《合肥方言考》(1936)等。这一时期较为重要的著作有赫美玲(Korl Hemeling)《南京官话》(The Nanking Kuan Hua,1902)、赵元任《南京音系》(1929)、《湖北方言调查报告》(1938)[②]。

20 世纪 50 年代全国汉语方言普查时期,《江苏省和上海市方言概

---

① 《西字奇迹》原书已经失传,仅在明末程君房编《程氏墨苑》中还录有 4 篇罗马字注音文章。1957 年,文字改革出版社根据民国辅仁大学影印本,以《明末罗马字注音文章》为名重新出版。

② 《湖北方言调查报告》所分第二区即江淮官话黄孝片,该书实际编写于 1938 年,1948 年正式出版。

况》(1960)、《湖北方言概况》(1960)、《安徽省方言概况》(1962)均涉及江淮官话调查研究。随着研究不断深入,《中国语言地图集》《现代汉语方言大词典》《现代汉语方言音库》《普通话基础方言基本词汇集》等著作相继问世。苏皖鄂赣四省方言志、各地市县志以及方言词典的编纂,顾黔、鲍明炜主编的"江苏方言研究丛书"、汪国胜主编的"湖北方言研究丛书"、赵日新、陈庆祐主编的"安徽方言研究丛书"等,为江淮官话研究奠定了坚实基础。

关于江淮官话的语音研究论著,有顾黔《通泰方言音韵研究》(2001)、孙宜志《安徽江淮官话语音研究》(2006)、吴波《江淮官话音韵研究》(2020)等。语法研究有王健《苏皖区域方言语法比较研究》(2014)、汪化云《黄孝方言语法研究》(2016)、汪如东《江淮方言泰如片与吴语的语法比较研究》(2017)等。从历时角度考察江淮官话,可参看鲍明炜《六十年来南京方音向普通话靠拢情况的调查》(1980),平山久雄《江淮方言祖调值构拟和北方方言祖调值初案》(1984),鲁国尧《明代官话及其基础方言问题——读〈利玛窦中国札记〉》(1985)、《泰州方音史与通泰方言史研究》(1988)等。

(八) 西南官话

1. 方言分布及语音特征

西南官话分布在四川、重庆、贵州、云南、广西、湖北、湖南、陕西、江西等9个省区市,下分6片22个小片,涉及500多个县(市、区),使用人口约2.7亿,是官话方言里分布范围最广、使用人口最多的方言。①

古入声今读阳平,是西南官话区别于其他官话方言最突出的语音

---

① 参考中国社会科学院语言研究所等编:《中国语言地图集(第2版)》,第82页。

特征。赵元任、丁声树等论及湖北方言第一区特点时,认为"调类分阴平、阳平、上、去(无阳去),而入声归阳平,这是西南官话一个最重要的特点"①。李荣指出:"西南官话的特性是古入声今全读阳平,与其他六区分开。"②

西南官话区是一个"人口两亿七,地跨九省区"的超级大方言区,内部有各种各样的差异性。正如李荣所说,"就大部分地区而言,就县城而言,西南官话内部很一致。就少数地点说,就边远地区说,就每个县的四乡说,方言的差别比较大"③。

2. 内部分片及代表点音系

钱曾怡对西南官话阴平、阳平、上声、去声四个声调调值进行统计,认为西南官话最具代表性的四声框架,是阴平[55]、阳平[21]、上声[42]、去声[213]。④ 此外,西南官话还有一些其他的声调类型。具体情况参见表2-53。⑤

表2-53 西南官话的声调类型

	阴平	阳平	上声	去声	入声
1a 成都	55	21	42	213	归阳平
1b 泸定	55	21	53	24	归阴平
1c 内江	55	21	42	213	归去声
1d 泸州	55	21	42	13	入声:33

---

① 赵元任等:《湖北方言调查报告》,商务印书馆,1948年,第1568页。
② 李荣:《官话方言的分区》,《方言》,1985年第1期。
③ 同上。
④ 参见钱曾怡主编:《汉语官话方言研究》,第254页。
⑤ 参见李蓝:《西南官话的分区(稿)》,《方言》,2009年第1期。

(续表)

	阴平	阳平	上声	去声	入声
1e 西昌	44	31	53	33	归阳平(多数)/入声:21(少数)
2 昆明	44	31	53	212	归阳平
3 开远	55	42	33	12	归阳平
4 保山	32	44	53	25	归阳平
5a 武汉	55	213	42	35	归阳平
5b 汉寿	55	213	42	阴35/阳33	阴平/阳去(少)
6 桂林	33	21	55	35	归阳平
7 襄樊	34	52	55	212	归阳平
8 汉中 西昌新派音	55	21	24	212	清入、次浊入归阴平,全浊入归阳平

虽然泸定、内江、泸州三地古入声不归阳平,但这几处的四声框架与成都等地几乎相同,因此归为一种声调类型;湖南汉寿去声分阴阳,入声分归阴平或阳去,但从听感来说,汉寿的四声框架与武汉相差不大,可与武汉归为一类。[①]

以声调类型为前提,结合其他语音条件、人文历史背景和地理分布等情况,可将西南官话分为6片:川黔片、西蜀片、川西片、云南片、湖广片、桂柳片。

(1) 川黔片

主要分布在四川、重庆、贵州的大部分地区以及陕南的部分地区,使用人口约1亿。下分3个小片:成渝小片、黔中小片、陕南小片。陕南小片历史上有来自湖北、湖南和安徽等地的移民,是西南官话与中原官话的过渡地带,兼具西南官话和中原官话的语言特点,方言情况

---

① 参见李蓝:《西南官话的分区(稿)》。

复杂。

成渝小片与黔中小片的区别是有无撮口呼韵母。以成都(成渝小片)、贵阳(黔中小片)为例,见表2-54。

表2-54 成渝小片和黔中小片撮口呼韵母比较表①

	女	居	雨	决	月	全	元	军	云
成都	ȵy上	tɕy阴平	y上	tɕye阳平	ye阳平	tɕʰyɛn阳平	yɛn阳平	tɕyn阴平	yn阳平
贵阳	li上	tɕi阴平	i上	tɕie阳平	ie阳平	tɕʰian阳平	ian阳平	tɕin阴平	in阳平

本片声调只有4个,没有变调和轻声;多数方言没有声母[tʂ,tʂʰ,ʂ],不分鼻音和边音。内部一致性非常高,是最典型的西南官话。兹以成都、贵阳为例,列举音系如下。②

成都音系

声母(20个)

p	巴步别	pʰ	怕盘勃	m	马门木	f	飞凡胡	
t	多道夺	tʰ	太同特	n	怒路连			
ts	资争张	tsʰ	测从床			s	思沙树	z 日绒
tɕ	酒疾江	tɕʰ	秋截腔	ȵ	泥严咬	ɕ	心俗虾	
k	哥古共	kʰ	可苦狂	ŋ	袄安偶	x	何海航	
Ø	儿衣碗鱼							

说明:

① [n]有自由变体[l]或[l̃]。

---

① 成都方言语料引自北大中文系语言学教研室编,王福堂修订:《汉语方音字汇》(第二版重排本);贵阳语料引自贵州省地方志编纂委员会编:《贵州省志·汉语方言志》,方志出版社,1998年。

② 成都音系参考北大中文系语言学教研室编,王福堂修订:《汉语方音字汇》(第二版重排本),第14—15页。贵阳音系参考贵州省地方志编纂委员会编:《贵州省志·汉语方言志》,第6—7页。

② 零声母字齐合撮口呼音节开头带有轻微的唇舌同部位摩擦，开口呼音节以纯元音起头。

韵母(36个)

ɿ	痴汁日石	i	皮笔立觅	u	土朱忽叔	y	女旅虽麴
ɚ	儿二						
a	巴他答杀	ia	家佳狭压	ua	瓜话刷划		
e	遮涉彻客	ie	夜跌别觅	ue	国扩或	ye	靴月削
o	哥否夺各					yo	略脚学
ai	台街鞋崖	iɛi	界孩	uai	快衰外		
ei	杯批费			uei	回对虽桂		
au	包到敲饶	iau	表刁敲要				
əu	斗埠丑肉	iəu	丢酒牛优				
an	胆烦善咸	iɛn	变点尖眼	uan	短酸关软	yɛn	卷鲜泉元
ən	分深吞硬	in	金民丁迎	uən	困文横闰	yn	均倾琼永
aŋ	方当昌巷	iaŋ	良讲阳	uaŋ	光双忘		
oŋ	东风中亩					yoŋ	兄容用

说明：

① 元音[a]作单韵母时为[A]，在韵尾[-i,-n]前偏前，在韵尾[-u,-ŋ]前偏后。元音[e]作单韵母时偏低。元音[o]在韵母[yoŋ]中偏高，为[ʊ]。元音[i,u,y]偏低，[u]作单韵母在零声母后唇齿化。

② [an]组韵母中鼻韵尾弱化。

声调(4个)

阴平	44	高天冈衣
阳平	21	穷急局月
上声	53	古五口以

去声　　　13　　　　盖近共岸

说明：

① 阴平调结尾时略微上扬,实际调值为445。

② 去声调上升前略带平伸,实际调值为113。

贵阳音系

声母(19个)

p	比布杯兵	pʰ	皮普培平	m	米木梅明	f	胡飞反风		
t	弟对代丁	tʰ	提推台亭					l	你内林农
ts	左竹真宗	tsʰ	错除陈从			s	所书生松	z	弱如人绒
tɕ	鸡加坚今	tɕʰ	齐洽前轻			ɕ	洗夏现兴		
k	古瓜官工	kʰ	苦夸宽空	ŋ	我袄欧恩	x	河花欢红		
∅	衣牙文汪								

说明：

① 不分[n]和[l]。古泥来两母字,洪音前一般读[l],有时也变读为[n];细音前读[n],极少出现[l]。

② 老派[k, kʰ, ŋ, x]在[əu]前变为[c, cʰ, ɲ, ç]。例如"狗"[kəu⁴²]读为[cəu⁴²],"口"[kʰəu⁴²]读为[cʰəu⁴²],"呕"[ŋəu⁴²]读为[ɲəu⁴²],"后"[xəu¹³]读为[çəu¹³]。

韵母(32个)

ɿ	知词事日	i	比弟鸡鱼			u	布读古住
ər	儿而耳二						
a	八大卡沙	ia	家恰夏牙			ua	瓜华抓挖
o	波多各昨	io	略脚确学				
e	白德格责	ie	别接缺雪			ue	国阔获或
ai	败台街在					uai	快怀帅外

ei	杯批煤飞			uei	堆寻贵税
au	包到高早	iau	表跳交小		
əu	亩头手抠	iəu	牛九休油		
		iu	局曲俗育		
an	班南三甘	ian	边年减全	uan	关端穿碗
ən	本论村根	in	民丁军寻	uən	春闰困昏
aŋ	忙汤丈钢	iaŋ	娘江香羊	uaŋ	装床广亡
oŋ	捧东虫红	ioŋ	穷兄荣用		

说明：

① [e,ie,ue]中的[e]有时读作[ɛ]或[E]。

② 少数人没有[ər]读音，"儿""耳"等字读为[e]。

声调(4个)

阴平	55	钢边开初三飞
阳平	21	穷时平竹七说
上声	42	古走草手五买
去声	13	是父对送大用

（2）西蜀片

主要分布在四川、重庆、云南、贵州四省交界处的沿江地带，使用人口约4000万人。西蜀片最主要的语音特点是古入声不归阳平。或独立成调，如岷赤小片；或归阴平，如雅甘小片；或归去声，如江贡小片。

兹以岷赤小片都江堰河东话[①]为例，列举音系如下。

---

① 都江堰河东话音系参考周及徐等：《岷江流域方音字汇——20世纪四川方音大系之一》，四川大学出版社，2018年，第20—22页。

都江堰河东话音系

声母(24个)

p	边抱白	pʰ	坡平	m	麻马木	f	分妇佛	v	雾午恶可~
t	单杜夺	tʰ	拖态同	n	脑蓝联				
ts	资字罩阻州逐	tsʰ	层丑创肠			s	斯寺沙式	z	如挠
tʂ	汁质直	tʂʰ	尺吃			ʂ	失十舌		
tɕ	津京臼疾	tɕʰ	千秋去其	ȵ	拈腻艺	ɕ	小序兴狭		
k	古共	kʰ	枯葵	ŋ	我案	x	悔孩活		
∅	未儿牙弯雨与								

说明:

① [tʂ, tʂʰ, ʂ]只与卷舌音韵母配合,见于入声韵。

② [n, l]为自由变体,统一记作[n]。

③ [ȵ]与[i, y]相拼时,实际音值为[ȵʑ]。

韵母(37个)

ɿ	世是资诗	i	夜堤李机	ʊ	吴负述褥	y	居区虽
ɚ	儿耳拾舌日职尺						
ɐ	那马法发	ia	家涯甲瞎	ua	瓦话刷		
æ	塔涉辣德客			uæ	阔滑郭或		
		ie	爷接集结疾积			ye	屑削
o	锅活突出捉木	io	决略岳疫曲				
ɤ	歌合渴各						
ai	者代排解	iɛi	皆解	uai	坏帅喘		
ei	车杯卑飞			uei	队类		
au	陶吵招	iau	狡苗挑				
əu	透守肉	iəu	酒幽				

an	甘咸旦战	iɛn	舰点篇天	uan	暖幻穿喘	yɛn	宣玄远
en	森振村凳成	in	音新应映	uən	昆顺文	yn	均云永
aŋ	旁方杠	iaŋ	乡降	uaŋ	汪亡双		
oŋ	贸孟童统终	ioŋ	兄雄容				

说明：

① [a]偏央为[ᴀ]。

② [ɤ]在入声字中接近[ə]。

③ [an,iɛn,uan,yɛn]，其鼻韵尾比较弱，实际音值为[$a^n, iɛ^n, ua^n, yɛ^n$]。

声调(5个)

阴平	35	班天梳安拉
阳平	31	平田兰红云
上声	52	板草敢晚涌
去声	223	饭兔弟利舅
入声	32	塔毒肋节狱

说明：

① 阴平有时读45。

② 去声在语流中多读为12或11。

③ 一些入声字新派已读为阳平。

(3) 川西片

主要分布在四川西部的凉山、甘孜、阿坝三个少数民族自治州,还有攀枝花市、米易县、盐边县,使用人口约600万。下分两个小片:康藏小片和凉山小片。康藏小片受藏语或羌语影响较多,分布在甘孜、阿坝两州及凉山州的木里藏族自治县。凉山小片主要受彝语影响,分布在凉山州和攀枝花市。

兹以凉山木里为例,列举音系如下。①

木里音系

声母(24个)

p	帮步并八	pʰ	怕普瓶盘	m	马帽慢母			f	非肥胡福
t	多东动达	tʰ	拖通同糖	n	李连柳列			l	南蓝路怒
ts	资租增争	tsʰ	词粗蚕馋			s	丝苏师生		
tʂ	知猪真张	tʂʰ	痴初春城			ʂ	诗山书商	ʐ	日然人让
tɕ	酒九精鸡	tɕʰ	丘秋泉权	ȵ	你年纽女	ɕ	休修心新		
k	高归光沟	kʰ	开口葵可	ŋ	我爱安洼	x	后汉河孩		
∅	影要为晚印月友温屋								

说明:

① [tʂ,tʂʰ,ʂ]与[əu]相拼时有明显的舌叶音色彩,接近[tʃ,tʃʰ,ʃ]。

② 古泥来母在洪音前混读为[l],在细音前泥母读[ȵ],来母读[n]。

③ [k,kʰ,ŋ,x]在和[iəu]韵母相拼时接近[c,cʰ,ɲ,ç]。

韵母(34个)

ɿ	资此次四	i	衣基接姐	u	乌组粗苏	yi	鱼剧取须
ʅ	知池是日	iu	足族育				
ɚ	二耳儿而						
a	杂渣茶沙	ia	家恰瞎鸭	ua	挖抓瓜花		
o	鹅各可河	io	脚雀学药				
ai	开该矮才	iai	街届界解	uai	乖快帅外		
ei	贝配煤车			uei	嘴崔水尾		
əu	周臭收沤	iəu	油九球口				

---

① 四川木里音系参考李蓝:《四川木里汉语方言记略》,《方言》,2010年第2期。

ao	高烤好招	iao	焦桥晓要				
an	干看汉安	iɛn	尖千先眼	uan	砖穿酸弯	yɛn	捐全选圆
en	真陈深人	in	金清新银	uen	棍困顺问	yn	军裙训云
aŋ	刚糖杭昂	iaŋ	江枪香羊	uaŋ	光狂慌望		
oŋ	中宫空烘	ioŋ	穷雄用勇				

说明:[ai,ao,an,aŋ]四个韵母的实际音值与声调关系密切。变读规律是:当声调是高平调(阴平)或降升调(去声)时是[ai,ao,an,aŋ];当声调是低降调(阳平)或高降调(上声)时是[ɛi,ɛo,ɛn,æŋ],[ɛn]和[æŋ]鼻韵尾较弱,接近鼻化韵。

声调(4个)

阴平	44	三天弯烟
阳平	21	年前七达
上声	53	走口好有
去声	213	看怕面舅

(4) 云南片

主要分布在云南省,使用人口约4000万人。根据声调类型(见表2-53"西南官话的声调类型"),下分3个小片,各小片特点如下。

① 滇中小片:多数方言声调类型是昆明型。多数方言鼻音和边音不混,如楚雄、江川等;没有撮口呼韵母,如富民、弥渡等;超过一半的方言不分[an]和[aŋ],如玉溪、大理等;有卷舌音声母,如安宁、呈贡等。此外,寻甸、曲靖等地有入声。

② 滇西小片:多数方言声调类型是保山型。内部差异比较大,洱源、剑川、云龙、宾川、丽江五县有入声调,一些方言分尖团。

③ 滇南小片:多数方言声调类型是开远型。大多数没有撮口呼韵

母,石屏除外。东部的富宁、文山等地有卷舌声母,分[an]和[aŋ];而蒙自、建水等七个滇南小片中部市县没有卷舌声母,不分[an]和[aŋ]。

兹以昆明为例,列举音系如下。①

昆明音系

声母(22 个)

p	布巴	p^h	怕盘	m	门麻	f	飞房		
t	到夺	t^h	太同	n	南年			l	兰连
ts	祖增	ts^h	仓初			s	三事		
tʂ	知蒸	$tʂ^h$	尺诚			ʂ	书神	ʐ	认锐
tɕ	精经	$tɕ^h$	秋齐			ɕ	休修		
k	贵高皆	k^h	克孔			x	好化鞋		
∅	安言翁而								

说明:

① [n]拼齐齿呼韵母实际音值为[ɲ]。

② [tʂ, tʂʰ, ʂ, ʐ]的发音部位略前。

③ 零声母合口呼的部分字,有人读作[v]声母。

韵母(30 个)

ɿ	资子	i	力雨	u	布绿	
ʅ	知是					
a	巴杂	ia	家雅	ua	瓜瓦	
æ	呆改			uæ	外衰	
ɐ	儿耳					
ə	车白	iɛ	借月			

---

① 昆明音系参考陈章太、李行健主编:《普通话基础方言基本词汇集·语音卷》,第1461—1462 页。

ɔ	抛脑	ci	秒巧		
o	左乐	io	约学		
		iu	曲育		
ei	贝飞			uei	亏吕
əu	后丑	iəu	牛久		
ã	三当	iã	乡江	uã	欢忘
		iɛ̃	间园		
		ĩ	令韵		
ə̃	门冷			uə̃	寸绳
oŋ	东朋	ioŋ	穷凶荣		

说明:

① [a,ia,ua,ã,iã,uã]中的[a]实际音值近[A],且唇形较圆。

② [ei,uei]中的[e]舌位略低、略后。

声调(4个)

阴平	44	高尊光摸
阳平	31	平文铁袜
上声	53	显跑抹瘪
去声	212	近贵动望

(5) 湖广片

本片东起湖北武汉,经湘西北进入黔东南,大致属原湖广行省。使用人口约5000万。多地方言与中原官话、江淮官话、湘语有历史渊源,位于西南官话的边缘地带,内部差异比较大。本片下分8个小片,各小片特点如下。

① 鄂北小片:古入声今归阳平,但声调类型与武汉话有差异。

② 鄂西小片：分布于湖北的竹山、竹溪、郧西，陕西的白河、平利等县，与周围的方言差异明显。关于此地的方言归属，学界历来有不同看法，暂将这5处合并为鄂西小片。

③ 鄂中小片：东起武汉，西至湘西。古入声今归阳平，且声调类型和武汉话接近。此外，汉川、天门等地仍保留入声。

④ 黔东小片：知章组今读[ts, ts^h, s]。

⑤ 湘北小片：去声分阴阳，古入声多归阴去或阳去。

⑥ 湘西小片：古全浊平声字今读不送气浊音，仄声字今读不送气清声母。

⑦ 怀玉小片：知章组合口字今读[tɕ, tɕ^h, ɕ]。

⑧ 黎靖小片：古入声今读入声或归阴平。

兹以武汉为例，列举音系如下。①

武汉音系

声母（19个）

p	巴玻步	p^h	怕婆勃	m	门芒密			f	法肺凡
t	多弟代	t^h	拖题同	n	南里忍研				
ts	左赵捐	ts^h	搓锄拳			s	三世玄	ɻ	锐
tɕ	祭猪巨	tɕ^h	七厨奇			ɕ	小书许		
k	哥皆共	k^h	枯葵倾	ŋ	岸我奥	x	化回鞋		
ø	而衣歪闰								

说明：

① [f]音值接近[ɸ]。

② [tɕ, tɕ^h, ɕ]发音部位偏前。

---

① 武汉音系参考北大中文系语言学教研室编，王福堂修订：《汉语方音字汇》（第二版重排本），第12—13页。

③ [n]有自由变体[l]和[ĩ]。
④ 零声母与合口、齐齿、撮口呼韵母相拼带有轻微摩擦。

韵母(37个)

ɿ	资制石十	i	皮絮立逆	u	布忽屋福	y	女诸出菊
a	巴家答杀	ia	佳家狭压	ua	瓜滑刷划		
		ie	谢爹叶灭			ye	靴掘缺悦
ɤ	蛇特革麦			uɤ	国或		
ɯ	儿日去						
o	多鸽末郭	io	略若脚学				
ai	代街鞋崖			uai	怪外		
ei	杯批内随			uei	回桂吹位		
au	包到赵袄	iau	巧表刁彪				
ou	豆浮突肉	iou	酒幽欲粟				
an	南板算暗	iɛn	渐咸言全	uan	官关权玄	yɛn	元软
ən	分沉吞争	in	侵民丁营	uən	坤文横	yn	均闰永琼
aŋ	唐昌方巷	iaŋ	良讲阳	uaŋ	光双矿		
oŋ	冯中弘母	ioŋ	兄容				
m̩	姆	n̩	你				

说明：

① [a]实际音值为[ᴀ]。

② [ɛ,e]舌位偏高。

③ [o]舌位偏低。

④ [i,u,y,ɯ]较松,[i,u]作韵尾时偏低。

⑤ [yn]实际音值为[y'n]。

声调(4个)

阴平	55	高专婚天
阳平	213	穷急局月
上声	42	古口五以
去声	35	盖近共岸

(6) 桂柳片

东起湘南,西达黔南,核心区域位于桂北地区,使用人口约3007万。分为3个小片,各小片特点如下。

① 湘南小片:多数市县是双方言区,如东安、新田、嘉禾等地官话与土话并用,土话在不同程度上影响了官话。

② 桂北小片:多数分尖团,尖音读[tɕ]组或[ts]组声母,团音读[k]组声母,如柳州"济"[tsi⁼]≠"计"[ki⁼];桂林不分尖团,如"济""计"都读[tɕi⁼]。知章组合口多读[tɕ]组声母。

③ 黔南小片:咸山摄舒声字不同程度脱落鼻韵尾,读成开尾韵或鼻化韵。

兹以桂林为例,列举音系如下。①

桂林音系

声母(18个)

p	布抱玻	pʰ	怕旁佩碰辟编	m	米秘	f	夫丰凡
			弼辅				
t	多第	tʰ	通图特	n	奴娘牛逆鸟吕来		
ts	租坐阻知阵	tsʰ	此才厕辞粹超车			s	锁俗森垂唇
	周壮助植侦		初查仇产族松署				书社山蛇事

---

① 桂林音系参考杨焕典:《桂林语音》,《中国语文》,1964年第6期。

tɕ	家巨焦集吸	tɕʰ	轻乔清瞧囚徐疆			ɕ	休校修笑序溪雄
k	歌共街角减舰	kʰ	科逵昆况溃概确敲	ŋ	恩安偶咬艾雁	x	火含限巷吓鞋
ø	如人容荣阮衣汪阿完武雨						

说明：

① [tɕ, tɕʰ, ɕ]发音部位偏前。

② [n]有[n, l, l̃]三个自由变体。

③ [x]的发音部位偏后。

④ 零声母字逢齐齿呼、合口呼、撮口呼一般带摩擦，逢开口呼有时前头带喉塞音[ʔ]。

韵母(34个)

ɿ	知私之	i	西奇立日	u	布妇足	y	女曲如
a	巴大纳八	ia	家压侠瞎	ua	瓜画括		
ə	社北耳舌	ie	切业茄热			ye	月绝缺
o	波多郭合	io	约学脚				
ai	台柴街鞋			uai	怪外帅		
əi	非杯虽对			uəi	水吹亏		
au	刀包超牡	iau	交小刁绕				
ou	口收贸浮	iou	流柔				
		iu	欲育辱肉				
ã	男安限监	iã	尖边染	uã	端幻关	yã	全软铅
ən	针门灯争	in	林民冰人	uən	昆春	yn	均闰永
aŋ	忙昌方项	iaŋ	良江	uaŋ	双狂光		
oŋ	公封翁	ioŋ	胸穷容茸				

说明：

① [a]在[a,ia,ua]中近[ɑ]，在[aŋ,uaŋ]中舌位略后，在[ai]中舌位偏前偏高，在[au]中舌位偏高偏后，近[ɔ]。

② [o,u]唇形略展。

③ [ə]舌位偏后偏高，在[əi]中舌位略靠前。

声调(4个)

阴平	33	丁知安刚
阳平	21	仁陈白铁
上声	54	古武有女
去声	214	盖共社罢

说明：阴平调比33略高，但不到44。

西南官话的早期历史文献有明代兰茂《韵略易通》、李实《蜀语》等。19世纪末20世纪初，英国传教士钟秀芝编著《西蜀方言》，美国人殷德生编著《汉音集字》，具有一定参考价值。

1936—1940年，赵元任、丁声树、杨时逢等人陆续调查了湖北、湖南、云南、四川等地的汉语方言，先后出版《湖北方言调查报告》(1948)、《云南方言调查报告》(1969)、《湖南方言调查报告》(1974)、《四川方言调查报告》(1984)等。赵元任的《钟祥方言记》(1939)是第一部使用现代语言学方法描写和分析西南官话的调查报告。

20世纪50年代，四川、贵州、湖南、湖北、广西出版了一系列汉语方言普查报告。八九十年代各地方言志陆续出版，如《云南省志·汉语方言志》(1989)、《贵州省志·汉语方言志》(1998)。此外，还有一些单点研究论著，如杨时逢《李庄方言记》(1987)、朱建颂《武汉方言研究》(1992)、李蓝《贵州丹寨方言音系》(1994)等。

21世纪以来调查研究更加深入,相关成果如:胡萍《湘西南汉语方言语音研究》(2007)、刘晓英《近代湘南官话语音研究》(2008)、郭丽《湖北西南官话音韵研究》(2009)、曾献飞《湘南官话语音研究》(2012)、孙越川《四川西南官话语音研究》(2016)、牟成刚《西南官话音韵研究》(2016)等。

二 晋语

晋语主要分布于山西大部、陕西北部、内蒙古自治区中西部、河北西部、河南省黄河以北地区。涵盖194个市县旗,使用人口约6305万。[①]

(一) 共同特点[②]

晋语内部一致性较强,在语音、词汇、语法等方面均有共同特点。

1. 保留入声,大多收喉塞尾[-ʔ]。如大同"八"[paʔ^]、"说"[ʂuaʔ^],绥德"不"[pəʔ^]、"笔"[piəʔ^]。

2. 入声韵类合并,大体上分两类。咸山摄[aʔ]类,深臻曾梗通[əʔ]类,宕江多同咸山摄。如大同"盒咸一""瞎山二""薄宕一"的韵母合并为[aʔ];晋城"急深三""吉臻三"韵母合并为[iəʔ],"刻曾一""客梗二"合并为[əʔ]。

3. 塞音声母[pʰ, tʰ, kʰ]带有舌根擦音[x],如岚县"怕"声母为[px]。

4. 一般而言,鼻音声母[m, n, ȵ, ŋ]分别带有同部位的塞音,实际

---

① 参见中国社会科学院语言研究所等编:《中国语言地图集(第2版)》,第92页。
② 参考沈明:《晋语的分区(稿)》,《方言》,2006年第4期;侯精一:《现代晋语的研究》,商务印书馆,1999年。其他引用随文注明。

读音为[mᵇ, nᵈ, ŋᵈ, ŋᵍ]。如平鲁"明"声母实际为[mᵇ]。

5. 复合元音单元音化现象比较普遍。如平遥"桃""条"韵母为[ɔ, iɔ]，五台为[o, io]，宁武"盖""怪"为[e, ue]。

6. 分音词和合音词数量较多。如神木"棒"[pɑ_去]用"卜浪"[pə?^ lɑ_去]表示，平遥"摆"[pæ^上]用"薄来"[pʌ?^{阳入} læ^上]表示，"翘"[tɕʰiɔ_去]用"圪料"[kʌ?^{阳入} liɔ_去]表示。合音词如临县方言第二人称复数[niA^上]是"你家"[ni^上 tɕia^{阴平}]的合音形式，天镇方言疑问代词[tsuə^上]是"做啥"[tsuə?^ ʂa^上]的合音形式。①

7. 晋语前缀"圪""日""不"，后缀"鬼"等分布广泛②，重叠形式丰富。如平鲁"圪堆_{小堆}""日怪_{奇怪}""不脐_{肚脐}""吊死鬼""盆盆_{小盆}"等。

（二）内部分片及代表点音系③

晋语分为并州片、吕梁片、五台片、大包片、张呼片、上党片、邯新片和志延片八片。吕梁片内部又分为汾州小片和隰县小片，上党片分为长治小片和晋城小片，邯新片分为磁漳小片和获济小片。各片的古今声调演变规律见表2-55。

表2-55 晋语古今声调对应关系

古声调	平声		上声			去声		入声		
古声母	浊	清	清	次浊	全浊	浊	清	清	次浊	全浊
例字	麻陈	高	古	老	舅	让旧	救	八	热	拔
并州片	平声		上声			去声		阴入		阳入

---

① 神木方言语料引自邢向东:《神木方言研究》，中华书局，2002年；平遥语料引自侯精一:《现代晋语的研究》；临县、天镇语料引自侯精一、温端政主编:《山西方言调查报告》。下同。
② 参见乔全生:《晋方言语法研究》，商务印书馆，2000年。
③ 分片特点主要参考沈明:《晋语的分区(稿)》。

（续表）

	古声调	平声		上声	去声		入声	
吕梁片	汾州小片	阳平	阴平	上声	去声		阴入	阳入
	隰县小片	阳平	阴平	上声	去声		阴入	阳入
上党片	长治小片	阳平	阴平	上声	阳去	阴去	阴入	阳入
	晋城小片	阳平	阴平	上声	去声		入声	
	五台片	阳平		阴平上	去声		入声	
	张呼片	平声		上声	去声		入声	
	大包片	阳平	阴平	上声	去声		入声	
邯新片	磁漳小片	阳平	阴平	上声	去声		入声	阳平
	获济小片	阳平	阴平	上声	去声		入声	阳平
	志延片	阳平	阴平	上声	去声		阴声咸山宕江梗二	阳声咸山宕江梗二入声

以下分别介绍各片方言的主要特点。

1. 并州片

并州片分布在山西中部，共包括 16 个县（市、区），是晋语的核心区域。分别是太原、古交、清徐、娄烦、晋中、太谷、祁县、平遥、介休、灵石、交城、文水、孝义、寿阳、榆社和盂县。该片的主要特点如下。

（1）古全浊声母今读塞音、塞擦音声母的字，平声白读不送气。如平遥"婆~姨"[pei^平]、"甜~茶"[tiE^平]、"桃~儿"[tɔ^平]、"瓷~~"[tsʅ^平]。

（2）古庄组部分字白读多为清擦音声母[s/ɕ]。如平遥"苴"[sa^平]、"柴"[sai^平]、"锄"[su^平]、"窗"[suə^平]、"愁"[səu^平]，介休"窗"[ɕyə^平]。

（3）古平声今单字调不分阴阳，但可通过连调分辨。如平遥古平声读 13 调，在非叠字两字组的偏正结构和叠字组中，古清平变为 31

调,古浊平不变调。"铅=墙"[tɕʰiaŋ^平声]、"铅笔"[tɕʰiaŋ³¹ piʌʔ³⁵] ≠ "墙壁"[tɕʰiaŋ¹³ piʌʔ¹³]。

兹以太原为例,列举音系如下。①

太原音系

声母(21个)

p	布八别	pʰ	怕盘匹	m	门母面	f	飞符粉	v	王危闻
t	到夺豆	tʰ	太稻同	n	南怒年			l	兰路流
ts	资主中	tsʰ	次初虫			s	丝书声	z	然若日
tɕ	杰家精	tɕʰ	旗秋桥			ɕ	虚咸修		
k	共哥故	kʰ	苦口跪			x	化河活	ɣ	岸鹅袄
∅	二延武月								

说明:

① [v,ɣ]摩擦性不强。[ts,tsʰ,s,z]发音部位偏后,[z]摩擦性不强,带有卷舌音色彩。

② [n]在齐撮口韵母前有颚化倾向。

③ 送气音声母中的送气成分,开合韵前实际读为[χ],齐撮韵前实际读为[ç]。

④ 零声母开口呼音节以纯元音起头,齐合撮口呼音节前带有轻微的唇舌同部位摩擦。

韵母(36个)

ɿ	资痴声	i	闭地启明	u	布书谋	y	女句玉
ɚ	儿二							
a	巴大沙阿	ia	家夏涯	ua	抓瓜画横		

---

① 太原音系参考北大中文系语言学教研室编,王福堂修订:《汉语方音字汇》(第二版重排本),第11—12页。

		ie	姐鞋电耕			ye	元劝联
ɤ	婆河蛇多			uɤ	多坐火		
ai	拜来开矮			uai	怪怀帅		
ei	贝非给围			uei	推醉会		
au	报刀闹茂	iau	表条交晓				
əu	斗周口欧	iəu	丢流九秀				
æ	班南看安			uæ	端算船环		
ɒ̃	邦党爽刚	iɒ̃	良将香样	uɒ̃	光狂黄爽		
əŋ	奔枕声横	iŋ	兵临信明	uŋ	东顺横	yuŋ	群用
aʔ	八杀责	iaʔ	夹瞎	uaʔ	刮活		
əʔ	不责克失	ieʔ	百立切洁	uəʔ	夺出活	yəʔ	略足育

说明：

① [a]作单韵母时舌位偏后，为[ɑ]；在韵尾[-ʔ]前偏前，为[ʌ]；在[-i]前更前并偏高，为[æ]；在[u]前偏后偏高，为[ɒ]。[æ]偏央。[e]在韵母[ie, ye, ieʔ]中偏低，为[ɛ]。[ɤ]在[u]后圆唇化。[ə]在韵母[yəʔ]中偏前，在韵母[əu, iəu]中偏后。[i, u, y]为单韵母及介音时偏高；[i, u]作韵尾时，在[ei, əu]组韵母中偏低，为[ɪ, ʊ]；在[ai, au]组韵母中更低，为[ɛ, o]。

② [əŋ]组鼻尾韵中鼻韵尾弱化，元音带鼻化色彩。

③ [ai, au]组复元音发音时动程短，主要元音偏高，韵尾偏低，音色接近单元音。

声调(5个)

平声	11	高诗题棉
上声	53	古体有免
去声	45	对替住妇
阴入	2	八桌一灭
阳入	54	拔罚食

说明：上声调为较短促的降调，有时较低，有时降后带升，为降升调。

2. 吕梁片

吕梁片分布在山西西部、西南部以及陕西北部，共包括 19 个县（市、区）。下分为两小片：汾州小片，包括山西吕梁、汾阳、方山、柳林、临县、中阳、兴县、岚县、静乐、交口、石楼，以及陕西省的佳县、吴堡和清涧；隰县小片，包括隰县、大宁、永和、汾西和蒲县。主要特点如下。

（1）古全浊声母今读塞音、塞擦音的字，汾州小片全浊入白读送气，如临县"白~的"[pʰiəʔ阳入]、"毒~药"[tʰuəʔ阳入]；隰县小片仄声白读送气，如汾西"病得~"[pʰi阳去]、"郑姓~"[tʂʰəŋ阳去]、"白~的"[pʰiəʔ阳入]。

（2）吕梁片内部存在差异。汾州小片[k, kʰ, x]能与细音韵母相拼，如临县"敢"[ki上]、"干"[ki去]、"汗"[ɕi去]，而隰县方言不可。

兹以岚县为例，列举音系如下。①

岚县音系

声母(20 个)

p	布步北白	pʰ	怕皮盘白	m	门眉帽木	f	飞冯夫服		
t	到道袋毒	tʰ	太同脱毒	n	男女纳捏			l	李吕蓝腊
ts	资知章值	tsʰ	草唱处值			s	散山生叔	z	认热软褥
tɕ	精经焦截	tɕʰ	千牵田截			ɕ	修休虚学		
k	贵过高割	kʰ	开葵扣刻	ŋ	袄爱饿岸	x	灰红胡活		
∅	二言王武五远								

说明：

① [pʰ, tʰ, kʰ]发音时，气流强烈，实际音值是[pʰx, pʰx, kʰx]。

---

① 岚县音系参考沈明：《山西岚县方言》，中国社会科学出版社，2014 年，第 4—6 页。

② 鼻音声母[m,n,ŋ]伴有明显的同部位浊塞成分[b,d,g],实际音值是[mᵇ,nᵈ,ŋᵍ]。

③ [n]拼细音韵母时,实际音值是[ȵ]。

④ [k,kʰ,ŋ,x]与一些细音韵母相拼时,发音部位略后,实际音值接近[c,cʰ,ɲ,ç]。

⑤ [z̩]卷舌动作明显。

韵母(52个)

ɿ	资支知蒸	i	低梨青费	u	土初猪水	y	驴居水兄
ər	二耳儿而						
a	麻茶下冷	ia	家两下牙	ua	瓜夸花瓦	ya	唩
ɤ	婆多挪罗						
ɤe	遮车赊社	ie	哥茄姐棚	ue	垛坐颗窝	ye	瘸靴横
uə	张庄生广			yə	粮墙江香		
ai	牌寨鞋爱	iai	街界解揩	uai	甩怪筷坏		
ei	杯袋爱费			uei	推雷水灰		
au	包道扫高	iau	交敲咬孝				
ɤu	招潮烧绕	iɤu	标料焦笑				
ɐu	豆租绸沟	iɐu	刘酒秋有				
ẽ	盘战扇碾	iẽ	边尖点看	uẽ	短砖官碗	yẽ	卷圈楦院
aŋ	板南山闲	iaŋ	碱嵌眼闲	uaŋ	涮关环晚		
əŋ	根庚棚蒸冷横	iəŋ	林零心青	uəŋ	魂红问瓮	yəŋ	裙穷训胸
ɤʔ	脖泼热剥						
ɤeʔ	摺作择涩虱色	ieʔ	切鹊喝鹤	ueʔ	脱说阔活	yeʔ	雪月觉角
aʔ	八搭杀瞎	iaʔ	甲掐鸭麦	uaʔ	桌刷镯缩	yaʔ	角 辣~子;辣椒
ɔʔ	薄						
əʔ	木直十黑	iəʔ	笔七刻墨	uəʔ	毒律褥霍	yəʔ	捋屈俗脚

说明：

① [a]做单韵母时，实际音值为[ʌ]。在[aŋ, iaŋ, uaŋ]和[aʔ, iaʔ, uaʔ, yaʔ]里，实际音值为[ɑ]。

② [ai, iai, uai]和[au, iau]两组韵母动程较短，实际音值近[ɛ, iɛ, uɛ]和[ɔo, iɔo]。

③ [ue]发音时带有明显的撮口动作，实际音值近[uʸe]，但不同于[ye]。

④ 有一个自成音节的[l̩]，调值轻短。只出现在后缀"儿锄~""里这~""日生~"轻读的时候。"儿"尾、"日"重读为[zəʔ阴入]，轻读为[l̩]。"儿"尾重读和轻读不区别意义。

声调(6个)

阴平	214	高知天安
阳平	44	穷陈人文
上声	312	古口五老
去声	53	盖舅旧大
阴入	4	急黑麦药
阳入	312	十杂白宅

说明：阴平和上声调型一致，调值比较接近。阴平的实际音值近24；上声的实际音值近31。

并州片与吕梁片地理上毗邻，共同特点较多，具体如下。

(1) 宕江摄有文白之分。文读音与咸山摄合流，读鼻尾韵[aŋ]或鼻化韵[ã]类。如孝义"汤＝摊"[tʰaŋ平]、"装＝砖"[tsuaŋ平]，汾西"糠＝看"[kã阴平]、"光＝官"[kuã平]。白读音的韵类分合有三种：第一，自成韵类，如文水、岚县"帮"分别读[pʋ平]、[pʋɣ阴平]；第二，宕江白读的内部读音一致，与假摄或果摄合流，如清徐"宕江白＝假"，即

"帮=巴"[pɑ平]、"豇=家"[tɕiɒ平],柳林"宕江_白=果",即"汤=拖"[tʰɔ阴平]、"光=锅"[kuɔ阴平];第三,宕江白读内部音值不完全一致,分别与几个阴声韵类合流。开口呼、合口呼与果摄合流,齐齿呼与假_精蟹_见合流,如兴县"帮=玻"[pɤ阴平]、"壮=坐"[tsuɤ去]、"酱匠=借"[tɕie去]、"香=些"[ɕie阴平]。

(2)梗摄二等白读与假摄合流,如孝义"耕=家"[tɕia平]、临县"杏=夏_姓"[ɕiA去]。曾梗摄开口三四等白读与蟹(止)开口三四等读音相同,如临县"钉=低"[ti阴平]、"晴=齐"[tsʰei阳平]。

(3)蟹止摄合口三等今白读韵母为[i]或[y],如清徐、岚县读"废""费"[ɕi去]、"脆"[tɕʰy去]、"嘴"[tɕy上]。

(4)假开三精组与蟹开二见系今韵母不同,如文水"姐"[tɕi上]≠"解"[tɕiai上],岚县"借"[tɕiE去]≠"介"[tɕiai去]。

(5)蟹_白、效、咸山、宕江_入、曾梗一二等字读音有别,三(四)等多同一等读音,如太谷"灾_蟹开一"[tsei平]、"斋_蟹开二"[tsai平]、"高_效开一"[kuo平]、"交_效开二"[tɕiɑɯ平]、"烧_效开三"[suo平]、"含_咸开一"[xẽ平]、"咸_咸开二"[xã平]、"占_咸开三"[tsẽ去]等。

(6)古非母和晓匣母字今读相同,如平遥"扶=胡"[xu平]、"飞=灰"[xuei平]、"分=婚"[xuŋ平],方山"扶=胡"[xu阳平]、"飞=灰"[xuei阴平]、"分=婚"[xuʌŋ阴平]。

3. 五台片

五台片分布在山西北部,内蒙古自治区西部后套地区和陕西北部,共包括29个县(市、区、旗),分别是山西北部的忻州、原平、定襄、五台、岢岚、神池、五寨、宁武、代县、繁峙、应县、河曲、保德、偏关、灵丘、朔州、浑源、阳曲,内蒙古自治区西部的杭锦后旗、磴口、乌海、巴彦淖尔、陕西北部的府谷、神木、靖边、米脂、绥德、子长和子洲。主要特点如下。

（1）古全浊声母今读塞音、塞擦音的仄声（主要是全浊入）字，今白读多送气。如忻州"白~的"[pʰiɛʔ^]、"佂"[tʂʰəʔ^]，神木"败打~"[pʰæ去]、"集赶~"[tɕʰiəʔ^]。

（2）宕江摄白读同果摄。如定襄"帮=玻"[puɔ阴平上]、"汤=拖"[tʰɔ阴平上]、"豇"[tɕiɔ阴平上]。

（3）曾梗三四等白读同蟹止三四等。如忻州"平=皮"[pʰi阳平]、"钉=低"[ti阴平上]、"晴=齐"[tɕʰi阳平]、"蒸=支"[tʂʅ阴平上]、"剩=世"[ʂʅ去]、"蝇赢=移"[i阳平]、"兄=虚"[ɕy阴平上]。

（4）咸山、宕江入声帮系、曾梗入声见系一二等白读不同，三四等多读同一等。如忻州"官山合一"[kuɒ̃阴平上]≠"关山合二"[kuã阴平上]、"搬山合一"[puɒ̃阴平上]≠"班山开二"[pã阴平上]，神木"薄宕开一"[pʰəʔ^]、"剥江开二"[paʔ^]，定襄"刻曾开一"[kʰəʔ^]、"客梗开二"[kʰuɔʔ^]。

（5）一些方言假开三精组与蟹开二见系今不同韵。如忻州"姐假开三精上"[tɕiɛ阴平上]≠"解蟹开二见上"[tɕiæ阴平上]、"借假开三精去"[tɕiɛ去]≠"介蟹开二见去"[tɕiæ去]，偏关"借"[tɕiE去]≠"介"[tɕi去]。

兹以忻州为例，列举音系如下。①

忻州音系

声母（25个）

p	布步	pʰ	怕盘	m	门帽	f	飞冯	v	娃屋
t	到道	tʰ	太同	n	难怒			l	兰路
ts	遭主	tsʰ	草处			s	散书	z	闰软
tʂ	招蒸	tʂʰ	潮昌			ʂ	扇舌	ʐ	认若

---

① 忻州音系参考温端政：《忻州方言志》，语文出版社，1985年，第12—14页。

tɕ	精经	tɕʰ	清丘			ɕ	修休
k	贵共	kʰ	葵跪	ŋ	袄爱	x	红胡
∅	耳延雾远						

说明：

① [v]摩擦较轻。

② [n]与开口呼、合口呼韵母相拼时是[n]，与齐齿呼、撮口呼韵母相拼时是[ȵ]。

③ [ŋ]与入声韵相拼时，带有轻微的破裂成分。

④ [k, kʰ, x]与入声韵相拼时，发音部位偏后，接近[q, qʰ, χ]。

⑤ 零声母仅与齐齿呼、撮口呼韵母相拼；除[ər, u]外，不与开口呼、合口呼韵母相拼。

韵母(47个)

ɿ	支资	i	地平	u	富故	y	居兄
ʅ	知正						
ər	而二						
ɑ	巴茶	iɑ	家芽	uɑ	花挂	yɑ	日
æ	排开	iæ	街鞋	uæ	帅怪		
ɛ	波方	iɛ	姐香	uɛ	过窗	yɛ	瘸靴
ɔ	保好	iɔ	条桥				
ə	着子	iə	的嘞				
əu	偷路	iəu	流修				
ei	妹飞			uei	雷税		
		iẽ	连千				
ã	南囊	iã	肩江	uã	关涫	yã	权元
õ	剜玩			uõ	端扇		
əŋ	深声	iəŋ	林零	uəŋ	顺送	yəŋ	论荣

ə̝ʔ	黑不	iəʔ	吉北	uəʔ	霍出	yəʔ	律局
		iɛʔ	杰别				
ɑʔ	瞎法	iɑʔ	夹鹊			uɑʔ	猾朔
ɔʔ	喝客			uɔʔ	活国	yɔʔ	缺月

说明：

① [ɑ, iɑ]中的[ɑ]舌位较前，近[ʌ]；[əu, iəu]中的[ə]舌位较后略关，近[ɤ]。

② [iəi]只在轻声中出现；[õ]只与声母[v]相拼。

③ [ã]类韵母以及[uõ]中的[õ]，有时带有轻微的[-ŋ]尾。

④ [əʔ]类入声韵的主要元音[ə]舌位较后，唇形略开，近[ʌ]；[ɑʔ]类入声韵的主要元音[ɑ]舌位较前，唇形略关，近[ɐ]。

声调(4个)

阴平上①	313	根班忍浅
阳平	31	时寒房移
去声	53	是试事汉
入声	2	识石急月

4. 大包片

大包片分布在山西东北部、内蒙古自治区西部黄河以东和陕西北部，共包括山西的大同市、大同县(今大同市云州区)、阳高、天镇、左云、右玉、山阴、怀仁、阳泉市、平定、昔阳、左权、和顺，内蒙古自治区的包头市、固阳、武川、土默特左旗、土默特右旗、和林格尔、托克托、清水河、达拉特旗、准格尔旗、伊金霍洛旗、五原、杭锦旗、乌审旗、达尔罕茂

---

① 忻州方言古平声与清上、次浊上单字调合流，应合称为"阴平上"，不再列"阴平""上声"。

明安联合旗、四子王旗、乌拉特前旗、乌拉特中旗、乌拉特后旗、鄂托克旗、鄂托克前旗、鄂尔多斯市,陕西省的榆林市、横山等 37 个县(市、区、旗)。主要特点如下。

(1) 咸山见系细音字同假、蟹、果摄,如大同"剑箭＝借＝介"[tɕie^{去}]、"馅献现＝谢＝蟹"[ɕiɛ^{去}]、"全权＝瘸"[tɕʰyɛ^{阳平}]。

(2) 蟹止摄今音合流,如大同"卖$_{蟹开二}$＝妹$_{蟹合一}$"[mɛe^{去}],怀仁"怪$_{蟹合二}$＝贵$_{止合三}$"[kuei^{去}]。

(3) 一些方言有子变韵、子变调。如和顺"麦^z"[mi:ɤu^{阳平}]、"脖^z"[pa:^{阳平}]。入声变调后读同阳平,还发生变韵(原韵母为[miəʔ^{21}]、[paʔ^{21}])。①

兹以大同为例,列举音系如下。②

大同音系

声母(23 个)

p	巴布	pʰ	盘皮	m	麻帽			f	肥福	v	瓦物
t	打跌	tʰ	贪图	n	男怒					l	来律
ts	早字	tsʰ	产寸			s	思生				
tʂ	沾住	tʂʰ	车出			ʂ	舌上			ʐ	人弱
tɕ	家菊	tɕʰ	欺前			ɕ	西学				
k	高骨	kʰ	苦看			x	喊黄				
ø	衣雨										

说明:

① [v]摩擦较轻,实际音值为[ʋ]。

② [n]与开口呼、合口呼韵母相拼时是[n],与齐齿呼、撮口呼韵母相拼时是[ȵ]。

---

① 田希诚:《和顺方言志》,语文出版社,1987 年,第 15—16 页。
② 大同音系参考马文忠、梁述中:《大同方言志》,语文出版社,1986 年,第 10—11 页。

③ 零声母一般仅与齐齿、撮口呼韵母相拼。

韵母(37个)

ɿ	资	i	皮鸡	u	母醋	y	女巨
ʅ	治						
ər	而耳						
a	打茶	ia	家架	ua	瓜画		
o	玻婆			uo	躲骡		
ɤ	遮舌						
εε	煤买			uεε	坏毁		
ɒɑ	早刀	iɒ	消桥				
əu	沟后	iəu	柳牛				
æ	贪办	iε	鉴借	uæ	换转	yε	选靴
ɑ	刚唐	iɑ	讲向	uɑ	光装		
əy	分	iəy	今情	uəy	春钟	yəy	军穷
aʔ	渴喝	iaʔ	甲瞎	uaʔ	国说	yaʔ	脚缺
əʔ	克黑	iəʔ	急吸	uəʔ	骨束	yəʔ	足曲

说明：

① [aʔ]类入声韵的主要元音实际音值为[ɐ]。

② [ɣ]是舌根浊擦音，作韵尾。

声调(5个)

阴平	31	梯方妻初驱优
阳平	313	题房旗锄渠油
上声	54	体访起楚取有
去声	24	替放气处去幼
入声	32	踢法七出曲亦鹿纳读俗

5. 张呼片

张呼片分布在内蒙古自治区中部和河北省西北部,共包括内蒙古自治区的呼和浩特、卓资、凉城、商都、太仆寺旗、兴和、化德、察哈尔右翼前旗、察哈尔右翼后旗、乌兰察布、丰镇、二连浩特,河北省的张家口、宣化、张北、康保、沽源、尚义、阳原、怀安、万全、崇礼、怀来、涿鹿、赤城、灵寿、平山、鹿泉市(今石家庄市鹿泉区)、元氏、赞皇等31个县(市、区、旗)。主要特点如下。

(1) 平声不分阴阳,如呼和浩特"方=房"[fɑ平],"初=锄"[tsʰu平]。

(2) 古入声字有不同程度的舒化。总体上,全浊入舒化的程度最高,清入较少,如呼和浩特"薄~厚"[pɤ平]、"白~天"[pɛ平],"急"[tɕiəʔ^]、"甲"[tɕiaʔ^]。

兹以呼和浩特为例,列举音系如下。①

呼和浩特音系

声母(21 个)

p	巴并百	pʰ	怕陪拍	m	母明沫	f	夫翻发	v	娃闻物
t	弟定夺	tʰ	徒疼特	n	泥娘纳			l	练亮力
ts	资状织	tsʰ	粗创测			s	斯生设	z̩	日人入
tɕ	基精绝	tɕʰ	旗亲七			ɕ	稀心雪		
k	哥共国	kʰ	可狂渴	ŋ	饿恩恶	x	河恨喝		
∅	耳云叶								

---

① 呼和浩特音系参考邢向东编写:《呼和浩特话音档》,上海教育出版社,1998 年,第 4—7,9 页。

韵母(38 个)

ɿ	资支知	i	鸡齐以	u	故谋舞	y	居渠雨
ʅ	日						
ar	儿而二						
a	哪爬挖	ia	家霞牙	ua	瓜花耍		
ɛ	台才爱			uɛ	怪帅怀		
ɣ	车歌我			uɣ	坐过火		
ɔ	保高烧	iɔ	交乔妖				
		ie	介减言			ye	靴卷元
ei	杯妹危			uei	推灰雷		
əu	路揉沤	iəu	流秋油				
æ̃	男岸丸			uæ̃	端专软		
ã	榜仓忘	iã	娘江羊	uã	光荒装		
ə̃ŋ	根灯问	ĩŋ	心冰英	ũŋ	尊公中	ỹŋ	群胸永
aʔ	八革额	iaʔ	接铁鸭	uaʔ	夺捉国	yaʔ	绝觉月
əʔ	十尺福	iəʔ	集笔一	uəʔ	骨鹿促	yəʔ	屈俗育

声调(4 个)

平声	31	巴边刁帮陈云
上声	53	马显晓绑粉有
去声	55	部限叫抗愤用
入声	43	割桌笔曲纳月

五台片、大包片、张呼片这三片方言有一些共同特点,具体如下。

(1) 鼻尾只有[ŋ]。咸山、宕江为鼻化韵或元音韵,深臻曾梗通多是鼻尾韵。如神木"甜""田"韵母为[iɛ],"钢"为[ã],"根""庚"为

[ɤ̌];包头"官""砖"韵母为[uæ],"光"为[uɔ̃],"魂""红"为[uə̃ŋ];呼和浩特"贪""盏"韵母为[æ],"钢"为[ɑ],"群""穷"为[ỹŋ]。

(2)古宕江今北京话分读开口呼、合口呼的字,这三片大多读开口呼。如保德"张=庄"[tʂɒ^{阴平上}]、"昌=窗"[tʂʰɒ^{阴平上}]、"钢=光"[kɒ^{阴平上}]、"糠=筐"[kʰɒ^{阴平上}]、"杭=黄"[xɒ^{阳平}]。

(3)曾梗摄入声字(张呼片仅在帮系字)存在等的区别。如朔州"墨$_{一等}$"[miəʔ$^∧$]、"麦$_{二等}$"[miaʔ$^∧$],大同"刻$_{一等}$"[kʰəʔ$^∧$]、"客$_{二等}$"[kʰaʔ$^∧$],包头"黑$_{一等}$"[xəʔ$^∧$]、"赫$_{二等}$"[xaʔ$^∧$]。

6. 上党片

上党片分布在山西东南部的长治、晋城、高平及周边地区,主要特点如下。

(1)分尖团,如潞城"精"[tʃiŋ^{阴平}]≠"经"[tɕiŋ^{阴平}]、"秋"[tʃʰiəu^{阴平}]≠"丘"[tɕʰiəu^{阴平}]、"全"[tʃʰyæ^{阳平}]≠"权"[tɕʰyæ^{阳平}]等。

(2)古疑影母开口字今读[ɣ],如晋城"鹅"[ɣʌ^{阳平}]、"爱"[ɣE^{去}]、"袄"[ɣo^{上}]、"岸"[ɣæ^{去}]。

(3)深臻摄与曾梗通摄未合流,如潞城"根"[kẼ^{阴平}]≠"庚"[kəŋ^{阴平}]、"心"[ʃiẼ^{阴平}]≠"星"[ʃiŋ^{阴平}]、"魂"[xuẼ^{阳平}]≠"红"[xuŋ^{阳平}]、"群"[tɕʰyẼ^{阳平}]≠"穷"[tɕʰyŋ^{阳平}]。

上党片下分为长治小片和晋城小片。长治小片包括长治市、长治县(今长治市上党区)、长子、潞城、屯留、黎城、壶关、平顺、沁县、武乡、沁源、襄垣、安泽、沁水$_{城关以东}$。晋城小片包括晋城、阳城、陵川、泽州和高平。两小片方言有一些差异。

(1)古日母字今读有别。"人""热""软""闰"四字,长治小片多为零声母,如潞城读[iE̝ᵃ阳平]、[ia?ᴧ]、[yẼ上]、[ynᵃ阳去],晋城小片声母多为[ʑ],如晋城读[ʑe̝阴平]、[ʑʌ?ᴧ]、[ʑuæ上]、[yɔ̃n去]。"二""耳""儿"长治小片声母多为[l̩],如潞城"儿"[l̩阳平],晋城小片多为[ər],如晋城"儿"[ər阳平]。

(2)晋城小片有子变韵和子变调①。如晋城"瞎"[ɕiʌ?²]、"瞎ᶻ"[ɕi:ɑ³³],而长治小片没有。

兹以长治为例,列举音系如下。②

长治音系

声母(18个)

p	布避伴北	pʰ	怕皮瓶迫	m	门墨木米	f	飞福房冯	
t	帝多豆夺	tʰ	太铁同偷	n	脑女怒娘			l 蓝雷连辣
ts	租知皱浙	tsʰ	采窗昌插			s	思水声失	
tɕ	姐举叫节	tɕʰ	去切前抢			ɕ	笑匣选戏	
k	瓜共狗革	kʰ	看葵考哭			x	河汉湖黑	
∅	人安二晚							

说明:

① [n]在洪音前是[n],在细音前是[ɲ]。

② [ts,tsʰ,s]拼[ɿ]韵以外的韵母时,发音部位偏后。

③ 零声母在开口呼韵母前略带喉塞音[ʔ]。

韵母(36个)

ɿ 支知资紫世时　i 祭被衣题李器　u 部鼠抱书主某　y 句女羽取语雨
ər 二耳尔儿而

---

① 子变韵、变调详见第四章。
② 长治音系参考侯精一:《长治方言志》,语文出版社,1985年,第16—18页。

ɑ	爬怕骂茶沙洒	iɑ	牙架夏家下价	uɑ	花瓦华蛙寡化		
ə	波遮射婆哥社	iE	邪姐谢借卸夜	uə	多梳科楚坐课	yE	靴瘸嗦
æ	台埋奶耐才晒			uæ	拐槐怀外歪乖		
ɔ	刀照少保高茅	iɔ	交小叫孝轿刁				
ei	杯肺背梅废配			uei	灰桂锐碎惠卫		
əu	头抽肘走欧宙	iəu	救幼刘九秋幽				
aŋ	谈犯山斩党榜	iaŋ	闲炎延减枪匠	uaŋ	专唤串狂王状	yaŋ	权元犬员玄渊
əŋ	沉根喷深梦登	iŋ	金贫近琴蝇幸	uŋ	昏寸哄轰孔中	yŋ	云均用穷雄胸
ɑʔ	法托刻插达特	iɑʔ	甲瞎角鸭雀觉	uɑʔ	划刷滑袜刮	yɑʔ	嚼爵
əʔ	磕勺吃渴贼革	iəʔ	聂列脚业切积	uəʔ	活夺落脱骨获	yəʔ	月雪菊悦削肃

说明：

① [ɑ]在[ɑ,iɑ,uɑ]里是[ɑ]，在[aŋ,iaŋ,uaŋ,yaŋ]里是[a]，在[ɑʔ,iɑʔ,uɑʔ,yɑʔ]里是[ɐ]。

② [ə]拼唇音声母[p,pʰ,m,f]时，实际音值近[o]。

声调(6个)

阴平	213	高猪初安飞诗抽粗婚央汪冤晕
阳平	24	陈才人麻云平扶鹅娘龙银王荣
上声	535	古纸口五女染有晚引九远永稳
阴去	44	戏怕破配到四菜细冻臭气放案
阳去	53	淡父怒帽棒右瞪大运愧弃帅
入声	<u>54</u>	蝎瞎黑擦刷压吃热袜绿席鼻碟白熟拔截择拾煤

7. 邯新片

邯新片分布在河北西南部和河南北部，包括34个县(市、区)，下分为磁漳小片和获济小片。磁漳小片包括邯郸市、邯郸县(今已废县划归邯山、丛台二区)、涉县、成安、临漳、武安、磁县、永年、肥乡、鸡泽、曲周东里町以西、广平城关以西、邢台县(今已废县划归襄都、信都二区)城关以西、沙河、南和。获济小片包括新乡市、新乡县、卫辉、辉县、获嘉、延津、鹤壁、淇县、安阳市、安阳县、林州、汤阴、焦作、沁阳、修武、博爱、武陟、温县、济源。主要特点如下。

(1) 古全浊入今多归阳平,清入和次浊入仍读入声,多保留喉塞尾[ʔ],如获嘉"匣"[ɕia^{阳平}]、"割"[kaʔ^{入}]、"麦"[mɐʔ^{入}]。

(2) 获济小片有子变韵、子变调,如获嘉"麦^z"[mio^{阴平}]、"脖^z"[po^{阳平}]。① 但磁漳小片没有。

兹以获嘉为例,列举音系如下。②

获嘉音系

声母(23个)

p	布步板半笨	pʰ	皮盘瓶怕胖	m 马米门忙蒙	f 飞饭方风奉		
t	刀稻店当凳	tʰ	土铜铁汤疼	n 南暖年女宁		l 兰狼凉驴龙	
ts	栽坐争铡蘸	tsʰ	菜蚕柴炒掌		s 桑寺山事生	z 扔仍	
tʂ	猪张桌直钟	tʂʰ	穿城窗虫陈		ʂ 水十扇烧商	ʐ 人绒染软	
tɕ	姐解贱酒今	tɕʰ	齐旗秋丘秦		ɕ 小晓像向新		
k	古盖跪贵公	kʰ	快开狂空宽		x 花好黄红火		
∅	衣吴鱼袄安						

说明:

① [n]与开口呼、合口呼韵母相拼时是[n],与齿呼、撮口呼韵母相拼时是[ɲ]。

② [ts, s]逢 z 变韵[io, y:ʋ]时读[tɕ, ɕ]。

---

① 获嘉方言语料引自贺巍:《获嘉方言研究》,商务印书馆,1989年。
② 获嘉音系参考贺巍:《获嘉方言研究》,第8—10页。

③ 零声母在开口呼韵母前略带摩擦,近[ɣ]。

④ [k,kʰ,x]与z变韵母[io,yo,y:ŋ]相拼时,近[c,cʰ,ç]。

韵母(47个)

ɿ	资瓷时知迟势	i	米地鸡旗细衣	u	布粗苦虎古吴	y	女驴锯鱼渠雨
a	马拿茶打沙爬	ia	家佳虾匣下鸭	ua	抓瓜夸花画瓦		
ɣ	婆破车蛇哥河			uɣ	多罗坐锁锅货	yɣ	学
		iɛ	街姐茄且鞋爷			yɛ	绝瘸靴穴哕
ai	白排买太菜开			uai	揣帅怪快坏歪		
ei	碑坯非美贼谁			uei	堆推雷嘴追鬼		
au	包刀糟照高豪	iau	表苗条焦交腰				
ou	豆头走周狗后	iou	丢酒舅秋袖油				
an	半盘丹兰山汉	ian	鞭天尖建千言	uan	端暖酸官换弯	yan	恋捐全劝宣院
ən	本盆分吞根恨	in	宾贫民今亲银	un	论尊村孙准棍	yn	俊均群勋熏运
aŋ	帮方汤苍张缸	iaŋ	梁将姜枪香样	uaŋ	庄窗双光筐黄		
əŋ	崩篷灯争蒸更	iŋ	兵明铃精青形	uŋ	东铜宗宫空红	yŋ	龙穷兄熊容用
aʔ	剥摸答葛瞌喝			uaʔ	掇脱刷郭或握	yaʔ	脚角确药岳钥
ɛʔ	北得摘策哲设	iɛʔ	憋跌铁接切血	uɐʔ	拙辍说	yɐʔ	决缺雪月越阅
əʔ	扑没佛执湿石	iʔ	笔蜜滴力集锡	uʔ	读绿竹出术辱	yʔ	律菊曲俗宿玉
l̩	儿耳二						

说明:

① [ɿ]代表[ɿ,ʅ]两个音,与[ts,tsʰ,s]拼的是[ɿ],与[tʂ,tʂʰ,ʂ,ʐ]拼的是[ʅ]。

② [an,ian,uan,yan]的韵尾[n]鼻音较弱。

③ [ɣ]拼[p,pʰ,m]略带[u]介音,实际读音为[pᵘɣ,pʰᵘɣ,mᵘɣ]。

④ [əʔ]舌位较高,[uʔ]舌位较低。

⑤ [iʔ,uʔ,yʔ]有时略带央元音[ə]。

声调(5个)

阴平	33	杯方天专高婚安
阳平	31	平麻唐才龙鹅文
上声	53	比普买古口好五
去声	13	变病帽菜是柱用
入声	33	笔麦读出渴黑药

8. 志延片

志延片处于晋语与中原官话的过渡地带，主要分布在陕西延安、志丹、延川、吴起、安塞、延长、甘泉等地。志延片的主要特点有：

（1）古入声字有不同程度的舒化，如延川"匣"［xA^{阳平}］、"压"［niA^{上去}］。

（2）古舒声字有少数读入声，如延川"伏$_{入~}$"［fɜʔ^{短入}］。

兹以延川为例，列举音系如下。①

延川音系

声母(25个)

p	把布保步	pʰ	怕普平拨	m	妈母苗木	f	法父方飞	v	文武晚务
t	到党大动	tʰ	太同他道	n	南怒内牙			l	兰良路吕
ts	资糟枝鸡	tsʰ	草曹产欺			s	斯死山喜	z	医椅语旅
tʂ	招主正阵	tʂʰ	昌床超赵			ʂ	石收树水	ʐ	入如认软
tɕ	架将久旧	tɕʰ	求强青轿			ɕ	夏心修咸		
k	各贵果跪	kʰ	开快苦柜	ŋ	我袄恩安	x	红花虎孝		
ø	哎延温云								

---

① 延川音系参考张崇：《延川县方言志》，语文出版社，1990年，第9—13页。

说明：

① 送气塞音有显著的舌根摩擦成分。

② [pʰ,tʰ]在合口韵前常带滚唇音。

③ [x]在[ɣ,A]韵前常带小舌颤音[ʀ]，例如"盒""下"分别读[xʀɣ]、[xʀA]。

④ [m,n,ŋ]伴有明显的同部位浊塞成分[b,d,g]。

韵母(40个)

		i	帝体李命墙界	u	布午过科光毛		
ɿ	资思洗皮眉事			ʮ	祖粗女玉岁泪		
ʅ	知治池持世势			ʯ	主树初吹水疮		
ər	二耳尔饵儿而						
A	打怕沙蛇冷下	iA	家甲夏夜爷野	uA	瓜花刷誇抓瓦	yA	倔嗟瘸嗲
ɣ	各跛托物勺纺			uɣ	果活脱说拙索		
æ	班反敢晚咸馅			uæ	关惯环涮拴弯		
ɯɜ	半盘满肝看安	iɯɜ	边骗面天年仙	uɯɜ	端团乱专软完	yɯɜ	院捐全卷选原
		iE	铁列确脚想醒			yE	绝缺靴雪月越
ai	排代才妹倍鞋			uai	怪快外对推内		
ei	美尾玻罗狼河			uei	归谁威庄床嗦		
ɔ	包刀高考招少						
ɤu	斗口走路努坐	iɤu	丢牛流酒秋休				
aɤ̃	忙觉杭望网项	iaɤ̃	良江腔香向央	uaɤ̃	广况荒桩窗双		
əɤ̃	本盆门崩朋奉	iəɤ̃	宾民因冰名性	uəɤ̃	墩浑村东红翁	yəɤ̃	群勋运琼雄容
ɜʔ	服白直福木色	iɜʔ	敌习笛笔匹密	uɜʔ	独毒族祝国律	yɜʔ	局桔续足曲俗

说明：

① [i]舌位偏低，接近[ɪ]。

② [u]舌位偏低，实际音值为[ɷ]；[u]跟[f,v]相拼时实际音值为[ʊ]。

③ [ai,uai]两韵在阴平、阳平中读[aɪ,uaɪ]，在上去声中动程缩短，读[ɛɪ,

uɛɪ],而且[ɛ]的舌位偏央。

④ [ɜʔ, iɜʔ, uɜʔ, yɜʔ]在短入字中有塞音韵尾[ʔ],在长入字中[ʔ]尾脱落。

声调(5个)

阴平	314	高猪专飞婚安初粗
阳平	35	穷陈床才寒神娘云
上去	53	古展走口死五老有近柱正怕送共树用
长入	423	发甲刷哲括说接雪失麦笔七国祝曲足
短入	54	直石笛席读熟局枯

现代语言学意义上的晋语研究始于瑞典汉学家高本汉所著《中国音韵学研究》(1940),调查了太原、兴县、太谷、文水、大同、凤台(今晋城)、归化(今呼和浩特)等方言的语音,是晋语语音史的重要文献。

此后,晋语受到更多关注,出现了一大批方言调查报告,如胡双宝《文水方言志》(1984)、侯精一《长治方言志》(1985)、温端政《忻州方言志》(1985)等。具有代表性的综合性研究成果是侯精一、温端政《山西方言调查研究报告》(1993)。21世纪后,晋语研究由注重共时描写逐渐扩展为共时与历时相结合,出版了乔全生主编"山西方言重点研究丛书"、乔全生《晋方言语法研究》(2000)、邢向东《神木方言研究》(2002)、黑维强《绥德方言调查研究》(2016)等专著。同时,我国学者借鉴国内外语言学的理论与方法,研究水平越来越高,推动了晋语研究的进一步深入。

三 吴语

吴语是汉语的重要方言之一,一般也叫江浙话或江南话,主要分布在江苏省南部、上海市和浙江省以及江西省、福建省和安徽省的小部分地区。北面大致以长江为界,丹阳、靖江是吴语区的北极,紧邻江淮官话区;南部浙江省平阳、苍南、泰顺、庆元等地为吴方言和闽方言交错分布的地区,可谓吴语区的南极。据《地图集》(2012),现代吴语的分布面积约13.75万平方公里,使用人口约7400万人,仅次于官话和闽语。

(一) 地理分布与形成历史

"吴语"的古今含义不同。古代所谓吴语或吴音一般指今苏南、浙北一带及周边的方言。宋代辛弃疾《清平乐·村居》:"醉里吴音相媚好,白发谁家翁媪?"作者填词时客居信州,即今江西上饶。今浙江宁波、绍兴一带的吴语,古代通称越语、越言。例如浙江萧山学者毛奇龄《越语肯綮录》,研究的是绍兴一带的方言。浙江南部温州一带的方言,古称瓯海方言或瓯语,例如浙江瑞安人杨绍廉记录瑞安方言俗语的著作,名为《瓯海方言》。[①]

今吴语区域,春秋时是吴越之地,吴语之"吴"便是古代国名的沿用。《史记·吴太伯世家》:"太伯之奔荆蛮,自号勾吴。荆蛮义之,从而归之千余家,立为吴太伯。"《正义》注:"吴,国号也。太伯居梅里,在常州无锡去东南六十里。"[②]又《史记·越王勾践世家》:"越王勾践,其先禹之苗裔,而夏后帝少康之庶子也。封于会稽,以奉守禹之祀。文身断发,披草莱而邑焉。后二十余世,至于允常。允常之时,与吴王阖庐战而相怨伐。允常卒,子勾践立,是为越王。""贺循《会稽记》云:'少康,其少子号曰于越,越国之称始此。'"[③]

---

① 参见游汝杰:《吴语方言学》,上海教育出版社,2018年,第1页。
② [汉]司马迁撰,[南朝宋]裴骃集解,[唐]司马贞索隐,[唐]张守节正义,中华书局编辑部点校:《史记》,中华书局,1982年,第1445页。
③ 同上书,第1739页。

《吕氏春秋》载:"吴王夫差将伐齐,子胥曰:'不可。夫齐之与吴也,习俗不同,言语不通。我得其地不能处,得其民不得使。夫吴之与越也,接土邻境,壤交通属,习俗同,言语通,我得其地能处之,得其民能使之。越于我亦然。'"①《吴越春秋·夫差内传》:"且吴与越同音共律,上合星宿,下共一理,而吴侵伐,大过五也。"②可见,吴越方言彼此相近相通,而与北方齐语差别很大,无法沟通。此时的吴越方言,是中原华夏族语言的分支,与当地土著百越民族的语言差别较大。

　　秦汉以降,不断有汉人南迁、越人北徙,形成汉越杂居的局面。中原华夏民族语言文化与南方少数民族语言文化在古吴越之地不断碰撞融合,至迟于东晋已发展形成一定程度上具有内部同一性的"江东方言",即今长江中下游地区吴语、江淮官话等诸方言的前身。东晋郭璞所著《尔雅注》中引用"江东语"有百余条,"江东"作为一个语言区域,在其注《尔雅》和《方言》中屡见不鲜。如《方言》卷五第34:"江东呼篷篨为籨,音废。"③今吴语(如苏州话)多地仍称铺地竹席为"芦籨",可作为该区域今方言与郭璞所言之"江东方言"存在承继关系的旁证。

　　最初的吴语应是汉语和百越语的混合语。古吴、越两国在春秋时代相互讨伐、吞并,其语言也不断发生接触和融合,形成了吴语的前身和源头"古吴越语"④。现存于原松江府地域(如上海、松江)和浙南(如永康、仙居)的帮、端两母的缩气音[ɓ]、[ɗ](又称带轻微喉塞的浊塞音,赵元任标作['b]、['d]),可以看作是古百越语在吴语中残存的底层。元音分长短(如永康"鞋"[i:A^{325}]、"也"[iA^{323}]),量词的指代用法(如苏州"条毛巾挂起来哉"),正偏式的构词法(如江阴话"菜干"、

---

① 陆玖译注:《吕氏春秋》,中华书局,2011年,第864页。
② [汉]赵晔撰,周生春辑校汇考:《吴越春秋辑校汇考》,中华书局,2019年,第82页。
③ 周祖谟校笺,吴晓铃通检:《方言校笺及通检》,科学出版社,1956年,第37页。
④ 侯精一主编:《现代汉语方言概论》,第69页。

上海话"人客"、宁波话"鸡娘")等,都是百越后裔说的今壮侗语的重要特征。①

永嘉丧乱使得大批北人南下,"中州士女避乱江左者十六七"②。中原人口南迁,与当地土著居民长期接触,语言势必因接触产生同化、融合。周一良指出:"自东晋至梁末,杂居二百余年,无论侨人吴人如何保守,无形间之影响同化乃意中事。……盖扬州之侨人不自觉中受吴人熏染,于中原与吴人语音以外,渐形成一种混合之语音。同时扬州土著士大夫(江东甲族尽出会稽、吴、吴兴诸郡,皆属扬州。)求与侨人沆瀣一气,竟弃吴语,而效侨人之中原语音。"③唐张籍《永嘉行》云:"北人避胡多在南,南人至今能晋语。"④

同时,在南人习得北语的同时,北人的语言也受到吴语的影响。《世说新语笺疏·排调》篇"刘真长始见王丞相"条下曰:"东晋士大夫侨居既久,又日与吴中士庶应接,自不免杂以吴音。况其子孙生长江南,习其风土,则其所操北语必不能尽与洛下相同。盖不纯北,亦不纯南,自成为一种建康语耳。"⑤

现存最早能显示吴语特点的作品,是产生于六朝时期的"吴声歌曲",如第一人称用"侬"而很少用"我",但是"侬"多系女子自称。荆楚间流行的"西曲歌"里也同样出现"侬"字。今吴方言"侬"多半用作第二人称,"侬"字的音义有待于进一步考释,但从方言与地域文化关系的角度考察,现代吴语地区的"侬"字当至迟是六朝时代长江下游地

---

① 钱乃荣:《当代吴语研究》,上海教育出版社,1992年,第2页。
② [唐]房玄龄等撰,中华书局编辑部点校:《晋书》,中华书局,1974年,第1746页。
③ 周一良:《南朝境内之各种人及政府对待之政策》,《中央研究院历史语言研究所集刊》第七本第四分,商务印书馆,1938年,第492页。
④ [唐]张籍撰,徐礼节、余恕诚校注:《张籍集系年校注》,中华书局,2011年,第65页。
⑤ [南朝宋]刘义庆著,[南朝梁]刘孝标注,余嘉锡笺疏:《世说新语笺疏》,中华书局,2007年,第934页。

区中古吴语中"侬"字的继承和发展。①

南朝宋刘义庆撰《世说新语》中也记录了一些吴音的特点。《世说新语·雅量》:"桓公伏甲设馔,广延朝士,因此欲诛谢安、王坦之。……谢之宽容,愈表于貌。望阶趋席,方作洛生咏,讽'浩浩洪流'。"刘孝标注:"按宋明帝《文章志》曰:'安能作洛下书生咏,而少有鼻疾,语音浊。后名流多效其咏,弗能及,手掩鼻而吟焉。'"②谢安的鼻疾疑是南人对北音的印象。

北宋末年,金人南侵,宋室南迁至临安(今浙江杭州),吴语再次受到中原汉语及其文化的强烈冲击。特别是杭州城里的杭州话,在语音、词汇、语法各方面都渗透进北方官话的许多成分,可谓披着吴语外衣的"官话"。明郎瑛《七修类稿》载:"(杭州)城中语音好于他郡,盖初皆汴人,扈宋南渡,遂家焉,故至今与汴音颇相似。如呼玉为玉$_{音御}$,呼一撒为一$_{音倚}$撒,呼百零香为百$_{音摆}$零香,兹皆汴音也。"③今天从杭州话中仍可以看到北方官话的深刻影响,比如"问""味""蚊""忘"等古微母字在北部吴语中几乎都有[v-]、[m-]两种文白异读,而杭州只读[v-],不读[m-]。

现代吴语的语音系统,基本面貌至迟在宋元之际已经形成,最能体现其声母特点的古全浊声母三分在六七百年前已经系统地存在了。④ 自1928年赵元任《现代吴语的研究》一书出版以来,"塞音三分"一直是划分吴语区的重要标准。

---

① 侯精一主编:《现代汉语方言概论》,第70页。
② [南朝宋]刘义庆著,[南朝梁]刘孝标注,余嘉锡笺疏:《世说新语笺疏》,第437页。
③ [明]郎瑛:《七修类稿》,上海书店出版社,2009年,第277页。
④ 侯精一主编:《现代汉语方言概论》,第71页。

(二) 方言特点

吴语大体可分为北部吴语和南部吴语。北部吴语主要指分布在江苏南部和浙江北部的吴语,南部吴语主要指浙江南部以及周边的吴语。吴语的共同特征主要有:

1. 古全浊声母仍读浊音,古"帮滂並""端透定""见溪群"声母呈三分格局。例如苏州"报_{帮母}"读[p-],"炮_{滂母}"读[pʰ-],"抱_{並母}"读[b-],"到_{端母}"读[t-],"套_{透母}"读[tʰ-],"稻_{定母}"读[d-]等。不过,吴语中大部分地区的浊音并非真浊音,而是清音带浊流。所谓"浊流",一般是由于起始音高低于清音而形成的浊音听感,如古並定母可标作[pɦ]、[tɦ]。

2. 多数方言不分[ts,tsʰ,s]和[tʂ,tʂʰ,ʂ],古知照组读舌尖前音,与精组同。例如上海"资_{精母}""知_{知母}"声母都是[ts],绍兴"潮_{澄母}""曹_{从母}"等字声母都为[dz]。

3. 明母读[m]。微母虞韵字多读[v]或[β],微元文阳韵字有文白异读,白读[m],文读[v]或[β]。例如上海方言老派"味""万""闻""物"等字声母白读[m],文读[β]。

4. 泥(娘)母与来母大多数方言不混。泥(娘)母逢今开口呼、合口呼读[n],逢齐齿呼、撮口呼读[ȵ],如绍兴"奶"[na^{阳上}]、"纽"[ȵiy^{阳上}]。

5. 日母字有文白异读。如"忍"字,嘉兴白读为[ȵin^{阳去}],文读为[zən^{阳去}];常熟白读为[ȵĩŋ^{阳上}],文读为[zɛ̃ŋ^{阳上}]。

6. 古疑母今读鼻音,不与影母相混。逢洪音读[ŋ-],逢细音读[ȵ-]。例如苏州话"岳"[ŋoʔ^{阳入}]、"玉"[ȵioʔ^{阳入}]。

7. 止蟹摄合口三等见系口语常用字有文白异读现象,白读为[y],

文读为合口呼韵母。如苏州"贵"白读[tçy^{阴去}]，文读[kuE^{阴去}]；金华"围"白读[y^{阳平}]，文读[ui^{阳平}]。

8. 鼻音韵尾大多只有一个[-ŋ]。古咸山摄鼻韵尾脱落读单元音韵，或读[-ŋ]尾韵。例如"变"上海念[pi^{阴去}]，"金""斤""京"等分别来自古深、臻、梗摄的字都合流为[tçiŋ^{阴平}]。

9. 古咸山摄逢见系一等与二等不同韵，如宜兴"含"[ɦɪ^{阳平}] ≠ "咸$_{~淡}$"[ɦia^{阳平}]，"肝"[kɪ^{阴平}] ≠ "间"[ka^{阴平}]，主要元音不同，但都是开口呼。咸摄一等覃韵端、见系同韵，如宜兴"潭"[dɪ^{阳平}]；谈韵端系则与二等见系同韵，如"谈"[da^{阳平}]。

10. 声调一般是7个或8个。古平上去入依声母清浊各分阴阳，清阴浊阳，阴高阳低，显示出比较整齐的格局。八调不全者多缺阳上。上海、丹阳、永康只有5至6个声调，表现出不同的简化趋势。上海中青年口语中实际上只有阴平、阴去、阳去、阴入、阳入5个声调。

11. "鸟"字有古端母一读，如苏州"鸟"[tiæ^{上}]。"打"字读如梗摄，与《广韵》一致，如苏州"打"[tā^{上}]与"冷"[lā^{上}]同韵。

12. 词汇和语法方面也有一些共同的成分。例如：面$_{脸}$、橱$_{柜}$、镬$_{锅}$、着$_{穿}$；多用"-头"尾，如：斧头、竹头、纸头、一块头、三斤头；动词重叠多，重叠后能带补语，如"吃吃饱""扫扫干净"等。

（三）内部分片及代表点音系

傅国通等《吴语的分区（稿）》将吴语划分为太湖片、台州片、瓯江片、婺州片、处衢片、宣州片6片，最主要的根据是"塞音三分"。《地图集》（2012）将吴语划分为太湖片、台州片、金衢片、上丽片、瓯江片、宣州片6片，略有不同。吴语区没有通用的地区性权威方言，只有各小片的权威方言，例如太湖片的上海话、瓯江片的温州话。除太湖片和台州片可以互相通话外,各片之间通话程度很低。大致说来,太湖片几乎听不懂除台州片外的南部各片的吴语,但南部各片多少能听懂一些太湖片的吴语,主要是因为太湖片吴语有较多的词汇与普通话或书面语相同。①

1. 太湖片

太湖片包括江苏吴语地区、上海市及其所辖各县、浙江西部和北部的杭嘉湖地区、东部的宁绍地区。太湖片是吴方言中面积最大、使用人口最多的一个片,内部一致性强、通话程度高,主要特点如下。②

(1) 三等韵逢知庄章组多读洪音,如溧阳"稍"[ʂɐɯ^{阴平}]、嘉兴"守"[se^{阴平}]。

(2) 麻韵三等精、章两组不同韵,如上海宝山"借"[tsia^{阴去}]≠"遮"[tso^{阴去}],溧阳"借"[tɕyɔ^{阴去}]≠"遮"[tsɔ^{阴去}]。

(3) 见系开口二等"家""街""交"等字,太湖片多数方言有文白异读,文读[tɕ]组声母,白读[k]组声母。如常州"交"白读[kɐɯ^{阴平}],文读[tɕiɐɯ^{阴平}];绍兴"嫁"白读[ko^{阴去}],文读[tɕia^{阴去}];湖州"家"白读[ka^{阴平}],文读[tɕia^{阴平}]。

(4) 古知章组三等"张""周""超""川"等字,声母大多读舌尖音,如湖州"张"[tsã^{阴平}]、诸暨"周"[tsei^{阴平}]。

(5) "人"和"银"在口语中同音,如常州[ɲiŋ^{阳平}]、海门[ɲin^{阳平}]、嘉善[ɲiəŋ^{阳平}]、余杭[ɲien^{阳平}]。

(6) "鹿""六""绿"同音,如嘉兴此三字都读[loʔ^{阳入}]。

---

① 参见游汝杰:《吴语方言学》,第5页。
② 各片的分布及特点参见傅国通、蔡勇飞、鲍士杰、方松熹、傅佐之、郑张尚芳:《吴语的分区(稿)》,《方言》,1986年第1期;中国社会科学院语言研究所等编:《中国语言地图集(第2版)》;颜逸明:《吴语概说》,华东师范大学出版社,1994年。

(7) 连读变调类型属前变型,即主要由前字决定变调调型。所谓"前字决定变调调型",包含两层意思:一是整个字组怎么变,主要由前字的调类决定;二是变调后的调型往往是前字单字调调型的延伸,后字失去原有调值,被包容在字组声调中。如苏州方言"班""板""辈"分别读阴平、阳平、阴去,但进入前字为阳平的两字组结构后,则变为同音,即"同班=铜板=同辈",后字都读 21 调。

(8) "事情"多说"事体";"今天"多说"今朝";"女儿"多说"囡"或"囡儿";"抽屉"多说"抽斗"或"抽头";"牛棚"多说"牛棚",不说"牛栏";"乘凉"多说"乘风凉"或"吹风凉";"玩儿"多说"薄相"或"孛相"。

太湖片方言内部还可细分为常州小片、苏沪嘉小片、苕溪小片、杭州小片、临绍小片和甬江小片。

(1) 常州小片大致包括江苏南部常州、武进、溧阳、宜兴、海门_{北部}等 12 个县(市、区),特点主要有:

① 澄母多读[dz],如常州"茶"[dzo^{阳平}]、溧阳"迟"[dzʅ^{阳平}]、沙洲"缠"[dzyø^{阳平}]。

② 歌戈韵与模韵_{明母除外}不混,如常州"多"[tɤɯ^{阴平}]≠"都"[tu^{阴平}],溧阳"河"[fiɣ^{阳平}]≠"湖"[fiu^{阳平}]。

③ 麻韵开口三等章组字与二等字不同韵,如常州"蔗"[tsɑ^{阴去}]、"茶"[dzo^{阴平}],宜兴"蔗"[tsA^{阴去}]、"沙"[sɔ^{阴平}]。

④ 侯韵、尤韵_{知系}多读[ei],如金坛"斗"[tei^{阴上}]、江阴"手"[sei^{阴上}]。

⑤ 宕江两摄阳声韵非庄组带鼻尾,如溧阳"庄"[tsaŋ^{阴平}]、常州"方"[faŋ^{阴平}]。

⑥ "嘴"字多读[y]韵母,如常州[tsy^{阴上}]、溧阳[tɕy^{阴上}]。

⑦ 第三人称代词单数说"他",不说"夷(伊)"。

（2）苏沪嘉小片包括江苏南通_{南部各乡和北兴、三余、东余等乡}、启东_{北部吕四、西宁、新渔等七个乡除外}、常熟、无锡、苏州,上海市及其所辖各县,浙江嘉兴、嘉善、桐乡、平湖、海盐等。主要特点如下:

① 从澄两母多读浊擦音[z],如平湖"迟"[zʅ^{阳平}]、嘉善"茶"[zo^{阳平}]、上海市"坐"[zu^{阳去}]。

② 歌戈韵与模韵有相混情况,如嘉兴"果=古"[kəu^{阴上}],苏州"箩=炉"[ləu^{阴平}]。

③ 麻韵开口二等与三等除见系外同韵,见系韵母今读不同,如吴江"蔗"[tso^{阴去}]、"沙"[so^{阴平}]、"家"[ka^{阴平}],海盐"蛇"[zo^{阳平}]、"叉"[tsʰo^{阴平}]、"架"[ka^{阴去}]。

④ 侯韵、尤韵_{知系}多数读单元音,少数读[ɤɯ],如上海市"楼"[lɤ^{阳平}]、嘉兴"狗"[ke^{阴上}]、苏州"手"[sʏ^{阴上}]、常熟"头"[de^{阳平}]、"周"[tsɤɯ^{阴平}]、海门"口"[kʰɤɯ^{阴上}]、"寿"[zɤɯ^{阳去}]。

⑤ 仙韵合口精知章组不读撮口呼,如上海市"船"[ze^{阳平}]、苏州"全"[ziɪ^{阳平}]。

⑥ 臻摄合口三知章组读开口呼,如昆山"春"[tsʰən^{阴平}]、嘉兴"出"[tsʰəʔ^{阴入}]。

⑦ 宕江两摄阳声韵多读鼻化韵,如常熟"窗"[tʂʰã^{阴平}]、苏州"张"[tsã^{阴平}]、嘉兴"双"[sã^{阴平}]。

⑧ "嘴"韵母多读[ʅ],如海门、嘉定、桐乡均读[tsʅ^{阴上}]。

⑨ "梳"韵母白读多为[ʅ]或[y],如嘉兴[sʮ^{阴平}]、苏州[sʅ^{阴平}]。

⑩ 咍韵与谈寒韵多有相混,如嘉兴"胎=滩"[tʰɛ^{阴平}],上海"才=残"[zɛ^{阳平}]。

⑪ 灰韵端组多读开口呼,如无锡"队"[dE^{阳去}]、上海"对"[te^{阴去}]。

⑫ 第三人称代词单数说"夷"或"伊"。

（3）苕溪小片包括湖州、长兴_{西部边境除外}、安吉_{西部边境除外}、德清、余杭5个县(市、区)，主要特点有：

① 除余杭外，无撮口呼韵母，如湖州"雨"[i^{阴上}]、"选"[ɕiE^{阴上}]、"军"[tɕin^{阴平}]，德清"举"[tɕi^{阴上}]、"远"[i^{阴上}]、"均"[tɕie^{阴平}]，余杭"雨"[i^{阴上}]、"举"[tɕi^{阴上}]、"军"[tɕien^{阴平}]、"选"[ɕie^{阴上}]、"远"[yo^{阴上}]。

② 鱼虞韵知章组、日母字今读[ɿ]韵，如湖州"猪"[tsɿ^{阴平}]、"书"[sɿ^{阴平}]、"树"[zɿ^{阳去}]、"如"[zɿ^{阳平}]。其余四地与湖州同。

③ 咸山摄开口三四等舒声_{知系除外}今读[i]或[ɪ]韵，如德清"变"[pi^{阴去}]、"线"[ɕi^{阴去}]、"剑"[tɕi^{阴去}]，长兴"边"[pɪ^{阴平}]、"天"[tʰɪ^{阴平}]、"钳"[dʑɪ^{阳平}]。

④ "尾"字白读为[m̩]或[n̩]；余杭除外，读[mi^{阴上}]。

（4）杭州小片只分布于杭州市城区及周围郊区，不包括杭州市所辖的其他各县。宋代金人入侵，宋室仓皇南逃至杭州，定都于此，大批北方难民也涌至杭州，带来的北方方言取代了杭州土语，使杭州话发生了根本性的改变。今杭州方言带较浓的官话色彩，不同于一般吴语。杭州小片的特点如下：

① 见母开口二等没有文白异读，只读[tɕ]组，如"嫁"[tɕiA^{阴去}]、"交"[tɕiɔ^{阴平}]、"江"[tɕiAŋ^{阴平}]。

② 日母字"儿耳二"只有[əl]一读；"人"[zən^{阳平}]、"软"[ɥõ^{阳上}]、"肉"[zoʔ^{阳入}]，都不读[n̩]声母。

③ 微母字不读[m]声母，如"蚊"[vən^{阳平}]、"问"[vən^{阳去}]。

④ "鸟"字读[niɔ^上]。

⑤ 有很多带[ɥ-]介音的韵，如"舍""碎""税"[sɥeɪ^{阴去}]、"社"

"罪""穗"[dzɥei阳去]、"揣"[tsʰɥɛ阴平]、"帅"[sɥɛ阴去]、"村""春"[tsʰɥən阴平]、"桑""双"[sɥAŋ阴平]、"窗"[tsʰɥAŋ阴平]、"染""软"[ɥõ阴上]。

⑥ 咸山摄知庄章组,今多读[uõ]韵,如"搬"[puõ阴平]、"团"[duõ阳平]、"官""关"[kuõ阴平]、"闩"[suõ阴平]、"专"[tsuõ阴平]、"占"[tsuõ阴去]、"展"[tsuõ阴上]、"缠"[dzuõ阳平]。

⑦ "夺""落""鹿""绿"四字同韵,都读[oʔ]。

⑧ 儿尾词丰富,儿尾语音形式为[əl]。

⑨ 人称代词用"你""我""他",复数加"们"。

(5)临绍小片主要分布于浙江临安(今杭州市临安区)、富阳、桐庐、绍兴、萧山、诸暨、嵊县(今嵊州市)、上虞、余姚、慈溪等12个县(市、区)。主要特点如下:

① 咸山摄多读鼻化韵,如绍兴"班"[pæ̃阴平]、"关"[kuæ̃阴平]。

② 哈灰韵端系同韵,如余姚"来=雷"[le阳平],萧山"胎=推"[tʰe阴平]。

③ 哈韵跟谈寒韵不混,如临安"胎"[tʰe阴平]≠"坍滩"[tʰɛ阴平],余姚"来"[le阳平]≠"篮"[lɛ阳平]。

④ "歪"读零声母,不读[h]声母,如诸暨[uɑ阴平],分水属桐庐[uɛ阴平]。

⑤ "家""嫁"等开口二等见母字白读为[ko阴平]或[kuo阴去],临安区的昌化除外。

(6)甬江小片包括宁波、鄞县(今宁波市鄞州区)、镇海、奉化、象山、定海、普陀、岱山等10县(市、区),主要特点如下:

① 效流咸深山臻宕限于知章曾摄开口三等知章组舒声多读细音,与同韵的精见组字同音,如宁波"酒肘帚九"[tɕiy上]、"津珍真巾"

[tɕiŋ^阴平]。

② 遇止摄合口三等精知章组、日母，止摄开口三等知母的字，部分方言今读[ɿ]韵母，如奉化"书"[sɿ^阴平]、"主嘴"[tsɿ^上]、"如儒"[zɿ^阳平]。

③ 第三人称代词单数用"渠"，音[dʑi^阳平]。

权威语言或方言一般是该区域行政区划中心的方言。有时候在两个或多个区划中，只有一个中心城市，人的语言心理是尽量靠拢这个中心。一旦首府或中心城市变了，那么当地的权威语言或方言也势必随之变换。太湖片的权威方言是上海话，其优势地位是开埠之后逐渐形成的，19世纪之前太湖片的权威方言是苏州话。① 兹列上海话与苏州话音系以作对比②。

上海音系

声母(27个)

p	搬比布	p^h	片派破	b	笨皮白	m	忙米马	f	方翻飞	v	犯文肥
t	店刀多	t^h	天讨土	d	甜头图	n	南你怒			l	连来露
ts	剪早阻朱	ts^h	浅窗醋处					s	三西数书	z	坐谢从竖
tɕ	军居鸡	tɕ^h	牵区	dʑ	舅拳穷	ȵ	泥女	ɕ	戏虚凶		
k	工官高	k^h	康开揩	g	共环	ŋ	硬饿瓦	h	欢好海	ɦ	鞋移湖雨
∅	鸭衣鸦永										

说明：

① [p, p^h, t, t^h, k, k^h]等声母都是强音，发音时肌肉比较紧张。

② [b, d, dʑ, g, v, z]等声母开始时不很浊。

③ [ɦ]代表和后头元音同部位的浊擦音，限于阳调类字。

---

① 游汝杰：《吴语方言学》，第5页。
② 上海和苏州音系参考江苏省和上海市方言调查指导组编：《江苏省和上海市方言概况》，第114—116、94—95页。

④ 零声母限于阴调类字，开始时带喉塞音，入声字更为明显，例如"衣""鸦""鸭""屋"等字。

⑤ 有一派完全分[f-]、[hu-]，分[v-]、[ɦu-]。例如："夫"[fu平]、"呼"[hu平]，"父"[vu阳去]、"户"[ɦu阳去]、"分"[fəŋ平]、"昏"[huəŋ平]，"方"[fã平]、"荒"[huã平]，"文"[vəŋ阳去]、"混"[ɦuəŋ阳去]。另有一派人[u]韵不分[fu]、[ɦu]，也不分[vu]、[ɦu]，[fu]、[hu]可以随便用。例如"夫""呼"可以读成[fu平]，也可以成[hu平]。"父""户"可以读成[vu阳去]，可以读成[ɦu阳去]。其他合口韵字的[hu-]，可以读成[f-]，但[f-]不能读成[hu-]。因此[f-]、[hu-]还是有区别。例如："方"字只有[fã平]一读，"荒"字有[huã平]、[fã平]两读，"飞"字只有[fi平]一读，"徽"字有[hue平]、[fe平]两读。其他合口韵字的[ɦu-]，可以读成[v-]，但[v-]（"房"字例外，能读[vã阳去]，也能读[ɦuã阳去]）不读[ɦu-]。因此[v-]、[ɦu-]也有区别。例如："文"字只有[vəŋ阳去]一读，"混"字有[ɦuəŋ阳去]、[vəŋ阳去]两读，"万"字只有[vɛ阳去]一读，"还"字有[ɦuɛ阳去]、[vɛ阳去]两读。现在根据完全分[f-]、[hu-]，完全分[v-]、[ɦu-]的一派读音。

韵母(39个)

ɿ	纸瓷丝	i	边皮面飞店厉尖全鸡医	u	富怒货雾	y	须许举
əl	而儿二						
ɤ	捐劝县						
e	悲赔雷			ue	桂宽葵徽危		
ɛ	班帆单贪台蓝斩间	iɛ	械也	uɛ	惯筷		
a	派埋家	ia	借家爷	ua	拐快坏		
ø	端贪醉岁罪						
ɣ	谋斗走狗	iɣ	柳九袖旧				
o	车沙茶瓜						

ɔ	包毛潮高孝	iɔ	表条浇桥孝		
ã	朋打张	iã	娘想姜腔		
ɑ̃	帮棒方庄江			uɑ̃	光矿王
əŋ	笨粉身春胜根肯	iŋ	兵民精斤幸	uəŋ	棍捆
oŋ	蓬风东中送	ioŋ	君穷兄用		
ɑʔ	八法踏腊弱狭瞎鸭	iɑʔ	雀脚	uɑʔ	滑刮
əʔ	佛突折贼舌割	iəʔ	逼辟别贴跌笛立接业	uəʔ	骨阔
oʔ	北缚木夺落捉叔俗	ioʔ	橘血局月		
m̩	亩	ŋ̍	鱼午		

说明：

① [ɑ, iɑ, uɑ, ɑʔ, iɑʔ]中的[ɑ]偏央。

② [ɔ, iɔ]中的[ɔ]唇形不太圆。

③ [o, oʔ, ioʔ]中的[o]舌位比较高，开口度比较小。

④ [u]前面略有[ə]音，和[k]组相拼时更为显著。

⑤ [əŋ, iŋ, uəŋ]中的[ŋ]偏前。

⑥ [iɛ]韵母限于读书音，[m̩]和[ŋ̍]自成音节限于白话音。

⑦ [e]、[ɛ]两韵字在分类上可以分成四派，以"雷""来""兰"三字为例：第一派"雷[le阳去] ≠ 来[lɛ阳去] = 兰[lɛ阳去]"，第二派"雷[le阳去] ≠ 来[lE阳去] ≠ 兰[lɛ阳去]"，第三派"雷[le阳去] = 来[le阳去] = 兰[lɛ阳去]"，第四派"雷[le阳去] = 来[le阳去] ≠ 兰[lɛ阳去]"。现在根据第一派读音。

⑧ [ø]韵"陪""催""罪""碎""最""猜""潘"等字有人读[ø]韵，有人读[e]韵，有人[ø]、[e]两读，现在根据读[ø]韵一派发音。

声调(5个)

平声	53	班丁三鸡高
阴去	34	半短狗菜见
阳去	14	盘鹅近女共帽
阴入	5	笔秃捉接急各屋
阳入	2	白读镯局药

苏州音系

声母(27个)

p	搬比布	pʰ	喷匹普	b	败病步	m	门米闻	f	翻飞	v	犯味扶
t	刀店	tʰ	讨挑	d	逃甜	n	南暖			l	来领
ts	增借照	tsʰ	葱妻抽抄					s	西诗生	z	坐谢潮柴绕
tɕ	鸡居间	tɕʰ	牵区铅	dʑ	旗巨跪	ȵ	泥女	ɕ	戏虚孝		
k	工官间	kʰ	开宽铅	g	共葵跪	ŋ	硬瓦	h	海欢孝	ɦ	红移胡鱼
∅	安烟弯怨										

说明：

① [p, pʰ, t, tʰ, k, kʰ]等声母都是强音,发音时肌肉比较紧张。

② [b, d, g, dʑ, v, z]等声母起头不太浊。

③ [ɦ]代表和后头元音同部位的浊擦音,限于阳调类字。

④ 零声母限于阴调类字,开始时往往带有喉塞音[ʔ],例如"爱""暗"等字,但不很稳定,往往因人而异。

⑤ 苏州音有新老两派,老派分[s]、[ʂ],新派不分[s]、[ʂ]。以下六对例字,新派一律读作[ts, tsʰ, s, z]声母;老派则前一字读作[ts, tsʰ, s, z]声母,后一字读作[tʂ, tʂʰ, ʂ, ʐ]声母。例如:"遭"[tsæ阴平] ≠ "招"[tʂæ阴平], "早"[tsæ上] ≠ "沼"[tʂæ上], "村"[tsʰən阴平] ≠ "春"[tʂʰən阴平], "扫地"[sæ上] ≠ "少"[ʂæ上], "僧"[səŋ阴平] ≠ "升"[ʂəŋ阴平], "存"[zən阳平] ≠ "纯"[ʐən阳平]。老派

[tʂ, tʂʰ, ʂ]声母的音值不同于北京的[tʂ, tʂʰ, ʂ]声母。苏州话[tʂ, tʂʰ, ʂ]声母发音部位比北京话靠前,同时有圆唇作用。不过现在能分[s, ʂ]的人已愈来愈少。中年以下的人一般都已不分[s, ʂ]。这里依据的是新派发音。

韵母(48个)

ɿ	师次是	i	比肺起	u	布婆夫	y	居区许
ʮ	诗耻处						
əl	儿而						
ɤ	斗狗有	iɤ	九求				
ɑ	排拉蟹	iɑ	姐写雅	uɑ	怪快歪		
æ	包早好	iæ	苗小巧				
E	杯来山			uE	灰块威		
ø	半酸甘	iø	捐权怨	uø	官欢碗		
o	怕车花	io	靴霞				
əu	土初古						
		iɪ	变田盐				
ã	打厂硬	iã	想强羊	uã	横		
ɑ̃	方糖康	iɑ̃	隆下_腔	uɑ̃	光矿汪		
əŋ	本能根	iŋ	民兵命	uəŋ	滚昏温	yəŋ	君训云
oŋ	风东翁	ioŋ	兄容用				
aʔ	法杀罚	iaʔ	甲侠捏	uaʔ	括滑挖		
ɑʔ	伯石客	iɑʔ	削脚药				
əʔ	不夺直	iəʔ	笔七叶	uəʔ	骨忽活	yəʔ	决血月
oʔ	八福哭	ioʔ	确局育				
m̩	亩	n̩	鱼吴	ŋ̍	五		

说明:

① [o, io, oŋ, ioŋ, oʔ, ioʔ]中的[o]比北京话的[o]稍关,带[ʔ]韵尾时[o]

略开。

② [ø,iø,uø]中的[ø]偏央。

③ [ɤ]音近[øɤ]。

④ [əŋ,iŋ,uəŋ,yəŋ]中的韵尾[-ŋ]不太固定。

⑤ [iəʔ]韵的[ə]有两个音值：在[p,t,ts]三组声母后是[ɪ]，例如"匹"[pʰɪʔ阴入]；在[tɕ]组和零声母后是[ə]，例如"急"[tɕiəʔ阴入]。

声调(7个)

阴平	44	刚开婚
阳平	13	穷寒鹅
上声	52	古口好₋坏
阴去	412	盖抗汉
阳去	31	女近亥共害岸
阴入	5	急曲黑各却歇
阳入	2	额局盒木

2. 台州片

台州片方言以临海市为中心，市北与仙居、天台、三门三县通称"上乡话"，市南与温岭、黄岩、玉环、椒江四市（区）通称"下乡话"，上、下乡语音有细微差别。但总的来说，台州片方言内部一致性强，通话程度高，且与太湖片方言较为接近。因此，也有学者认为无须将台州片方言从太湖片方言中分出。①

台州片的主要特征有：

（1）[k,kʰ,g,h]声母拼撮口呼韵母，如天台、临海、仙居、黄岩读

---

① 曹志耘：《地理语言学及其在中国的发展》，《中国方言学报》，2006年第1期。

"举"[ky⁺]、"区"[kʰy^阴平]、"跪"[gy^阳上],临安、黄岩读"穷"[gyoŋ^阳平]、"嗅"[hyoŋ^阳去],仙居读"拳"[gyø^阳平]、"军"[kyn^阴平]。

(2)蟹摄合口三四等与止摄合口三等部分字白读[y]韵母,如温岭"桂"[ky^阴去]、"危"[ŋ̍y^阳平]。

(3)古阳声韵,咸山摄都读开尾韵,宕江摄和梗摄开口二等字一般读鼻化韵母,深臻曾梗_开口二等除外_通五摄一般读[-ŋ]尾韵,如温岭"感"_咸摄_[kiɛ^阴上]、"蚕"_山摄_[zɛ^阳平]、"亮"_宕摄_[liã^阳去]、"讲"_江摄_[kɔ̃^阴上]、"灯"_曾摄_[tɤŋ^阴平]、"龙"_通摄_[loŋ^阳平]。

(4)梗开二庚耕韵字白读[ã]韵,"梗"_莱梗_字读[uã]韵,天台读[a,ua]韵。

(5)阴去字单说一律读高平调,如临海、黄岩、温岭"靠"读[kʰɔ⁵⁵]。

(6)小称现象丰富,形式多样,包括鼻尾、鼻化、变调型及其混合型,如温岭"桃"[dɔ³¹]→"桃儿"[dɔ¹⁵]、"凿"[zoʔ²]→"凿子"[zɔ̃⁵¹]。但天台无鼻化型,仙居则只有变调型。

(7)有一些说法不见于或少见于其他汉语方言,例如"格儿"_抽屉_"大虫"_老虎_"脚块头"_膝盖_"条肚"_肚子_"拔肚"_拉肚子_。

兹以临海为例,列举音系如下。①

临海音系

声母(33个)

p	布兵	pʰ	派炮	b	爬步鼻	m	门蚊	f	飞费	v	房饭雾
t	到胆打	tʰ	天汤	d	同道地夺	n	南脑			l	兰莲吕路
ts	糟组争	tsʰ	仓醋初疮	dz	池茶			s	三苏生师	z	曹字锄

---

① 临海音系参考黄晓东:《浙江临海方言音系》,《方言》,2007年第1期。

tɕ 精焦招蒸竹		tɕʰ 秋枪春窗		dʑ 潮虫		ɕ 修水扇线	z 齐全石	
c 经结浇贵		cʰ 丘轻		ɟ 旧权共狂	ɲ 年严月肉	ç 歇虚		
k 高街		kʰ 开客去		g 渠ᵗʰ攒隔	ŋ 瓦藕硬	h 海灰	ɦ 鞋红运	
∅ 哑衣温勇								

说明：

① [l]声母与[o, u, oʔ, ɔʔ]四韵相拼时近[ɭ]。

② [tɕ]组声母与[i]韵相拼时发音部位靠前。

③ 浊塞音、塞擦音声母和许多其他吴语方言一样，是所谓"清音浊流"。

④ [ɦ]声母与开口韵相拼时伴有明显的浊气流，与齐齿韵、合口韵和撮口韵相拼时无明显的浊气流。

韵母（48个）

ɿ 资师耳₂而₁	i 衣地烟甜燕₂泥₂		u 粗初		y 雨主虚跪		
a 街矮介	ia 夜写		ua 快怪花				
ɛ 胆间			uɛ 关惯				
e 该帅雷	iɪ 尖牵燕₁		ue 威灰				
ø 敢半短酸			uø 官碗		yø 全圆		
ɔ 保饱桃	iɔ 妖条						
o 果爬架							
œ 头狗母₂	iɐɯ 抽九流						
ã 冷硬生杏	iã 凉羊		uã 横梗ᵗᶻ梗				
ɔ̃ 糖光装					yɔ̃ 双窗狂		
əŋ 根恩	iəŋ 病星心		uəŋ 魂滚		yəŋ 云军春		
oŋ 东红公					yoŋ 虫穷用		
ɐʔ 客百额扼	iɐʔ 约药脚		uɐʔ 获划ᵗᶻ划				
ɜʔ 甲杀袜八压			uɜʔ 刮挖				

　　　　　　　　　ieʔ 一笔接级浙　　　uəʔ 骨阔活

øʔ 割脱色黑　　　　　　　　　　　　yøʔ 缺血菊出雪

ɔʔ 角剥恶　　　　　　　　　　　　　yɔʔ 桌戳

oʔ 北木屋国　　　　　　　　　　　　yoʔ 竹肉育

m̩ 某亩母₁　　　n̩ 儿₁耳₁泥₁　　　ŋ̍ 吴鱼五午　　l̩ 儿₂而₂

说明：

① [ue]实际音值为[uɪ]。

② [œ]舌位较后。

③ [øʔ]中的[ø]舌位略低，近[œ]。

④ [l̩]为文读韵，发音时带明显的浊气流。

⑤ [ɔ, iɔ]中的[ɔ]舌位略低。

⑥ [uəʔ]中的[ə]略带圆唇色彩。

⑦ [yøʔ]中的[ø]略展。

声调（7个）

阴平	31	高安开天三飞
阳平	22	穷平神人麻文近坐稻动罪淡
上声	53	古纸口草手死老买有五脑两
阴去	44	醉对唱菜送放
阳去	113	大病树漏帽用
阴入	5	一七福割铁发
阳入	23	读白服月六药

说明：

① 阴平31末尾较平，实际调值为311。

② 阳平22略有曲折，实际调值接近121。

③ 阴去44单念时较高，近55，但在语流中则为44。

④ 阳去113前头略降，但不到一度。

⑤ 阳入 23 是短调。

3. 瓯江片

瓯江片分布范围大致在乐清北雁荡和平阳南雁荡之间的浙南沿海地区，包括温州、乐清_{清江以南}、瓯海、永嘉、瑞安、平阳、泰顺_{限于横坑、翁山、南浦、黄坑、碑牌等乡以北地区}等 11 个县(市、区)。以温州话为代表，温州话古称"瓯语"。该片的主要特点如下：

(1) 宕江摄、通摄锺韵_{非日影三组除外}舒声鼻尾脱落。东锺两韵有别。如乐清"帮"[pa^{阴平}]、"章"[tɕia^{阴平}]、"双"[sua^{阴平}]，"锺"[tɕyɯ^{阴平}] ≠ "中"[tɕioŋ^{阴平}]；文成"浆"[tɕiɛ^{阴平}]、"江"[kuʌ^{阴平}]，"重"[dʑʌ^{阳平}] ≠ "虫"[dʑioŋ^{阳平}]。

(2) 曾摄开口三等帮组、梗摄开口三四等帮端组舒声，韵母今读[eŋ]或[ɪŋ]，如乐清、温州、瑞安、文成读"冰兵"[peŋ^{阴平}]、"丁"[teŋ^{阴平}]，永嘉"冰兵"[ʔbɪŋ^{阴平}]、"丁"[ʔdɪŋ^{阴平}]。

(3) 效摄一二等不同韵，如乐清"宝"[pə^{阴上}] ≠ "饱"[pa^{阴上}]，温州"报"[pɜ^{阴去}] ≠ "豹"[puɔ^{阴去}]。

(4) 深臻摄多数方言今读[aŋ]或[iaŋ]等后鼻音，如温州、瑞安读"沉"[dzaŋ^{阳平}]、"神"[zaŋ^{阳平}]、"新"[saŋ^{阴平}]、"认"[ȵiaŋ^{阳去}]、"斤"[tɕiaŋ^{阴平}]，平阳读[an]或[ian]等前鼻音，如"沉"[dzian^{阳平}]、"神"[zan^{阳平}]、"新"[san^{阴平}]、"认"[ȵian^{阳去}]、"斤"[tɕian^{阴平}]。

(5) 流摄一三等庄组、见系，韵母今读[au]或[iau]，如温州"偷"[tʰau^{阴平}]、"狗"[kau^{阴上}]、"愁"[zau^{阳平}]、"球"[dʑiau^{阳平}]、"纠"[tɕiau^{阴平}]。

(6) 蟹止摄合口三等喻母今读[v]声母，如温州"孟为围"[vu^{阳平}]、"卫"[vu^{阳去}]。

(7) 梗摄开口三四等见系与帮端知系不同韵,如乐清"轻"[tɕʰiaŋ^{阴平}]≠"清"[tɕʰieŋ^{阴平}]。

(8) "人"字多数方言有[zaŋ^{阳平},ȵiaŋ^{阳平},naŋ^{阳平}]三种音读。

(9) 入声读长调,无塞音韵尾,如温州"竹"[tɕieu^{阴入}]、"入"[zai^{阴入}]。

(10) "月亮"叫"月光","打闪"叫"烁龙","麻雀"叫"将儿"或"吃谷将儿"或"黄头将儿","蚕豆"叫"淮豆","看"叫"觑$^{《集韵》七赐切}$"。

瓯江片的内部差异主要是南北的不同,南北两区的分界线可以划在瓯海和瑞安之间。① 总的来说,瓯江片内部一致性较强,兹以温州为例,列举音系如下。②

温州音系

声母(28个)

p	波班兵	pʰ	坡批品	b	婆皮病	m	马米敏	f	飞灰粉	v	河淮坟
t	多当登	tʰ	胎梯铁	d	台同电	n	南怒脑			l	连兰罗
ts	知走鸡	tsʰ	齿次亲	dz	迟残忌			s	诗三希	z	时存仁
tɕ	金坚种	tɕʰ	丘千触	dʑ	近求共	ȵ	染女玉	ɕ	先收血		
k	高关光	kʰ	考开壳	g	厚街	ŋ	牙咬硬	h	风荒黑	ɦ	红移话
ø	瓯衣勇										

韵母(30个)

ɿ	诗思基吃	i	依张千切	u	普何火雨	y	居甘官决
		ei	池米遮直	əu	鲁豆多毒	əy	吕布杜苏
a	班排反获	ia	鹊捏晓脚	ua	弯挖		

---

① 颜逸明:《浙南瓯语》,华东师范大学出版社,2000年,第4—5页。
② 温州音系参考颜逸明:《浙南瓯语》,第13—15页。

o	沙马袜学				yo	足曲局欲
ø	端团探合					
e	开台菜黑					
ə	宝刀早澳					
				uɔ	包旁咬孝	yɔ 钟窗重用
ɛ	行杏硬生	iɛ	赵朝条表			
ai	培对失拾	iai	急泣吸益			
au	抖透走口	iau	九求休优			
		ieu	周抽收竹			
aŋ	本分针审	iaŋ	金近因英			
eŋ	兵病民静					
oŋ	冬通宗梦				yoŋ	重冲穷春
ŋ̩	鹅我儿悟					

说明：

① [ø]舌位偏低，接近[œ]。

② [ə]舌位偏低、偏后，介于[ɜ]和[ʌ]之间。

③ [ɛ]舌位偏低，接近[æ]。

声调（8 个）

阴平	44	牵班巴舟低
阳平	31	钱繁梨唐题
阴上	454	浅板把寻底
阳上	243	件范李宕弟
阴去	42	欠扮霸昼帝
阳去	22	健饭利荡地
阴入	34	切百八竹的
阳入	213	杰划力铎敌

4. 婺州片

婺州是金华一带的别称，婺州片指浙江省中部金华一带的方言，包括金华、兰溪、武义、东阳、义乌等 9 县(市、区)。本片的主要特点如下①：

(1) 少数非敷奉母自读[p-]声母，如浦江、东阳、磐安等"粪"字声母为[p]。

(2) 除武义城关外，大体上能分尖团，如金华"蕉"[tsiɑu^{阴平}] ≠ "娇"[tɕiɑu^{阴平}]，永康"箭"[tsie^{阴去}] ≠ "见"[tɕie^{阴去}]，兰溪"津"[tsiŋ^{阴平}] ≠ "斤"[tɕiŋ^{阴平}]，泉溪$_{属武义}$"清"[tsʰiŋ^{阴平}] ≠ "轻"[tɕiŋ^{阴平}]。

(3) 从崇母读浊擦音[z, ʑ]，如东阳"坐$_{从}$"[zu^{阳上}]、"锄$_{崇}$"[zuo^{阳平}]，武义"晴$_{从}$"[ʑin^{阳平}]、"状$_{崇}$"[ʑyaŋ^{阳去}]。

(4) 日母读[ȵ, ɲ]或自成音节[n̩, ŋ̍]，保存鼻音特征，如武义"染"[ȵie^{阳上}]、永康"二"[ŋ̍^{阳去}]。

(5) 个别匣母字读[dz, g]声母，如武义"厚"[gɑo^{阳上}]、"怀"[dzuɑ^{阳平}]。

(6) 果摄开口歌韵一等与合口戈韵一等同韵，如汤溪"多$_{歌}$"[tɤ^{阴平}]、"坐$_{戈}$"[zɤ^{阳上}]、"歌$_{歌}$"[kuɤ^{阴平}]、"果$_{戈}$"[kuɤ^{阴上}]。

(7) 遇摄鱼、虞不同韵。不过，各地具体分法不同，情况相当复杂，以"鼠$_{鱼韵}$"和"输$_{~赢, 虞韵}$"为例(只列韵母)：

	金华	汤溪	浦江	东阳	磐安	永康	武义
鼠	ʮ	ʮ	ʮ	i	i	i	i
输$_{~赢}$	y	i	y	ʮ	y	y	y

(8) 蟹山臻摄合口一等端精组均读开口呼，如永康"对"

---

① 本片特点参考曹志耘等：《吴语婺州方言研究》，商务印书馆，2016 年。

[ʔdəi^阴去]、汤溪"村"[tsʰɤ^阴平]、浦江"酸"[sə̃^阴平]。

（9）咸山摄一部分字能区别三、四等，如金华"劫"[tɕie^阴入] ≠ "挟"[tɕiɐ^阴入]，"仙"[sie^阴平] ≠ "先"[sie^阴平]，浦江"连"[liẽ^阳平] ≠ "莲"[liã^阳平]。

（10）入声有文白异读。白读读长调，无喉塞尾，或自成入声调类，或并入其他调类；文读有喉塞尾[-ʔ]，读入声短调。

婺州片方言内部差异较大，有些方言之间不能互通。大体上，金华与兰溪比较接近，武义与永康接近，东阳、磐安、义乌相近，浦江较为特殊。兹以金华为例，列举音系如下。[①]

金华音系

声母（29 个）

p	布帮簿	pʰ	派	b	盆步白	m	门问	f	飞	v 冯婺问
t	到打稻	tʰ	太	d	同地夺稻	n	难怒			l 兰路连
ts	精增争	tsʰ	秋粗初	dz	治齐			s	修苏师	z 事齐
tɕ	经跪主蒸	tɕʰ	丘处昌	dʑ	旗桥虫	ȵ	泥女认严	ɕ	休需虚扇声	ʑ 熟闰认
k	高	kʰ	开	g	渠_他_跪	ŋ	我	x	灰化	ɦ 红
ø	红我延胡远午									

说明：

① 浊塞音、浊塞擦音声母为清音浊流，浊擦音声母接近清音。

② [ȵ]声母与撮口呼韵母相拼实际音值为[ɲ]。

③ 开口呼零声母音节前有不明显的[ʔ]，其他零声母音节前带与韵母开头元音同部位的摩擦。

④ [ŋ]声母，调查到部分老年人"我"字文读[ŋo^535]，其他人文读[o^535]。此外，约斋于 1958 年发表的《金华方音与北京语音的对照》一文中也有"我""外"

---

① 金华音系参考曹志耘等：《吴语婺州方言研究》，第 97—99 页。

"碍""额"四字为[ŋ]~[∅]又读。

⑤ [ɦ]声母相当于读阳调类的[x],性质和其他浊擦音声母一样。

⑥ 老年人区分齐齿呼尖团字的声母,中年人部分区分,青少年不分;撮口呼尖团字声母都不分。

韵母(51个)

ɿ	资支	i	医肥底	u	古舞无	y	雨书去
ə	耳而						
ɤa	爬马八	ia	借夜天铁				
ɑ	买鞋班减	iɑ	畲亚	uɑ	瓜沙官塔活	yɑ	抓
o	波哥						
ɤ	波满短割	ie	底编接	uɤ	过河	yɤ	靴权佔血
ɯ	去	iE	社夜				
ɛ	赔对改	iɛ	解鞋	uɛ	块	yɛ	帅
ei	碑美			ui	桂位		
ɑu	保	iɑu	条烧				
eu	藕	ieu	亩头走狗九有				
ɤã	半判伴满						
ã	班	iã	天减	uã	官短	yã	权佔
ɑŋ	党讲生	iɑŋ	良进	uɑŋ	光	yɑŋ	床
əŋ	根灯生	iŋ	林星城	uəŋ	温	yəŋ	云
oŋ	东风	ioŋ	穷中				
əʔ	北格八塔割	iəʔ	笔直药铁接	uəʔ	国活	yəʔ	出血
oʔ	福索绿谷屋	ioʔ	肉				
m̩	无	ŋ	耳五				

说明:

① [əŋ]组韵母中的[ŋ]和自成音节的[ŋ]发音部位比较靠前。

② 入声韵的喉塞尾[ʔ]逢阴入明显,逢阳入在单字和前字位置时不明显,在后字位置时比较明显。

③ [ɣɑ, iɑ, uɑ, ie, uɣ, yɣ]六韵的介音较长。

④ [ɛ]组韵母中的[ɛ]实际音值接近[ɛe]。

⑤ [iu]在[p][t][ts][k]四组声母后为[ɪu]。

⑥ [yɑ, ɯ, m]三韵只有个别用于口语的音节。

⑦ [yɛ]只记到"衰摔荽"[ɕyɛ阴平]、"帅率~领"[ɕyɛ阴去]五字。

⑧ [ɣa]部分青少年读[ia]。

⑨ [ɣā]只见于年龄较大(八九十岁)的老年人读山合一舒声帮组字,这些字其他人读作[ā]。

声调(7个)

阴平	334	高安开天三飞
阳平	313	穷平神鹅麻文
阴上	535	古纸口草死手买老有<u>坐稻后</u>
阴去	55	醉对唱菜送放<u>割铁发</u>
阳去	14	大病树漏帽用<u>月叶罚</u><u>坐稻后</u>
阴入	4	一七福北屋笔<u>割铁发</u>
阳入	212	读白服六药十<u>月叶罚</u>

说明:

① 阴平334以上升部分为主。

② 阴上535上升部分有时不太明显。

③ 阴去55较短促。

④ 阳入212是短调,以上升部分为主。

5. 处衢片

处衢片位于吴语区西南部,包括浙江西南部处州、衢州地区的17个县(市、区),江西东北部的上饶、玉山、广丰,福建西北角的浦城北部等地。处衢片内部差异明显,衢州常山和江西江山、开化、玉山、广丰相对来说比较接近。这五种方言有一些共同的音韵特点[①]:

(1) 果摄一等戈韵、宕摄一等唐铎韵、江摄二等江觉韵帮组与宕摄三等阳药韵非组读齐齿呼,如常山"磨"[mie^{阳去}]、江山"帮"[piɑ^{阴平}]、广丰"剥"[piɐʔ^{阴入}]、开化"望"[miã^{阳去}]。

(2) 假摄开口二等麻韵见溪疑母字与晓匣影母字不同韵,如常山"加"[kɑ^{阴平}]、"下"[ɦo^{阳上}],开化"牙"[ŋɔ^{阳平}]、"桠"[o^{阴平}]。

(3) 假摄开口三等与止摄开口同韵,如常山、开化、玉山的"斜=匙"[ʑie^{阳平}]。

(4) 蟹摄开口四等端组韵母今读有两种形式,以"弟"和"递"为例:

	常山	江山	开化	玉山	广丰
弟	die^{阳去}	diə^{阳上}	die^{阳去}	die^{阳上}	die^{阳上}
递	de^{阳去}	dɛ^{阳上}	de^{阳去}	dɐi^{阳上}	di^{阳去}

关于婺州片和处衢片的划分,学界有不同的分片方案。曹志耘将处衢片的龙游、衢州、缙云3点与婺州片合并,称为"金衢片"。除这3点以外的所有地区称"上丽片"。原处衢片下分龙衢小片和处州小片,他将上丽片方言分为丽水小片和上山小片,原龙衢小片的龙游、衢州划入金衢片,将遂昌、松阳、龙泉、庆元、浦城5点划入丽水小片,其余方言

[①] 参见〔日〕秋谷裕幸:《吴语处衢方言(西北片)古音构拟》,日本好文出版,2003年,第1—2页。

属上山小片。① 《地图集》(2012)亦持该分片方案。

由于与闽语接壤,处衢片方言有一些与闽语相似的特征。兹以江山为例,列举音系如下。②

江山音系

声母(25 个)

p	布粪	pʰ	破匹	b	盘薄避缚	m	门网	f	飞凤武饭
t	到猪	tʰ	太脱	d	同夺长~短	n	耐难	l	兰莲
ts	走争	tsʰ	秋仓初	dz	茶罪			s	丝扫槽锄
tɕ	珠指章酱	tɕʰ	处枪昌	dʑ	舌箸	ȵ	年严认	ɕ	箱伤墙船师痒
k	高九	kʰ	开丘	g	旗近厚	ŋ	艾硬软元	x	好香
∅	爱鞋姚壶雨煮								

说明:

① 没有[v, z, ʑ, ɦ]等浊擦音。

② [b, d, dz, dʑ, g]等浊音声母的实际音值很不稳定,有时为[b̥]等清化浊音,有时为[b̥ʰ]等送气清化浊音,还有时为[pʰ]等送气清音。

③ [ts]组声母和[tɕ]组声母构成互补。

④ [tɕ]组声母拼[ø, œ, œʔ]韵时,实际音值接近[tʃ]组。

⑤ [k]组声母拼细音时,实际音值接近[c]组。

⑥ [x]的摩擦比较弱。

⑦ 开口呼零声母音节(包括阳调类)的开头带轻微的喉塞音,例如"害"[E阳去]的实际音值为[ʔE阳去],"狭"[aʔ阳入]的实际音值为[ʔaʔ阳入]。

---

① 参见曹志耘:《南部吴语语音研究》,商务印书馆,2002 年,第 172 页。
② 江山音系参考〔日〕秋谷裕幸:《吴语处衢方言(西北片)古音构拟》,第 7—9 页。

韵母(52个)

		i	飞四持儿戏来	u	武狗	y	吹跪
ɚ	而尔饵二						
ɒ	怕茶家猪晒	iɒ	价	ua	花画		
æ	埋街带箩槌	iæ	介继	uæ	快外		
ə	字齿除鱼	iə	婆遮鼠弟纸	uə	补赌裤讨草	yə	主举寡话手
E	戴海杯雷礼齐皮寄饥未			uE	堆灰醉追归	yE	蛇
e	契						
ø	师至眉宜记歪						
o	锁河课祸把哑初						
ɐɯ	刀逃包高交	iɐɯ	表条骄交瘦				
ɯ	楼刘秋够救	iɯ	抽有取				
ã	胆班间饭堂争病冬	iã	帮良枪昌样减	uã	弯还梗横	yã	光汪
ɔ̃	蚕甘单端难钢肝风	iɔ̃	霜双浓				
ɛ̃	跟本分等疮肠	iɛ̃	添天线扇剑见半	uɛ̃	村温换	yɛ̃	砖选软县官
œ̃	针身阵金银转						
		iŋ	巾京林邻灵心辛星灯		yiŋ		春军船
əŋ	含断裙						
oŋ	东公红放远笨	ioŋ	冲宫胸				
a?	答法八百袜色额竹	ia?	嚼脚剥薄	ua?	活刮郭	ya?	镬
ɒ?	夺博作鸽割各角福	iɒ?	肉烛				
E?	是又	iE?	蜜灭贴铁踢的急结直锡			yE?	越缺出刷
ʌ?	恶作镬角						

œʔ 十侄笔骨镯

əʔ 得贼撮麯

oʔ 木足族鹿屋忽国物　ioʔ 粥局绝

说明：

① [i, y]的后面带有轻微的[e]，但主元音仍然是[i]和[y]。由于[i, y]的这个特点，江山的[i, y]和[iə, yə]听起来有点相似。

② [u]的后面带轻微的[ʋ]，但主元音仍然是[u]。

③ [ɒ, iɒ]和[ua]的主元音音值不同。

④ [æ, iæ, uæ]中的[æ]实际音值为[aæ]，[a]是主要元音，[æ]是韵尾。

⑤ [ə, uə]中的[ə]舌位较低。[ə]的实际音值为[ɰ̆ə]；[uə]韵拼[p]组声母时，[u]的唇形较展。

⑥ [uE]拼[t]组声母时，[u]较弱。

⑦ [e]和[i, E]都有区别。例如："细"[ɕe^{阴去}] ≠ "□_{鸡~;鸡窝}"[sE^{阴去}] ≠ "四"[ɕi^{阴去}]（实际音值为[ɕi·ě^{阴去}]），"契"[kʰe^{阴去}] ≠ "概"[kʰE^{阴去}] ≠ "气"[kʰi^{阴去}]（实际音值为[kʰi·ě^{阴去}]）。[e]只有阴去的字。

⑧ [ø]和[œ̃, œʔ]的主元音音值不同，这三个韵母都带一点紧喉作用，拼[k]组声母时，声母的后面带有轻微的[ɵ]。

⑨ [ɯ, iɯ]中的[ɯ]舌位较低。

⑩ [ɯ]的实际音值接近[ɨ]，而且其后带有轻微的[ə]。

⑪ [iɯ]的实际音值为[iə̆ɯ]。

⑫ [yā, yaʔ]的实际音值为[ʉā, ʉaʔ]。

⑬ [ɔ, iɔ]中的[ɔ]接近[ō]，但其舌位还不到[ɒ, iɒ, ɒʔ, iɒʔ]里的[ɒ]那么低。

⑭ [əŋ]的韵尾比较弱，有时读为[ə̃]。

⑮ [o, oŋ]拼零声母时为[uo, uoŋ]，这里统一处理为[o, oŋ]。

⑯ [iEʔ, yEʔ]中的[E]舌位稍微后一点。

⑰ [oʔ]拼[k]组声母和零声母时为[uoʔ]，这里统一处理为[oʔ]。

⑱ "一"[iEʔ^{阴入}]和"□$_{这}$"[iEʔ^{阴入}]在语流中常读作[iʔ^{阴入}]。不计入音系内。"一点"说"个□"[kʌʔ^{阴入}moʔ^{阴入}]。"个"的[ʌʔ]也不计入音系内。"无$_{没有}$"[moŋ^{阴上}]常读作[m̩$^{-24}$]或[m̩$^{-25}$]、"手帕头"的"帕"[æ^{43}]有时读作[ŋ̍$^{-43}$],"孤儿"的"儿"读作[ɐr^{阳平}],[m̩, ŋ̍, ɐr]也不计入音系内。

声调(8个)

阴平	44	东天山西新秋
阳平	313	皮田房名南来
阴上	243	等九口滚火影
阳上	33	坐被买岭有桶
阴去	52	对菜盖四送统
阳去	31	步洞害面路硬
阴入	5	笔铁脚拆出一
阳入	3	鼻独局六杂叶

说明:

① 阳平 313 的实际音值为 3132。另外,在[1]的部分有很明显的紧喉作用。

② 阴上 243 以升为主,有时为 3243,因此调值与阳平有些相似。

③ 阴去 52 并未完全降到 2,也可记作 53。

6. 宣州片

宣州片吴语①分布于安徽的长江以南,黄山九华山以北、青弋江秋浦河流域,即唐代宣州总管府所辖地区。主要特点是古全浊声母今全部或部分读擦音、送气音。浊塞音的闭塞成分都很轻微,浊塞擦音大多

---

① 宣州片吴语的分片与特点参见郑张尚芳:《皖南方言的分区(稿)》,《方言》,1986 年第 1 期。

已经转化为擦音,这是宣州片吴语区别于其他吴语的重要特征。该片方言又可下分为铜泾小片、太高小片、石陵小片。

(1) 铜泾小片包括铜陵、泾县、繁昌、宣城限于北部、西部及南部溪口的金牌、芜湖、当涂限于东部南部、青阳限于童埠乡、酉华乡等地、贵池东部、石埭东部、太平西部和北部等 12 个县(市、区)。

铜泾小片的特点是古全浊声母今读[v, ɾ, z, ɣ]等。多数地点带清喉擦成分,並奉母今读[hv-]或[hβ-, hw-],定母今读[hl-]或[hɾ-],澄从崇船等母依今音洪细读[hz-, hʑ-]或者[hẓ-, hj-],群母依今音洪细读[h-, ɦ-]或[hẓ-, hj-]。例如:

	盘並	冯奉	大定	坐从	直澄	除澄	船船	裙群	跪群
铜陵	võ[11]	vom[11]	rɔ[35]	zo[35]	zɿ[213]	zy[11]	zõ[11]	zin[11]	ɥue[35]
泾县	hve[24]	hoŋ[24]	hle[35]	hzɵ[31]	hzei[35]	hzu[24]	hze[24]	hjieŋ[24]	hvei[31]
繁昌	hβõ[24]	hβʌŋ[24]	hla[55]	hzo[55]	hẓəʔ[5]	hẓu[24]	hẓõ[24]	hẓyən[24]	huei[55]

(2) 太高小片包括太平东部、南部、高淳城关及西部、溧水南部、当涂只限于湖阳乡、博望乡、宁国限于南部的南极等乡、昌化只限于昌北区,共 6 区县。高淳、溧水今属江苏,唐代属宣州。太高小片的特点是古浊塞音声母基本上还保持或部分保持独塞音的读法,但南部和北部有所不同。北部高淳、溧水、当涂等地已出现[b, d]向[ɓh, ɗh]或[hβ, hɾ]转化的趋势。例如高淳城关淳溪镇,[d]在快读时读成滚音[r];当涂、博望[d]变成[hɾ],而[b]与[hβ]可以任意互读,如"盘"[bɤ阳平/hβɤ阳平]。南部太平、昌化等地舒声基本上读浊塞音,入声变清送气音,例如昌化北"道"[do阳去]、"倍"[bɛ阳去]、"夺"[tʰə阳去]、"别"[pʰiɛ阳去]。但不论南北,只有个别点有塞擦音,如"桥"有些地方读[dʑio阳平]。

(3) 石陵小片包括石埭中部、青阳限于东南部陵阳等乡、泾县限于西南部厚岸乡、太平只限于西北部三丰地区、贵池限于南部灌口一带,共 5 县。本小片在宣州片中比较特别,特点是古全浊声母今都读清音,没有读浊音的。变清音的情况略有不同:东部浊塞者全变送气清音,与赣语类似,如太平永丰"盘""病"声母都为[pʰ-],"团""大"声母都为[tʰ-]。西部浊塞音全部变不送气清音,与长沙话类似,如灌口"盘""病"声母都为[p-],"团""大"声母都为[t-]。但东部、西部古澄群舒声字今多读清擦音,如东部永丰"茶"声母为[s-],西部贵池灌口"骑"声母为[ç-]。

兹以泾县查济为例,列举音系如下。①

泾县查济音系

声母(20个)

p	布办	pʰ	铺贫步	m	米望	f	夫虎	v	威微黄雨
t	刀稻	tʰ	拖谈大					l	怒路连
ts	组阻主猪	tsʰ	粗锄柱			s	梭沙舍坐		
tɕ	挤几皱周	tɕʰ	妻其脆直	ȵ	惹言年	ɕ	西希水厚		
k	骨军	kʰ	苦去拳	ŋ	牙我岳	x	火和下		
∅	恩衣马幽								

说明:

① [v]声母摩擦较轻,接近半元音。

② [k,kʰ]声母拼[i]韵母时,有腭化倾向。

韵母(39个)

ɿ	紫制支	i	米爷雨岁贵非	u	补午	y	吕斗右厚
a	买太解歪	ia	姐也	ua	怪		
ɛ	二安扇半川横			uɛ	官宽		

---

① 泾县查济音系参考刘祥柏、陈丽:《安徽泾县查济方言同音字汇》,《方言》,2015年第3期。

ɵ	保敲欧	iɵ	苗交要		
ə	刚讲王	iə	良厂羊	uə	光矿
o	多窝				
ɔ	下舍佳话	iɔ	夜写	uɔ	瓜挂
ei	改爱灰渠				
ã	万雁难	iã	千店现圆	uã	关惯
ən	恩问成崩	in	心笋应晕	uən	昆
oŋ	朋东五	ioŋ	穷容永		
		iʔ	立翼植	uʔ	木朴骨国
aʔ	答乏瞎袜	iaʔ	接血	uaʔ	括
ɤʔ	北百色伏屋				
oʔ	属目	ioʔ	肉浴		
ɔʔ	角落没缩	iɔʔ	约脚		
m̩	模母	n̩	女鱼儿尾		

说明：

① [i]有摩擦成分,拼唇音声母时摩擦成分更明显,有时成为舌尖前元音[ɿ]。

② [u]有摩擦成分,逢零声母有时成为[vu]音;[y]逢零声母有时成为[zʮ]音。

③ [aʔ,iaʔ,uaʔ]的主元音略高,接近[ɐ]。

④ [o]舌位略高,介于[u]与[o]之间。

⑤ [ən,in,uən]的鼻韵尾略微靠后。

声调(7个)

阴平	21	高
阳平	25	连扶
上声	424	手

阴去	44	盖
阳去	55	老涝厚旧
阴入	4	急
阳入	5	药白

说明:

① 阴去调略有上扬,实际音值为45。

② 阳去调为55,有时尾部略降。

吴语的历史文献十分丰富,早在西汉扬雄《方言》中就有对吴语的记载。不过,迄今为止,最早能见到成段吴语资料的是明末的作品,①其中最著名的当数明冯梦龙《山歌》。明清时期,吴语历史文献丰富,小说有《海上花列传》《九尾龟》《九尾狐》《海天鸿雪记》等,戏剧如《六十种曲》《缀白裘》所收剧本或折子,弹词有《描金凤》《三笑》《珍珠塔》《芙蓉洞》等,笔记有田艺衡《留青日札》、陆容《菽园杂记》、李诩《戒庵老人漫笔》等。民歌除冯梦龙《山歌》外,还有《赵圣关》《吴歌甲集》《吴歌乙集》等。地方志和有关风俗等的著作也很多,如《苏州府志》、顾禄《清嘉录》《桐桥倚棹录》和袁景澜《吴郡岁华纪丽》等。

此外,还有字书和词语考证类文献,如朱骏声《说文通训定声》《吴音奇字》、胡文英《吴下方言考》、毛奇龄《越语肯綮录》等;农、医等科技类书,如娄元礼《田家五行》、徐光启《农政全书》等;还有冯梦龙《笑府》、范寅《越谚》、王有光《吴下谚联》、胡祖德《沪谚》和《沪谚外编》等杂书。

明清时期,来华的西洋传教士翻译、编写、出版了种类繁多的《圣经》译本,其中不乏吴语方言译本。例如秦右(Benjamin Jenkins)所撰

---

① 石汝杰:《吴语文献资料研究》,日本好文出版,2009年,第3页。

《上海土白功课》(*Lessons in the Shanghai Dialect*)、大英博物馆藏宁波话《英华仙尼华四杂字文》(*Seen-ne-hwa-sze, An English and Chinese Vocaburary*)等。还有一些方言论著,如艾约瑟《上海方言口语语法》(*A Grammar of Colloquial Chinese as Exhibited in the Shanghai Dialect*)等。

现代语言学意义上的吴语研究始于赵元任《现代吴语的研究》(1928)。该书记录了33个吴方言的语音系统,全部采用严式标音,描写细致,可谓吴语研究奠基之作。20世纪五六十年代,随着全国汉语方言普查工作的开展,吴语的语音、词汇、语法面貌均得以被调查、记录,《江苏省和上海市方言概况》为这一时期的代表性成果。

此后,出版了一大批吴语的调查报告,如傅国通主编《浙江吴语分区》(1985)、叶祥苓《苏州方言志》(1988)、钱乃荣《当代吴语研究》(1992)等。对吴语的调查研究更为深入,同时注重综合比较,如曹志耘《南部吴语语音研究》(2002)、蒋冰冰《吴语宣州片方言音韵研究》(2003)、郑伟《太湖片吴语音韵演变研究》(2008)等。随着实验语音学的兴起,吴语研究的方法和手段也日趋多样。朱晓农《上海声调实验录》(2005)对上海话的单字调和连字调进行详细的声学考察;胡方《宁波方言元音的声学语音学研究》(2003)、宋益丹《浙江仙居吴语浊内爆音的语音学考察》(2014)均使用实验方法,考察宁波、仙居等吴语的声学特征。

四 徽语

(一) 方言分布与内部分片

徽语分布于新安江流域的旧徽州府(包括今属江西省的婺源),浙江的旧严州府淳安、建德、遂安、寿昌 4 县(1958 年淳安、遂安合并为淳安县,寿昌县并入建德县;1992 年撤销建德县,设立县级建德市)和临安(浙川、绩溪移民聚居形成的方言岛)以及江西的德兴、旧浮梁县(今属景德镇市)等地,计 19 个县(市、区)。

徽语北面、东面与吴语相接,西面、南面与赣语毗邻,方言性质较为复杂。以古全浊声母仄声字声母为例:今逢塞音、塞擦音,官话方言读不送气清音,吴语读浊音,赣语读送气清音,徽语大多送气;今逢擦音,吴、徽、赣的情况又不尽相同。见表 2-56。

表 2-56 徽语与周边吴语、赣语古全浊声母仄声今读比较①

方言		方言点	道定	坐从	柱澄	犯奉	袖邪	话匣
吴语	太湖片	桐庐	dɔ阳去	dzu阳去 / zu阳去	dzy阳去	vaŋ阳去	dziu阳去 / ziu阳去	ɦua阳去 / ɦuo阳去
	金衢片	龙游	dɔ阳上	zu阳上	dzy阳上	vã阳上	zɯɯ阳上	u阳上
	上丽片	开化	dɔ阳去 / dəɯ阳去	zui阳去	dzyo阳去	vã阳去	ziɯ阳去	ye阳去 / uɔ阳去
	宣州片	庄村	dɔ上	hzəu上	hzʅ上	hvan上	hziu上	uo去
		七都	hrau去	hzu去	hy去	hʋan去	hiu去	ua去

---

① 吴语桐庐语料引自浙江省桐庐县县志编纂委员会、北京师范大学中文系方言调查组编:《桐庐方言志》,语文出版社,1992 年;龙游、开化语料引自曹志耘、秋谷裕幸、太田斋、赵日新:《吴语处衢方言研究》,日本好文出版,2000 年;庄村、七都语料引自蒋冰冰:《吴语宣州片方言音韵研究》,华东师范大学出版社,2003 年;徽语语料引自孟庆惠:《徽州方言》,安徽人民出版社,2005 年;赣语东至语料引自安徽省地方志编纂委员会编:《安徽省志·方言志》,方志出版社,1997 年;乐平语料引自胡松柏等:《赣东北方言调查研究》,江西人民出版社,2009 年。各点收字情况不同,没有表中例字记音的,用音韵地位相同的字代替。

(续表)

方言		方言点	道定	坐从	柱澄	犯奉	袖邪	话匣
徽语	旌占片	旌德	tʰɔ上	tsʰu上	tsʰʮ上	fæ上	tsʰiu入	xuɔ入
		占大	tʰɒ阳去	tsʰo阳去	tɕʰy阳去	fɔ̃阳去	tɕʰiɵ阳去	uɔ阳去
		柯村	tʰɔ阳去	tsʰo上	tɕʰy上	fɔ̃上	ɕiɵ阳去	uɒ阳去
	绩歙片	徽城	tʰɔ阳去	tsʰo上	tɕʰy上	fɛ上	tsʰiu阳去	va阳去 / xua阳去
		深渡	tɔ阳去	tsʰou上	tɕʰy上	fã阳去	tsʰøy阳去	vo阳去
		杞梓里	te阳去	tsʰɯ上	tɕʰy上	fɔ̃阳去	tɕʰiɯ阳去	o阳去
徽语	休黟片	汤口	tʰɔ阳去	tɬʰo上	tɕʰy上	fa上	tɬ阳去	uě上
		屯溪	tʰə阳上	tsʰo阳上	tɕʰy阳上	fuě阳上	siu阳去	uě阳去
		黟县	tʰəě上	tʃʰau上	tʃʰu上	fɔě上	tʃʰɛɯʔ阴入	uě?阴入
	祁德片	祁门	tʰɔ上	tsʰɯě上	tɕʰy上	fuě上	tsʰe阳去	xuě阳去
		浮梁	tʰau阳去	tsʰo上	tɕʰy上	fo阳去	tsʰiəu阳去	xo阳去
		德兴	tʰau阳去	tsʰu上	tɕʰy上	fã阳去	tsʰio阳去	xo阳去
	严州片	淳安	tʰə上	su上	tɕʰya上	fã上	ɕiɯ阴平	vu阴平
		遂安	tʰɔ阳上	sə阳上	tɕʰy阳上	fã阳上	ɕiu阳上	ua阳去
赣语	怀岳片	东至	tʰau去 / tʰau阴平	tsʰo阴平	tɕʰy阴平	fan去	ɕiəu去	xua阴平
	鹰弋片	乐平	tʰau阳去	tsʰuo上	kʰɯ上	fan阳去	tɕʰiəu去	xuA阳去

由表 2-56 可见,"道""坐""柱"吴语太湖片、金衢片、上丽片声母多读浊音[d,dz(z),dʑ(ʑ)]等,宣州片声母往往伴有送气成分[h]。徽语主要读送气清音[tʰ,tsʰ(tɬʰ tʃʰ),tɕʰ(tsʰ tʃʰ)],与赣语怀岳片、鹰弋片相近。

"犯"吴语各片多读浊音[v,hv(hʋ)],徽语、赣语读清擦音[f]。
"袖"吴语大多读浊音,太湖片、上丽片、金衢片读[z,ʑ,dʑ],宣州片读

[hʑ,h]。徽语、赣语读清音,大多读送气塞擦音[tɕʰ,tsʰ,tʃʰ],少数读擦音[ɕ,s]。"话"吴语各片多读零声母,徽语主要读零声母,仅一些点声母读[x],赣语大多读[x]。可见,徽语具有较为明显的过渡性特征。

有 5 条标准①,将徽语与周边方言相区别:

（1）古全浊声母清化,塞类声母不分平仄以读送气清音为主;_{区别于吴语,全送气区别于江淮话}

（2）声调简化,以六调为主。古清去浊去有别,而调值有并于平上的;_{浊入常并阳去或阴上,区别于吴赣江淮}

（3）古鼻韵尾及[-i, -u]韵尾大量脱落或弱化;_{区别于赣语}

（4）全浊上保留读上声为主,连调变化发达而以前字变调为主;_{区别于赣语、江淮话}

（5）有鼻音式儿化小称音变。_{区别于赣语、江淮话}

徽语内部差异较大,可分为 5 片——绩歙片、休黟片、祁婺片、严州片、旌占片。下面介绍各片的语音特点及代表点音系。

1. 绩歙片

主要分布于安徽绩溪、歙县、旌德、宁国等县,浙江淳安、临安一些村镇亦有分布。具有如下特征:

（1）全浊声母清化,逢塞音、塞擦音声母不论平仄都读送气音;

（2）从母字"坐""墙"读塞擦音声母;

（3）见晓组声母不腭化;

（4）魂韵与登耕、东钟等同韵,多读[ɑ̃, ɑ̃]；

（5）真侵谆蒸庚₂青清同韵,多读[iɑ̃, iɑ̃, yɑ̃, yɑ̃]。

---

① 参见侯精一主编:《现代汉语方言概论》,第 91 页。

兹以绩溪为例,列举音系如下。①

绩溪音系

声母(20个)

p	巴布帮八	pʰ	皮破败白	m	米毛网麦	f	飞斧红福	v	无威横拂
t	都东斗德	tʰ	天同电贴	n	来农炉列				
ts	紫纸低足	tsʰ	草虫醋弟			s	三时细索		
tɕ	精砖招节	tɕʰ	清车轿切	ȵ	女严软肉	ɕ	星上书削		
k	改讲街角	kʰ	苦跪旧客	ŋ	安额牛鸭	x	海花下学		
ø	儿有云王雨月用								

说明:

① [v]拼[u]韵时,实际发音中[v]自成音节。

② [n]声母只拼开口呼、合口呼和[i]韵母,[ȵ]声母只拼齐齿呼([i]韵母除外)和撮口呼,二者为互补关系。

③ [x]的发音部位比较靠后,有喉音色彩。

④ 零声母音节的开头均带有轻微的摩擦,零声母拼[ɿ]韵时实际读音接近[zɿ]。

韵母(40个)

ɿ	子纸比眉衣	i	悲飞辉头走	u	都奴租苏姑	y	雨区朱书水
a	杯赔灰堆台	ia	也	ua	绘块傀		
o	巴抓茶麻瓜	io	稼霞亚雅				
ɔ	街排团官奸	iɔ	阶车惹写	uɔ	关快宽		
ɵ	波多罗过哥	iɵ	优油又				

---

① 绩溪音系参考〔日〕平田昌司主编:《徽州方言研究》,日本好文出版,1998年,第33—34页。

ɤ	包刀毛老	iɤ	交标超烧				
				ui	贵桂跪		
ã	门半灯风同	iã	宾明珍冰	uã	工空昆滚	yã	军准穷共
õ	帮当狼江光	iõ	良将张枪昌				
ẽ	儿尔耳而二						
ẽi	边天点生耕	iẽi	检显然盐	uẽi	梗	yẽi	砖占权扇
		iaʔ	雪接塞叶			yaʔ	决血缺说
oʔ	剥雹托阁落					yoʔ	脚鹊着约
ɔʔ	八白发甲客			uɔʔ	刮括阔		
ɤʔ	不木德秃六			uɤʔ	国谷骨哭		
		ieʔ	七尺力适			yeʔ	曲桔局育
m̩	母						
n̩	尔儿二耳						

说明:

① [i]的实际音值是[ɿi]。

② [ɔ]韵的实际音值介于[ɔ]和[ɑ]之间。

③ [ɤ, ɤʔ, uɤʔ]中的[ɤ]实际音值介于[ɤ]和[ə]之间。

④ [ie, ieʔ, yeʔ]中的[e]舌位较低,接近[ɛ]。

⑤ [ẽi, iẽi, uẽi, yẽi]的鼻化过程实际上贯穿于韵腹和韵尾。

⑥ 入声韵的喉塞尾在单字音里不太明显。

声调(6个)

阴平	31	衣天东西山新
阳平	44	皮田和名南来
上声	213	九口水两有稻皂
阴去	35	四对去菜送盖
阳去	22	面大树洞硬道造

入声　　32　　　八铁一月六学独

说明:阳去调值比22略高。

2. 休黟片

分布于休宁、黟县等6县。具有如下特征:

(1) 全浊声母清化,逢塞音、塞擦音声母部分送气,部分不送气,看不出分化条件;

(2) 从母字"坐""墙"读塞擦音声母;

(3) 见晓组声母腭化;

(4) 有长元音;

(5) 效摄豪肴有别;

(6) 宕摄不分开合口;

(7) 以[n]尾作为小称形式。

兹以黟县为例,列举音系如下。①

黟县音系

声母(23个)

p	布步牌	pʰ	盘怕别	m	门买目	f	飞冯发	v	歪横围爱
t	到团竹	tʰ	同道太	n	难怒女			l	兰路吕
ts	枝资针	tsʰ	池词尘			s	思身小凶		
tʃ	精争装弓	tʃʰ	清秋川冲			ʃ	孙碎虚		
tɕ	见龟章	tɕʰ	千杰亏	ȵ	鱼认银				
k	高工江	kʰ	苦困快	ŋ	矮吴外硬	x	虎毫鞋		
∅	恩而英哑远云闻若仁黄								

---

① 黟县音系参考〔日〕平田昌司主编:《徽州方言研究》,第105—106页。

说明:

① [n]和[ɲ]两个声母都可与齐齿呼韵母相拼,具有辨义作用。如"年"[ni:e⁴⁴]和"严"[ɲi:e⁴⁴]不同,"鸟"[ni:u⁵³]和"绕"[ɲi:u⁵³]有别。

② [ts]组声母发音部位比较靠后,但不到舌尖后。

③ [ts,tsʰ]只拼[ɿ]韵母,[s]可与今开口呼、齐齿呼韵母相拼。

④ [tʃ,tʃʰ]拼今洪音(开口呼和合口呼)韵母,[tɕ,tɕʰ]拼今细音(齐齿呼和撮口呼)韵母,二者互补。[ʃ]拼今合口呼、撮口呼韵母,故与[s]为互补关系。

韵母(31个)

ɿ	时次深			u	布都春		
a	打带者鞋正井	ia	呀日	ua	快准	ya	越悦阅
ɛi	梨皮林	iɛi	银宜一	uɛi	女挥滤	yɛi	军亏鱼
au	饱多歌						
aɯ	头流酒	iaɯ	肉牛玉	uaɯ	台雷罪		
ɔe	班马家						
ɤe	宝赔仁						
ɛɜ	米精等	iɜɜ	认英译			yɜɜ	规兄
		iːu	标照小				
		iːe	边天闪	uːɐ	端暖汉	yːe	娟月软
aŋ	分风雄	iaŋ	容荣勇	uaŋ	村根敦		
əŋ	公红孔	iŋ	粮厂央				
oŋ	汤床江						
m̩	母	n̩	无五				

说明:

① [u]韵母拼[tʃ,tʃʰ,ʃ]时实际音值是[ʮ]。

② [ɛi,iɛi,uɛi,yɛi]的韵尾实际上是[ɿ]。

③ [au]中的[a]舌位稍高。

④ [oɐ]中的[o]音值不太稳定,有时是标准元音[o],有时舌位稍低,有时甚至是[ɔ],但这种区别没有辨义作用。

⑤ 韵母里的[ɐ]在音节中读得比较模糊,强调时音值比较清晰。

⑥ 二合元音韵母[iːu, iːe, uːɐ, yːe],以高元音为主要元音,前重后轻。

⑦ [iːu]中的[u]舌位稍低。

声调(5个)

阴平	31	天高东军西山木白伏力六月
阳平	44	皮田名南来胡
上声	53	九古口火水早坐跪弟下稻断
阴去	324	富盖对汉抗
阳去	3	害电字旧亮夜笔识竹尺格急独盒

说明:阳去 3 比较短促,部分字有明显的喉塞尾,但大多数字(包括来自古清入的字)喉塞尾不明显。

3. 祁婺片

分布于祁门、婺源等 6 县。具有如下特征:

(1) 全浊声母清化,逢塞音、塞擦音声母不论平仄都读送气音;

(2) 从母字"坐""墙"读塞擦音声母;

(3) 见晓组声母腭化;

(4) 宕摄分开合口。

兹以祁门为例,列举音系如下。①

---

① 祁门音系参考[日]平田昌司主编:《徽州方言研究》,第 124—126 页。

祁门音系

声母(24个)

p	布比拜冰	p^h 破爬簿步白	m 米毛满命袜		f 斧飞罚房	v 坞歪哀味瓦
t	到带丢队	t^h 土头淡地夺	n 南农年兰龙连			l 奴泥老列炉
ts	紫早精僧	ts^h 草墙贼就席自		s 三词星		
tʂ	纸债胀郑	$tʂ^h$ 抽睬陈赵择直		ʂ 声霜刷城床		
tɕ	主专经军	$tɕ^h$ 春出起权舅共	ȵ 娘软严烟远用	ɕ 时书戏兴血		
k	改夹讲拣	k^h 苦敲掐狂	ŋ 鹅恩王硬		x 海虎红项完	
Ø	扼温藕牛月热儿衣雨					

说明:

① [n]和[l]基本上不对立,在鼻尾韵和鼻化韵前念[n],在其他韵母前念[l],呈互补分布。

② [ȵ]听起来是带复合性质的[ŋȵ],慢读时尤其明显。[ȵ]与[n]对立,都可以出现在[i,y]开头的鼻尾韵或鼻化韵前,如"言然"[ȵĩ:ə⁵⁵]≠"年连"[nĩ:ə⁵⁵]。

③ [ʂ]与[ɕ]不对立,在开口呼和合口呼韵母前念[ʂ],在齐齿呼和撮口呼韵母前念[ɕ]。但有时在拼开口呼和齐齿呼韵母时,实际音值都接近舌叶音[ʃ]。

④ [tʂ, tʂʰ]塞音成分强而擦音成分弱,尤其是在齐齿呼韵母前,粗听起来很像[t, tʰ],不过并未与真正的塞音声母[t, tʰ]相混。

⑤ [v]摩擦不强烈,音韵地位相当于零声母后的[u]。

韵母(38个)

ɿ	子刺丝	i	皮棋衣事一十北	u	补五府木竹屋	y	女鱼主如嘴水桂
ɚ	儿耳二汝						
ə	物奶_{称谓}						
ɑ	来梅街百贼佛尺	iɑ	表条掠雀野日	uɑ	该快块国或回宏		

第二章　汉语方言的分区　221

ɔ	宝敲鹅婆 落鹤学	iɔ	脚却若药 浴虐约				
e	亩头凑酒 续俗削	ie	狗手丘油 数叔局				
ei	黑			ui	鬼愧徽惠		
		iːə	低写世贴 鳖吃橘	uːə	过炒马花 法刮脱	yːə	台罪靴劣 月出域
ɯːə	招家坐塔 盒轭	iɯːə	悄姚浇少 茄杀				
ã	萌灯城本 冰停星			uã	恒横滚温		
ɑ̃	崩猛争生 耕硬杏	iɑ̃	良浆墙想	uɑ̃	梗		
ɔ̃	男山安赚 张江幢	iɔ̃	山尚让姜 强养映				
		ĩːə	边尖战鳝 然轻形	ũːə	攀短官帮 床光王	ỹːə	砖软原县 蹲嫩村
an	兵喷镇恨 民心旬	ian	深肯人升 金兴			yan	准春军闰 云兄
ɤŋ	东虫烘棚 梦风亨	iɤŋ	弓共崇绒 用萤				
m	母₋亲	n̩	尔你	ŋ̍	翁		

说明：

① [ɯːə, iɯːə, iːə, uːə, yːə]中，长音符号"ː"前面的[ɯ, i, u, y]是主要元音（韵腹）而不是介音，读得长而强，音色清楚；后面的央元音[ə]是韵尾，读得短而弱，音色模糊。

② [ĩːə, ũːə, ỹːə]韵尾[ə]也有鼻化色彩，但鼻化的程度不如韵腹，标音时鼻

化符号只标在韵腹上。

③ [ã]的鼻化程度明显低于其他鼻化韵。

④ [a,ã,uã]中的[a]位置偏高,接近[æ]。

⑤ [ɑ]的位置偏前,实际读音近[ᴀ]。

⑥ [e]只拼[m,f]、[t]组、[ts]组、[tʂ]组声母,[ie]韵只拼[tɕ]组和零声母。

⑦ [ei]只有一个字"黑"[xei⁴³⁵],"黑"的儿化形式是[xen⁴³⁵]。

⑧ [ɤŋ]的主要元音舌位较低,介于[ɤ]和[ʌ]之间。

⑨ 一些来自[ɑ,ɔ]等韵母的字在轻声音节中常念[ɐ]韵,读得更轻时则为[ə]。

声调(6个)

阴平	11	天新高衣
阳平	55	平肥粮云
上声	42	等纸巧酒马美柳舀赵舅象是
阴去	213	盖变四意
阳去	33	洞树面乱毒贼麦月
阴入	435	北塔福屋

说明:

① 阳平55在长元音带韵母[ə]的音节中常常变读53,如"爬"[pʰuːə⁵³]、"房"[fũːə⁵³]。所有的阳平字在连读中处于两字组前字位置时也经常读作53。55和53不区别意义,标音时统一写作55。

② 阴入435在连读中快读时会读成短促的5调。

4. 严州片

主要分布在浙江淳安、建德、开化3县。具有如下特征:

(1) 全浊声母清化,逢塞音塞擦音声母不论平仄都读送气音(建德去声送气,平上入声不送气);

(2) 从母字"坐""墙"声母为擦音;

（3）见晓组声母不腭化；

（4）宕摄分开合口；

（5）"打"字读音合于梗韵德冷切。

兹以淳安为例,列举音系如下。①

淳安音系

声母(19个)

p	比	p^h	派爬簿步白	m	毛	f	飞房灰₂	v 味鹅胡软温屋月
t	刀	t^h	体桃动地夺					l 来李路南奴
ts	紫专军	ts^h	草迟拳赵阵侄穷			s	三时船实熏	
tɕ	精经主	$tɕ^h$	清轻骑舅轿及			ɕ	西希钱书	
k	改讲	k^h	苦狂跪柜掘	ŋ	五午	x	海回灰₁	
∅	矮衣外雨年热牛							

说明：

① [v]实际音值是[ʋ],限于拼[i,u,a,ã,en,uʔ,ə]七韵。

② [l]前面带有轻微的[n],可记作[ⁿl]。[l]有时又读作[n]。

③ [ts]组拼除[u]韵外的合口呼韵母时接近[tɕ]组拼撮口呼,如"组=举"[tɕya⁵⁵],"粗=区"[tɕʰya²²⁴],"苏=虚"[ɕya²²⁴],"追"[tɕye²²⁴],"血"[ɕyəʔ⁵]。

④ 开口呼零声母字前有较强的摩擦成分。

⑤ "人"白读[in⁴⁴⁵],文读[zen⁴⁴⁵]。[z]只有一个文读的字,故不计入声母表。

韵母(49个)

ɿ	脂₂史	i	衣鸡味	u	多哥坐墓	y	铝水₂	
ɿa	子刺事							
a	雾湖五儿₁			ua	布土醋古	ya	猪区树鱼水₁	

---

① 淳安音系参考曹志耘:《徽语严州片方言研究》,北京语言大学出版社,2017年,第34—37页。

ɑ	矮鞋败	iɑ	夜低泥	uɑ	外怪
o	牙沙画				
				ui	鬼跪
e	爱盖罪			ue	桂亏威
ə	包敲	iə	摇表		
ɯ	藕走狗	iɯ	有秋		
ã	潭安端远孙	iã	烟尖	uã	专船劝楦
ɑ̃	谈减伞山帮霜生	iɑ̃	枪羊	uɑ̃	官湾光王
en	根灯温运笋	in	心新星	uen	滚准军裙
ɔm	东中瓮棒双猛	iɔm	用荣		
əɭ	而耳_{木~}				
ʅʔ	虱瑟	iʔ	一笔立急	uʔ	屋恶_{善~}镀	yʔ	橘
ɑʔ	甲塔擦杀百	iɑʔ	贴切脚药	uɑʔ	刮阔活划_{计~}
eʔ	脱虼黑鼻			ueʔ	国骨屈_弯
əʔ	割拔测革实	iəʔ	叶节雪篾	uəʔ	刷缺血出
oʔ	剥桌福足	ioʔ	郁育		
ɔʔ	八木六局	iɔʔ	肉玉		
l̩	儿₂耳二	m̩	母_{舅~}	n̩	尔

说明：

① [ʅɑ, ɑ, uɑ, yɑ] 中的 [ɑ] 接近 [ɐ]，[uɑ] 的介音 [u] 在 [p] 组声母后比较轻弱。

② [ɑ, iɑ, uɑ] 中的 [ɑ] 实际音值是 [ɒ]。

③ [ə, iə] 中的 [ə] 位于 [ə] [ɤ] 之间。

④ [en] 韵中的 [e] 舌位较低。

⑤ 除 [u] 韵外，合口呼韵母的介音 [u] 在 [ts] 组声母后接近 [ɥ]。

⑥ 鼻音韵尾 [n] 和自成音节的韵母 [n̩] 发音时舌头与上颚接触较松，音色较模糊。

⑦ 鼻音韵尾[m]在[ɔm]中比在[iɐm]中明显,在单字和后字中比在前字中明显。

⑧ 喉塞音韵尾[ʔ]不很明显。

⑨ [ɿʔ]在[ɿ]后有个轻微的[ə]。

⑩ [aʔ,iaʔ,uaʔ]三韵的字在连读中有时会读成[əʔ,iəʔ,uəʔ]。

⑪ [oʔ,ioʔ]中的[o]舌位较高,接近[ʊ]。

声调(6个)

阴平	224	衣天西东新山四变做盖送放
阳平	445	皮田亭梅南来
上声	55	死早水改火粉是稻柱马李有
阳去	535	大地洞命乱岸
阴入	5	北铁桌国雪法
阳入	13	夺局贼麦月六

说明:

① 阳平有时读435。

② 阴平和上声略带紧喉色彩。

③ 阳去535中的上升部分有时不太明显或没有。

④ 阳入13是短调,但阴入和阳入比一般吴语的短调略长。

5. 旌占片

分布于安徽旌德、石台等5县。具有如下特征:

(1) 全浊声母清化,逢塞音、塞擦音声母不论平仄都读送气音;

(2) 从母字"坐""墙"读塞擦音声母;

(3) 见晓组声母不腭化;

(4) 宕摄分开合口;

(5) 元音韵尾部分保留；

(6) 调类4—6个。

兹以旌德为例，列举音系如下。[①]

旌德音系

声母(19个)

p	包	p^h	怕步	m	毛蚊	f	夫户		
t	刀	t^h	太洞					l	难路连
ts	子知鸡	ts^h	杂茶直			s	三书虚		
tɕ	酒九张	$tɕ^h$	强丈匠	ȵ	年严然	ɕ	小晓烧		
k	高家	k^h	开敲共	ŋ	岸咬安	x	好鞋房		
ø	耳衣汪月								

韵母(31个)

ɿ	私诗鸡	i	衣勾天	u	祖左			
ʅ	虚书							
ɚ	耳							
a	杂雷排	ia	加脚扯	ua	滑坏	ya	靴帅	
æ	班间	iæ	张粮	uæ	关			
e	安恩硬			ue	官			
ɪ	肥			uɪ	徽	yɪ	专权	
ɔ	包疤蛇	iɔ	招苗	uɔ	瓜			
o	帮床讲	io	学菊	uo	汪			
ɷ	锅							
		iu	周旧					
əŋ	门等懂	iŋ	冰真经	uəŋ	工婚	yŋ	军春兄	

---

① 旌德音系参考孟庆惠：《徽州方言》，第289—290页。

m̩ 姆~妈   ŋ̍ 尔

声调(4个)

阴平	35	包工山花
阳平	42	跑红龙人
上声	213	古草米有父在坐舅快放去气
入声	55	大树共败各桌急竹白毒药落

(二) 语音特征

徽语在汉语方言中虽然分布区域较小,使用人口较少,但内部差异很大,"非但县与县之间是截然两个方音,就是一个县里各乡的音也有时候非分成两个系统不可"①。徽语内部异同大致如下。

1. 古全浊声母清化,今读塞音、塞擦音声母部分送气,部分不送气,见表2-57。屯溪、休宁、黟县、建德等地古全浊声母今读不送气的相对数量较多,规律不明显。

2. 古庄组和知系二等字,今音多读[ts,tsʰ,s]声母,章组和知系三等字(除通摄外)多读[tɕ,tɕʰ,ɕ]声母,见表2-58。旌德、绩溪、歙县、屯溪、休宁、婺源、遂安,"沙""茶""虫"读[ts]组,"善""张"读[tɕ]组。祁门、浮梁、德兴"沙""茶""虫"读[tʂ]组,"善""张"多读[tɕ]组。淳安表中例字均读[ts]组。黟县的情况较为复杂,有[ts]组、[tʃ]组、[tɕ]组三种类型。

章组和见组三四等,旧徽州府声母往往相同,旧严州府声母大多不同,见表2-59。

---

① 罗常培:《徽州方言的几个要点》,《世界日报》,1934年8月25日第13版。

表2-57 徽语古全浊声母今读①

	并		定		从		澄		群	
	爬平	步去	谈平	动去	钱平	绝去	茶平	柱去	葵平	跪去
旌德	pʰɔ阳平	pʰu入	tʰæ阳平	tʰəŋ上	tɕʰi阳平	tɕʰi入	tsʰɔ阳平	tsʰɿ上	kʰuɪ阳平	kʰuɪ上
绩溪	pʰo阳平	pʰu阳去	tʰɑ阳平	tʰɑ上	tsʰɐ̃i阳平	tɕʰyaʔ入 / tsʰyaʔ入	tsʰɔ阳平	tɕʰy上	kʰui阳平	kʰui上
歙县	pʰa阳平	pʰa阳去	tʰɛ阳平	tʰã上	tsʰa阳平	tsʰye阳平	tsʰa阳平	tɕʰy上	kʰue阳平	kʰue上
屯溪	pʰuːə阳平	pʰu阳去	tʰɔ阳平	tan阳上	tsʰiːe阳平	tsʰyːe阳平	tsɔ阴去	tɕʰy阳上	kʰue阳去	tɕʰy阳上
休宁	pʰuːə阴去	pʰu阳去	tʰɔ阳平	tan阳上	tsʰiːe阳平	tsʰiːe入 / tɕʰiːe入	tsɔ阴去	tɕʰy阳上	tɕʰye阳平	tɕʰy阳上
黟县	pʰoʊ阳平	pu阳去	tʰɔ阳平	tɑŋ上	tɕʰiːe阳平	tɕʰiːe阳去	tʃoɛ阳平	tʃʰu上	tɕʰyɛi阳平	tɕʰyei上
祁门	pʰo阳平	pʰu阳去	tʰiɔ̃阳平	tʰɔm阳上	tsʰiɹ阳平	tsʰyːə阳去	tsʰɯːə阳平	tɕʰy阳上	tɕʰy阳平	tɕʰy阳去 / kui阴平
婺源	pʰo阳平	pʰu阳去	to阳平	tʰoŋ阳上	tsʰi阳平	tsʰɛ阳去	tsʰo阳平	tɕʰy阳上	kʰue阳平	kʰue阳上
浮梁	pʰo阳平	pʰu阳去	tã阳平	tʰəŋ上	tsʰi阳平	tsʰie阳平	tʂo阳平	tɕʰy阳上	kʰue阳平	kʰue上
德兴	pʰo阳平	pʰua阳去	tʰɑ̃阳平	tʰɔm上	ɕiɑ阳平	ɕiəʔ入	tsʰo阳去	tɕʰya阳上	kʰue阳平	kʰui上
淳安	pʰɑ阳平	pʰu阳去	tʰɑ̃阳平	tʰən阳去	ɕiɛ阳平	ɕiɛ阳平	tsʰɑ阳平	tɕʰy阳上	kʰuəɯ阳平	tɕʰy阳上

① 旌德、浮梁、德兴方言语料引自孟庆惠：《徽州方言》；绩溪、歙县、屯溪、休宁、黟县、祁门、婺源语料主要引自[日]平田昌司主编：《徽州方言研究》，未收录的字参考孟庆惠《徽州方言》；淳安、遂安语料引自曹志耘：《徽语严州片方言研究》。

表 2-58　徽语古知系字今读

	沙庄	茶知二	善章	张知三	虫知三
旌德	sɔ阴平	tshɔ阳平	ɕi上	tɕiæ阴平	tshəŋ阳平
绩溪	so阴平	tsho阳平	ɕyẽi阳去	tɕiõ阴平	tshã阳平
歙县	sa阴平	tsha阳平	ɕye阳去	tɕia阴平	tshʌ̃阳平
屯溪	sɔ阴平	tsɔ阴去	ɕi:e阳上	tɕiau阴平	tshan阴平
休宁	sɔ阴平	tsɔ阴去	ɕia阳上	tɕiau阴平	tshan阴平
黟县	soɤ阴平	tʃɤo阳平	si:e上	tɕiŋ阴平	tʃhɑŋ阳平
祁门	ʂɯ:ə阴平	tʂhɯ:ə阳平	ɕĩ:ə上	tʂɔ̃阴平	tʂhɤŋ阳平
婺源	so阴平	tsho阳平	ɕĩ上	tɕiã阴平	tshɔm阳平
浮梁	ʂo阴平	tʂho阳平	ɕĩ阳去	tɕia阴平	tʂhoŋ阳平
德兴	ʂo阴平	tʂho阳平	ɕiã阳去	tɕiã阴平	tʂhəŋ阳平
淳安	so阴平	tsho阳平	sã上	tsã阴平	tshɔm阳平
遂安	sa阴平	tshɑ阳平	ɕiẽ上	tɕiã阴平	tshən阳平

表 2-59　徽语古章组、见组三四等今读

	煮遇合三章	居遇合三见	善山开三禅	嫌咸开四匣
旌德	tsʮ上	tsʮ阴平	ɕi上	ɕi阳平
绩溪	tɕy上	tɕy阴平	ɕyẽi阳去	ɕiẽi阳平
歙县	tɕy上	tɕy阴平	ɕye阳去	ɕie阳平
屯溪	tɕy阴上	tɕy阴平	ɕi:e阳上	ɕi:e阴去
休宁	tɕy阴上	tɕy阴平	ɕia阳上	ɕi:e阴去
黟县	tʃu上	tɕyɛi阴平	si:e上	si:e阳平
祁门	tɕy上	tɕy阴平	ɕĩ:ə上	ɕĩ:ə阳平
婺源	tɕy阴上	tɕy阴平	ɕĩ阳上	ɕĩ阳平

(续表)

	煮_{遇合三章}	居_{遇合三见}	善_{山开三禅}	嫌_{咸开四匣}
浮梁	tçy^上	tçy^{阴平}	çi^{阴去}	çi^{阳平}
德兴	tçy^上	tçy^{阴平}	çiə̃^{阳去}	çiə̃^{阳平}
淳安	tçya^上	tçya^{阴平}	sã^上	iã^{阳平}
遂安	tçy^{阴平}	tçy^上	çiẽ^{阳上}	iẽ^{阳平}

旧徽州府的旌德、绩溪、歙县、屯溪、休宁、祁门、婺源以及浮梁、德兴的"煮""居"、"善""嫌"声母分别相同。黟县"煮""居"声母不同，"善""嫌"声母相同。严州府的淳安、遂安"煮""居"声母相同，"善""嫌"声母不同。

3. 古泥来母分混情况各异。见表2-60。

表2-60 徽语古泥来母今读

	脑	老	泥	犁	怒	路	女	吕
旌德	lɔ^上	lɔ^上	ȵi^{阳平}	li^{阳平}	lu^入	lu^入	ȵi^上	li^上
绩溪	nɤ^上	nɤ^上	nŋ^{阳平}	nŋ^{阳平}	nu^{阳去}	nu^{阳去}	ȵy^上	ȵy^上
歙县	nɔ^上	lɔ^上	ni^{阳平}	li^{阳平}	nu^{阳去}	nu^{阳去}	ny^上	ly^上
屯溪	lɤ^{阳上}	lɤ^{阳上}	ȵie^{阴去}	li^{阳平}	lɛu^{阳平}	lɛu^{阴平}	ȵy^{阳上}	li^{阴上}
休宁	lɤ^上	lɤ^上	ȵie^{阴去}	le^{阳平}	lau^{阳平}	lau^{阳平}	ȵy^{阳上}	li^{阳上}
黟县	naɤ^上	laɤ^上	nɛɤ^{阳平}	lei^{阳平}	nu^{阳入}	lu^{阳入}	nuɛi^上	luɛi^上
祁门	lɔ^上	lɔ^上	liːə^{阳平}	liːə^{阳平}	lu^{阳平}	lu^{阳平}	ly^上	ly^上
婺源	lɔ^{阳上}	lɔ^{阳上}	li^{阳平}	li^{阳平}	lu^{阳平}	lu^{阳平}	li^{阳上}	li^{阳上}
浮梁	nau^上	nau^上	ni^{阳平}	le^{阳平}	nəu^{阳去}	nəu^{阳去}	y^上	ne^上
德兴	lau^上	lau^上	ȵi^{阳平}	lɛ^{阳平}	lo^{阳去}	lo^{阳去}	ȵy^上	lɛ^上
淳安	lə^上	lə^上	iɑ^{阳平}	li^{阳平}	lua^{阳去}	li^上	ya^上 / lo^上	ya^上
遂安	lɔ^{阳上}	lɔ^{阳上}	iei^{阳平}	lei^{阳平}	lu^{阳去}	lu^{阳去}	y^{阳上} / lɑ^{阴平}	liu^{阳去}

祁门、婺源古泥来母无论洪细,均读[l]。旌德、绩溪、歙县、屯溪、浮梁、德兴、淳安、遂安等古泥来母今逢洪音相混,逢细音有别。休宁、黟县古泥来母大体上能够区分。

4. 尖团分混情况不一,见表 2-61。

表 2-61 徽语尖团分混

	焦 效开三精	骄 效开三见	酒 流开三精	九 流开三见
旌德	tɕiɔ 阴平	tɕiɔ 阴平	tɕiu 上	tɕiu 上
绩溪	tɕie 阴平	tɕie 阴平	tsi 上	tɕiɵ 上
歙县	tsiɔ 阴平	tɕiɔ 阴平	tsio 上	tɕio 上
屯溪	tsiu 阴平	tɕio 阴平	tsiu 阴上	tɕiu 阴上
休宁	tsiau 阴平	tɕio 阴平	tsiu 上	tɕiu 上
黟县	tɕiːu 阴平	tɕiːu 阴平	tʃaɯ 上	tʃaɯ 上
祁门	tsia 阴平	tɕiɯːə 阴平	tse 上	tɕie 上
婺源	tsiɔ 阴平	tɕiɔ 阴平	tsa 阴上	tɕia 阴上
浮梁	tsiau 阴平	tɕiau 阴平	tsiəu 上	tɕiəu 上
德兴	tsiau 阴平	tɕiau 阴平	tsio 上	tɕio 上
淳安	tɕiə 阴平	tɕiə 阴平	tɕiɯ 阴上	tɕiɯ 阴上
遂安	tɕia 阴平	tɕia 阴平	tɕiu 阴上	tɕiu 阴上

旌德、黟县、淳安、遂安不分尖团,古精见组今逢细音声母读[tɕ]组。歙县、屯溪、休宁、祁门、婺源、浮梁、德兴大体上区分尖团。绩溪"焦""骄"同音,"酒""九"声母不同。

5. 古蟹摄合口三四等、止摄合口、流摄一等、通摄三等,见晓组字存在不同程度的腭化,见表 2-62。

表 2-62　徽语古蟹止流通摄见晓组今读

	桂蟹合四见	跪止合三群	徽止合三晓	口流开一溪	厚流开一匣	弓通合三见	共通合三群
旌德	kuɪ上	kʰuɪ上	xuɪ阴平	kʰi上	xi上	kuəŋ阴平	kʰuəŋ入
绩溪	kui阴去	kʰui上	fi阴平	kʰi上	xi上	kuã阴平	kʰuã阳去
歙县	kue阴去	kʰue上	xue阴平	kʰio上	xio上	kuʎ̃阴平	kʰuʎ̃阳去
屯溪	tɕye阴平	tɕʰy阴上	xue阴平 ɕy阴平	tɕʰiu阴上	ɕiu阳上	kan阴平	kan阴平
休宁	tɕye阴去	tɕʰy阴上	xue阴平 ɕy阴平	tɕʰiu阴上	ɕiu阳上	kan阴平 tɕin阴平	kan阴平 tɕʰin阴平
黟县	tɕyɛi阴去	tɕʰyɛi上	xuɛi阴平	tʃʰɑɯ上	sɑɯ上	tʃɑŋ阴平	tʃʰɑŋ阳去
祁门	tɕy:ə阴去	tɕʰy上 kui阴去	xui阴平	tɕʰie上	ɕie上	tɕiɤŋ阴平	tɕʰiɤŋ阳去
婺源	tɕy阴去	tɕʰy阴上 kʰuɤ阳上	ɕy阴平	tɕʰiɑ阴上	ɕiɑ阳上	tɕiɔm阴平	tɕʰiɔm阳去
浮梁	kue阴去	kʰue阳去	xue阴平	tɕʰiau上 kau上	xəu阴去	tɕioŋ阴平	tɕʰioŋ阳去
德兴	kuɛ阴去	kʰuɛ上	xuɛ阴平	tɕʰiau上	ɕiau阴去	tɕiəŋ阴平	tɕʰiəŋ阳去
淳安	kue阴平	kʰui上	xue阴平	kʰɯ上	kʰɯ上 xɯ上	kɔm阴平	tsʰɔm阴平 kʰɔm阳去
遂安	kuəɯ阳上	tɕʰy阳上	fəɯ阴平	kʰɯ阴上	xɯ阳上	kən阴平	tsʰən阴平 kʰən阳去

从地点上看，屯溪、休宁、黟县、祁门、婺源、浮梁、德兴腭化字较多，其余各点腭化较少。

6. 古微、日、疑母的今读类型较为复杂，见表 2-63。

表 2-63　徽语古微日疑母今读

	网 微	尾 微	耳 日	软 日	眼 疑	鱼 疑
旌德	mo 上	uɪ 上 mɪ 上	ɚ 上	ȵi 上	ŋæ 上	ɥ 阳平
绩溪	mõ 上	vi 上	ẽ 上 nɤ 上	ȵyẽi 上	ŋɔ 上	ȵy 阳平
歙县	o 上 mo 上	ve 上	ɛ 上	ne 上 nue 上	ŋɛ 上	ny 阳平
屯溪	mau 阳上	me 阳上	ɚ 阳上	ȵyːe 阳上	ŋɔ 阳上	ȵy 阴去
休宁	mau 阳上	ve 阳上 me 阳上	ɚ 阳上 ni 阳上	ȵyːe 阳上	ŋɔ 阳上	ȵy 阴去
黟县	moŋ 上	vɐi 上 mɛɐ 上	ɚ 上 ȵiɛi 阳平	ȵyːe 上	ŋoɐ 上	ȵyei 阳平
祁门	ŋũːə 上	vui 上	ɚ 上	ȵỹːə 上	ŋɔ̃ 上	y 阳平
婺源	vã 阳上 mã 阳上	mi 阳上	ø 阳上	ȵỹ 阳上	ŋɤ̃ 阳上 ŋɐin 阳上	ȵy 阳平
浮梁	maŋ 上	ue 上	ɚ 上	yi 上	ŋo 上	y 阳平
德兴	mau 上	ue 上 mɛ 上	ə 上	ȵyɔ̃ 上	ŋã 上	ȵy 阳平
淳安	mɔm 上	mi 上	la 上 lua 上	vã 上	ã 阴平 ã 上	ya 阳平
遂安	mom 阳上	mi 阳上	əɯ 阳上 n̩ 阳上	yɛ̃ 阳上	ã 阳上	y 阳平

表中各点古微母字有[m]声母异读,日母、疑母以零声母或鼻音声母为主。

7. 匣母今读依开合口情况而有所不同,见表 2-64。

表 2-64　徽语古匣母字今读

	河	厚	嫌	话	核桃~	横
旌德	xɷ阳平	xi上	ɕi阳平	xuɔ入	u入	ue阳平
绩溪	xɵ阳平	xi上	ɕiẽi阳平	fɔ阳去 / ɵ阳去	xɤʔ入	vẽi阳平
歙县	xo阳平	xio上	ɕie阳平	va阳去	xɤʔ阴入	vɤ阳平
屯溪	xo阴去	ɕiu阳上	ɕiːe阴去	uːə阴平	xa阴平	uɛ阴去
休宁	xo阴去	ɕiu阳上	ɕiːe阴去	uːə阳平	xa阳平	xua阴去 / ua阳去
黟县	xau阳平	sɯ上	siːe上	vuːɐ阳去	xa阴平	va阳平
祁门	xuːə阳平	ɕie上	ɕĩ阳平	xuːɔ阳去 / vuːə阳去	xɑ阳平	xuã阳平
婺源	xo阳平 / xɤ阳平	ɕiɑ阳上	ɕĩ阳平	vo阳去	xɔ阳去	xuã阳平 / xɔ阳平 / vɔ阳平
浮梁	xie阳平	xəɯ阳去	ɕi阳平	xo阳去	u阳平	xuɛi阳平
德兴	xu阳平	ɕiau阳去	ɕiɔ̃阳去	xo阳去	xa阳去	xuæ阳平
淳安	xu阳平	xɯ上 / kʰɯ上	iã阳平	vu阳去	vəʔ阳入	uɑ̃阳平
遂安	fə阳平	xɯ上	iẽ阳平	uɑ阳去	uəɯ阴上	uã阳平

匣母开口多读擦音声母,合口读[x]声母、零声母(或[v])。

8. 很多方言读[-i,-u]韵尾的字,徽语往往韵尾脱落,见表 2-65。

表 2-65　徽语古蟹止效流摄今读

	开蟹开一	飞止合三	烧效开三	豆流开一
旌德	kʰa阴平	fi阴平	ɕiɔ阴平	tʰiu入
绩溪	kʰa阴平	fi阴平	ɕie阴平	tʰi阴去

(续表)

	开 蟹开一	飞 止合三	烧 效开三	豆 流开一
歙县	kʰɛ 阴平	fe 阴平	ɕiɔ 阴平	tʰio 阳去
屯溪	kʰuɤ 阴平	fi 阴平	ɕio 阴平	tʰiu 阴平
休宁	kʰuɤ 阴平	fi 阴平	ɕio 阴平	tʰiu 阴平
黟县	kʰuaɯ 阴平	fɛi 阴平	sau 阴平	tʰaɯ 阳去
祁门	kʰua 阴平	fi 阴平	ʂɯːə 阴平	tʰe 阳去
婺源	kʰɤ 阴平	fi 阴平	sɔ 阴平	tʰa 阳去
浮梁	kʰie 阴平	fe 阴平	ɕiau 阴平	tʰiau 阳去 / tau 阳去
德兴	kʰua 阴平	fɛ 阴平	ɕiau 阴平	tʰiau 阳去
淳安	kʰe 阴平	fi 阴平	sə 阴平	tʰɯ 阳去
遂安	kʰəɯ 阴平	fi 阴平	ɕia 阴平	tʰiu 阳去

9. 古阳声韵舒声字今读鼻音韵尾有不同程度的丢失,见表 2-66。

表 2-66 徽语古阳声韵今读

	谈 咸	针 深	眼 山	门 臻	网 宕	窗 江	菱 曾	横 梗	动 通
旌德	tʰæ 阳平	tɕiŋ 阴平	ŋæ 上	məŋ 阳平	mo 上	tsʰo 阴平	liŋ 阳平	ue 阴平	tʰəŋ 上
绩溪	tʰɔ 阳平	tɕiã 阴平	ŋɔ 上	mã 阳平	mõ 上	tsʰõ 阴平	ȵiã 阳平	vẽi 阴平	tʰã 上
歙县	tʰɛ 阳平	tɕiʎ̃ 阴平	ŋɛ 上	mʎ̃ 阳平	mo 上 / o 上	tsʰo 阴平	liʎ̃ 阳平	vɛ 阴平	tʰʎ̃ 阳上
屯溪	tʰɔ 阳去	tɕian 阴平	ŋɔ 阳上	mɛ 阴去	mau 阳上	tsʰau 阴平	lin 阴平	ue 阴去	tan 阳上
休宁	tʰɔ 阳去	tɕiěn 阴平	ŋɔ 阳上	ma 阴去	mau 阳上	tsʰau 阴平	lin 阴平	xua 阴去 / ua 阴去	tan 阳上
黟县	tʰɤo 阳平	tsɿ 阳平	ŋɤo 上	maŋ 阳平	moŋ 阳平	tʃʰoŋ 阴平	lei 阳平	va 阳平	taŋ 上
祁门	tʰɔ̃ 阳平	tʂan 阴平	ŋɔ̃ 上	mã 阳平	ŋũːə 上	tsʰũːə 阴平	nan 阳平	xua 阳去	tʰɤ 上

(续表)

	谈咸	针深	眼山	门臻	网宕	窗江	菱曾	横梗	动通
婺源	tʰiɔ̃阳平	tsʋin阴平	ŋɤ̃阳上 ŋɐin阳上	mʋin阳平	mã阳上 vã阳上	tsʰã阴平	lɔ̃阳平	xuã阳平 vɔ̃阳平 xɔ̃阳平	tʰɔm阳上
浮梁	to阳平	tɕin阴平	ŋo上	mən阳平	maŋ上	tsʰaŋ阴平	nei阳平	xuɛi阳平	tʰoŋ阳去
德兴	tā阳平	tɕiəŋ阴平	ŋã上	məŋ阳平	mau上	tsʰau阴平	læ阳平	xuæ阳平	tʰəŋ阳去
淳安	tʰã阳平	tsen阴平	ã̃阴平 ã上	men阳平	mɔm上	tsʰã上	lin阳平	uã阳平	tʰɔm上
遂安	tʰã阳平	tɕin阴平	ã阳上	mən阳平	mom阳上	—	pʰen阳平	uã阳平	tʰən阳上

由表可见,古鼻音尾在徽语中存在弱化趋势:咸山摄最快,宕江次之,其余各摄又次之,深通摄最慢。从地域上看,祁门、婺源、淳安、遂安保留鼻尾较多。

10. 通摄字今不读[uŋ]韵,见表 2-67。

表 2-67　徽语古通摄今读

	丰	动	虫	公
旌德	fəŋ阴平	tʰəŋ阳平	tsʰəŋ阳平	kuəŋ阴平
绩溪	fã阴平	tʰã上	tsʰã阳平	kuã阴平 kuã阴平
歙县	fʌ̃阴平	tʰʌ̃阳去	tsʰʌ̃阳平	kuʌ̃阴平
屯溪	fan阴平	tan阳上	tsʰan阴去	kan阴平
休宁	fan阴平	tan阳上	tsʰan阴去	kan阴平
黟县	faŋ阴平	taŋ上	tʃʰaŋ阴平	kəŋ阴平
祁门	fɤŋ阴平	tʰɤŋ上	tsʰɤŋ阳平	kɤŋ阴平
婺源	fɔm阴平	tʰɔm阳上	tsʰɔm阳平	kɔm阴平

(续表)

	丰	动	虫	公
浮梁	foŋ阴平	tʰoŋ阳去	tʂʰoŋ阳平	koŋ阴平
德兴	fəŋ阴平	tʰəŋ阳去	tʂʰəŋ阳平	kəŋ阴平
淳安	fɔm阴平	tʰɔm上	tsʰɔm阳平	kɔm阴平
遂安	fən阴平	tʰən阳上	tsʰən阳平	kən阴平

11. 古蟹摄一二等字今读韵母有别，蟹开一与蟹合一今读主元音大多相同，见表 2-68。

表 2-68 徽语古蟹摄一二等字今读

	盖蟹开一见	界蟹开二见	会蟹合一匣	画蟹合二匣	在蟹开一从	罪蟹合一从
旌德	ka上	ka上	xua入	cuɔ入	tsʰa上	tsʰa上
绩溪	ka阴去	tɕiɔ阴去	fa阳去 / va阳去	vo阳去	tsʰa阳去 / tsʰa上	tsʰa阳去
歙县	kɛ阴去	ka阴去	xuɛ阳去 / vɛ阳去	va阳去	tsʰɛ上	tsʰɛ阳去
屯溪	kuɤ阴去	ka阴去	xuɤ阴平	xuːə阴平	tsʰɤ阳上	tsɤ阳上 / tsʰɤ阳上
休宁	kuɤ阴去	ka阴去	xuɤ阴平	xuːə阴平	tsʰo阳上	tsʰo阳上
黟县	kuaɯ阴去	ka阴去	xuaɯ阴去	xuːɐ阴去	tʃʰuaɯ上	tʃʰuaɯ上
祁门	kuɑ阴去	ka阴去	xuɑ阳去	xuːə阳去	tsʰɑ上	syːə上
婺源	kɤ阴去	kɔ阴去	xɤ阳去	xɔ阳去	tsʰɤ阳去	tsʰɤ阳去
浮梁	kie阴去	ka阴去	xue阳去	xo阳去	tsʰe阳去	tsʰe阳去
德兴	kua阴去	ka阴去	xua阳去	xo阳去	tsʰi阳去	tsʰi阳去
淳安	ke阴平	ka阴平	ue阳去	o阳去	tse阴平	se上
遂安	kɯ阳上	tɕiɛ阳上	uəɯ阳去	uɑ阳去	sa阳上	səɯ阳上

表中各点"盖""届"不同韵,"会""画"不同韵,"在""罪"大多同韵。旌德、祁门情况比较特殊,"盖""届"同韵,"会""画"不同韵。旌德"在""罪"韵母相同,祁门则不同。

12. 山摄合口一等与合口二等大都同音,见表2-69。

表2-69 徽语古山摄合口一二等字今读

	官 山合一见	关 山合二见	碗 山合一影	弯 山合二影
旌德	kue^{阴平}	kuæ^{阴平}	ue^上	uæ^{阴平}
绩溪	kuɔ^{阴平}	kuɔ^{阴平}	vɔ^上	vɔ^{阴平}
歙县	kuɛ^{阴平}	kuɛ^{阴平}	vɛ^上	vɛ^{阴平}
屯溪	kuːə^{阴平}	kuːə^{阴平}	uːə^{阴上}	uːə^{阴平}
休宁	kuːə^{阴平}	kuːə^{阴平}	uːə^{阴上}	uːə^{阴平}
黟县	kuːɐ^{阴平}	kuːɐ^{阴平}	vuːɐ^上	vuːɐ^{阴平}
祁门	kũːə^{阴平}	kũːə^{阴平}	ŋũːə^上	ŋũːə^{阴平}
婺源	kom^{阴平}	kom^{阴平}	m̩^{阴上}	m̩^{阴平}
浮梁	kuən^{阴平}	ko^{阴平}	uən^上	uo^{阴平}
德兴	ku^{阴平}	kuã^{阴平}	u^上	uã^{阴平}
淳安	kuã^{阴平}	kuã^{阴平}	uã^上	uã^{阴平}
遂安	kuã^{阴平}	kuã^{阴平}	uã^{阴上}	uã^{阴平}

由表可见,旌德、浮梁、德兴三点"官""关"、"弯""碗"不同韵,其余各点韵母均相同。

13. 平去各分阴阳,调类以六调为主,见表2-70。

表 2-70 徽语古今声调对照表

中古调类	平 清	平 浊	上 清	上 次浊	上 全浊	去 清	去 浊	入 清	入 浊
旌德	阴平 35	阴平 42		上声 213		阴去 35	阴去 22	入声 55	阴平 11
绩溪	阴平 31	阴平 44	上声 213		阴去 22	阴去 33	入声 32	阴去 22
歙县	阴平 31	阴平 44	上声 35		阴去 313	阴去 33	阴入 21	
屯溪	阴平 11	阴去 55	阴上 32	阴上 24	阴平 11	阴去 55	阴平 11	阴入 5	阴平 11
休宁	阴平 33	阴去 55	阴上 31	阴上 13	阴平 33	阴去 55	阴平 33	阴入 212	阴去 35
黟县	阴平 31	阴平 44		上声 53		阴去 324	阳去 3		阴去 31
祁门	阴平 11	阴平 55	阴上 2	上声 42	阳上 31	阴去 213	阴去 33	阴入 435	阴去 33
婺源	阴平 44	阴平 35		上声 31	阴去 22	阴去 213	阴去 22	阳去 51	
浮梁	阴平 55	阴平 31		上声 42	阴去 24	阴去 213	阴去 24	阴入 13	阴去 22
德兴	阴平 224	阴平 445		上声 55		阴平 224	阴去 535	入声 35	阴入 55
淳安	阴平 534	阴平 33	阴上 213		阳上 422		阴去 52	阴入 5	阴入 13
遂安								阴入 24	阴上 213

关于徽语的记载始见于明代。方以智《通雅·切韵声原》引录的《徽州传朱子谱》①，以唇、舌、腭、齿、喉为序，分 12 韵（附有字例）。地方志书亦有描写，泛说方言内部语音差异，如嘉靖《徽州府志》："六邑之语不能相通，非若吴人，其方音大抵相类也。"②万历《歙志》卷五"风土"："郡中无论各县语音殊甚，即一县四乡、一乡各里亦微有殊。"③清代已有专门的方言著作，如黄宗羲《古歙乡音集证》④，胡柏《休宁南乡土音音同字异音义》⑤等。

现代语言学的徽语研究可追溯至《黟县方音调查录》(1934)，魏建功、刘复、白涤洲等借助西方语音学方法，用音标记录黟县话的音值和同音字表。1934 年，赵元任、杨时逢、罗常培对徽州 6 县 46 个方言点进行首次大规模调查，付梓发表的有罗常培《徽州方言的几个要点》(1934)、《绩溪方音述略》(1936)，赵元任《绩溪岭北音系》(1962)，赵元任、杨时逢《绩溪岭北方言》(1965)等。

20 世纪 50 年代汉语方言普查时期，《安徽方言概况》(1962)描写"歙祁方言区"（今徽语区）的声韵调系统，记录了一些词汇和语法例句。80 年代，徽州地区开展了第三次大规模方言调查。郑张尚芳《皖南方言的分区（稿）》(1986)将徽语区分为绩歙片、休黟片、祁德片、严州片、旌占片。90 年代，平田昌司、曹志耘等学者在新安江流域开展语言文化调查研究，先后出版《徽州方言研究》(1998)、《徽语严州方言研

---

① ［明］方以智:《通雅》，清康熙姚文燮浮山此藏轩刻本影印本，中国书店出版社，1990 年，第 601 页。
② ［明］何东序修，［明］汪尚宁等纂:嘉靖《徽州府志》，《北京图书馆古籍珍本丛刊 29 史部·地理类》，书目文献出版社，1988 年，第 65 页。
③ ［明］张涛等纂修:万历《歙志》，上海图书馆藏稀见方志丛刊（第 123—125 册），国家图书馆出版社，2011 年，第 347 页。
④ ［清］黄宗羲辑:《古歙乡音集证》不分卷，民国抄本，复旦大学图书馆藏。
⑤ ［清］胡柏:《休宁南乡土音音同字异音义》，民国胡义盛抄记，安徽大学伯山书屋藏。

究》(2017)等。

21世纪,徽语的调查研究取得长足进展。相关论著有赵日新《绩溪方言词典》(2003),孟庆惠《徽州方言》(2005),高永安《明清皖南方言研究》(2007),谢留文、沈明《黟县宏村方言》(2008),胡松柏《赣东北方言调查研究》(2009),沈明《安徽歙县(向杲)方言》(2012),谢留文《江西浮梁(旧城村)方言》(2012),刘祥柏《安徽黄山汤口方言》(2013),陈丽《安徽歙县大谷运方言》(2013),赵日新《绩溪荆州方言研究》(2015)等。

五 湘语

(一) 方言分布与语音特征

湘语主要分布在湖南的湘水、资水流域以及沅江中游一些地区。湘语在广西集中分布于全州、灌阳、资源、兴安四县,桂北的龙胜、贺州、富川等县市亦有零散分布。① 另外,四川、陕西、安徽还有零星分布。湘语使用人口约3085万。

由于历史、地理等原因,湘语长期受邻近方言的影响。东面沿湘赣边界受赣客方言的"侵蚀",南、北、西被湖北、广西的西南官话包围,以致湘语内部的分歧日渐加大,最终形成北片湘语和南片湘语。② 北片湘语古全浊声母清化,反映了湘语发展的趋势,一般称新湘语;南片湘

---

① 参见罗昕如:《湘语在广西境内的接触与演变研究》,湖南大学出版社,2017年,第2页。
② 参见周振鹤、游汝杰:《湖南省方言区画及其历史背景》,《方言》,1985年第4期。

语保留古全浊声母,一般称老湘语。① 以长沙(新湘语)和双峰(老湘语)为代表举例,足以体现这一差异,见表 2-71。

表 2-71　长沙、双峰古全浊声母今读表②

	婆	徒	舅	坐	住	状	杂	族
长沙	po阳平	təu阳平	tɕiəu阴去 tɕiəu阳去	tso阴去 tso阳去	tɕy阴去 tɕy阳去	tɕyan阴去 tɕyan阳去	tsa入	tsʰəu入
双峰梓门桥	bu阳平	dɔu阳平	dʑiu阳去	dzʊ阳去	dy阳去	dzaŋ阳去	tsa次阳平	tsʰɔu次阴去

鲍厚星、陈晖提出了判断湘语的 4 条标准③:

1. 古全浊声母舒声字今逢塞音、塞擦音,无论清浊,一般不送气。

2. 一些方言保留入声,但没有[-p,-t,-k,-ʔ]等塞音韵尾;一些方言无入声。

3. 有些方言蟹摄主要元音是[-a],假摄[-o],果摄[-ʊ]。

4. 声调有 5 至 7 个,去声大多分阴阳。

此外,湘语还有一些共同特征。

1. 大都不分尖团。

2. 影母、疑母开口一二等字一般念[ŋ]声母,如城步"爱影母""安影母""鸭影母""藕疑母""眼疑母""岩疑母"等字声母均为[ŋ]。

3. 古深臻曾梗舒声韵一般念[-n]尾,见表 2-72。

---

① 参见詹伯慧、李如龙、黄家教、许宝华:《汉语方言及方言调查》,湖北教育出版社,1991 年,第 75 页。
② 湘语语料如无特别注出,均引自鲍厚星:《湘方言概要》,湖南师范大学出版社,2006 年。
③ 参见鲍厚星、陈晖:《湘语的分区(稿)》,《方言》,2005 年第 3 期。

表 2-72　湘语古深臻曾梗摄今读表

	针深摄	珍臻摄	蒸曾摄	橙梗摄	音深摄	因臻摄	鹰曾摄	英梗摄
长沙	tʂən阴平	tʂən阴平	tsən阴平	tsən阳平	in阴平	in阴平	in阴平	in阴平
双峰梓门桥	tien阴平	tien阴平	tien阴平	dien阳平	ien阴平	ien阴平	ien阴平	ien阴平
衡阳西渡	tɕin阴平	tɕin阴平	tɕin阴平	tsen阳平	in阴平	in阴平	in阴平	in阴平
泸溪浦市	tsən阴平	tsən阴平	tsən阴平	dzən阳平	in阴平	in阴平	in阴平	in阴平
东安花桥	tɕin阴平	tɕin阴平	tɕin阴平	zən阳平	in阴平	in阴平	in阴平	in阴平

4. "松""蚊"等字普遍存在文白异读,详见表 2-73。

表 2-73　"松""蚊"两字文白异读表

		长沙	双峰梓门桥	会同	泸溪浦市	东安花桥
松	文读	soŋ阴平	saŋ阴平	soŋ阴平	soŋ阴平	suŋ阴平
	白读	tsoŋ阳平	dzaŋ阳平	tɕioŋ阳平	dʑioŋ阳平	dzuŋ阳平
蚊	文读	uən阳平	uen次阳平	uən阳平	vən阳平	vən阳平
	白读	mən阴平	mien阴平	mən阳平	mu阳平	maŋ阳平

(二) 内部分片及代表点音系

湘语可分为 5 片:长益片、娄邵片、衡州片、辰溆片、永全片。下面介绍各片的语音特点及代表点音系。

1. 长益片

主要分布在湘江、资江中下游,包括湖南长沙、望城、益阳、湘潭等县市,此外安乡、浏阳、平江一些村镇亦有分布。分为三个小片:长株潭小片、益沅小片、岳阳小片。以长株潭小片为代表,语音特征见下。

(1) 古全浊声母今逢塞音、塞擦音清化,舒声一般不送气,入声部分不送气,部分送气。以长沙为例,见表 2-74。

表 2-74 长沙古全浊声母今读表

	婆	徒	床	舅	住	夺	读	截	族
长沙	po^{阳平}	təu^{阳平}	tɕyan^{阳平}	tɕiəu^{阴去} tɕiəu^{阳去}	tɕy^{阴去} tɕy^{阳去}	to[∧]	təu[∧]	tsʰie[∧]	tsʰəu[∧]

由表 2-74 可见,古全浊声母今读清音,舒声不送气,如"婆""徒""床""舅""住"。古全浊声母入声字部分不送气,如"夺""读";部分送气,如"截""族"。

(2)晓匣母合口字与非组字相混,晓匣母多读[f],如长沙"黄＝房"[faŋ^{阳平}]。

(3)泥来母洪音相混,大多数点读[l];细音有别,泥母读[ȵ],来母读[l]或[n]。如长沙、望城、岳阳_{荣家湾}等地"脑""老"读[l],"泥"读[ȵ],"梨"读[l]或[n],见表 2-75。

表 2-75 长沙、望城、岳阳_{荣家湾}泥来母读音比较表

	脑老	泥	梨
长沙	lau^上	ȵi^{阳平}	li^{阳平}
望城	lau^上	ȵi^{阳平}	li^{阳平}
岳阳_{荣家湾}	lou^上	ȵi^{阳平}	ni^{阳平}

(4)山摄见系合口一、二等不同音,如望城"观_{参观}"[kō^{阴平}]≠"关"[kuan^{阴平}]。

(5)鱼虞韵精组读[i]韵,如"徐""序""絮""须""取"在长沙、株洲、湘潭、宁乡、益阳、岳阳等地读[i]韵。

(6)声调一般有 5 至 6 个。6 调区平、去各分阴阳,上、入不分阴阳。入声韵无喉塞尾。

兹以长沙(市区)为例,列举音系如下。①

长沙(市区)音系

声母(23个)

p	波婆薄	pʰ	拼跑拔	m	门蜜莫	f	府虎花		
t	多驼德	tʰ	天拖铁					l	老脑力
ts	瓷桌集	tsʰ	搓族抢			s	送笑色		
tʂ	真诚竹	tʂʰ	车秤拆			ʂ	身手常	ʐ	人忍肉
tɕ	鸡骑除	tɕʰ	气技杰	ȵ	泥义业	ɕ	香学说		
k	关狂归	kʰ	扣宽客	ŋ	奥恩我	x	风否活		
ø	乌羊影入叶								

韵母(41个)

ɿ	紫师刺	i	梯取漆	u	姑佛普	y	煮书出
ʅ	知治时						
a	少法爬	ia	佳提滴	ua	挂夸刮	ya	抓瘸刷
o	坡母脱	io	学脚弱				
ə	车白北	ie	借别业	uə	国	ye	说缺月
ai	胎彩盖			uai	乖快块	yai	帅甩转
ei	杯嘴灰			uei	规亏柜	yei	锤水吹
au	考照草	iau	条苗叫				
əu	士助走	iəu	牛秋酒				
õ	端盘满						
ã	沾战扇	iẽ	棉脸演			yẽ	专船穿
an	班厂尚	ian	江象强	uan	关广矿	yan	庄床涮
ən	分门等	in	兵民顶	uən	昆文困	yn	君顺训

---

① 长沙(市区)音系参考鲍厚星:《湘方言概要》,第67—68页。

| oŋ | 猛贡冻 | ioŋ | 兄穷勇 |
| m̩ | 姆 | ŋ̍ | 你 |

声调(6个)

阴平	33	巴多居诗乌鸦鸡
阳平	13	爬驼除时吴衔骑
上声	41	把朵煮使武雅已
阴去	55	霸剁巨世亚寄
阳去	11	稗舵住是雾夜倚
入声	24	八夺局食屋押急

2. 娄邵片

主要分布在湖南中部和西南部,包括湘乡、双峰、娄底、绥宁_南部_、会同、邵阳等县(市、区)。下分5个小片:湘双小片、连梅小片、新化小片、武邵小片、绥会小片,以湘乡、双峰为代表。有如下语音特征。

(1)古全浊声母舒声大多保留浊音,今逢塞音、塞擦音,一般读不送气;全浊入大多清化。以双峰_梓门桥_为例,见表2-76。

表2-76 双峰_梓门桥_古全浊声母今读表

双峰_梓门桥_	婆	徒	床	舅	住	读	泽	截	杂
	bu阳平	dɔu阳平	dzaŋ次阳平	dʑiu阳去	dy阳去	tʰɔu次阴去	tɕʰia次阴去	tɕʰia次阴去	tsa次阳平

由表可见,古全浊声母舒声字保留浊音,如"婆""徒""床""舅""住"。古全浊声母入声字大多读送气清音,如"读""泽""截",少数读不送气清音,如"杂"。

(2)绝大多数方言点已无入声。

(3)一些方言蟹摄主要元音是[-a],假摄[-o],果摄[-ʊ]。以双峰_{梓门桥}为例：

| 蟹摄 | 假摄 | 果摄 |

排 ba^{阳平}　　　　爬 bo^{阳平}　　　　婆 bʊ^{阳平}

街 ka^{阴平}　　　　家 ko^{阴平}　　　　歌 kʊ^{阴平}

柴 dza^{阳平}　　　　斜 dzio^{阳平}　　　坐 dzʊ^{阳去}

鞋 ɣa^{阳平}　　　　下 ɣio^{阳去}　　　　火 xʊ^上

（4）一些方言有送气分调现象。今声母送气与否影响调类的分化，如邵阳话全清去"报""到""贵"读阴去，次清去"炮""套""愧"与全浊去"暴""盗""柜"均读阳去。

送气分调也会产生新调类，如湘乡话全清去"报""到""贵"读阴去，全浊去"暴""盗""柜"读阳去，次清去"炮""套""愧"读，自成一类为次阴去。

兹以双峰_{梓门桥}为例，列举音系如下。①

双峰_{梓门桥}音系

声母（29 个）

p	包波比	pʰ	披坡别	b	婆袍盘	m	马慢蚊		
t	刀张句	tʰ	区吹笛	d	头淡巨	n	南篮郎	l	老脑力
ts	左早资	tsʰ	操聪铡	dz	瓷自柴			s	晒腮筛
tʂ	知支志	tʂʰ	痴耻置	dʐ	持治稚			ʂ	始试诗
tɕ	机金接	tɕʰ	起千杰	dʑ	期件琴	ȵ	疑严牛	ɕ	喜休收
k	干艰冈	kʰ	康肯刻	g	狂葵共	ŋ	欧安眼	x	风荒分	ɣ	项幸红
∅	衣位鱼窝阿								

说明：[n]、[l]为条件变体，[n]多出现在鼻尾韵或鼻化韵前。

---

① 双峰_{梓门桥}音系参考鲍厚星：《湘方言概要》，第 73—74 页。

韵母(38个)

ɿ	资刺斯	i	鸡被皮	u	部布扑	y	猪吹水
ʅ	知制世						
a	牌买辣	ia	节结铁	ua	怪拐块	ya	绝雪说
ɛ	杯来妹	iɛ	头口豆	uɛ	堆碎回		
				uæ	国活阔		
ɤ	保毛早	iɤ	表笑叫				
o	花茶瓜	io	假舍蛇				
ʊ	多歌各	iʊ	雀药弱				
		iu	酒手油				
ɔu	苦五梳						
				ui	桂惠卫		
ã	三男班			uã	甘寒算		
		iæ̃	根肯灯				
õ	梗生争	iõ	平请听				
ĩ	廉善烟	iĩ	尖见年	uĩ	远选串		
ən	猛朋蓬	ien	枕今民	uen	营军云	yən	荣兄尹
aŋ	东公康	iaŋ	粮羊让				
m̩	姆	n̩	你				

声调(7个)

阴平	55	基天兵姜初粗猜
阳平	13	旗甜平强塔贴察
次阳平	23	移莲明羊八答杂
上声	21	古口好楚五老有
阴去	35	拜记布背帝舌列
次阴去	24	派气铺配替截疾
阳去	33	败忌步倍第县愿

3. 衡州片

主要分布在旧衡州府中心，包括衡阳、衡南、衡山、衡东等县区。因为被赣、客等方言区包围，具有明显的过渡性。

（1）古全浊声母今逢塞音、塞擦音清化，无论平仄，一般不送气。以衡阳_西渡_为例，见表 2-77。

表 2-77　衡阳_西渡_古全浊声母今读表

	婆	徒	床	舅	住	截	夺	读	族
衡阳_西渡_	po^{阳平}	tu^{阳平}	tsuan^{阳平}	tɕiəu^{阳去}	tɕy^{阳去}	tɕie^{阳平}	to^{阳平}	tu^{阳平}	tsu^{阳平}

一些方言平声送气，仄声不送气，例如衡山[1]"皮"[p^{h}i^{阳平}]、"代"[tæ^{阳去}]、"侄"[tɕi^{上}]。

（2）有 6 个声调，平、去分阴阳，上、入不分阴阳。

（3）一些方言古来母洪音读[l]，细音读[t]，如衡阳_西渡_"李=底"[ti^{上}]、"料=掉"[tiau^{阳去}]、"林=亭"[tin^{阳平}]。

（4）人称代词第三人称单数说"佢"[tɕi^{上}]，"男孩子"说"倈基"[lai^{上}tɕi^{上}]，"什么"说"吗咯"[ma^{上}ko^{阴入}]。[2] 既不同于长益片，也不同于娄邵片。

兹以衡阳_西渡_为例，列举音系如下。[3]

衡阳_西渡_音系

声母(20 个)

p	波步拔	p^h	片坡扑	m	马苗尾	f	费会福
t	多驼铃	t^h	讨听痛	n	脑男糯	l	老兰蜡

---

① 衡山方言语料引自彭泽润：《衡山方言研究》，湖南教育出版社，1999 年。
② 参见鲍厚星、陈晖：《湘语的分区(稿)》。
③ 衡阳_西渡_音系参考鲍厚星：《湘方言概要》，第 79—80 页。

ts	走瓷泽	tsʰ	粗菜触			s	山时四
tɕ	姐齐知	tɕʰ	秋唱秤	ȵ	泥艺牛	ɕ	西少升
k	姑艰柜	kʰ	苦去哭	ŋ	眼挨安	x	限鞋黑
∅	鱼乌禾引						

韵母(36个)

ɿ	世丝事	i	鸡日起	u	武木叔	y	书水出
a	花牙下	ia	假茄夜	ua	瓦查瓜	ya	靴抓瘸
e	活没北	ie	热舌别	ue	骨国摘	ye	雪说月
ə	儿耳二						
o	歌夺索	io	雀着约				
ai	来解坏			uai	怪外快		
ei	梅灰倍			uei	雷醉龟		
au	刀早敲	iau	条小庙				
əu	口楼豆	iəu	流周收				
an	班帮郎	ian	粮枪丈	uan	庄壮黄		
en	恩根吞	ien	千燕肩	uen	团官丸	yen	全宣院
oŋ	东送羊			uən	村困笋	yn	永营倾
				uəŋ	温稳		
m̩	姆			n̩	你		

声调(6个)

阴平	55	锅杯钩丹挖摸轭
阳平	11	鹅梅头栏舌绝学
上声	33	我每敲伞井饼省
阴去	35	个退透看式亿祝

| 阳去 | 213 | 贺队豆汗杏幸上 |
| 入声 | 22 | 角足结业刮得刻 |

4. 辰溆片

分布于沅江中游,包括辰溪、溆浦、泸溪三县,具有如下特征:

(1) 古全浊声母舒声今逢塞音、塞擦音,平声读不送气浊音,仄声(上、去)一般读不送气清音;古全浊声母入声大多清化,一般派入阳平的不送气,派入阴去的送气。以泸溪_{武溪}为例,见表 2-78。

表 2-78 泸溪_{武溪}古全浊声母今读表①

	婆	徒	床	舅	住	杰	集	读	直
泸溪_{武溪}	bəɯ阳平	du阳平	dzuaŋ阳平	tɕiəɯ阳去	tʂu阳去	tɕie阳平	tsi阳平	tʰu阴去	tʂʰʅ阴去

由表可见,古全浊声母平声今读浊音,如"婆""徒""床"。古全浊上、去今读清音,如"舅""住"。古全浊入派入阳平的读不送气清音,如"杰""集";派入阴去的读送气清音,如"读""直"。

(2) 蟹摄开口二等主要元音一般为[ɑ],假摄主要元音一般为[o][ɔ][ɒ],果摄主要元音一般为[ʊ]。

(3) 声调有 5 个,平、去分阴阳,上声不分。古入声主要归阳平,少数归阴去。

(4) 古全浊声母平声有一些今读阴去,如泸溪_{武溪}"茄"[dʑio阴去]、"除""厨"[dʐu阴去]、"条"[diəu阴去]、"塘"[daŋ阴去]、"虫"[dzoŋ阴去]。

兹以泸溪_{武溪}为例,列举音系如下。②

---

① 泸溪_{武溪}方言语料引自瞿建慧:《湘语辰溆片语音研究》,中国社会科学出版社,2010 年。
② 泸溪_{武溪}音系参考瞿建慧:《湘语辰溆片语音研究》,第 10—11 页。

泸溪(武溪)音系

声母(31个)

p	把拜边北	pʰ	怕派偏白	b	婆陪盘匹	m	麻买满麦	f	斧飞饭福	v	望尾万唯
t	多带胆达	tʰ	拖胎毯读	d	徒抬谈堂					l	脑老李练
ts	左阻精节	tsʰ	粗初签清	dz	锄才秦齐			s	所赛姓西		
tʂ	知纸猪柱	tʂʰ	齿痴处值	dʐ	除厨持迟			ʂ	书竖市石	ʐ	如入日耳
tɕ	砖蒸经结	tɕʰ	穿称牵轻	dʑ	传陈钱奇	ɲ	你念艺验	ɕ	升船形喜	ʑ	染热软肉
k	哥盖关家	kʰ	可开宽揩	g	葵逵狂	ŋ	我爱眼恩	x	壶海喊红		
∅	五禾哑移围远玉										

说明：

① [v]擦音色彩明显。

② [tʂ, tʂʰ, dʐ, ʂ, ʐ]发音部位偏前，且只出现在[ɿ]、[u]前。

③ [tɕ, tɕʰ, dʑ, ɕ, ʑ]带有舌叶音的色彩。

④ [x]与舌面后元音相拼时，近[h]。

韵母(38个)

ɿ	紫刺师事	i	弟飞立接	u	布母路吹	y	贵菊追血
ʅ	知是耳执						
a	抬栽南山	ia	假甲恰家	ua	瓜刷块乖	ya	跨茄瘸
ɛ	搬满盘半			uɛ	官端酸汗		
e	北革核白	ie	尖姐节贼			ye	拳软远绝
o	可沙家郭	io	夜写约学				
ɚ	二儿耳而						
ɛi	代偷搜麦			uɛi	外怪坏歪		
ei	杯梅披墨			uei	灰取雷雪		
əu	抱刀朝学	iəu	表消桥勺				
əɯ	投初破鸽	iəɯ	秋牛休六				
ã	贪参办艰	iã	检演现电	uã	幻锻馆贯	yã	传选员捐

ẽ	真争<u>新</u><u>领</u>	iẽ	金斤琴轻	uẽ	村昏嫩横	yẽ	军春云永
aŋ	帮汤窗仓	iaŋ	凉将香羊	uaŋ	光矿装荒		
oŋ	猛风松木	ioŋ	穷用容<u>共</u>				

说明：

① [uei]实际音值为[uᵉi]。

② [ā,iā,uā,yā]中的[a]实际音值是[æ]，[aŋ,iaŋ,uaŋ]中的[a]实际音值为[ɑ]。

声调(5个)

阴平	35	高猪天初昏飞
阳平	13	陈平急七月局
上声	42	古比好手老有
阴去	213	盖虫活汉入服
阳去	55	近是让帽共树

5. 永全片

主要分布在湘南永州和广西北部的部分地区。本片下分为三个小片：东祁小片、道江小片、全资小片，具有如下特征。

(1) 古全浊声母今逢塞音、塞擦音无论平仄，一般不送气。以东安₍花桥₎、江永₍桃川₎为例，见表2-79。

表2-79 东安₍花桥₎、江永₍桃川₎古全浊声母今读表

	婆	徒	舅	财	截	局
东安₍花桥₎	bu^{阳平}	du^{阳平}/dəu^{阳平}	dziəu^{阳去}	dzai^{阳平}/dza^{阳平}	dzie^{阳平}/tsai^入	dzʐy^{阳平}
江永₍桃川₎	pəm^{阳平}	təu^{阳平}	tçiəu^{阴平}	tçia^{阳平}	tsei^入	tçia^{阳平}

(2) 果摄、假摄元音高化现象比较普遍，如东安₍花桥₎蟹摄为[a]，假

摄为[o],果摄变成[u]。

(3)古阳声韵大多今读开尾韵或鼻化韵,如江永₍桃川₎"南"[nuo^阳平]、"准"[tɕyɛ^上]、"针"[tɕiɛ^阴平]、祁阳白水"盘"[bã^阳平]、"床"[dzuã^阳平]。

兹以江永₍桃川₎为例,列举音系如下。①

江永₍桃川₎音系

声母(20个)

p	波婆妇	p^h	坡票辅	m	马本凤			f	凤飞灰
t	甜弟同	t^h	天跳听	n	年兰东			l	兰难多
ts	紫纸齐	ts^h	此齿切			s	私是西		
tɕ	骄焦招	tɕ^h	丘秋抽	ȵ	义耳月	ɕ	休鳃开		
k	裙菌棍	k^h	康确敲	ŋ	牛蚁案	x	粉糠和		
Ø	温因爱云叶								

说明:[l, n]为条件变体,[n]一般出现在鼻尾韵前。

韵母(35个)

ɿ	字师时	i	戏气寄	u	画话鸭	y	区举菊
a	皮被矮	ia	爹排街	ua	蛙堆雷	ya	斜拳诀
ɛ	硬羹监	iɛ	心平精			yɛ	军裙关
ɯə	蚁东动						
		io	声颈轻	uo	凤三篮		
ai	飞披碑			uai	吹水岁		
ei	鸟跳笑			uei	桂惠雪		
au	告道淘	iau	猪猫绿				
aɯ	好号老						

---

① 江永₍桃川₎音系参考鲍厚星:《湘方言概要》,第84—85页。

əu	牛有藕	iəu	庙票表				
əm	婆多歌	iəm	招小焦				
		iu	野车社				
aŋ	帮双通	iaŋ	丈莹用	uaŋ	弯望狂		
əŋ	甜边棉	iəŋ	枕盐烟	uəŋ	滚劝永	yəŋ	砖全船
				uŋ	猛轰董		
ŋ̍	我五碗						

声调(5个)

阴平	33	天高山低坐话砌人
阳平	21	牛羊成群稗柜糯庙
上声	35	古口祖好水火土酒
去声	24	拜派对灶快笑唱跳
入声	55	百尺八达叔屋割竹

20世纪初,杨树达发表系列文章考证长沙方言,后来形成《长沙方言考》《长沙方言续考》(见《积微居小学金石论丛》),涉及244条长沙方言词。李旦蒉编著的《湘音检字》(1937)反映了20世纪30年代长沙方言的真实面貌,是珍贵的方言文献资料。

1935年秋,中央研究院历史语言研究所赵元任、丁声树等运用现代语言学方法调查研究湖南方言,后来出版《湖南方言调查报告》(1974),具有划时代意义。

20世纪60年代,湖南师范大学中文系承担了湖南的方言普查工作,共调查87个县市,石印出版《湖南省汉语方言普查总结报告(初稿)》(1960),为湖南方言的分区奠定了良好基础。

20世纪80年代后,湘语调查研究不断深入。单点研究论著有李永明《衡阳方言》(1986)、《长沙方言》(1991),陈满华《安仁方言》(1995)等。新世纪以来,吴启主主编的"湖南方言研究丛书"、鲍厚星主编的"湘方言研究丛书"等,对湘语的语音、词汇、语法进行综合考察,影响深远。

六 赣语

赣是江西省的简称,赣语主要分布在江西省,中心地带在赣江中下游、抚河流域以及鄱阳湖地区。此外,赣语在湘东和湘西南、鄂东南、皖南、闽西北也有分布。赣语东连吴语和闽语,南接赣南的客家话,西邻湘语,北与江淮官话相接,涉及5省101个县市,使用人口约4800万。

(一) 赣语的形成

罗常培《临川音系》最早提出客、赣方言"同系异派"说。袁家骅等《汉语方言概要》讨论魏晋南北朝时期北人南迁对赣语形成的影响:"到了东晋末年,中原汉族受北方部族的侵扰,为逃避战乱大举南迁,到达江西中部。以后客家人的两次由北向南的迁徙,也几乎以江西为中间站,这样的历史背景要是给赣方言留下一些不易磨灭的痕迹,倒是不难想象的。"[①]后来,一些学者基于更多的语言、文化、行政、移民等证据,对赣语的形成时间提出了不同的观点。

1. 肖九根认为赣语形成于秦汉以后

依据赣鄱地区民族文化历史的发展特点,我们认为赣方言的形成大体经历了以下三个阶段:赣语胚胎孕育期(远古时代—西

---

① 袁家骅:《汉语方言概要》(第二版),语文出版社,2001年,第126页。

周时期);赣语原体萌芽期(春秋、战国—秦统一);赣方言形成期(秦汉以后)。

……

魏晋之后,赣方言进入它的发展时期。尽管经历了两晋"永嘉之乱"、唐朝"安史之乱"、南宋"靖康之难"几次移民潮,但是这不可能从根本上动摇赣方言起码从"元典时代"到秦汉以后近千年来所奠定的汉语方言的根基。①

2. 颜森认为赣语形成于西汉

汉高祖时设豫章郡,郡治南昌,下辖18个县。赣语区的形成当从这个时期起就已开始初具规模。据通志记载,豫章郡的分布遍及今江西四方。西汉豫章郡的居民已达6.7万多户,人口35万多人。既有人口就有语言和方言,有了人口也才谈得上设置郡县。所以,豫章郡和18个县的设置是江西地区经济文化发展的必然结果,也是赣方言开始形成的具体表现和证明。②

3. 陈昌仪推测赣语形成于东汉

两汉县的设置在赣语形成的第一阶段起了决定性的作用。中原人第一次大批涌入,促使了中原文化的传播,促进了中原汉语与土著语言的融合。这一融合过程大约到东汉末期才完成。这大概

---

① 肖九根:《赣方言古语词探源与论析》,中国社会科学出版社,2017年,第32、39页。
② 颜森:《赣语》,载侯精一主编:《现代汉语方言概论》,第141页。

就是具有特色的原始赣语没能引起扬雄的关注,没能在《方言》中得到应有的反映的原因。①

4. 周振鹤、游汝杰主张赣客方言形成于中唐

中唐以后这样大量的北方人民进入江西,使赣客语基本形成,而且随着北方移民逐步向赣南推进,赣客语这个楔子也越打越深,不但把吴语和湘语永远分隔了开来,而且把闽语限制在东南一隅。②

5. 周静芳主张赣语至晚在唐末五代形成

秦汉至唐末五代,来自中原地区的大量移民与江西土著居民不断融合,形成了一代代新的土著,随着人口的融合,中原方言与江西土著语言也发生了融合,至晚在唐末五代形成了汉语7大方言之一——赣方言。③

虽然不同学者对赣语形成的具体时间意见不尽相同,但大都认为跟移民关系密切。

(二) 主要特征

1. 古全浊声母今读塞音、塞擦音,均为送气清音,是赣语最重要的

---

① 陈昌仪:《赣方言概要》,江西教育出版社,1991年,第4页。
② 周振鹤、游汝杰:《方言与中国文化》,上海人民出版社,1986年,第42页。
③ 周静芳:《赣方言的形成与发展初论》,《南昌大学学报(社会科学版)》,1998年第3期。

特点,详见表 2-80①。

表 2-80 赣语古全浊声母今读表

	排	败	头	豆	茶	坐
南昌	pʰai阳平	pʰai阳去	tʰeu阳平	tʰeu阳去	tsʰa阳平	tsʰo阳去
宜春	pʰai阳平	pʰai去	tʰəu阳平	tʰəu去	tsʰa阳平	tsʰo去
吉安	pʰai阳平	pʰai去	tʰɛu阳平	tʰɛu去	tsʰa阳平	tsʰo去
抚州/临川	pʰai阳平	pʰai阳去	hɛu阳平	hɛu阳去	tsʰa阳平	tsʰɔ阴平
铅山	pʰai阳平	pʰai去	tʰiəu阳平	tʰiəu去	tsʰa阳平	tsʰo阴平

2. 影母字开口呼多读[ŋ]声母,不读零声母,如南昌、宜春、吉安等地"哑"读[ŋa上],"矮"读[ŋai上],"安"读[ŋon阴平]。

3. 古晓、匣母合口洪音与非组合流,今多读[f, ɸ]。如南昌"灰=飞"[fəi阴平],临川"婚=分"[fən阴平]。

4. 古泥、来母洪音字多数地方相混,细音不混。如南昌"脑=老"[lau上],但"年"[ȵien阳平] ≠ "莲"[lien阳平];抚州(临川)"南=蓝"[lam阳平],但"娘"[ȵiɔŋ阳平] ≠ "良"[tiɔŋ阳平]。

5. 古见系三四等在江西赣语中大多已腭化,如南昌"旗"读[tɕʰi阳平],"休"读[ɕiu阴平];有的与精组相混,如吉安"精=经"[tɕin阴平]。但湘东、闽西赣语表现不同,如邵武仍未腭化,"旗"读[kʰi阳平],"休"读[xəu阴平],"精"[tsin阴平] ≠ "经"[kin阴平]。

6. 梗摄一般有文白异读,如南昌、宜春、吉安等地"光明"的"明"文读[min阳平],"明日"的"明"白读[miaŋ阳平],"领袖"的"领"文读[lin上],"衣裳领子"的"领"白读[liaŋ上]。抚州"主席"的"席"文读

---

① 赣语语料引自江西省地方志编纂委员会编:《江西省志·江西省方言志》,方志出版社,2005 年。

[ɕiʔ阳入]，"篾席"的"席"白读[tɕʰia ʔ阳入]。

7. 咸山摄一二等的韵母主要元音有区别(耒资片例外)，如南昌、宜春等地"搬"[pon阴平] ≠ "班"[pan阴平]，"官"[kuon阴平] ≠ "关姓"[kuan阴平]。

8. 古臻、曾、梗摄合流，如南昌"新=星"[ɕin阴平]，"根=庚"[kien阴平]，铅山"身=生"[sen阴平]。

9. 声调大都为 6 至 7 个。去声分阴阳；入声有的分，有的不分。详见下文代表点音系。

10. 声母送气影响调类分化，主要分布在鄱阳湖周边地区，详见表 2-81 和表 2-82。

11. "站立"大多说"徛"(《广韵》上声渠绮切，"立也")，吉茶片说"立"；"吃饭、喝茶、抽烟"说"吃饭、吃茶、吃烟"；第三人称代词说"渠"；"我的"说"我个"；"坐着说话"说"坐到话事"；"打不赢他"既可以说"打不赢渠"，也可以说"打渠不赢"。

（三）内部分片及代表点音系

根据方言特征的不同，赣语可分为昌都片、宜浏片、吉茶片、抚广片、鹰弋片、大通片、耒资片、洞绥片、怀岳片等 9 个方言片。其中，昌都片、宜浏片、吉茶片、抚广片、鹰弋片主体部分在江西境内，大通片主体在湖北，耒资片、洞绥片在湖南，怀岳片在安徽。

1. 昌都片

分布在江西北部南昌、都昌、湖口、武宁、修水等 11 个县(市、区)，主要语音特点为：

(1) 除南昌、新建、安义外，都有浊音声母。

（2）声母送气影响调类分化（武宁除外），有两种类型：一是今声母送气与否影响调类分化，见表2-81；二是古声母送气与否影响调类分化，见表2-82。①

表2-81　昌都片今声母送气与调类分化关系表

	平声				上声	去声			入声			调类条目
	阴平		阳平			阴去		阳去	阴入		阳入	
	今声母不送气	今声母送气	今声母不送气	今声母送气		今声母不送气	今声母送气		今声母不送气	今声母送气		
南昌	42		45	24	213	45	213	11	5		2	7
新建	42		55	24	45	334	212	11	5		2	9
安义	11		21		214	55	214	24	5		2	7
永修	35	24	33		21	55	445	212	5	45	3	10
德安	44	33	42		354	35	24	12	5	45	232	10

表2-82　昌都片古声母送气与调类分化关系表

	平声				上声	去声			入声				调类条目
	阴平		阳平			阴去		阳去	阴入		阳入		
	古声母不送气	古声母送气	古声母不送气	古声母送气		古声母不送气	古声母送气		古声母不送气	古声母送气	古声母不送气	古声母送气	
湖口	42		11		24	35	213	13	35	213	13		6
星子	33		24		31	55	214	11	35		11		7
修水	34	23	13		21	55	45	22	42		32		9
都昌	33		334		342	325	11	11	3		1		10

① 各片语音特点参考中国社会科学院语言研究所等编：《中国语言地图集》（第2版）。

兹以南昌①为例,列举音系如下。

南昌音系

声母(19 个)

p	巴搬八	pʰ	怕盘拔	m	马望抹	f	法犯花		
t	多端搭	tʰ	拖段脱					l	努乱热
ts	左砖桌	tsʰ	搓茶柴			s	锁杀善		
tɕ	接猪鸡	tɕʰ	姜处局	ȵ	泥软业	ɕ	西书穴		
k	家根夹	kʰ	卡揩柜	ŋ	牙恩鸭	h	瞎痕下		
∅	耳衣文云								

说明:

① [f]发音时唇齿作用不明显,实际音值接近[ɸ]。

② [l]有自由变体[n]。

③ 零声母字开口呼音节以纯元音起头,齐齿呼、合口呼、撮口呼音节开头带有轻微的唇舌同部位摩擦。

韵母(65 个)

ɿ	资知事市	i	米赔眉起	u	路租初符	y	猪女句雨
a	怕家社花	ia	写夜靴	ua	瓜挂		
ɛ	□	iɛ	去锯鱼	uɛ	□	yɛ	靴
ə	如儿						
ɔ	舵哥婆火			uɔ	果课禾窝		
ai	菜街坏帅			uai	外乖快		
əi	灰肺			ui	罪累水桂		
au	高包抄交						

---

① 南昌音系参考北大中文系语言学教研室编,王福堂修订:《汉语方音字汇》(第二版重排本),第 24—26 页。

εu	潮猴亩愁	iεu	桥条狗藕				
əu	周洲	iu	流九幼				
an	南减炭山			uan	关晚		
εn	占痕等生	iεn	尖碾根				
ɔn	贪甘酸川			uɔn	官碗	yɔn	全软犬
ən	针盆秤政	in	林亲冰顶	un	孙捆笋文	yn	匀巡群
aŋ	整生更硬	iaŋ	病影晴听	uaŋ	横		
ɔŋ	帮霜张江	iɔŋ	娘枪香	uɔŋ	光网王		
		iuŋ	穷用	uŋ	东风龙恭		
at	答甲辣杀			uat	滑刮		
εt	折热虱色	iεt	叶灭铁刻	uεt	国		
ɔt	鸽末刷说			uɔt	阔活	yɔt	雪月缺
ət	湿侄直适	it	急乙力踢	ut	骨物	yt	橘屈
ak	百客摘尺	iak	迹壁锡	uak	□		
ɔk	薄勺霍角	iɔk	削脚约	uɔk	郭沃		
		iuk	六肉足	uk	读福竹烛		
m̩	姆	n̩	你	ŋ̍	五		

说明:

① [a]在单韵母中为[a],在韵尾[-u,-ŋ,-k]前偏后,在韵尾[-i,-n,-t]前偏前偏高,接近[æ]。[ε]在单韵母中偏高,为[E],在其他韵母中偏央。[ɔ]偏高,在[ɔn,ɔt]组韵母中偏央。[ə]在单韵母中圆唇化,在韵母[əi,uə,nə,ət]中偏高,为[ɵ]。[i,u,y]舌位较松,[i,u]作韵尾时偏低。

② 韵头(介音)[i,u,y]发音不短促。

③ 塞音韵尾[-t,-k]发音部位不很稳定,对立并不严格,[-k]常常念成[-ʔ]。

④ [iu,ui,in,un,it,ut]中主要元音和韵尾之间有过渡音[ə],[yn,yt]中主要元音和韵尾间有过渡音[ɪ]。

声调(7个)

阴平	42	低粗丝方
阳平	24	婆团旁痕
上声	213	抵史醋汉
阴去	45	做蒂鹅房
阳去	21	弟蚌助饿
阴入	5	湿黑脱烙
阳入	21	合夺十落

说明:阴去调高平然后微升,实际调值为445。

2. 宜浏片

分布于江西中西部宜春、新余、奉新和湖南浏阳、醴陵等15个市县。主要语音特点是:止摄开口三等精、庄组与知三、章组韵母有别(丰城除外),见表2-83。

表2-83 宜浏片止摄开口三等精、庄组字与知三、章组字韵母表

	止摄精、庄组				止摄知三、章组			
	子	字	死	事	知	纸	是	屎
奉新	tsu上	tʰu阳去	su上	su阳去	tiə阴平	tiə上	sə阳去	sə上
高安	tsu上	tsʰu阳去	su上	su阳去	tɵ阴平	tɵ上	sɵ阳去	sɵ上
宜丰	tsu上	tsʰu阴去	su上	su阳去	tə阴平	tə上	ɕiə阴去 hiə阴去	sə上
上高	tsu上	tsʰu阴去	su上	su阳去	tɵ阴平	tɵ上	sɵ阳去	sɵ上
万载	tsu上	tsʰu阴去	su上	su阳去	tsɿ阴平	tsɿ上	sɿ阴去	sɿ上
樟树	tsɿ上	tsʰɿ阴去	sɿ上	sɿ阴去	tʃʅ阴平	tʃʅ上	ʃʅ阴去	ʃʅ上
新干	tsɿ上	tsʰɿ阴去	sɿ上	sɿ阴去	tʃʅ阴平	tʃʅ上	ʃʅ阴去	ʃʅ上

(续表)

	止摄精、庄组				止摄知三、章组			
	子	字	死	事	知	纸	是	屎
新余	tsɿ上	tshɿ阴去	sɿ上	sɿ阴去	ti阴平	ti上	ɕi阴去	sɵ上
分宜	tsu上	tshu阴去	su上	su阴去	tsɿ阴平	ti上	sɿ阴去	sɿ上
宜春	tsɿ上	tshɿ阴去	sɿ上	sɿ阴去	tʃʅ阴平	tʃʅ上	ʃʅ阴去	ʃʅ上
浏阳	tsɿ上	tshɿ阴去	sɿ上	sɿ阴去	tʂʅ阴平	tʂʅ上	ʂʅ阴去	ʂʅ上
丰城	tsɿ上	tshɿ阴去	sɿ上	sɿ阴去	tsɿ阴平	tsɿ上	sɿ阴去	sɿ上

兹以宜春[①]为例,列举音系如下。

宜春音系

声母(22 个)

p	波邦壁不	pʰ	婆病平白	m	毛民木灭	f	封红欢法
t	斗丁端滴	tʰ	头定脱敌			l	南兰鹿绿
ts	邹精节足	tsʰ	愁自切七			s	心洗屑俗
tʃ	招今祝只	tʃʰ	超陈直曲			ʃ	喜香石叔
tɕ	猪举桔军	tɕʰ	倾群春吹	ȵ	女言热肉	ɕ	训顺水睡
k	家关夹	kʰ	揩昆壳	ŋ	矮眼鸭	h	鞋寒瞎
∅	二衣煨因央翁屋欲入						

韵母(70 个)

ɿ	租助	i	衣杯岁回	u	姑布夫无	y	猪水推罪
ʅ	知是寄喜						
a	把花遮社	ia	野借谢惹	ua	瓜夸活动娃		

---

① 宜春音系参考江西省地方志编纂委员会编:《江西省志·江西省方言志》,第 116—117 页。

o	多河左坐			uo	果楪禾锅		
ɛ	去锯渠_他_	iɛ	爹挤	uɛ	□_~到;缩着身子蹲下_		
ɵ	二耳靴茄						
ai	街鞋猜败			uai	乖块歪		
oi	改孩才爱						
au	保早效交						
əu	走招狗猴	iəu	标焦鸟要				
ɪu	周九求休	iu	揪酒修有	ui	规跪危煨		
an	班三闲艰			uan	关惯弯万		
on	般端寒甘			uon	官贯宽碗		
ɛn	扇坚灯跟	iɛn	添签天千	uɛn	□_滚;打_		
ɵn	专穿劝县	iɵn	元软袁远				
ən	分昏奋坟			un	敦村轮俊	yn	春军准云
ɪn	门本陈金	in	音英津信	uin	滚坤问温		
aŋ	坑轻先睁	iaŋ	平听晴影	uaŋ	横梗		
oŋ	帮昌强向	ioŋ	将娘样央	uoŋ	光广王柱		
əŋ	红穷雄凶	iəŋ	浓松用绒	uəŋ	公乱孔翁		
ɿʔ	族促刺蹙	iʔ	不日集一	uʔ	伏祝屋局	yʔ	出突域
ʅʔ	执直极十						
aʔ	白客摘尺	iaʔ	壁锡席笛				
oʔ	各托学剥	ioʔ	掠削约掠	uoʔ	喔喔活		
ɛʔ	北黑结杰	iɛʔ	节雪乙铁	uɛʔ	国		
ɵʔ	获缺血决	iɵʔ	月越粤				
aiʔ	发甲鸭达			uaiʔ	活□_昌水_		
oiʔ	合钵割掇			uoiʔ	刮袜滑		
		iuʔ	足速肉育	uiʔ	卒术骨物		
m̩	□_~婆;妈妈_	ŋ̍	五吴				

声调(5个)

阴平	34	天边千初三婚飞
阳平	33	平阳穷戏看叹
上声	21	古海草口老女有
去声	213	字位饭状坐静
入声	5	急黑百白局月日

3. 吉茶片

分布于江西吉安、永丰、芦溪、萍乡和湖南攸县、茶陵、炎陵等18个市县,主要语音特点有:

(1) 鼻化韵丰富(吉安、峡江除外),见表2-84。

表2-84 吉茶片咸深山臻宕江曾梗通九摄的鼻化韵表

	咸	深	山	亲	汤	虹	灯	生	东
吉安	han阳平	sɛn阴平	san阴平	tɕhin阴平	thɔŋ阴平	kɔŋ阳平	tɛn阴平	saŋ阴平	tuŋ阴平
安福	hã阳平	sẽ阴平	sã阴平	tshẽn阴平	thõ阴平	kõ阴去	tẽ阴平	sã阴平	tə̃阴平
永新	hã阳平	sẽ阴平	sã阴平	tshẽ阴平	thɔ̃阴平	ɔ̃阴去	tẽ阴平	sã阴平	tə̃阴平
莲花	hã阳平	sẽ阴平	sã阴平	tɕhĩ阴平	hõ阴平	õ阴去	tẽ阴平	sã阴平	tə̃阴平
遂川	hãn阳平	ɕĩ阴平	sãn阴平	tɕhĩ阴平	thõ阴平	kõ阴去	tẽn阴平	sãn阴平	tə̃阴平
峡江	han阳平	ɕin阴平	san阴平	tɕhin阴平	hoŋ阴平	koŋ阳平	tɛn阴平	saŋ阴平	tuŋ阴平
萍乡	hã阳平	səŋ阴平	sã阴平	tshĩŋ阴平	thɔ̃阴平	kɔ̃阴去	tẽ阴平	sã阴平	tə̃阴平
永丰	hæ̃阳平	ɕĩ阴平	sæ̃阴平	tɕhĩ阴平	thɔ̃阴平	fəŋ阳平	tæ̃阴平	sã阴平	tə̃阴平
泰和	hãn阳平	ɕĩ阴平	sãn阴平	tɕhĩ阴平	thõŋ阴平	fəŋ阳平	tẽ阴平	sãŋ阴平	tə̃ŋ阴平
万安	hẽ阳平	ɕĩn阴平	sãn阴平	tɕhĩn阴平	thõŋ阴平	fə̃ŋ阳平	tẽn阴平	sãŋ阴平	tə̃ŋ阴平

(2) 大多无入声。古清声母入声字今读阴平(遂川除外),古全浊声母入声字今多读去声,遂川古清声母入声字今读阴去,古全浊声母字

今读阳去。万安、永丰有入声调,但无入声韵。见表 2-85。

表 2-85 吉茶片的调类

	平声		上声		去声		入声		调类数目
	阴平	阳平	阴上	阳上	阴去	阳去	阴入	阳入	
吉安	34	21	53		213		34	213	4
萍乡	13	44	35		11		13	11	4
永新	35	13	53		33		35	33	4
泰和	55/35	33	53		21		55	21	5
吉水	334	11	53		214		334	214	4
峡江	44	53	21		22		44		4
井冈山	35	53	13	35	53	35	35	53	3
遂川	53	33	33	35	55	213	55	213	6
永丰	55	11	31		213		45		5
万安	34	23	31		212		5		5
攸县	44	213	53		11		44	11	4

兹以吉安[①]为例,列举音系如下。

吉安音系

声母(19 个)

p	近步标伯	pʰ	便步普白	m	棉牧美门	f	分魂法花	
t	知猪正斗单	tʰ	迟住川贪弟			l	拉南兰脑	
ts	曾左专栽	tsʰ	层坐村菜在			s	锁孙赛	
tɕ	将军京足	tɕʰ	枪裙青曲	ȵ	娘年牛玉	ɕ	香寻星兄	
k	哥冈甘勾国	kʰ	科康看扣	ŋ	恶恩按欧鸭	h	何行寒侯	

[①] 吉安音系参考江西省地方志编纂委员会编:《江西省志·江西省方言志》,第 98 页。

Ø   欲弯妖武云

韵母(49个)

ɿ	枝字诗是事	i	比体启戏衣	u	普土粗姑武	y	猪出车书雨
a	巴者厦石花家	ia	爹姐写夜	ua	瓜垮瓦话		
o	波多读坐哥学	io	竹绿足肉约	uo	锅过郭禾屋		
e	北法答入甲一	iɛ	灭贴急鱼歇	uɛ	国物滑	yɛ	劣决缺月
ɵ	钵末摄椒说儿知尺食智二			uɵ	括阔		
ə	制支齿痣痔						
ai	阶介解鞋矮			uai	快腮块歪		
oi	该盖改海爱			uoi	灾最睬在		
ei	杯灰会妹			ui	堆吹归煨		
au	保刀袄狡	iau	标桃焦消妖				
ɛu	偷斗豆走候	iɛu	勾口狗扣欧				
		iu	周抽九求有				
an	班艰减闲安			uan	专端川关弯		
on	般甘案寒敢			uon	窜乱官碗		
ɛn	本冰分灯根	iɛn	边天尖仙烟	uɛn	温文稳局	yɛn	捐全劝元选
		in	兵陈针今英	un	顿寸准春困	yn	军群熏云运
aŋ	彭争生耕竹	iaŋ	平钉惊兄影	uaŋ	横梗		
ɔŋ	帮汤江讲黄	iɔŋ	将枪乡羊良	uɔŋ	光狂王旺		
		iuŋ	穷浓凶用共	uŋ	风东宗公翁		
m̩	□~妈:妈妈	ŋ̍	五				

声调(4个)

阴平   34   衣诗识急绿袜入

阳平	21	移时良意试菜盖
上声	53	椅使古好老女有
去声	213	社厚弟食局六月麦

4. 抚广片

分布于江西抚州、崇仁、黎川、东乡和福建泰宁、建宁等14个市县。主要语音特点是：

（1）古透、定母开口一等字声母白读为[h]。部分方言开口四等声母白读为[h/ɕ]，合口一等白读为[h/f]。见表2-86。

表2-86 抚广片古透定母字读音表

	大	桃	偷	汤	邓	条	听	肚	断	痛
进贤	hai阳平	hau阳平	hɛu阴平	hoŋ阴平	hɜŋ阳去	tʰiɛu阳平	tʰiaŋ阴平	tu上	tuɔn阳去	tʰuŋ阴去
东乡	hai阳平	hau阳平	hɛu阴平	hoŋ阴平	hen阳去	tʰiɛu阳平	tʰiaŋ阴平	tu上	hɔn阳去	tʰuŋ阴去
抚州	hai阳去	hau阳平	hɛu阴平	hoŋ阴平	hen阳去	tʰiɛu阳平	tʰiaŋ阴平	tʰu上	hɔn阳去	tʰuŋ阳去
金溪	hai阳平	hau阳平	hɛu阴平	hoŋ阴平	hen阳去	tʰiau阳平	tʰiaŋ阴平	tʰu上	hɔn阳去	tʰuŋ阳去
崇仁	hai阳去	hau阳平	hɛu阴平	hoŋ阴平	heŋ阳去	tʰiau阳平	tʰiaŋ阴平	fu阳平	tuɔn阳去	hŋ阴去
宜黄	hai阳平	hou阳平	hɛu阴平	hoŋ阴平	hən阳去	ɕiau阳平	ɕiaŋ阴平	fu阳平	hɔn阴平	hŋ阴去
乐安	hai阳去	hau阳平	hɛu阴平	hoŋ阴平	hen阳去	tʰiau阳平	tʰiaŋ阴平	fu上	tɔn阴平	hŋ阴去
南城	hai阳平	hou阳平	hiou阴平	hoŋ阴平	hən阳去	tʰiau阳平	tʰiaŋ阴平	fu阳平	høn阳去	hŋ阴去
黎川	hai阳去	hou阳平	hɛu阴平	hoŋ阴平	heŋ阳去	hiau阳平	hiaŋ阴平	hu阴平	hɔn阳去	hŋ阴去
南丰	hai阴去	hau阳平	hiɛu阴平	hoŋ阴平	hiɛŋ阴去	hiau阳平	hiaŋ阴平	hu阴去	hon阳去	hŋ阴去
广昌	hai阳平	hau阴平	hou阴平	hoŋ阴平	hen阳去	hiau阳平	hiaŋ阴平	hu阴去	hɔn阳去	hŋ阴去
建宁	hai阳去	hau阳平	həu阴平	hoŋ阴平	haŋ阳去	hiau阳平	hiaŋ阴平	hu上	hɔn上	tʰuŋ阴去
泰宁	hai阳去	ho阳平	hei阴平	hoŋ阴平	hon阳去	hiau阴平	hiaŋ阴平	tu上	tʰuan阳去	hŋ阴去

（2）分阴阳入的方言，调值阴低阳高（广昌除外）。

（3）古全浊上声今部分读阴平。南丰、广昌等地古次浊上声也有部分字读阴平。

（4）东乡、资溪、抚州、黎川、南丰、广昌韵尾[-m,-n,-ŋ]和[-p,-t,-k]俱全,赣语其他地方少见。

（5）古来母今齐齿呼多数方言有读[t]声母现象。

兹以抚州①为例,列举音系如下。

抚州音系

声母(19个)

p	玻补拜碑帮	pʰ	婆普牌披旁	m	摩墓买眉芒	f	火户浮废访
t	多株周礼章	tʰ	妥徒丑弟畅	ȵ	泥肉艺娱年	l	罗奴入润囊
ts	左祖债榨葬	tsʰ	搓初才查撑	s	锁书喜沙上		
tɕ	津见九具将	tɕʰ	裙牵就雀抢	ɕ	玄仙收血详		
k	哥古街架江	kʰ	可苦楷刻慷	ŋ	饿涯哀袄昂	x	驼胎海下杭
ø	窝午于哑羊						

说明：古泥来二母今读洪混细分。洪音读[l];细音泥母读[ȵ],来母读[t]。

韵母(85个)

ɿ	资死次司字	i	余废遇非迟	u	普书奴住妇
ʅ	须洗世时喜				
a	画洒遮花茶	ia	爷借写且夜	ua	蛙瓜挂寡
ɛ	如猪蛆渠去	iɛ	絮鱼渔	uɛ	▢~红;很红
o	多佐饿坐火	io	瘸靴茄	uo	倭禾过课卧
ai	呆在豺败怀			uai	拐块乖快外
øi	杯每梅配			uøi	退罪脆岁
ɔi	该害雷碎煤			uɔi	煨会不~

---

① 抚州音系参考付欣晴:《抚州方言研究》,文化艺术出版社,2006年,第6—8页。

				ui	溃奎卫桂闺
au	毛早考交奥				
ɛu	招绕头口瘦	iɛu	表小妙彪尧		
		iu	刘酒抽寿纠		
am	贪三监斩凡				
ɛm	占瞻沾	iɛm	贬渐验欠店		
om	含敢庵蚕勘				
ɯm	渗深心森	im	品林浸任阴		
an	烂山板幻反			uan	弯顽挽关
ɛn	展恩吞登冰	iɛn	免箭言怜片		
on	干汉欢短穿	iuon	全旋练玄元	uon	暖算官闩换
ɯn	欣慎乘声胜	in	陵政斤京顶		
		iɯn	均永匀损伦	uɯn	本门尊困准
aŋ	彭甥羹争	iaŋ	饼井颈钉星	uaŋ	横~直
ɔŋ	帮章访慌江	iɔŋ	亮抢让强样	uɔŋ	矿光狂王广
		iuŋ	荣颂胸龙宫	uŋ	弘公冬凤重
ap	法甲插杂腊				
ɛp	摄涉折	iɛp	协跌业接叶		
op	合鸽磕				
ɯp	湿习十吸	ip	及入立缉集		
at	发罚达八瞎			uat	刮袜滑
ɛt	瑟哲撤浙舌	iɛt	撇结歇灭杰		
ot	割泼活渴	iuot	劣血月雪缺	uot	括阔
ɯt	实失室悉	it	一日七密乞		
		iuɯt	桔律恤	uɯt	出骨突忽
aʔ	尺石白麦客	iaʔ	壁踢吃	uaʔ	□~热;很热
oʔ	学霍勺作薄	ioʔ	脚约掠削弱	uoʔ	郭扩

		iuʔ	足浴六蓄	uʔ	触福毒谷木
ɛʔ	惑测革北获	iɛʔ	咧歇疠	uɛʔ	国
ɿʔ	析食蚀熄识	iʔ	击积逆力逼		
		iuɪʔ	疫役	uɪʔ	域
		iuʔ	六肉育	uʔ	目鹿赎竹朴
m̩	姆	ṇ̇	吴蜈五伍		

说明：[ɔi]韵母中的[ɔ]舌位偏低，开口度偏大。

声调(7个)

阴平	11	高开婚近坐竖
阳平	24	穷陈神扶麻文
上声	35	古口章粉五买
阴去	42	盖正怕汉送放
阳去	33	共助岸弟舅在
阴入	2	急一百拍发绿
阳入	5	白服舌局额药

5. 鹰弋片

分布于江西东北部的鹰潭、景德镇、弋阳、铅山等12个市县，主要语音特点为：

（1）第三人称单数"渠他"一般读送气清音[kʰ]或[tɕʰ]，只有弋阳读零声母。赣语其他地方一般读不送气清音。

（2）第一人称代词多为"阿"或"阿里"。

（3）赣语梗摄一般有文白异读，但鹰弋片多数没有[aŋ, iaŋ, uaŋ]白读系统，见表2-87。

表 2-87 鹰弋片梗摄字读音表

	冷	生	争	病	命	名	姓	听	星
彭泽	lən 上	sən 阴平	tsən 阴平	pʰin 阳去	min 阳去	min 阳平	ɕin 去	tʰin 阴平	ɕin 阴平
鄱阳	lən 上	sən 阴平	tsən 阴平	pʰin 阳去	min 阳去	min 阳平	ɕin 去	tʰin 阴平	ɕin 阴平
横峰	len 上	sen 阴平	tsen 阴平	pʰiŋ 阳去	miŋ 阳去	miŋ 阳平	ɕiŋ 去	tʰiŋ 阴平	ɕiŋ 阴平
铅山	len 上	sen 阴平	tsen 阴平	pʰiŋ 去	miŋ 去	miŋ 阳平	ɕiŋ 去	tʰiŋ 阴平	ɕiŋ 阴平
贵溪	leŋ 上	seŋ 阴平	tseŋ 阴平	pʰiŋ 去	miŋ 去	miŋ 阳平	ɕiŋ 去	tʰiŋ 阴平	ɕiŋ 阴平
余江	len 上	sen 阴平	tsen 阴平	pʰin 阳去	min 阳去	min 上	ɕin 阴去	tʰin 阴平	ɕin 阴平
弋阳	lɛn 上	sɛn 阴平	tsɛn 阴平	pʰin 阳去	min 阳去	min 阳平	ɕin 阴去	tʰin 阴平	ɕin 阴平

今以铅山_{新滩乡}①为例,列举音系如下:

铅山_{新滩乡}音系

声母(24 个)

p	般波帮变剥	pʰ	盘婆病便泼别	m	眉磨骂棉网望	f	辉火浮欢红法	v 为屋入
t	端斗堆党灯得	tʰ	团豆桃第偷特	n	暖闹糯捼怒南			l 乱老料漏六辣
ts	章张针最脏只	tsʰ	昌丈齿仓集尺			s	上升扇闪死事	
tʃ	装壮中钟桌粥	tʃʰ	疮状窗虫重曲			ʃ	床霜双朔叔	
tɕ	专军将金周嘴	tɕʰ	川群枪近秋吹	ȵ	娘泥尿任元肉	ɕ	箱兴新手水削	
k	关狗交该个架	kʰ	宽口敲开课苦	ŋ	眼呕咬鸭耳	h	厚校鞋学盒黑	

---

① 铅山_{新滩乡}音系参考江西省地方志编纂委员会编:《江西省志·江西省方言志》,第 81—82 页。

Ø 油音一温
　　话云雨二儿

韵母(49 个)

ʅ	势子事自试	i	取姐离岁衣	u	武去助苦亩	y	雨主猪住居
a	马茶花家耍			ua	瓜夸瓦话寡		
o	多坐哥课波			uo	果禾过锅		
e	蛇车社写儿	ie	谢爷茄惹夜			ye	靴
ai	睬台孩买街			uai	块歪		
oi	开该来杯袋			uoi	煨堆在最		
au	宝毛桃孝咬	iau	要骄桥鸟尿				
ɐu	渠_他	iɐu	偷豆狗流周	ui	鬼贵围伟		
ãŋ	南敢般饭党昌	iãŋ	娘枪向阳箱	uãŋ	官关宽碗弯		
en	甘扇孙婚门根增正	ien	千天点现全	uen	文温稳滚困	yen	拳元群云砖川
oŋ	肝寒端盘			uoŋ	光筐王汪		
		iŋ	音英灯邓听请				
ɐŋ	东中通风中穹	iɐŋ	龙熊融	uɐŋ	公孔攻翁		
aʔ	答鸭甲托作	iaʔ	削脚药	uaʔ	扩阔活刮		
oʔ	桌各学壳剥			uoʔ	醒		
eʔ	盒十尺石白食	ieʔ	切铁热别绝	ueʔ	骨物国	yeʔ	月缺血
ɐuʔ	竹读叔六木	iɐuʔ	肉玉欲				
		iʔ	一力踢滴笔			yiʔ	桔入出
m̩	姆 ~_{妈:妈妈}	n̩	尔_你	ŋ̍	五吴		

声调(6 个)

阴平　　34　　高开婚天边仙近厚柱坐淡是

阳平	33	穷寒平良娘鹅唐人龙徐虫同
上声	554	古口好草体海五女老网有暖
去声	21	抗盖菜抗爱共树谢饭病社父
阴入	4	急七笔鸭黑粒袜日六蜡
阳入	34	局读族食学辣月木肉玉

6. 大通片

分布于湖北赤壁、黄石和湖南平江、华容等16个市县,主要语音特点是:

(1) 遇摄合口一等端系与帮、见系韵母不同,见表2-88。

表2-88 大通片遇摄合口一等端系字与帮、见系字韵母表

	赌	土	图	路	粗	布	姑	苦	胡	乌
阳新	tau上	tʰau上	tʰau阳平	lau阴平	tsʰau阴平	pu阴平	ku阴平	kʰu上	xu阳平	u阴平
大冶	tau上	tʰau上	tʰau阳平	lau阳去	tsʰau阳平	pu阴去	ku阴平	kʰu上	xu阳平	u阴平
通山	tau上	tʰau上	tʰau阳平	lau阳去	tsʰau阳平	pu阴去	ku阴平	kʰu上	fu阳平	vu阴平
咸宁	tau上	tʰau上	tʰau阳平	lau阳去	tsʰau阳平	pu阴去	ku阴平	kʰu上	fu阳平	u阴平
嘉鱼	təu上	tʰəu上	tʰəu阳平	ləu阳去	tsʰəu阳平	pu阴去	ku阴平	kʰu上	xu阳平	u阴平
赤壁	tou上	tʰou上	tʰou阳平	lou阳去	tsʰou阳平	pu阴去	ku阴平	kʰu上	hu阳平	u阴平
崇阳	təu上	tʰəu上	tʰəu阳平	ləu阳去	tsʰəu阳平	pu阴去	ku阴平	kʰu上	fu阳平	u阴平
通城	tou上	tʰou上	tʰou阳平	lou阳去	tsʰou阳平	pu阴去	ku阴平	kʰu上	fu阳平	u阴平
平江	təu上	tʰəu上	tʰəu阳平	ləu阳去	tsʰɯ阴平	pu阴去	ku阴平	kʰu上	fu阳平	vu阴平

(2) 大通片靠近江西西北部昌都片的赤壁、崇阳、通城、平江、岳阳等地有浊音声母。

7. 耒资片

分布于湖南耒阳、常宁、安仁、永兴、资兴5个市县,主要语音特点

是"搬""班"同音,"官""关_姓"同音,而赣语区其他地方这些字几乎都不同音,见表2-89。

表2-89 耒资片"搬""班""官""关_姓"读音表

	搬	班	官	关_姓
耒阳	pã^{阴平}	pã^{阴平}	kuaŋ^{阴平}	kuaŋ^{阴平}
常宁	pã^{阴平}	pã^{阴平}	kuaŋ^{阴平}	kuaŋ^{阴平}
安仁	pã^{阴平}	pã^{阴平}	kuaŋ^{阴平}	kuaŋ^{阴平}
永兴	pã^{阴平}	pã^{阴平}	kuaŋ^{阴平}	kuaŋ^{阴平}
资兴	paŋ^{阴平}	paŋ^{阴平}	kuaŋ^{阴平}	kuaŋ^{阴平}

8. 洞绥片[①]

包括湖南洞口县(黄桥镇、金田、杨林、高沙等地除外)、绥宁县北部、隆回县北部。主要特点是:古透定母今读大致可分为四类。

(1)不分中古韵摄来源与等呼差异,均读擦音声母[x],此类型分布最广,如荷香桥、六都寨、石江、山门等地。

(2)不分中古韵摄来源与等呼差异,均读送气清塞音声母[tʰ],如小沙江、江口、黄土矿、唐家坊等地。

(3)洪音前读[x],细音前读[tʰ],如罗洪、长塘等地。

(4)根据中古来源不同,分别读[x]或[tʰ],并且同一摄中有[x][tʰ]异读,如梅坪、金屋塘等地。

9. 怀岳片

包括安徽怀宁、太湖、宿松、岳西等10个市县,主要特点为:

(1)山摄合口一等桓韵和咸摄开口一等覃韵、山摄开口一等寒韵

---

① 洞绥片语音特点参考李军:《湖南洞绥片赣方言语音调查研究》,社会科学文献出版社,2021年,第251页。

的见组字韵母相同,见表 2-90。

表 2-90　怀岳片桓韵和覃寒韵今读表

	官	宽	碗	感	含	肝	寒
岳西	kon阴平	kʰon阴平	uon上	kon上	xon阳平	kon阴平	xon阳平
宿松	kon阴平	kʰon阴平	uon上	kon上	xon阳平	kon阴平	xon阳平
潜山	kon阴平	kʰon阴平	uon上	kon上	xon阳平	kon阴平	xon阳平
怀宁	kon阴平	kʰon阴平	uon上	kon上	xon阳平	kon阴平	xon阳平
太湖	kon阴平	kʰon阴平	uon上	kon上	xon阳平	kon阴平	xon阳平
望江	kon阴平	kʰon阴平	uon上	kon上	xon阳平	kon阴平	xon阳平
东至	kon阴平	kʰon阴平	uon上	kon上	xon阳平	kon阴平	xon阳平

(2) 古全浊声母入声字归阳去,古清声母入声字在岳西、宿松、东至今读入声,其他都归阴去。今有入声的方言都只有入声调,没有入声韵。

(四) 赣语与客家话的关系

赣语和客家话在语音上有不少共同之处,如古全浊声母今逢塞音、塞擦音,不论平仄,均读送气清音;梗摄字一般有文、白两套韵母等。因此,学界早期将赣语和客家话视为汉语的一个大方言区,李方桂称为"赣客家话",赵元任称为"客赣方言"。随着调查的不断深入,20 世纪 80 年代以后,客赣二分的观点被学界广泛认同。

赣语和客家话在语音上的主要差异是,客家话的古次浊上声有很多字("野""尾""有""暖""软""冷") 今读阴平,但赣语极少读阴平。此外,词汇方面也有很多不同。例如,赣语说"吃饭""吃茶""吃烟""吃苦""吃不消",客家话说"食饭""食茶""食烟""食苦""食不消";赣语"我的"说"我个⁼",客家话说"厓介";赣语说"是",客家话说"系";等等。

(五) 赣语研究概述

第一部研究赣语的专著是罗常培《临川音系》(1940)。该书对临川方言的语音系统作了较详细的描写和分析,论述了历史上几次大规模的北人南迁对赣语形成产生的影响,为赣语的研究提供了重要参考。

1935年春,赵元任和李方桂调查了江西52个方言点。1935年秋,赵元任、丁声树、董同龢、吴宗济、杨时逢等调查湖南方言,其中有15个赣语点。1936年,赵元任、丁声树、杨时逢等调查湖北方言,其中有8个赣语点。之后陆续有一系列论著出版和发表,如:赵元任等《湖北方言调查报告》(1948),杨时逢《湖南方言声调分布》(1957)、《湖南方言调查报告》(1974)、《江西方言的内部分歧现象》(1982)。

20世纪五六十年代,全国汉语方言普查时期出现了一批赣语研究成果。1960年湖南师范学院中文系汉语方言普查组编《湖南省汉语方言普查总结报告(初稿)》,调查研究了16个赣语方言点。1962年合肥师范学院方言调查工作组编《安徽方言概况》,调查了安徽6个赣语点,考察其共同特点和内部分歧,简要描写其音系、词汇、语法特点。此外还有一些论文,如杨耐思《临湘方言里的动词补足语》(1957),杨道经《湖南临湘方音与北京语音的比较》(1958),孟庆惠《安徽方音辨正》(1961),金有景《江西广丰话效摄字的读音》(1961),余心乐、何姿文《江西方音辨正》(1964)等,讨论了赣语的一些特殊语音语法现象。

20世纪80年代以后,《方言》《中国语文》等杂志发表了一批关于赣语的论文,具有开创性价值,如熊正辉《南昌方言的声调及其演变》(1979)、颜森《高安(老屋周家)方言的语音系统》(1981)、陈昌仪《余干方言同音字汇》(1990)等。另外,何大安《论赣方言》(1986),张双庆、万波《从邵武方言几个语言特点的性质看其归属》(1996),谢留文《赣语古上声全浊声母字今读阴平调现象》(1998),辛世彪《赣方言声调的演变类型》(1999)等论文深入探讨了赣语的特征、分区、历史等问题。一些赣语研究的专著也相继出版,如陈昌仪《赣方言概要》(1991)、李如龙、张双庆《客赣方言调查报告》(1992),熊正辉《南昌方言词典》(1995),颜森《黎川方言词典》(1995),魏钢强《萍乡方言词典》(1998),刘纶鑫《客赣方言比较研究》(1999),刘泽民《客赣方言历史层次研究》(2005),孙宜志《江西赣方言语音研究》(2007),万波《赣语声母的历史层次研究》(2009),胡松柏等《赣东北方言调查研究》(2009),罗昕如《湘语与赣语比较研究》(2011)等。

海外学者的赣语研究也取得一定的成就。1993年,法国语言学家沙加尔(Laurent Sagart)出版《赣方言研究》(*Les dialectes Gan: Etudes sur la phonologie et le lexique d'un groupe de dialectes chinois*);日本语言学家大岛广美到江西实地调查后,分别于1995年、1996年发表《南丰音系》《赣语知三、章组声母》等论文。

七　客家话

客家话因客家民系得名。所谓"客家"是相对于先在当地居住的"土著"而言的,先来者为"土",后来者为"客"。客家人所说的话就叫"客家话"或"客家方言"。有些地区借用方言中的代词说法称其为"㤫话"、"艾话"或"麻介话"①,也有地区称"新民话""客籍话""怀远话""河源声"。

---

① "㤫"、"艾"和"麻介"都是记音字,前两者相当于第一人称代词单数,后者相当于疑问代词"什么"。

(一) 方言分布及语音特征

客家话分布于广东、江西、福建、广西、台湾、海南、湖南、四川、香港等9省区,200多个县(市、区)。其中广东中东部、福建西部、江西南部的客家人居住最为集中,有很多纯客县(市、区),列举如下:

表 2-91　客家话纯客县分布表

广东	梅县、梅江、平远、蕉岭、兴宁、大埔、五华、丰顺、源城、和平、连平、龙川、紫金、始兴、翁源、新丰
江西	赣县、南康、上犹、崇义、大余、于都、宁都、兴国、石城、瑞金、会昌、安远、寻乌、定南、龙南、全南
福建	长汀、上杭、宁化、清流、永定、武平、连城

此外,海外的新加坡、马来西亚、印度尼西亚、越南、菲律宾、泰国、南太平洋诸岛国以及欧洲、美洲、非洲等地的华人华侨,也有不少说客家话。海内外客家话的使用人口有 4000 多万。

客家话语音特征见下。

1. 古全浊声母今逢塞音、塞擦音不论平仄一律读送气清音,见表 2-92。

表 2-92　客家话古全浊声母今读表[①]

	穷	球	坐	舅	病	鼻	白	直
梅县	kʰiuŋ阳平	kʰiu阳平	tsʰo阴上	kʰiu阳平	pʰiaŋ去	pʰi去	pʰak阳入	tsʰət阳入
香港西贡	kʰiuŋ阳平	kʰiu阳平	tsʰɔ阴上	kʰiu阳平	pʰiaŋ去	pʰi去	pʰak阳入	tsʰit阳入
桃园四县	kʰioŋ阳平	kʰiu阳平	tsʰo阴上	kʰiu阳平	pʰiaŋ去	pʰi去	pʰak阳入	tʃʰit阳入

[①] 梅县方言语料引自黄雪贞编纂:《梅县方言词典》,江苏教育出版社,1995 年;香港、长汀、武平语料引自李如龙、张双庆主编:《客赣方言调查报告》,厦门大学出版社,1992 年;于都语料引自谢留文编纂:《于都方言词典》,江苏教育出版社,1998 年;瑞金引自刘泽民:《瑞金方言研究》,文化艺术出版社,2006 年;桃园语料引自杨时逢:《台湾桃园客家方言》,"中研院"历史语言研究所,1957 年。下同。

(续表)

	穷	球	坐	舅	病	鼻	白	直
长汀	tʃʰioŋ阳平	tʃʰiəɯ阳平	tsʰo阴平	tʃʰiəɯ阳平	pʰiaŋ阳去	pʰi阳去	pʰa阳去	tʃʰŋ阳去
于都	tɕʰiəŋ阳平	tɕʰiu阳平	tsʰɤ阴平	tɕʰiu阳平	pʰia阳去	pʰi阳去	pʰa阳去	tʂʰɛ阳去
瑞金	tɕʰiɤŋ阳平	tɕʰiu阳平	tsʰo阴平	tɕʰiu阳平	pʰiaŋ阳去	pʰi阳去	pʰɑ阳去	tɕʰiʔ阳入

少数仄声字不送气属例外，在客家话内部较为统一，如"笨""队""渠"等，见表 2-93。

表 2-93 客家话古全浊声母今读不送气例字表

	笨 并母	队 定母	渠 群母，第三人称代词
梅县	pun去	tui去	ki阳平
香港 西贡	pun去	tui去	kʰi阴平
长汀	peŋ上	tue上	ke阳平
于都	pẽ阴去	tui阴去	ku阳去
瑞金	pin阴去	tue阴去	ku阳平
赣县	pəŋ去	tue去	tɕi上

2. 一些古非敷奉母字今读[p, pʰ]，保留"古无轻唇音"这一语音特点。各地字数不等，粤台片、汀州片较多，其他片较少。见表 2-94。

表 2-94 客家话古非敷奉母读重唇例字表①

方言片	方言点	例字读音
汀州片	武平 岩前	斧 pu上｜符 pʰu阳平｜扶 pʰu阳平｜飞 poi阴平｜肥 pʰɛi阳平｜发 pueʔ阴入｜饭 pʰuɛŋ去｜分 pʰeŋ阳平｜粪 peŋ去｜放 pioŋ去｜冯 pʰəŋ阳平｜缝 pʰɤŋ阳平｜痱 pi去

---

① 信宜钱排、化州新安方言语料引自李如龙等：《粤西客家方言调查报告》，暨南大学出版社，1999年；铜鼓三都语料引自李如龙、张双庆主编：《客赣方言调查报告》；宁都语料引自谢留文：《客家方言语音研究》，中国社会科学出版社，2003 年。

(续表)

方言片	方言点	例字读音
汀州片	长汀	斧 pu^{上} ｜ 扶 pʰu^{阳平} ｜ 飞 pe^{阴平} ｜ 肥 pʰe^{阳平} ｜ 饭 pʰũ^{阳去} ｜ 分 peŋ^{阴平} ｜ 粪 peŋ^{阴去} ｜ 放 piɔŋ^{阴去} ｜ 痱 pe^{阳去}
粤台片	揭西	斧 pu^{上} ｜ 扶 pʰu^{阳平} ｜ 肺 pʰui^{阴去} ｜ 飞 pi^{阴平} ｜ 肥 pʰi^{阳平} ｜ 分 pun^{阴平} ｜ 粪 pun^{去} ｜ 放 piɔŋ^{去} ｜ 冯 pʰuŋ^{阳平} ｜ 蜂 pʰuŋ^{阴平}
粤台片	梅县	斧 pu^{上} ｜ 符 pʰu^{阳平} ｜ 扶 pʰu^{阳平} ｜ 飞 pi^{阴平} ｜ 肥 pʰi^{阳平} ｜ 分 pun^{阴平} ｜ 粪 pun^{去} ｜ 放 piɔŋ^{去} ｜ 冯 pʰuŋ^{阳平} ｜ 痱 pi^{去}
宁龙片	宁都	斧 pu^{上} ｜ 符 pʰu^{阳平} ｜ 扶 pʰu^{阳平} ｜ 肥 pʰɛi^{阳平} ｜ 饭 pʰan^{阳去} ｜ 贩 pʰuon^{阴去} ｜ 粪 pən^{阴去} ｜ 痱 pi^{阴去} ｜ 吠 pʰuɛi^{阳平}
粤北片	翁源	斧 pu^{上} ｜ 扶 pʰu^{阳平} ｜ 发 pot^{阴入} ｜ 分 pun^{阴平} ｜ 粪 pun^{去} ｜ 痱 pui^{去}
粤西片	信宜$_{钱排}$	斧 pu^{上} ｜ 符 pʰu^{阳平} ｜ 扶 pʰu^{阳平} ｜ 分 pun^{阴平} ｜ 粪 pun^{去}
粤西片	化州$_{新安}$	斧 bu^{上} ｜ 肥 pʰui^{阳平} ｜ 粪 bun^{去}
铜桂片	铜鼓$_{三都}$	痱 pi^{去}
于信片	赣县	痱 pi^{去}

3. 古微、日母白读层读鼻音声母,见表 2-95。

表 2-95 客家话古微日母今读表

	尾	蚊	袜	网	耳	人	日	肉
梅县	mi^{阴平}	mun^{阴平}	mat^{阴入}	mioŋ^{上}	ŋi^{上}	ŋin^{阳平}	ŋit^{阴入}	ŋiuk^{阴入}
五华	mi^{阳平}	mun^{阴平}	mat^{阴入}	mioŋ^{上}	ŋi^{上}	ŋin^{阳平}	ŋit^{阴入}	niuk^{阴入}/ŋiuk^{阴入}
长汀	me^{阴平}	meŋ^{阴平}	mai^{阳平}	miɔŋ^{阳平}	ni^{上}	neŋ^{阳平}	ni^{阳平}	niɯ^{阳平}
瑞金	me^{阴平}	min^{阴平}	maʔ^{阴入}	moŋ^{上}	ȵi^{上}	ȵin^{阳平}	ȵiʔ^{阴入}	ȵiaʔ^{阴入}
于都	mi^{阴平}	mẽ^{阴平}	ma^{阴平}	mɔ̃^{上}	ȵi^{上}	ȵiẽ^{阳平}	ȵiẽ^{阳去}	ȵiəŋ^{阳去}

以上八字,表中各点均读鼻音声母。值得注意的是,梅县、五华、长

汀"网"韵母带[i]介音,古宕摄合口三等非组字读齐齿呼韵母,只在客家话中心地带稳定、连续分布。

4. 多数客家话阳上调消失,一般派入阴平,有的也归入上声、去声(或阴去、阳去),见表 2-96。

表 2-96 客家话古全浊上、次浊上今读①

	坐	弟	重_轻~	懒	痒	有
龙川_大塘村	tsʰɔ阳上	tʰai阳上	tʃʰuŋ阳上	lan阳上	ʒɔŋ阳上	ʒiu阳上
梅县	tsʰɔ阴平	tʰai阴平	tsʰuŋ阴平	lan阴平	ioŋ阴平	iu阴平
于都	tsʰɤ阴平	tʰe阴平	tʂʰəŋ阴平	lã阴平	iɔ̃阴平	iu阴平
五华	tsʰo阴平	tʰai阴平	tʃʰuŋ阴平	lan阴平	ioŋ阴平	iu阴平
瑞金	tsʰo阴平	tʰie阴平	tsʰɤŋ阴平	lan阴平	ioŋ阴平	iu阴平
长汀	tsʰo阴平	tʰie阴平	tʃʰoŋ阴平	laŋ阴平	iɔŋ阴平	iəmei阴平
永定_下洋	tsʰou阴平	tʰei阴平	tsʰuŋ阴平	lan阴平	iɔŋ阴平	iu阴平
明溪	tsʰue上	tʰe上	tʰiɤŋ上	laŋ上	tsʰioŋ上	iu上
河源	tsʰuɔ阴去	tʰie阴去	tsʰoŋ阴去	lan阴去	jyŋ阴去	jiu阴去
大余	tsʰo去	tʰi去	tsʰəŋ去	lã去	iɔ̃去	iu去

由表 2-96 可见,梅县、于都、五华、瑞金、长汀、永定_下洋古全浊上、次浊上今读阴平,明溪读上声,河源读阴去,大余读去声,龙川_大塘村均读阳上,反映了早期客家话上声分阴阳。

(二) 内部分片及代表点音系

客家话可分为 8 片,分别是粤台片、海陆片、粤北片、粤西片、汀州片、宁龙片、于信片、铜桂片。

---

① 明溪方言语料引自李如龙等:《粤西客家方言调查报告》。

1. 粤台片

主要分布于广东、台湾和香港等地,涉及40个县(市、区)。主要语音特点是:有6个调类,平、入声分阴阳,上、去声不分阴阳。从调值来看,阴平绝大多数是高平调,少数是高升或中升调;阳平有两类,一类是低平或低降调,另一类是升调;上声是低降调,去声是高降调;入声调值阴低阳高。

根据今阳平调值,分为梅惠小片和龙华小片。

(1) 梅惠小片:阳平为低平调或低降调。

表 2-97 梅惠小片客家话声调比较表①

	阴平	阳平	上声	去声	阴入	阳入
梅县	44	11	31	53	1	5
兴宁	44	11	21	52	2	5
大埔 长治	44	11	31	52	31	55
增城 程乡	44	11	31	53	1	5
惠东	44	11	31	53	1	5
惠阳	44	11	31	53	1	5
东莞 清溪	33	11	21	42	22	55

---

① 兴宁方言语料引自饶秉才:《兴宁客家话语音》,《客家纵横(增刊)——首届客家方言学术研讨会专集》,闽西客家学研究会,1994年;增城 程乡 语料引自罗兆荣、王、李英:《增城客家话语音的内部异同》,李如龙、周日健主编《客家方言研究》,暨南大学出版社,1998年;大埔语料引自吉川雅之:《大埔县客家话语音特点简介》,李如龙、周日健主编《客家方言研究》,暨南大学出版社,1998年;东莞 清溪、深圳 沙头角 语料引自詹伯慧、张日昇主编:《珠江三角洲方言字音对照》,新世纪出版社,1987年;深圳 宝安 语料引自宝安县地方志编纂委员会编:《宝安县志》,广东人民出版社,1997年;清远语料引自清远县地方志编纂办公室编:《清远县志》,内部发行,1995年;苗栗、屏东语料引自刘镇发:《客家人的分布与客语的分类》,李如龙、周日健主编《客家方言研究》,暨南大学出版社,1998年;香港 西贡 语料引自张双庆、庄初升:《香港新界方言》,商务印书馆(香港)有限公司,2003年。

(续表)

	阴平	阳平	上声	去声	阴入	阳入
深圳_{沙头角}	33	11	31	42	21	55
深圳_{宝安}	33	11	31	42	21	55
清远	24	22	31	53	3	5
苗栗	24	11	31	55	22	55
屏东	24	11	31	55	22	55
香港_{西贡}	34	21	41	52	32	5

惠州市区今有7个声调(阴平55、阳平33、上声35、阴去13、阳去53、阴入45、阳入1),受粤语影响较大,《中国语言地图集》(1987)将其独列为惠州片。本书依《地图集》(2012)将其归入粤台片梅惠小片。

(2)龙华小片:阳平为升调。

表2-98 龙华小片客家话声调比较表①

	阴平	阳平	上声	去声	阴入	阳入
五华	55	35	31	51	1	5
紫金	44	24	31	53	2	5
龙川	44	35	31	53	21	54

---

① 紫金方言语料引自紫金县地方志编纂委员会编:《紫金县志》,广东人民出版社,1994年;龙川语料引自龙川县地方志编纂委员会编:《龙川县志》,广东人民出版社,1994年;和平语料引自和平县地方志编纂委员会编:《和平县志》,广东人民出版社,1999年;丰顺_{丰良}语料引自丰顺县地方志编纂委员会编:《丰顺县志》,广东人民出版社,1995年;新丰语料引自周日健:《广东新丰客家方言记略》,《方言》,1992年第1期;揭西语料引自揭西县地方志编纂委员会编:《揭西县志》,广东人民出版社,1994年;乳源语料引自乳源县地方志编纂委员会编:《乳源县志》,广东人民出版社,1997年;曲江_{马坝}语料引自周日健、冯国强:《曲江马坝(叶屋)客家话语音特点》,李如龙、周日健主编《客家方言研究》,暨南大学出版社,1998年。

(续表)

	阴平	阳平	上声	去声	阴入	阳入
和平	22	14	312	53	1	3
丰顺丰良	44	12	31	53	11	55
新丰	44	24	31	53	1	5
揭西	44	35	21	52	22	55
乳源	55	334	21	51	2	5
曲江马坝	44	24	31	53	1	5

2. 海陆片

分布于广东陆丰、海丰和陆河三县。此外,台湾新竹、桃园、花莲、苗栗等县也有一些乡镇说"海陆腔"客家话。

海陆丰地区以闽语为主,客家话分布较少,主要特点是有 7 个声调,平、去、入声各分阴阳,上声不分阴阳。以陆河河田客家话声调①为例:

阴平　53　　　上声　213　　阴去　31　　阴入　34
阳平　55　　　　　　　　　　阳去　22　　阳入　54

台湾的"海陆腔"客家话与广东的海丰、陆丰客家话语音系统十分接近。

3. 粤北片

分布于广东南雄、乐昌、仁化、翁源、始兴和阳山等市县。粤北片客

---

① 引自潘家懿:《海陆丰客家话与台湾"海陆客"》,《汕头大学学报(人文科学版)》,2000 年第 2 期。

家话与赣南客家话、粤北土话以及湘南土话接触频繁,内部声调一致性不强,与同属广东的其他客家话差异也较大,见表2-99。

表2-99 粤北片客家话声调比较表①

	阴平	阳平	上声	去声	阴入	阳入
翁源_{城关}	22	51	21	55	2	5
翁源_{新江}	33	214	31	45	2	5
始兴	11	53	21	33	35	31
始兴_{太平}	12	51	31	33	45	32
阳山_{黎埠}	35	33	31	52	3	5
南雄_{乌迳}	42	21	24	阴去 12 阳去 5	—	—
乐昌_{梅花}	44	24	41	453	4	2
仁化_{长江}	12	51	31	33	45	32

4. 粤西片

分布于广东化州、信宜、高州、廉江、阳西、阳春、电白(今茂名市电白区)等县(市、区)的部分地区,都有6个声调,平、入声分阴阳,上、去声不分阴阳。虽然粤西片调型、调值与粤台片龙华小片客家话接近,但是两片地理上距离较远,因此仍分为两片。各点调值见表2-100。

---

① 翁源方言语料引自翁源县地方志编纂委员会编:《翁源县志》,广东人民出版社,1997年;始兴语料引自始兴县地方志编纂委员会编:《始兴县志》,广东人民出版社,1997年;阳山_{黎埠}语料引自阳山县地方志编纂委员会编:《阳山县志》,中华书局,2003年;南雄_{乌迳}语料引自张双庆、万波:《南雄(乌迳)方言音系特点》,《方言》,1996年第4期;乐昌_{梅花}语料引自乐昌县地方志编纂委员会编:《乐昌县志》,广东人民出版社,1994年;仁化_{长江}语料引自仁化县地方志编纂委员会编:《仁化县志》,内部发行,1992年。

表 2-100　粤西片客家话声调比较表①

	阴平	阳平	上声	去声	阴入	阳入
阳西 塘口	35	24	21	52	2	5
阳春 三甲	35	12	31	42	21	5
信宜 思贺	45	24	31	51	2	5
信宜 钱排	34	23	31	52	2	4
高州 新垌	44	24	31	41	21	2
电白 沙琅	34	213	31	54	2	5
化州 新安	55	35	31	33	3	5
廉江 石角	45	12	31	44	2	5
廉江 青平	55	24	31	33	21	5

5. 汀州片

分布于闽西永定、长汀、上杭、武平、连城、宁化、清流、明溪等县区。主要特点是古咸深山臻摄阳声韵字今无[-m,-n]韵尾,读为[-ŋ]尾、鼻化韵或开尾韵,见表 2-101。

表 2-101　汀州片客家话古咸深山臻摄阳声韵今读表②

	贪	剑	心	林	山	天	宽	劝	真
宁化	tʰaŋ 阴平	kiaŋ 上	siŋ 阴平	liŋ 阴平	sæ̃ 阴平	tʰiẽ 阴平	kʰuæ̃ 阴平	kʰiẽ 上	tsɛ̃i 阴平
清流	tʰã 阴平	ki 阳去	sɤŋ 阴平	lɤŋ 阴平	sã 阴平	tʰĩ 阴平	kʰuã 阴平	kʰui 阳去	tʃiɤŋ 阴平
连城	tʰaŋ 阴平	ke 阴去	seŋ 阴平	teŋ 阴平	sa 阴平	tʰẽ 阴平	kʰuɔ 阴平	kʰue 阴去	tʃeŋ 阴平
长汀	tʰaŋ 阴平	tʃie 阴去	seŋ 阴平	teŋ 阴平	saŋ 阴平	tʰiẽ 阴平	kʰũ 阴平	tʃʰ 阴去	tʃeŋ 阴平
上杭	tʰã 阴平	tʃie 去	səŋ 阴平	təŋ 阴平	sã 阴平	tʰiẽ 阴平	kʰuõ 阴平	tɕʰie 阴去	tsəŋ 阴平

---

① 表中材料引自李如龙等:《粤西客家方言调查报告》。
② 表中材料引自蓝小玲:《闽西客话语音系统》,李如龙、周日健主编《客家方言研究》,暨南大学出版社,1998年;蓝小玲:《闽西客家方言》,厦门大学出版社,1999年。

（续表）

	贪	剑	心	林	山	天	宽	劝	真
永定	tʰæ阴平	tɕiaŋ去	səŋ阴平	ləŋ阳平	sæ阴平	tʰiẽ阴平	kʰuæ阴平	tɕʰiẽ去	tsəŋ阴平
武平	tʰaŋ阴平	tɕieŋ去	ɕiŋ阴平	tiŋ阳平	saŋ阴平	tʰieŋ阴平	kʰueŋ阴平	tɕʰieŋ去	tseŋ阴平

本片客家话大体分北、中、南三小片。北片包括清流、宁化、明溪，中片包括连城和长汀，南片包括上杭、永定、武平。南、北片语音存在一定差异，中片语音特点介于南片和北片之间，具有过渡性特征。例如，中片的古入声和北片相同，无塞音韵尾，南片有喉塞尾，见表 2-102。

表 2-102 汀州片客家话古入声今读表

方言片	方言点	夺	铁	笔	夹	接	木	哭
北片	宁化	tua∧	tʰie∧	pi∧	kia∧	tsia∧	mu∧	kʰu∧
	清流	tʰua上	tʰe上	pi上	kia上	tsia上	mu上	kʰu上
中片	连城	tʰue阴去	tʰe阴去	pi阳去	kia阳去	tsi阳去	mə阳去	kʰyE阳去
	长汀	tue阳去	tʰe阳平	pi阳平	ka阳平	tse阳平	mu阳平	kʰu阳平
南片	上杭	tʰuoʔ阳入	tʰieʔ阴入	peiʔ阴入	kaʔ阴入	tɕieʔ阴入	məkʰ阴入	kʰəkʰ阴入
	永定	tʰuʔ阳入	tʰieʔ阴入	piʔ阴入	tɕiaʔ阴入	tɕieʔ阴入	muʔ阴入	kʰuʔ阴入
	武平	tʰuʔ阳入	tʰiʔ阴入	piʔ阴入	tɕiaʔ阴入	tɕieʔ阴入	məuʔ阴入	kʰəʔ阴入

古来母字今逢细音，中片、南片有读[t]声母的，北片没有，见表 2-103。

表 2-103 汀州片客家话古来母细音今读表

方言片	方言点	六	林	两两个	力	绿	笠	里里面	凉
北片	宁化	lieu∧	liŋ阳平	lioŋ上	li∧	lieu∧	lie∧	li阴平	lioŋ阳平
	清流	liɤ∧	lɤŋ阳平	liɔ上	li∧	liɤ∧	li∧	li上	liɔ阳平

(续表)

方言片	方言点	六	林	两两个	力	绿	笠	里里面	凉
中片	连城	tɐɯ阳去	teŋ阳平	tioŋ上	ti阳去	tɐɯ阴去	ti阳去	ti上	tioŋ阳平
中片	长汀	tɐɯ阳去	teŋ阳平	tioŋ上	ti阳去	tɐɯ阳去	ti阳平	ti上	tioŋ阳平
南片	上杭	tək阳入	təŋ阳平	tioŋ上	leiʔ阳入	liəkʔ阳入	teiʔ阴入	ti阴平	lioŋ阳平
南片	永定	liuʔ阴入	ləŋ阳平	liŋ上	leiʔ阴入	liuʔ阴入	leiʔ阴入	li上	liŋ阳平
南片	武平	təuʔ阴入	liŋ阳平	tioŋ上	tiʔ阴入	luʔ阳入	tiʔ阴入	ti上	tioŋ阳平

6. 宁龙片①

分布于江西宁都、石城、全南、龙南、定南、寻乌等县。主要特点是古合口二等字今韵母无[u]介音,"梗茎"字没有[u]介音,见表2-104。

表 2-104 宁龙片客家话古合口二等今读表

	瓜假合二	怪蟹合二	关山合二	梗梗开二
宁都	ka阴平	kai阳去	kan阴平	kaŋ上
石城	ka阴平	kai去	kan阴平	kaŋ上
全南	ka阴平	kai阳去	kan阴平	kaŋ上
龙南	ka阴平	kai阳去	kan阴平	kaŋ上
定南	ka阴平	kai阴去	kan阴平	kaŋ上

7. 于信片

分布于江西南部的赣县、南康、于都、大余、崇义、上犹、兴国、瑞金、安远、会昌、信丰等县(市、区)。主要特点有:

(1) 古晓、匣母合口一二等(遇摄除外)和止摄合口三等、蟹摄合

---

① 宁龙片、于信片语料引自刘纶鑫:《江西客家方言概况》,江西人民出版社,2001年。

口四等今一般读[h],不读[f],见表2-105。

表2-105 于信片客家话古晓匣母合口今读表

	火	花	坏	挥	活	昏	荒	红
于都	hɤ上	hua阴平	huæ阴去	hui阴平	hoɛ阳去	huɛ̃阴平	hɔ̃阴平	həŋ阳平
赣县	ho上	hua阴平	huæ去	—	hoʔ阴入	huəŋ阴平	hõ阴平	həŋ阳平
南康	ho上	hua阴平	huæ去	hue阴平	hoe去	huɛ̃阴平	hɔ̃阴平	həŋ阳平
大余	ho上	hua阴平	huæ去	—	huə阴平	huɛ̃阴平	hɔ̃阴平	həŋ阳平
上犹	ho上	hua阴平	huæ去	hue阴平	huo去	huɔ阴平	hɔ̃阴平	həŋ阳平
安远	hɷ上	hua阴平	hue阳去	hue阴平	hoɜ阴入	huəŋ阴平	hɔŋ阴平	həŋ阳平

(2) 古效摄三四等今韵母主元音均为[ɔ],见表2-106。

表2-106 于信片客家话古效摄三四等今读表

	小	潮	烧	桥	鸟	叫	晓
于都	siɔ上	tʃhɔ阳平	ʃɔ阴平	tɕhiɔ阳平	tiɔ阴平	tɕiɔ阴去	ɕiɔ上
赣县	ɕiɔ上	tshɔ阳平	sɔ阴平	tɕhiɔ阳平	tiɔ去	tɕiɔ去	ɕiɔ上
南康	ɕiɔ上	tshɔ阳平	sɔ阴平	tɕhiɔ阳平	tiɔ阴平	tɕiɔ阴去	ɕiɔ上
大余	ɕiɔ上	tshɔ阳平	sɔ阴平	tɕhiɔ阳平	tiɔ阴平	tɕiɔ阴平	ɕiɔ上
上犹	ɕiɔ上	tshɔ阳平	sɔ阴平	tɕhiɔ阳平	tiɔ阴平	tɕiɔ阳平	ɕiɔ上
安远	siɔ上	tshɔ阳平	sɔ阴平	tɕhiɔ阳平	tiɔ阴平	tɕiɔ去	ɕiɔ上
瑞金	ɕiɔ上	tshɔ阳平	sɔ阴平	tɕhiɔ阳平	niɔ上	tɕiɔ阴去	ɕiɔ上
崇义	ɕiɔ上	tshɔ阳平	sɔ阴平	tɕhiɔ阳平	tiɔ阴平	tɕiɔ阴去	ɕiɔ上
会昌	ɕiɔ上	tshɔ阳平	sɔ阴平	tɕhiɔ阳平	tiɔ阴平	tɕiɔ阴去	ɕiɔ上

8. 铜桂片

分布于江西中北部和湖南境内的28个县(市、区)。主要特点有:

（1）有6个声调，平、入声分阴阳，上、去声不分阴阳。

（2）片内方言调型、调值都很接近。阴平是中（高）升调或中（高）平调，阳平是低升或低平调，上声是低降调，去声是高降或高平调，阴入是低短调，阳入是高短调，见表2-107。

表2-107　铜桂片客家话声调比较表①

	阴平	阳平	上声	去声	阴入	阳入
铜鼓	24	13	21	53	2	5
修水	24	13	21	53	2	5
奉新	24	13	21	53	2	5
万载	24	13	42	53	2	5
井冈山	44	11	31	53	1	5
泰和	44	11	31	53	2	5
遂川	33	11	21	53	2	5
万安	24	11	31	44	3	5
浏阳	35	13	21	53	3	5
平江	35	13	21	55	3	5
醴陵	35	13	11	53	3	55
攸县	35	13	11	44	2	5
茶陵	35	12	31	55	2	5
炎陵	35	13	31	55	3	5
江华	35	12	21	53	2	5
汝城	33	12	21	53	35	35
新田	35	13	11	55	32	32
宜章	33	212	31	45	—	—

铜桂片（汝城、新田、宜章除外）的声调系统与粤台片比较接近，这

---

① 表中铜鼓至遂川方言语料引自刘纶鑫：《江西客家方言概况》；万安至宜章语料引自陈立中：《湖南客家方言的源流与演变》，岳麓书社，2003年。

与明清之际广东、福建的移民有关。

兹以梅县(粤台片)、大余(于信片)和长汀(汀州片)为例,列举音系如下。①

梅县话音系

声母(17个)

p	冰斧半北	p^h	肥破病别	m	棉尾命袜	f	花火裤罚	v 黄武芋滑
t	知点冻跌	t^h	头土大敌	n	泥努嫩纳			l 蓝李两六
ts	祖庄针作	ts^h	深坐郑昨			s	苏沙俦十	
k	哥古见角	k^h	可共溪级	ŋ	疑耳硬额	h	开喊去吓	
Ø	哑音绒一							

说明:

① [v]的摩擦很轻,实际音值是[ʋ]。

② [k, k^h, ŋ, h]与[i, i-]相拼时,实际音值是[c, c^h, ɲ, ç]。

韵母(73个)

ɿ	租资数世	i	知围雨配	u	夫图手芋	
a	家蛇瓦话	ia	爹邪野夜	ua	瓜跨	
e	鸡洗係契	ie	□[kie⁴⁴]第三人称代词领格			
o	多鹅傻破	io	茄靴	uo	果过	
ai	大	iai	解椰	uai	乖快	
oi	灰来改吙					
ui	亏雷水魏	iui	锐			
au	包桃考澳	iau	标条小尿			

---

① 梅县音系参考黄雪贞编纂:《梅县方言词典》,第 4—5 页;大余音系参考刘纶鑫:《江西客家方言概况》,第 55—56 页;长汀音系参考李如龙、张双庆主编:《客赣方言调查报告》,第 6 页。

eu	欧楼口埠				
iu	秋留九右				
əm	针沉沈	im	心林饮任		
am	衫蝉胆馅	iam	尖严点欠		
em	森含				
ən	珍神镇	in	兴人品进		
an	潘闲晚岸	ian	艰颜县	uan	关款
en	朋层等更	ien	天棉选电	uen	耿
on	专团碗汗	ion	旋软	uon	官管
un	吞唇本棍	iun	云永忍近		
aŋ	彭冷郑坑	iaŋ	轻营岭病	uaŋ	矿
oŋ	帮糖掌巷	ioŋ	筐房网向	uoŋ	狂广
uŋ	双铜孔送	iuŋ	兄龙恐用		
əp	汁湿	ip	入集立		
ap	法答杂鸽	iap	贴接夹叶		
ep	粒涩				
ət	侄食	it	笔特七日		
at	<u>发</u>挖滑辣瞎	iat	洁血乙孽	uat	刮
et	北获色踢	iet	跌别雪裂	uet	国
ot	<u>发</u>脱刷喝				
ut	物秃佛出	iut	曲郁		
ak	白格尺客	iak	壁锡额剧	uak	礗_{很、非常}
ok	学落镬恶	iok	缚脚弱约	uok	郭
uk	木毒竹骨	iuk	六足肉玉		
m̩	唔_不	n̩	女吴		

说明：

① [em, en, ien, uen, ep, et, iet, uet]中的[e]实际音值为[ɛ]。

② [on, ion, uon, oŋ, ioŋ, uoŋ, ot, ok, iok, uok]中的[o]实际音值为[ɔ]。

声调(6个)

阴平	44	东花搬<u>近</u>坐染蚊
阳平	11	鹅穷床难华南连
上声	31	古使摆枕远眼米
去声	53	布碰<u>近</u>豆厚正量
阴入	1	甲血八曲色六日
阳入	5	获达食辣绿月热

大余话音系

声母(20个)

p	包边	pʰ	婆盆	m	蛮门	f	分虎	v	弯横
t	担东	tʰ	通吐					l	罗难
ts	资斋	tsʰ	猜治			s	思时		
tɕ	尖今	tɕʰ	亲近	ȵ	人泥	ɕ	相起		
k	家公	kʰ	科夸	ŋ	颜咬	h	豪灰		
ø	挨盐								

韵母(33个)

ɿ	知思	i	鸡非	u	都租	y	竹肉
a	巴白	ia	爹壁	ua	瓜挂		
æ	买豆			uæ	乖怪		
		iɛ	笔叶			yɛ	决出
e	北得			ue	归亏		
ø	杯堆					yø	规鬼

ə	八杂			uə	骨阔
ɔ	包毛	iɔ	标桥		
o	波过	io	脚茄		
iu	丢周				
ẽ	搬分	iẽ	边盐	uẽ	昆滚
ã	班彭	iã	转软	uã	官宽
ɔ̃	帮端	iɔ̃	姜亮		
əŋ	东中	iŋ	林真		
m̩(n̩、ŋ̍)	鱼五				

声调(5个)

阴平	33	高天大病百德
阳平	11	前田才床人牙
上声	42	扁古口老马五
去声	24	半变盖送懒暖
入声	55	月热急一七八

长汀话音系

声母(20个)

p	布腹	pʰ	皮步	m	毛网	f	方胡	v	滑远
t	东凉	tʰ	桃断	n	农耳			l	路良
ts	早捉	tsʰ	初字			s	姓师		
tʃ	猪纸	tʃʰ	除桥			ʃ	诗晓		
k	姑阶	kʰ	看跪	ŋ	牙银	h	寒孝		
∅	哑有								

说明:[tʃ,tʃʰ,ʃ]与细音相拼时,实际音值近[tɕ,tɕʰ,ɕ]。

韵母(30个)

ɿ	资食	i	西耳	u(ʉ)	副猪
a	家百	ia	斜迹	ua	瓜瓦
e	飞八	ie	街月	ue	赔国
o	多学	io	茄脚		
ɔ	毛交	iɔ	尿晓		
ai	怀辣			ui	亏归
əɯ	手绿	iəɯ	酒足		
iē	全盐				
				ū	寒饭
aŋ	担声	iaŋ	请命	uaŋ	关惯
eŋ	层春	ieŋ	英永	ueŋ	困棍
ɔŋ	长暗	iɔŋ	香网		
oŋ	东风	ioŋ	虫穷		
ŋ̍	吴五				

说明：

① [əɯ]韵中的[ə]舌位略低,近于[ɐ]。

② [eŋ]韵中的[e]舌位略低,近于[ɛ]。

③ [u]韵逢舌叶音声母读为圆唇央元音[ʉ]。

声调(5个)

阴平	33	三坐
阳平	24	寒国
上声	42	古老
阴去	54	盖爱
阳去	21	地月

早期的客家话研究注重古语词溯源和本字考释,如黄钊《石窟一征》①(1882)、温仲和《嘉应州志》(1898)均设方言卷,收录若干梅州地区的方言词及谚语,广引文献书证分析音义。杨恭桓《客话本字》(1907)以《广韵》为参照,考察客家方言土语,探讨客家方言与古汉语之间的关系。民国二十一年(1932)兴宁人罗翙云《客方言》按义类考释客家方言语词逾千条,注明音读,溯其词源。上述著作为后人提供了不少有价值的方言文献资料。

鸦片战争后,西方传教士陆续来到客家地区传教。为传教方便,传教士先学会当地的客家方言,然后编写出版客家方言《圣经》译本、客家方言字词典、客家方言启蒙课本和其他方言著作。《圣经》译本有黎力基(Rudolph Lechler)《客家俗话马太传福音书》(*Das Evangelium des Matthaeus im Volksdialekte der Hakka-Chinesen*, 1860)。字词典主要有纪多纳(Donald Maciver)、玛坚琇(M. C. Mackenzie)编著的《客英词典》(*A Chinese-English Dictionary, Hakka Dialect as Spoken in Kwang-Dung Province*, 1905),巴色会出版的《初学者简明德客词典》(*Kleines Deutsch-Hakka-Wörterbuch für Anfänger*, 1909)等。语法著作有德文版《简明客家语法》(*Kleine Hakka-Grammatik*, 1909)。启蒙课本有《启蒙浅学》(*First Book of Reading in the Romanised Colloquial of the Hakka-Chinese in the Province of Canton*, 1879)等。这些传教士利用近代西方语言学方法,记录了19世纪中叶至20世纪初期客家方言的概貌。

20世纪40年代后,客家方言的研究取得新进展,海内外学者陆续发表大量客家方言研究论著,如:罗常培《从客家迁徙的踪迹论客赣方言的关系》(1942),杨时逢《台湾桃园客家方言》(1957),沙加尔《粉岭

---

① "石窟"为镇平(今广东蕉岭)县治所在地,《石窟一征》实际是"镇平县志",因其为私家著述,故不称"志"。

崇谦堂客家话语音系统》(*Phonologie du dialecte hakka de Sung Him Tong*,1982),罗肇锦《客语语法》(1984),李如龙、张双庆《客赣方言调查报告》(1992),哈玛宛《印度尼西亚西爪哇客家话》(1994),黄雪珍《梅县方言词典》(1995),项梦冰《连城客家话语法研究》(1997),谢留文《于都方言词典》(1998),刘纶鑫《江西客家方言概况》(2001),谢留文《客家方言语音研究》(2003),刘泽民《客赣方言历史层次研究》(2005),温美姬《梅县方言古语词研究》(2009),温昌衍《客家方言特征词研究》(2012),庄初升、黄婷婷《19世纪香港新界的客家方言》(2014),柯蔚南(W. South Coblin)《共同新客家话语音系统的比较构拟》(*Common Neo-Hakka: A Comparative Reconstruction*,2019)等。

八 粤语

"粤"是广东省的简称,粤语通行于广东、广西许多县市和香港、澳门特别行政区以及东南亚、美洲、大洋洲、欧洲、非洲的华人社区,使用人口约6800万。

(一)方言特点

1. 古全浊声母在多数方言中已经清化。有些方言逢平声、上声读送气清音,逢去声、入声读不送气清音,如广州[1]"牌"[$p^hai^{阳平}$]、

---

[1] 广州、斗门、台山、恩平、开平方言语料引自詹伯慧、张日昇主编:《珠江三角洲字音对照》,广东人民出版社,1987年;梧州语料引自李琼琼:《广西梧州市区白话同音字汇》,《钦州学院学报》,2019年第4期;百色语料引自严春艳《百色市右江区粤语同音字汇》,《百色学院学报》,2013年第4期;南宁语料引自谢建猷《南宁白话同音字汇》,《方言》,1994年第4期;吴阳、廉江、吴川、茂名、信宜、化州、高州语料引自邵慧君:《粤西湛茂地区粤语语音研究》,中山大学出版社,2016年;封开、开建、封川语料引自侯兴泉:《封开方言志》,世界图书出版公司,2017年;四会语料引自黄拾全:《广东四会(城中)方言同音字汇》,《方言》,2002年第3期;廉州语料引自蔡权:《广西廉州方音系》,《方言》,1987年第1期。

"被_(棉被)"[pʰei^(阳上)]、"自"[tsi^(阳去)]、"杂"[tsap^(阳入)]。有些方言平声送气,仄声不送气,如南宁"婆"[pʰɔ^(阳平)]、"罢"[pa^(阳去)]、"败"[pai^(阳去)]、"白"[pak^(阳入)]。有些方言不论平仄一律送气,如吴阳话"婆"[pʰɔ^(阳平)]、"柱"[tsʰi^(阳上)]、"败"[pʰai^(阳去)]、"贼"[tʰɐk^(阳入)]。有些方言不论平仄一律不送气,如封开"田"[tɛn^(阳平)]、"罢"[pa^(阳去)]、"电"[tin^(阳去)]、"杂"[tʃap^(下阴入)]。

2. 古微母今读双唇音[m-],如广州"舞_微=母_明"[mou^(阳上)],南宁"万_微=慢_明"[man^(阳去)]。

3. 齿音声母一般只有一套,古精组与知庄章组合流,读[ts,tsʰ,s]或[tʃ,tʃʰ,ʃ],如广州"资_精"[tsi^(阴平)]、"丑_彻"[tsʰɐu^(阴上)]、"手_书"[sɐu^(阴上)],廉江"资_精"[tʃi^(阴平)]、"知_知"[tʃi^(阴平)]、"车_昌"[tʃʰe^(阴平)]、"所_生"[ʃo^(阴上)]。

4. 古溪母今读[f-]或[h-],如南宁"宽"[fun^(阴平)]、"空"[hoŋ^(阴平)]、"考"[hau^(阴上)],廉江"苦"[fu^(阴上)]、"开"[hɔi^(阴平)]、"坑"[haŋ^(阴平)]。

5. 古疑母一二等今读[ŋ-],如广州"外"[ŋɔi^(阳去)],吴川"碍"[ŋuai^(阳去)],四会"咬"[ŋeu^(阳去)]。

6. 长元音[a]与短元音[ɐ]构成音位对立①,如廉江"街"[kai^(阴平)]≠"鸡"[kɐi^(阴平)],广州"三"[ʃam^(阴平)]≠"心"[ʃɐm^(阴平)]。

7. 有[-m,-n,-ŋ]三个鼻音韵尾和[-p,-t,-k]三个塞音韵尾,如广州"咸"[ham^(阳平)]、"见"[kin^(阴去)]、"方"[foŋ^(阴平)]、"捏"[nip^(阳入)]、"必"[pit^(上阴入)]、"获"[wok^(阳入)],南宁"针"[tʃɐm^(阴平)]、"文"[mɐn^(阳平)]、"江"[kɔŋ^(阴平)]、"汁"[tʃɐp^(上阴入)]、"物"[mɐt^(阳入)]、"觉"[kɔk^(下阴入)]。

8. 声调有8至10个不等,如台山、廉江8个调,广州、南宁9个调,

---

① 此处用[a]表示长元音[a:]。

封开、吴阳 10 个调。大多数方言有上阴入、下阴入、阳入 3 个入声调。

(二) 内部分片及代表点音系

粤语分为广府片、四邑片、高阳片、吴化片、勾漏片、邕浔片、钦廉片 7 个片。

1. 广府片

广府片是粤语中使用人数最多、影响最大的方言片,主要分布于广东珠江三角洲一带,广西西江流域上游的部分地区和香港、澳门特别行政区,共 35 个县(市、区),使用人口约 2834 万。此外,粤北韶关、乐昌、曲江三县市的城区也通行广府片粤语。广府片的主要特点有:

(1) 古全浊声母清化,今逢塞音、塞擦音平上送气,去入不送气。这一特点有别于勾漏片粤语(一律不送气),也有别于吴化片粤语(一律送气)。如广州"牌"[pʰai阳平]、"被棉被"[pʰei阳上]、"弟"[tei阳去]、"杂"[tsap阳入]。

(2) 古鱼虞韵与模韵分立,如广州"书鱼"[sy阴平]、"朱虞"[tsy阴平]、"苏模"[sou阴平],梧州"书鱼"[ʃy阴平]、"朱虞"[tʃy阴平]、"苏模"[ʃu阴平]。

兹以广州为例,列举音系如下。①

广州音系

声母(18 个)

| p | 巴布白 | pʰ | 普跑评 | m | 麻美物 | f | 飞夫发 | | | w | 护毁坏 |
| t | 打帝独 | tʰ | 拖体踢 | n | 泥女男 | | | l | 来鲁历 | | |

---

① 广州音系参考詹伯慧:《广东粤方言概要》,暨南大学出版社,2002 年,第 291—292 页。

ts	渣政接	tsʰ	此吵床		s	诗消蚀	j	优严叶
k	家改革	kʰ	溪求括	ŋ 牙外岳	h	希好去		
Ø	阿哀欧							

说明：

① [ts,tsʰ,s]的发音部位介乎舌尖前及舌叶音之间，实际音值往往因后面韵母的影响而发生变化：在前低元音[a]前舌位较前，但在高元音前则舌位较后，接近舌叶音[tʃ,tʃʰ,ʃ]。

② [n,l]在广州话中构成音位对立，但现在有[n,l]相混的趋势，部分人把[n]也念作[l]。

③ [ŋ,Ø]也有相混的趋势。

韵母(85个)

		i	依耳	u	姑湖	y	于鱼	
a	家花	ia	也	ua	瓜华			
ɛ	茄姐	iɛ	夜惹					
œ	靴							
ɔ	哥过			uɔ	过禾			
ai	街买			uai	乖			
ɐi	鸡米	iɐi	兮	uɐi	贵盔			
ei	基寄			ui	绘杯			
ɔi	该菜							
œy	居旅	iœy	锐芮					
au	交包							
ɐu	狗酒	iɐu	右					
ou	高老							
		iu	娇笑					
am	监咸							

ɐm	金含	iɐm	音饮		
		im	兼闪		
				un	观换	yn	捐暖
an	间反			uan	关		
ɐn	根粉	iɐn	人	uɐn	军		
		in	坚天				
œn	论	iœn	润				
ɔn	干旱						
aŋ	耕冷			uaŋ	横		
ɐŋ	庚憎			uɐŋ	宏弘		
œŋ	姜凉	iœŋ	央				
ɔŋ	江浪			uɔŋ	广		
oŋ	公种	ioŋ	勇				
ɛŋ	镜命	iɛŋ	赢				
eŋ	经	ieŋ	英	ueŋ	荣		
ap	甲杂	ip	劫叶				
ɐp	急十	iɐp	入				
		it	结热	ut	括阔	yt	决月
at	辣扎			uat	刮		
ɐt	吉密	iɐt	日逸	uɐt	屈		
œt	律出						
ɔt	葛割						
ak	格拍			uak	划		
ɐk	德塞						
ɛk	剧石						
ek	激	iek	益	uek	域或		
œk	脚	iœk	药				

ɔk	各学			uɔk	国馘
ok	谷竹	iok	肉育		
m̩	唔	ŋ̍	五吴		

说明：

① [eŋ, ek]中的[e]实际音值近[ɪ]。

② [œy, œn, œt]中的[œ]实际音值近[ø]。

声调(9 个)

阴平	55	夫分思尊丁边
阳平	21	扶坟时才平寒
阴上	35	苦粉史使古跑
阳上	13	妇愤件五瓦市
阴去	33	富训试汉秀变
阳去	22	父份士事共路
上阴入	<u>55</u>	福忽式识一竹
下阴入	<u>33</u>	法发锡泄鸭百
阳入	<u>22</u>	服佛罚食白局

说明：① 阴平有 55 和 53 变体。

② 阳平有 21 和 11 变体。

2. 四邑片

主要分布于广东潭江流域的江门_{蓬江区、江海区}、新会_{今并入江门市}、恩平、开平、台山、鹤山、珠海_{斗门区}等 7 个县市，使用人口约 388 万。主要特点有：

（1）古全浊声母清化，今逢塞音、塞擦音平上送气，去入不送气。如斗门"牌"[pʰai 阳平]、"被 棉被"[pʰei 阳上]、"弟"[tɐi 去]、"杂"[tsap 阳入]，台山"牌"[pʰai 阳平]、"被 棉被"[pʰi 阳上]、"步"[pu 去]、"杂"[tap 阳入]。

（2）古透母字和定母平声字今读清喉擦音[h-]，如台山"天_透"[hen^阴平]、"跳_透"[hiau^阴平]、"亭_定"[hen^阳平]，恩平"天"[hian^阴平]、"土_透"[hu^上]、"亭_定"[heŋ^阳平]。

（3）古端母今读零声母，如台山"刀"[au^阴平]、"董"[ŋ^阴上]、"得"[ak^上阴入]，开平"低"[ai^阴平]、"胆"[am^阴上]、"得"[ak^上阴入]。

兹以台山_台城为例，列举音系如下。①

台山_台城音系

声母(19个)

p	霸波	p^h	爬破	^mb	马魔	f	法火	v	祸蛙
t	左尖	t^h	清翠	^nd	女南			l	吕林
ts	仗渣	ts^h	叉撒			s	舌沙	z	野余	ɬ	锁司
k	家谷	k^h	垮曲	^ŋg	牙鱼	h	哭河		
∅	多亚								

说明：

① [^mb, ^nd, ^ŋg]浊塞音色彩较重，鼻音色彩相对较弱。

② [z]与[i]或[i-]相拼时实际音值近[ʑ]。

③ [ts, ts^h, s]与[i]或[i-]相拼时实际音值近[tɕ, tɕ^h, ɕ]。

韵母(42个)

a	怕他	i	氏衣	u	自湖
ɔ	妥婆				
ai	街鸡				
		iɛ	遮夜		
ei	地轨			ui	徐锐

---

① 台山音系参考詹伯慧：《广东粤方言概要》，第297—298页。

au	道交	iau	照刁			
eu	够呕	iu	秀流			
ɔi	爱台					
am	陷南	iam	闪尖			
em	衔	im	锦音			
an	范丹					
en	京变	in	品鳞	un	喘吞	
øn	联					
ɔn	暖肝					
aŋ	冷行	iaŋ	枪郑			
øŋ	众功					
ɔŋ	望汤					
ap	盒答	iap	接妾			
ep	磕	ip	邑入			
at	法压	it	匹笔	ut	劣骨	
et	席别					
øt	栗					
ɔt	割抹					
ak	脉窄	iak	药脊			
øk	谷屋					
ɔk	恶落					
ṁ(ŋ̇)	唔五					

说明

① [ɔ, ɔi, ɔn, ɔt]实际音值为[ᵘɔ, ᵘɔi, ᵘɔn, ᵘɔt]。

② [øŋ, øk]实际音值为[øᵘŋ, øᵘk]。

声调(8个)

阴平	33	诗官梯妻世次
阳平	22	时柴梅徐频糖
阴上	55	史矮米女碗仪
阳上	21	市街倍桑猛隐
去声	31	事败鼻艺队换
上阴入	55	式笔出幕作略
下阴入	33	窄拆吓革脊踢
阳入	21	食活密窟术诺

3. 高阳片

主要分布于粤西南的茂名、阳江、湛江等 11 个县(市、区),使用人口约 643 万。高阳片的主要特点有:

(1) 古全浊声母平上送气,去入不送气。如茂名〔茂南区〕"平"[pʰeŋ阳平]、"被〔棉被〕"[pʰɛi阳上]、"步"[pou阳去]、"直"[tʃek阳入];信宜"平"[pʰeŋ阳平]、"被〔棉被〕"[pʰei阳上]、"大"[tai阳去]、"杂"[tʃap阳入]。

(2) 古心母大多读清边擦音[ɬ-],如信宜"四"[ɬɛi阴去],化州"西"[ɬei阴平],高州"小"[ɬiu阴上]。

4. 吴化片

集中分布于茂名西南、湛江以东的海湾地带,共 3 个市区,使用人口约 128 万。吴化片的主要特点有:

(1) 古全浊声母不论平仄,一律读送气清音,这是吴化片粤语的突出特点,如吴阳"牌"[pʰai阳平]、"被〔棉被〕"[pʰei阳上]、"弟"[tʰɐi阳上]、"杂"[tʰap阳入]。

（2）古精组（心母除外）读[t-, tʰ-]，心母读[ɬ-]，如吴阳"走"[tɐu阴上]、"秋"[tʰɐu阴平]、"才"[tʰuɔi阴平]、"尖"[tim阴平]、"苏"[ɬou阴平]、"三"[ɬam阴平]、"心"[ɬɐm阴平]。

5. 勾漏片

主要分布于广东清远、肇庆的部分地区及广西东部的北流、苍梧等43个县（市、区），使用人口约1030万。勾漏片的主要特点有：

（1）古全浊声母不分平仄，一律读不送气清音，如开建"婆"[puə阳平]、"被棉被"[pei阳上]、"电"[tin阳去]、"杂"[tʃap下阳入]，四会"田"[ten阳平]、"电"[ten阳去]、"白"[pak阳入]。

（2）一些方言古精清母今读[tʃ-]组，心母读[ɬ]，如封川话"组"[tʃɔ阴上]、"楚"[tʃʰɔ阴上]、"锁"[ɬɔ阴上]。

（3）疑母细音和日母多合流为[ȵ]，如开建话"玉疑"[ȵiok上阳入]、"柔日"[ȵieu阳平]、"乳日"[ȵiœ阳上]。

兹以封开开建为例，列举音系如下。①

封开开建音系

声母（17个）

p	巴婆板八	pʰ	批派片匹	m	芒麻网莫	f	非花份窟
t	带驼长得	tʰ	太吐摊踢	n	奶暖农嫩	l	栏郎笼鹿
k	记钳干各	kʰ	卡区抗曲	ŋ	牙勾眼岳	h	海去向乞
tʃ	坐邪床作	tʃʰ	取秋产测	ȵ	软严鱼肉	ʃ	四散生式
Ø	野话阳划						

说明：[tʃ, tʃʰ, ʃ]与[i]相拼时实际音值为[tɕ, tɕʰ, ɕ]。

---

① 封开音系参考侯兴泉：《封开方言志》，第42—45页。

韵母(95 个)

		i	支机耳衣	u	租夫母妇	y	徐住于
a	阿巴家花	ia	有	ua	瓜夸挂画		
ɛ	茄例契蚁	iᵋ	写夜世使	uɛ	□爬		
œ	哥靴催税	iœ	锐				
ɔ	河肚操告	iɔ	□起哄	uᵓ	罗左初司		
ai	带街排鞋	iai	□削竹篾	uai	怪块乖坏		
ɐi	鸡皮李弟	iɐi	□差劲,不乖	uɐi	龟葵围伟		
ei	姊比四字	iei	□抓住,扯紧	uei	鬼喂贵位		
ɔi	该害腮再			uⁱ	梅灰杯会		
œy	蛆去须猪						
au	靠包抄软	iau	友				
ɐu	偷秋球刘	iɐu	休忧油				
ou	走狗就斗	iou	右幼				
ɛu	标锹聊吰叫	iᵘ	笑照烧料				
am	谭监蓝湛	iam	□渗水				
ɐm	侵深锦覃姓	iɐm	阴饮				
ɔm(om)	甘含(暗禁)						
ɛm	帘尖点添	im	闪谦阉剑				
an	灿眼兰产			uan	弯关惯还		
ɐn	贫辛本闻	iɐn	欣人引	uɐn	君温捆云		
		in	烟毡然论	uin	运棍韵		
ɔn(øn)	安寒(汉按)			un	官款换岸	yn	泉断圆
ɛn	天钱边连						
ɐŋ	曾朋恒等	iɐŋ	应蝇	uɐŋ	宏弘		
œŋ(øŋ)	江忙(浪状)					yŋ	两想阳

oŋ	封冬红弓	ioŋ(iuŋ)	庸融(用样)		
uºŋ(uŋ)	方光(放共)				
ɛŋ(eŋ)	冷生(兴庆)			ueŋ	横梗框
		iᵉŋ	顶精(姓敬)	uiᵉŋ	荣泳(颖)
		(iŋ)		(uiŋ)	
ap	搭杂腊鸭	iap	□_{眨眼}		
ɐp	蛤粒汁级	iɐp	入邑熠泣		
ɔp(op)	鸽合(□_{花蕾})	iɔp	□_{拟态词}		
ɛp	聂接帖叠	ip	摄叶业协		
at	八辣达瞎			uat	刮滑挖猾
ɐt	笔物出漆	iɐt	一逸	uɐt	骨屈核掘
ɔt(øt)	割泼袜(□_{拟声词})			ut	活阔括豁　yt　血绝月
ɛt(et)	鳖列铁(□_{摔打})	it	洁舌热杰		
ɛk(ek)	客革(□_{用指甲掐})	iᵉk	药席液历	uɛk	划画(□_{拟态})
				(uek)	
ɐk	北塞测墨	iᵃk	脚亿壁积	uɐk	或域
œk	恶乐捉角	iœk	跃	uœk	□_{猪叫声}
ok	屋足国木	iok	育欲	uok	获镬
ŋ̍(m̍/n̍)	吾五悟午				

说明：

① [iᵉ, uº]的实际音值为[i:ɛə, u:ɔə]。

② [ɔn, œŋ, ɛŋ, uɛŋ, iᵉŋ, uiᵉŋ, iɔŋ, uºŋ]与阴去、阳去相配时，高化为[øn, øŋ, eŋ, ueŋ, iŋ, uiŋ, iuŋ, uŋ]。

③ [ɐu, ɐŋ, ɐk]中的[ɐ]实际音值为[ʌ]。

④ 声化韵单说时一般读作[ŋ̍]，在唇音前多被同化为[m̍]，在舌面音前多被同化为[n̍]。

声调(10个)

阴平	44	夫妈安三欧依
阳平	24	图茶平才蓝穷
阴上	52	纸反抢我扰九
阳上	242	雨米懒近动断
阴去	32	见正菜暗诱灿
阳去	21	净任又轿跪健
上阴入	55	湿乙一劫德锡
上阳入	34	立及舌极木绝
下阴入	32	甲隔铁鸽擦壳
下阳入	21	杂罚学白盒滑

6. 邕浔片

主要分布于广西中西部与北部的大多数地区,包括百色、宾阳_芦圩镇_、博白_博白镇_、崇左等34个县(市、区),使用人口约469万,主要特点有:

(1)古全浊声母今逢塞音、塞擦音,平声送气,仄声不送气,如南宁"婆"[pʰɔ阳平]、"败"[pai阳去]、"白"[pak阳入],百色"婆"[pʰɔ阳平]、"败"[pai阳去]、"白"[pak阳入]。

(2)一些方言古心母读边擦音[ɬ-],如南宁"死"[ɬi阴上]、"雪"[ɬyt下阴入]。

(3)古鱼虞韵与模韵分立,有撮口韵母[y],如南宁"徐_鱼_"[tsʰy阳平]、"朱_虞_"[tsy阴平]、"土_模_"[tʰu上],百色"徐_鱼_"[tsʰy阳平]、"朱_虞_"[tsy阴平]、"土_模_"[tʰu上]。

兹以南宁为例，列举音系如下。①

南宁话音系

声母(21个)

p	波比奔北	pʰ	爬平片扑	m	来面麦末		f	肥花慌发
t	打点电滴	tʰ	他提痛脱	n	年耐能粒		l	利蓝练力
							ɬ	洒先送宿
ts	知字早窄	tsʰ	茶全称策	s	沙事审实			
k	该景格局	kʰ	棋琴揭曲	ŋ	芽牛昂额	h	虾蟹红哭	
kw	瓜惯军刮	kʰw	夸困框群					
j	衣优人月	w	华乌运屈					
∅	亚安恩压							

韵母(49个)

ɿ	资次自士	i	知机时意	u	宝做故桃	y	于吕注暑
a	打麻家差						
ɛ	姐车社借						
ɔ	波罗楚助						
ai	摆派拉晒						
ɐi	低桂犁肺						
ɔi	胎来改爱			ui	贝醉		
au	包较闹貌						
ɐu	斗头瘦牛						
ɛu	☐用力挤 ☐粘 ☐细长而软						
	☐叫，喊						

---

① 南宁音系参考广西壮族自治区地方志编纂委员会编：《广西通志·汉语方言志》，广西人民出版社，1998年，第12—13页。

		iu	标疗招朝				
am	担南监站						
ɐm	泵林浸钦						
ɛm	钳□舔	im	店古剑盐				
	□(做游戏的)淘汰						
an	班蛮拦晏						
ɐn	奔贫轮近						
ɜn	蚬扁捻□太靠边,很勉强						
		in	鞭连战善	un	半官欢换	yn	穿船乱冤
ɔn	干旱汉岸						
aŋ	争生省横						
ɐŋ	崩盟等曾						
ɔŋ	帮忙方江						
oŋ	工农冻颂						
œŋ	张上香阳						
ɜŋ	镜惊钉艇						
eŋ	冰令成影						
ap	答腊甲杂						
ɐp	门执湿合						
ɛp	夹插□垫,嵌	ip	叶接聂劫				
	□用水熬煮						
at	拔罚扎压						
ɐt	突失七律	it	别舌跌列	ut	钵泼阔末	yt	脱捋出雪
ɜt	八□用力下压□挤(水或膏状物)□行列						
ak	百格客窄						
ɐk	北勒则刻						

εk	踢锡尺只
œk	着削略脚
ek	击力食直
ɔk	驳膜国恶
ok	木六竹屋
ŋ̍	吴五午误

声调(9个)

阴平	55	家今江中
阳平	21	儿皮阳穷
阴上	35	好比纸省
阳上	24	尾领厚市
阴去	33	至记架振
阳去	22	路住义净
上阴入	<u>55</u>	毕失织出
下阴入	<u>33</u>	八刮脚国
阳入	<u>22</u>	十杂局浊

7. 钦廉片

主要分布于广西东南部的北海、东兴、防城港、合浦_{廉州镇}、灵山_{灵城镇}、浦北_{小江镇}、钦州、上思_{思阳镇}共8个县市,使用人口约390万。钦廉片的主要特点有:

(1) 上声、去声分别只有一类,这是钦廉片区别于其他片的主要特点。钦州浊上浊去大都并入阳平,如"时""竖""树"同音,读[si^{阳平}];廉州浊上大都并入去声,清去大都并入阳平,如"罢"[pʰa^去]、"骂"[ma^去]同调,"霸"[pa^{阳平}]、"麻"[ma^{阳平}]同调。

（2）古精清母今读[tʃ-]组或[ts-]组,心母读[ɬ-],如廉州"遮"[tʃE阴平]、"车"[tʃʰE阴平]、"些"[ɬE阴平],钦州"遮"[tsɛ阴平]、"车"[tsʰɛ阴平]、"些"[ɬɛ阴平]。

（3）古鱼虞韵与模韵今读分立,无撮口韵母[y],如钦州"徐鱼"[tsʰi阳平]、"朱虞"[tsi阴平]、"土模"[tʰu上]。

清代已有粤语的相关记载,如乾隆年间《分韵提要》、陈澧《广州音说》(1892)。较早用现代语言学理论研究粤语的论著有王力《两粤音说》(1928)、《博白方音实验录》(1932),罗常培《关于广州话入声的讨论》(1932),岑麒祥《粤语发音实验录》(1936),冯思禹《广州音字汇》(1962),乔砚农《广州音国音中文字典》(1963)、《广州话类推法》(1964)等。

20世纪80年代以后,粤语的研究逐渐深入。詹伯慧、张日升主编《珠江三角洲方言调查报告》,分为《珠江三角洲方言字音对照》(1987)、《珠江三角洲方言词汇对照》(1988)、《珠江三角洲方言综述》(1990)三卷。此后又出版《粤北十县市粤方言调查报告》(1994)、《粤西十县市粤方言调查报告》(1998)等。综合性研究成果有高华年《广州方言研究》(1980),李新魁《广东的方言》(1994)、《广州方言研究》(1995),詹伯慧《广东粤方言概要》(2002),张洪年《21世纪的香港粤语:一个新语音系统的形成》(2002),刘叔新《介音u是广州话的语言事实》(2002),麦耘《广州话以"佢"复指受事者的句式》(2003),林建平《香港粤音变异的考察》(2009),彭小川《广州话助词研究》(2010),邓思颖《粤语语法讲义》(2015)等。

九　闽语

闽语主要分布在福建、台湾、海南以及广东的潮汕地区和雷州半岛，浙江南部、广西壮族自治区、江苏南部、安徽南部、江西东北部也有零星分布，总共 154 个县(市、区)。闽语使用人口约 7500 万。

闽语的形成是多源的，有古百越语的底层、上古时期吴楚方言的留存，更有六朝之后中原多次大规模移民带来的北方共同语。经过唐五代数百年的发展逐渐定型，两宋之后进一步播散到广东、海南等地。

(一) 方言特点

闽语的主要语音特征如下。

1. 古全浊声母清化，多数读不送气清音，见表 2-108。

表 2-108　闽语古全浊声母今读表

	茶	陈	舅	饭	杂
厦门	te 阳平	tan 阳平	ku 阳去	pŋ 阳去	tsap 阳入
潮州	te 阳平	taŋ 阳平	ku 阳上	puŋ 阳去	tsap 阳入
福州	ta 阳平	tiŋ 阳平	kieu 阳去	puoŋ 阳去	tsʰaʔ 阳入
建瓯	ta 阴去	teiŋ 上	kiu 阳去	puiŋ 阳去	tsa 阳入
海口	ɗɛ 阳平	ɗaŋ 阳平	ku 阳去	ɓui 阳平	tap 阳入

2. 古云母(喻三)部分字白读[h-]或[x-]声母，见表 2-109。

表 2-109　闽语古云母白读

	雨	园	远	云	雄
厦门	hɔu阳去	hŋ阳平	hŋ阳去	hun阳平	hɪŋ阳平
潮州	hou阳上	hŋ阳平	hŋ阳上	huŋ阳平	heŋ阳平
福州	xuɔ阳去	xuɔŋ阳平	xuɔŋ阳去	xuŋ阳平	xyŋ阳平
建瓯	xy阳去	xyiŋ阴去	yiŋ上	xœyŋ上 œyŋ上	xœyŋ阴去
海口	hou阳去	hui阳平	hui阳去	hun阳平	hiaŋ阳平

3. 古以母(喻四)一些字白读塞擦音或擦音声母,见表 2-110。

表 2-110　闽语古以母白读

	盐	檐	蝇	痒	翼
厦门	sĩ阳平	tsĩ阳平	sin阳平	tsĩũ阳去	sit阳入
潮州	iəm阳平	tsĩ阳平	siŋ阳平	tsĩẽ阳上	sik阳入
福州	sieŋ阳平 sieŋ阴去	sieŋ阳平	siŋ阳平	suɔŋ阳去	siʔ阳入
建瓯	iiŋ阴去 iiŋ阳去	saŋ阴去	saiŋ阴去	tsiɔŋ阳去	siɛ阳去
海口	iam阳平	ŋim阳平	tin阳平	tsio阳去	tit阳入

4. 古匣母字今白读多为[k-]或零声母,见表 2-111。

表 2-111　闽语古匣母白读

	猴	厚	寒	鞋	红
厦门	kau阳平	kau阳去	kũã阳平	ue阳平	aŋ阳平
潮州	kau阳平	kau阳上	kũã阳平	oi阳平	aŋ阳平
福州	kau阳平	kau阳去	kaŋ阳平	ɛ阳平	øyŋ阳平

(续表)

	猴	厚	寒	鞋	红
建瓯	ke^上	ke^阳去	kuiŋ^上	ai^上	ɔŋ^上
海口	kau^阳平	kau^阳去	kua^阳平	ɔi^阳平	aŋ^阳平

5. 古知组白读同端组，知二、知三未分化，见表2-112。

表2-112　闽语古知组字白读

	知二			知三		
	桌	摘	茶	帐	直	重_重量
厦门	toʔ^阴入	tiaʔ^阴入	te^阳平	tĩũ^阴去	tit^阳入	taŋ^阳去
潮州	toʔ^阴入	tiaʔ^阴入	te^阳平	tĩẽ^阴去	tik^阳入	taŋ^阳上
福州	tɔʔ^阴入	tieʔ^阴入	ta^阳平	tuɔŋ^阴去	tiʔ^阳入	tœyŋ^阳去
建瓯	tɔ^阴入	tia^阴入	ta^阴去	tiɔŋ^阴去	tɛ^阳入	tɔŋ^阳去
海口	ɗo^长入	ɗia^长入	ɗɛ^阳平	ɗio^阴去	ɗit^阳入	ɗaŋ^阳去

6. 古章组少数字读[k-]声母，见表2-113。

表2-113　闽语古章组字今读

	支	枝	指	痣	齿
厦门	ki^阴平	ki^阴平	ki^上	ki^阴去	kʰi^上
潮州	tsĩ^阴平	ki^阴平	ki^阴上	ki^阴去	kʰi^阴上
福州	tsie^阴平	tsie^阴平	tsai^上	tsei^阴去	kʰi^阴上
建瓯	tsi^平	ki^平	ki^阳去	tsi^阴去	tsʰi^上
海口	ki^阴平	ki^阴平	tai^阴上	tsi^阴去	xi^阴上

7. 古三等韵白读层同相应的一等韵，见表2-114。

表 2-114　闽语古三等韵白读同一等韵

	补 遇合一	斧 遇合三	楼 流开一	流 流开三
厦门	pɔ^{上}	hu^{上} / pɔ^{上}	lɔ^{阳平} / lau^{阳平}	liu^{阳平} / lau^{阳平}
潮州	pou^{阴上}	pou^{阴上}	lau^{阳平}	liu^{阳平} / lau^{阳平}
福州	puo^{上}	xu^{上} / p'uɔ^{上}	lɛu^{阳平} / lau^{阳平}	lieu^{阳平} / lau^{阳平}
建瓯	pu^{上} / piɔ^{上}	xu^{上} / pu^{阳去}	le^{阴去}	liu^{上} / lau^{阴去}
海口	ɓou^{阴上}	ɓou^{阴上}	lau^{阳平}	liu^{阳平} / lau^{阳平}

（二）内部分片及代表点音系

根据《地图集》(2012)，闽语分为闽南片、莆仙片、闽东片、闽北片、闽中片、琼文片、雷州片和邵将片 8 个片。

1. 闽南片

分布于福建、台湾以及广东东部、浙江东南部和江西东北部地区，共 85 个县(市、区)，主要特点有：

(1) 都有 [b, l, g] 三个浊音声母，如厦门"蚊"[bun^{上}]、"南"[lam^{阳平}]、"牛"[gu^{阳平}]；

(2) 一般没有撮口呼韵母，如厦门"鱼"白读[hi^{阳平}]；

(3) 古泥、日、疑部分字白读[h-]声母，如潮州"年"[hĩ^{阳平}]，厦门"耳"[hi^{阳去}]。

闽南片分为泉漳、大田、潮汕、浙东南、赣东北这 5 个小片，它们的主要特点有：

（1）泉漳小片一般有[-m,-n,-ŋ]三套鼻辅音韵尾和[-p,-t,-k,-ʔ]四套入声韵尾。

（2）大田小片鼻音韵尾只有[-ŋ]，如"添""电""亮"等字的韵尾都为[-ŋ]。古浊去字部分归阴平，如"样"[iŋ^{阴平}]、"殿"[tiaŋ^{阴平}]、"县"[kuŋ^{阴平}]。

（3）潮汕小片有[-oi,-oiʔ,-õi,-uẽ]等韵母。鼻化韵丰富，如潮州"虎"[hõũ^{阴上}]、"幼"[ĩũ^{阴去}]。古平、上、去、入四声依清浊声母的不同各分为阴阳两个调类。

（4）浙东南小片部分鼻音韵尾[-m]合并到[-n]。没有入声，古清入归阴上，古浊入归阳平，如"止=接"[tsi^{阴上}]，"池=碟"[ti^{阳平}]。

（5）赣东北小片一般有7个声调，平、上、入各分阴阳，去声不分阴阳。只有[-n,-ŋ]两个鼻音韵尾，如"谈""班""红"的韵尾都为[-n]。只有一个入声韵尾[-ʔ]。

兹以厦门为例，列举音系如下。①

厦门音系

声母(17个)

p	布别**房**	pʰ	怕伴芳	b	**门**蚊**武**	m	骂**门**名	
t	到同除	tʰ	太团拆			n	拿**连让**	l 南**连**日
ts	糟巢主	tsʰ	仓处市					s 散时常
k	高狂悬	kʰ	开去吸	g	**岸蚁**牛	ŋ	雅午硬	h 化法**蚁**
∅	袄药运							

说明：

① [b,g]发音时破裂性不强，与[m,ŋ]相近。

---

① 厦门音系参考北大中文系语言学教研室编，王福堂修订：《汉语方音字汇》(第二版重排本)，第33—34页。

② [l]发音时舌边气流较弱,除阻时舌尖部位破裂稍强,听感上与[d]相近。
③ [ts,tsʰ,s]与齐齿韵相拼时,实际音值近[tʃ,tʃʰ,ʃ]。
④ 零声母音节开头带有轻微的喉头闭塞成分。

韵母(80个)

		i	比美池二	u	居丘事有
a	巴家麻教	ia	姐车蛇骑	ua	瓜夸纸蛇
e	迷鸡势灰			ue	杯买灰初
ɔ	布初斗模				
o	波多草高	io	茄小腰		
ai	排太艾利			uai	怪怀
				ui	肥对水威
au	包教草昼	iau	苗条小腰		
		iu	柳州昼有		
ã	马打三	ĩã	城向艾	ũã	寡山安官
ẽ	婴				
ɔ̃	模奴火				
		ĩ	你天钳青		
ãĩ	买耐艾			ũãĩ	悬横
				ũĩ	梅
ãũ	茅闹	ĩãũ	描鸟		
		ĩũ	纽长羊		
am	南三街监	iam	点钳欠盐		
		im	临枕金音		
an	间难山颜	iɛn	免天战犬	uan	反团酸官
		in	民珍紧因	un	本村银云
aŋ	绑港项东	iaŋ	凉双		

ɪŋ	朋间城青				
ɔŋ	方双东风	ioŋ	凉向长用		
ap	答鸽合十	iap	帖接狭叶		
		ip	立十急揖		
at	八达割实	iɛt	别截舌悦	uat	法夺说挖
		it	必乞实一	ut	不出骨物
ak	北六学沃	iak	铄		
ɪk	脉伯或益				
ɔk	北作各沃	iɔk	六雀玉药		
aʔ	百搭合	iaʔ	壁拆雀页	uaʔ	泼活割
eʔ	册说伯			ueʔ	八狭截
ɔʔ	□				
oʔ	作镯各学	ioʔ	借药		
		iʔ	舌接	uʔ	托
				uiʔ	挖拔
auʔ	雹落	iauʔ	□		
		iuʔ	□		
ãʔ	跛	ĩãʔ	吓		
ẽʔ	脉			ũẽʔ	夹
ɔ̃ʔ	膜				
		ĩʔ	物		
ãũʔ	□	ĩãũʔ	□		
m̩	梅茅	ŋ̍	方长酸	m̩ʔ	默	ŋ̍ʔ	□

说明：

① [e]舌位偏低。

② [o]唇形略展。

③ [i]和[u]舌位较松。

声调(7个)

阴平	55	高支开飞
阳平	24	同曹胡门
上声	51	古口好女
阴去	11	贵太税费
阳去	33	动旧陷运
阴入	32	角铁色约
阳入	5	别夕绿日

2. 莆仙片

分布在福清、福鼎、福安、莆田、仙游、霞浦等6个市县，主要特征有：

(1) 没有清擦音声母[s-]，莆仙话里一般读[ɬ-]声母，如"时"[ɬi阳平]、"写"[ɬia上]、"心"[ɬiŋ阴平]等。

(2) 有些古明(微)、泥、疑母字今读为清声母[p-, t-, k-]，如"眉"[pi阳平]、"模"[pɔu阳平]、"女"[ty上]、"我"[kua上]等。

(3) 入声韵尾只有[-ʔ]，如"目"[poʔ阳入]、"滑"[koʔ阳入]、"雪"[ɬøʔ阴入]等。

兹以莆仙为例，列举音系如下。①

莆仙音系

声母(15个)

p 盘武布别武 pʰ 怕评普秒破 m 门闻明梦名
t 同除道夺潮 tʰ 虫锄讨太替 n 年脑难认怒   l 来兰连尿钮

---

① 莆仙音系参考蔡国妹：《莆仙方言研究》，厦门大学出版社，2016年，第15—16页。

ts	精增招齐争	tsʰ	粗枪醋处枪			ɬ	声苏散税修
k	经举贵结权	kʰ	开葵去裤丘	ŋ	严元岸硬缘	h	红胡远费虚
∅	约围案运延						

韵母(36 个)

		i	丝治鱼支			u	无浮富牛
a	<u>沙</u>差加假	ia	些野蔗食			ua	<u>沙</u>大瓜花
e	迷鸡短退						
ɤ	薄桃资做					uɤ	杯皮月灰
ɔ	纱鸭倒铰					ɔu	亩租故乌
ai	排栽盖衰						
						ui	围归锥鬼
au	包投闹抄	ieu	表条烧骄				
		iu	收友手油				
ã	生星经哽	ĩã	声影城正			ũã	山段肝欢
ɔ̃	三馅胆柑						
		ĩ	先断还间				
						ũĩ	丸关砖卷
ãũ	□(小声吵)						
		iũ	箱养抢洋				
aŋ	帮含蓝安						
eŋ	连灵先烟	ieŋ	点帘检尖				
ɔŋ	党讲东往						
		iŋ	根邻心荣			uɤŋ	龙权春船
		iʔ	直日急立			uɤʔ	物骨局俗
aʔ	察北百确						
eʔ	色踢克漆	ieʔ	接涩业叶				

ɔʔ 落绿作国

ṳ 光缸秧影

声调(7个)

阴平	533	诗衣灯胸东
阳平	24	时移陈雄堂
上声	453	始以等反党
阴去	42	试意钉奋档
阳去	11	寺易定份动
阴入	2	息一滴发啄
阳入	5	习译敌佛毒

3. 闽东片

主要分布在福建省东北部地区,此外还有浙江省东南部一些地区,共23个县市,下分侯官和福宁两个小片。本片的共同特点是有撮口呼韵母,如福州话"猪"[ty^{阴平}]、"具"[køy^{阳去}]。主要差异有以下三条:

(1)侯官小片很多读撮口呼的字,在福宁小片读为齐齿呼。如侯官小片福州"桥"读[kyo^{阳平}],而福宁小片福安"桥"读[kiu^{阳平}]。

(2)侯官小片大多数点韵母依调类不同有松、紧两套读法,而福宁小片一般无此现象。如[-iŋ]韵母,福州在"丁"[tiŋ^{阴平}]、"尘"[tiŋ^{阳平}]、"等"[tiŋ^{上}]中韵母保持不变,在"镇"[tɛiŋ^{阴去}]、"阵"[tɛiŋ^{阳去}]中变读为[-ɛiŋ]。

(3)古三等韵部分字在侯官小片读细音,如福州"厘"[li^{上}]。福宁小片多读洪音,如福安"厘"[lɛ^{阳平}]。

兹以福州为例，列举音系如下。①

福州音系

声母(14个)

p	比边房	pʰ	批皮缝	m	苗慢网		
t	地洞陈	tʰ	梯通沉	n(l)	女两染		
ts	组状集	tsʰ	粗墙七			s	丝砂船
k	古群猴	kʻ	苦抗曲	ŋ	外鹅五	x	胡风福
Ø	意武雨						

说明：

① [ts-]组和[k-]组与齐撮韵相拼有腭化色彩。
② 零声母音节开头带有轻微的喉头闭塞成分。

韵母(47个)

		i(ei)	机技	u(ou)	孤固	y(øy)	居俱
a	麻弟家咬	ia	姐车茄骑	ua	拖瓜花画		
ɛ	街	ie	鸡				
œ	初					øy(oy)	衰坐
o(ɔ)	哥告			uɔ	锅	yo	桥
ai	该			uai	乖		
				ui	龟		
au	交	iau					
eu	欧	iu	娇				
aŋ	甘	iaŋ	惊	uaŋ	官		
		ieŋ	肩				
				uoŋ	光	yoŋ	捐

---

① 福州音系参考陈泽平：《福州方言研究》，福建人民出版社，1998年，第7—16页。

		iŋ(eiŋ)	真证	uŋ(ouŋ)	军郡	yŋ(øyŋ)	巾供
		eiŋ(aiŋ)	针赠	ouŋ(auŋ)	缸钢	øyŋ(oyŋ)	工共
aʔ	盒	iaʔ	额	uaʔ	罚		
ɛʔ	咩渍	ieʔ	胁				
œʔ	嗝咳						
oʔ(ɔʔ)	桌学			uoʔ	局	yoʔ	药
		iʔ(eiʔ)	直滴	uʔ(ouʔ)	掘谷	yʔ(øyʔ)	俗宿
		eiʔ(aiʔ)	泽德	ouʔ(auʔ)	滑骨	øyʔ(oyʔ)	墨抹

说明:

① [a]舌位偏央。

② [iu, ui]前后高元音之间有一个舌位略低的过渡音, 实际音值为[iᵊu, uᵊi]。

声调(7个)

阴平	55	高山
阳平	53	池田
上声	33	水满
阴去	213	架变
阳去	242	路便
阴入	24	七雀
阳入	5	合十

4. 闽北片

分布于福建省北部地区,共 8 个县市。本片方言最突出的特点是古来母的一些字读为[s-],见表 2-115。

表 2-115　闽北片古来母字读[s-]

	螺	雷	卵	聋	笠
建瓯	so阴去	so阴去	sɔŋ阳去	sɔŋ阴去	sɛ阳去
松溪	suei阳平	suei阳平	sueiŋ阳去	soŋ阳平	syœ阳去
政和	suɛ阳平	suɛ阳平	sauŋ阳去	sɔŋ阳平	sɛ阳去
建阳	sui阳平	sui阳平	suŋ上	soŋ阳平	se阳去

古浊声母平声字,今读分为阳平甲和阳平乙两个调类,见表 2-116。

表 2-116　闽北片古浊平字今读表

	麻	肥	池	鞋
建瓯	muɛ阴去	py阴去	ti上	ai上
松溪	ma阳平甲	py阳平甲	tei阳平乙	xa阳平乙
政和	muɛ阳平甲	pui阳平甲	tiɛ阳平乙	xai阳平乙
建阳	ma阳平甲	py阳平甲	lɔi阳平乙	ɦai阳平乙

闽北片下分建瓯小片和建阳小片。古全浊声母在建瓯小片一般读清声母,如建瓯"贫"[peiŋ上],而建阳小片读浊声母,如建阳"贫"[βɔiŋ阳平乙]。

兹以建瓯①为例,列举音系如下。

建瓯音系

声母(15 个)

p	布盘肥	pʰ	怕别蜂	m	门微灭		
t	到同除	tʰ	太谈虫	n	南年日	l	老连六

---

① 建瓯音系参考北大中文系语言学教研室编,王福堂修订:《汉语方音字汇》(第二版重排本),第 39—40 页。

ts	精主痒	tsʰ	趣册昌			s	苏税老
k	贵杰厚	kʰ	开狂虎	ŋ	岸午严	x	汉号非
∅	袄痒闻船						

说明：

① [ts]组、[k]组与齐撮韵相拼有腭化倾向。

② [x]发音部位偏后。

③ 零声母字音节开头带有轻微的喉头闭塞成分。

韵母(34个)

		i	批礼婿日	u	步初思角	y	女除随翠
a	巴家贴学	ia	姐车历吓	ua	瓜果法挖		
ɛ	来菜色黑	iɛ	爹爷别急	uɛ	麻带破擦	yɛ	尾开寄绝
e	某斗灶箍						
œ	儿耳						
ɔ	波哥托学	iɔ	茄步着约				
o	杯代骨切						
ai	败猜鸡荔			uai	罚血为		
au	保闹敲流	iau	表小晓救				
		iu	流救手树				
aŋ	南抗店病	iaŋ	正定平兄	uaŋ	光狂横范		
ɔŋ	旁康通门	iɔŋ	良张王影	uɔŋ	方望文		
		iŋ	贬天闪盈	uɪŋ	半旦官幻	yɪŋ	饭全健渊
aiŋ	班岸先庚			uaiŋ	反万		
eiŋ	深亲寻成	ieiŋ	延然				
œyŋ	春中恐兄						

说明：

① [ɛ, œ, o]舌位偏高。

② [e]作单韵母时偏高,在韵母[eiŋ]中偏低。

③ [ɔŋ]中的[ɔ]韵舌位偏高。

④ [i,u]舌位偏低,作韵尾时为[ɪ,ʊ]。

⑤ [y]舌位偏低偏后。

声调(6个)

平声	54	芝梯诗商
上声	21	指武穷扶
阴去	22	志试凉人
阳去	44	字岸近是
阴入	24	即铁识拔
阳入	42	并岭集六

说明:阳入调比较短促,音节收尾有些微喉头紧张成分。

5. 闽中片

分布于福建省中部,辖三明、永安、沙县等3个市县,方言特点有:

(1) 韵尾[-m]可与唇音声母拼合,如永安"饭"[pum^{去}]、"判"[p^{h}um^{去}]等。

(2) 有[ts-,ts^h-,s-](精组)和[tʃ-,tʃ^h-,ʃ-](照组)两套声母,如永安"蕉"[tsiɯ^{阴平}]≠"招"[tʃiɯ^{阴平}],"取"[ts^{h}u^{阴上}]≠"鼠"[tʃ^{h}i^{阴上}],"秀"[siu^{去}]≠"兽"[ʃiu^{去}]。

(3) 古歌韵读同古豪韵,如永安"多=刀"[taɯ^{阴平}],"歌=高"[kɯ^{阴平}]等。

兹以永安为例,列举音系如下。①

---

① 永安音系参考周长楫、林宝卿编著:《永安方言》,厦门大学出版社,1992年,第5—7页。

永安音系

声母(17个)

p	包宝败北	pʰ	抛培票泼	b	猫棉秒麦
t	知迟钓滴	tʰ	汤头体踢			l	拿南例列
ts	租全灶接	tsʰ	聪床楚插	s	双所宋速
tʃ	招准照摘	tʃʰ	深手唱尺	ʃ	伤纯扇设
k	工港贡供	kʰ	共可恐客	g	牙语岸卧	h	风红夏杏
ø	英油暗鸭				

说明：[tʃ,tʃʰ,ʃ]实际音值近[tɕ,tɕʰ,ɕ]。

韵母(41个)

ɿ	支时市次	i	衣笔戏计	u	木古苦务	y	竹足主玉
a	台海特北	ia	狮色摘克			ya	纸张蛇舌
e	排池绝别	ie	椅势哲设	ue	飞快禾脱	ye	吹税阅月
ɔ	鸦客答百	cɔ	历写射爷	uɔ	瓜瓦靠麦		
o	包交咬教						
ø	貌豆灶后	iø	皱巢搜涩				
ɯ	科果过确	iɯ	表妖茄尺				
aɯ	刀左锁河	iaɯ	抽优秀旧				
ɔu	图所助速						
				ui	对物罪国	yi	城水鬼术
am	汤中恐穷	iam	良羊象让	um	山安盘方		
ɔm	帮碰床江					ym	咸
aŋ	工梦总宋						
eiŋ	边天件言	ieiŋ	淹演扇善	ueiŋ	船门问	yeiŋ	冤元脸院
ã	品鼻兵村	iã	针音庆政	uã	温永春顺		

õ 病胆南减　　iõ 惊英郑兄
ĩ 恩增岸办
m̩ 秧万

声调(6个)

阴平	42	巴东兵包
阳平	33	爬婆同评
阴上	21	许董宝饱
阳上	54	暴熟动独
阴去	24	报栋洞怒
阴入	12	叔督博北

6. 琼文片

分布于海南省,共17个县市,下分府城、文昌、万宁、崖县和昌感5个小片。本片方言的特点有:

(1) 府城、文昌、万宁、崖县小片有内爆音[ɓ](古帮、并母和少量非、奉母字)和[ɗ](古端、定母和一些知、澄母字),昌感小片没有。

(2) 多数方言点没有送气塞音、塞擦音,变读成擦音声母,如海口"平"[feŋ阳平]、"才"[sai阳平]、"群"[xun阳平]等。

(3) 古精、照组字大多读[t-]声母,如海口"早"[ta阴上]、"杂"[ta阴入]、"死"[ti阴上]、"沙"[tua阴平]、"蛇"[tua阳平]、"世"[ti阴去]等。

兹以海口为例,列举音系如下。①

---

① 海口音系参考杜依倩:《海口方言(老派)同音字汇》,《方言》,2007年第2期。

海口音系

声母(16个)

	ɓ 饼笔盘房	m 棉梦目问	f 鼻皮坡府	v 米眉无月
t 主杂是写	ɗ 断条镇迟	n 娘烂猫艾		l 来路林历
ts 接正食情			s 师请草春	z 玉亦热尿
k 改句裙牛		ŋ 硬碍午颜	x 客糠起溪	h 巷天年外
ø 意换学黄				

韵母(44个)

		i	米喜天圆	u	汝书去旧
a	柴早敲胆	ia	食谢庭声	ua	破蛇纸山
ɛ	骂客醒晴				
e	袋坐雪短			ue	飞赔梅瓜
o	波好装影	io	笑尺张姜		
ai	赖代千闲			uai	乖甩怪坏
ɔi	美低多鞋			ui	梯肥贵门
au	包袍殴喉	iau	交条窍数		
ɔu	租路芋偶	iu	绸树稻修		
		im	心婶枕浸		
am	南暗感炎	iam	甜减占针		
ɔm	撒揞剷洺	in	信神劝轻	un	孙群船阵
aŋ	帮班虫网	iaŋ	江穷肿双	uaŋ	慌判专串
eŋ	灯蒸顶冰				
ɔŋ	蹲磅讲乓	iɔŋ	凶雄熊		
oŋ	松聪总朋	ip	及执叔入		
ap	纳蛤盒十	iap	粒汁涩业		
ɔp	榻哑漉容	it	笔直七得	ut	出律佛脱

ak	毒沃北贼	iak	溢鹿曲缩	uak	罚绝刮拙
ek	逼值译色				
ɔk	恶鳄褥戳	iɔk	竹弱肉约		
ok	服独录握				

声调(8个)

阴平	24	边颠味柚
阳平	21	弦除扶停
阴上	213	保海火补
阴去	35	沸布秀裤
阳去	33	务谢蚀活
长入	55	八驳塔迹
阴入	5	湿烛北裂
阳入	3	熟佛弃弱

7. 雷州片

分布于广东省雷州半岛,涵盖雷州、徐闻、遂溪、湛江、廉江、吴川和电白等7个县(市、区)。本片方言的特点有:

(1) 有浊声母[b-],包括古明、微、非、敷、奉、疑等母,如雷州海康话"米"[bi阴上]、"法"[bak阴入]、"月"[bue阳上]等。

(2) 有8个声调,阳上包括全浊上、全浊去和入声部分字,如雷州海康话"弟"[ti阳上]、"厚"[kau阳上]、"电"[tieŋ阳上]、"白"[pe阳上]、"莫"[bo阳上]等。

兹以雷州为例,列举音系如下。①

---

① 雷州音系参考林伦伦:《粤西闽语雷州话研究》,中华书局,2006年,第5—10页。

雷州音系

声母(17个)

p	包牌病别	pʰ	坡盘朋曝	b	猫迷万物	m	苗满妹默	
t	铜胆豆答	tʰ	童土退读			n	南软验烂	l 劳来内力
ts	早井造族	tsʰ	粗炒菜贼			s	西时赛俗	z 由容院日
k	高狗厚合	kʰ	科杭课克			ŋ	牙岩硬捏	h 虾豪汉盒
ø	安洪爱压							

说明：

① [ts, tsʰ, s]与齐齿韵相拼时，实际音值近[tɕ, tɕʰ, ɕ]。

② [h]发音时喉部较紧张，摩擦较强。

③ [z]与齐齿韵相拼时，实际音值近[ʑ]。

④ 零声母音节开头带有轻微的喉头闭塞成分。

韵母(45个)

		i	医废世巨	u	猪富旧词	
a	巴胶饱胆	ia	听疼写兄	ua	搬带纸辣	
o	波刀左课	io	张尿药尺			
e	白病虾射	ie	籍爷野椰	ue	贝尾果货	
ai	胎拜研届			uai	帅县怪怀	
oi	批梳改街			ui	美梯季柜	
au	包九哭厚	iau	标表超柱			
eu	沟虎步贸	iu	周球手酒			
am	南岩感暗	iam	点脸喊盐			
em	参掩	im	心金林深			
aŋ	帮颜产红	iaŋ	窗章阳养	uaŋ	般湾暖广	
oŋ	丰通蒙宋	ioŋ	容永勇凶			

eŋ	冰争肯很	ieŋ	边巾军拳		
		iŋ	灯灵景政	uŋ	盆云船笨
ap	答杂盒匣	iap	贴汁粒夹		
ep	滴镊撮	ip	竹立急湿		
ak	北墨六力	iak	烛鹿绿熟	uak	末夺脱罚
ok	博独局粥	iok	雀育鳄约		
ek	墨德特格	iek	物默绝实	uek	国获或惑
		ik	积毕敌色	uk	佛律术滑

说明：

① [a]单独成韵母时,实际音值接近[ɑ]。

② [oŋ,ok]中的[o]开口度略大,实际音值接近[ɔ]。

③ [em,ep,eŋ,ek,eu,ue]中的[e]开口度较大,实际音值接近[ɛ]。

声调(8 个)

阴平	213	巴豆路万
阳平	11	牌南林柴
阴上	52	马脑草海
阳上	33	部弟硬药
阴去	21	拜冻告汉
阳去	55	雪射册割
阴入	5	北角答合
阳入	2	特目六盒

8. 邵将片

分布于福建省西北部,包括邵武、光泽、将乐、明溪、顺昌 5 个县市。兹以邵武为例,列举本片的主要语音特征。

(1) 部分古非组字读[p-]，如"放"[puŋ^阴去]、"蜂"[pʰyuŋ^阴平]等；

(2) 部分古知组字读[t-,tʰ-]，如"中"[tyuŋ^阴平]、"治"[ti^阳去]等；

(3) 一些来母字读[s-]，如"露"[so^阴去]、"六"[su^入]等。

此外，本片还有一些客赣方言的特点，如古全浊声母清化，今逢塞音、塞擦音一般送气，如邵武"步"[pʰu^阳去]、"动"[tʰuŋ^阳去]等。

本片分为邵武和将乐两个小片。古精、庄组声母部分字邵武小片读[tʰ-]声母，如"斜"[tʰia^阳平]、"字"[tʰə^阳去]、"床"[tʰoŋ^入]、"擦"[tʰai^入]等，将乐小片无此现象。

邵武小片有[-n,-ŋ]两套鼻音韵尾，如邵武"人"[nin^入]、"塔"[tʰan^入]、"生"[saŋ^阴平]等。将乐小片只有鼻音[-ŋ]韵尾，如将乐"三"[saŋ^阴平]、"中"[tiuŋ^阴平]等。

邵武小片有[ts-,tsʰ-,s-]和[tɕ-,tɕʰ-,ɕ-]两套声母，而将乐小片是[ts-,tsʰ-,s-]和[tʃ-,tʃʰ-,ʃ-]。如"声"，邵武读[ɕin^阳去]，将乐读[ʃin^阴平]；"真"，邵武读[tɕin^阴平]，将乐读[tʃi^阴平]。

兹以邵武为例，列举音系如下。[①]

邵武音系

声母(20 个)

p	巴补布北	pʰ	批爬步别	m	苗毛马灭	f	花肺血付	v	云瓦话月
t	知竹吊摘	tʰ	拖体杜夺	n	拿闹奶虐			l	林刘老列
ts	租酒左节	tsʰ	秋曹寸罪			s	沙水送洒		
tɕ	周朱正遮	tɕʰ	车仇情尺			ɕ	书诗石设		
k	见滚记国	kʰ	开求近克	ŋ	牛迎岸额	x	形汗下协		

---

① 邵武音系参考潘渭水：《闽北方言研究》，福建教育出版社，2007 年，第 47—48 页。

∅	衣吴矮约							

韵母(46个)

ɿ	丝刺	i	批礼	u	湖粗	y	旅朱
a	巴客	ia	摘社	ua	瓜夸		
o	波和	io	布厝	uo	锅科		
ə	北克	ie	八替	uə	国帼	yə	决缺
ɯ	滴记						
ai	摆太			uai	怪阔		
oi	袋改						
ei	杯队			uei	规恢		
əi	赔梅						
au	包告	iau	表消				
ou	抽救	iou	纽手				
əu	剖狗						
		in	宾侦			yn	军群
an	班旦			uan	关惯		
on	般伴			uon	官宽		
ɛn	冰灯	ien	边添	uen	滚坤	yen	捐权
ən	奔敦						
aŋ	彭青	iaŋ	正惊	uaŋ	秆		
oŋ	绑唐	ioŋ	张良	uoŋ	光狂		
uŋ	东公	iuŋ	中龙				
ŋ̍	吴五						

声调(6个)

阴平　　21　　　花私

阳平	33	辞前
上声	55	以使
阴去	213	意费
阳去	35	易事
入声	53	色贴

有关闽语的研究最早是从民间韵书开始的,如记录福州方言的《戚林八音》(1749)、记录闽北方言的《建州八音》(1795)、记录闽南方言的《汇音妙悟》(1800)、记录漳州方言的《汇集雅俗通十五音》(1818)、记录厦门方言的《八音定诀》(1894)、记录潮州方言的《潮声十五音》(1913)等。这些韵书在民间深受欢迎,木刻版、石印版一再翻印,对闽语研究具有深远影响。

19世纪40年代,出版了一些关于闽方言的罗马字词典,如麦利和《福州方言拼音字典》(1870)、杜嘉德《厦英大辞典》(1873)、怀履光(William Charles White)《汉英建宁方言词典》(*A Chinese-English Dictionary of the Kien-Ning Dialect*, 1901)、约翰·斯蒂尔(John Steele)《潮正两音字集》(*The Swatow Syllabary with Mandarin Pronunciations*, 1909)、高德(Josiah Goddard)《汉英潮州方言字典》(*A Chinese and English Vocabulary in the Tie-Chiu Dialect*, 1883)等。这些著作是考察闽语历史和现状的重要依据,也是汉语史难得的文献资料。

20世纪30年代后,运用现代语言学方法研究闽语成果丰硕,有陶燠民《闽音研究》(1930/1956)、罗常培《厦门音系》(1930)、吴守礼《福建语研究导论》(1949)、黄典诚《建瓯方言初探》(1957)、董同龢《四个闽南方言》(1959)、李永明《潮州方言》(1959)等论著。闽语方言志和报告有吴守礼《台湾省通志稿·人民志·语言篇》(1954),福建省汉语方言调查指导组编《福建省汉语方言概况·上下册讨论稿》(1962—1963)，黄典诚、李如龙主编《福建省志·方言志》(1998)，海南省地方史志办公室编《海南省志第3卷：人口志 方言志 宗教志》(1994)等。

专题研究著作有李如龙、陈章太《闽语研究》(1991)，杨秀芳《台湾闽南话语法稿》(1991)，李新魁、林伦伦《潮汕方言考释》(1992)，李如龙、庄初升、严修鸿《福建双方言研究》(1995)，张光宇《闽客方言史稿》(1996)，李如龙《福建方言》(1997)，周长楫、欧阳忆耘《厦门方言研究》(1998)，马重奇《闽台闽南方言韵书比较研究》(2008)，秋谷裕幸《闽东区福宁片四县市方言音韵研究》(2010)等。这些专题探讨有利于对闽语乃至汉语方言的深入研究，对于汉语语言学的理论建设也有重要意义。

十 平话和土话

平话和土话区位于湘、粤、桂三省交界处，西邻西南官话，北接湘语，东濒客赣方言，南靠粤语，内部差异较大，与周边的壮语、苗瑶语等少数民族语言接触也较多，性质复杂。《中国语言地图集》(1987)将平话划为一区，将土话列在"非官话_{未分区}"一类，这种处理不是官话、吴语、湘语、赣语、闽语、粤语、客家话、晋语等方言区意义上的划分，而是因为平话、土话不属于以上任何一种方言，故单独列出，留待进一步探讨其性质和归属。

（一）地理分布与语音特征[①]

平话和土话分布于湖南、广西、广东三省区的60个县市，使用人口

[①] 本节主要参考中国社会科学院语言研究所等编：《中国语言地图集》(第2版)。

约 789 万,分为桂南片、桂北片、湘南片及粤北片 4 片。桂南片也称南片,桂北、湘南和粤北 3 片可总称为北片。平话、土话多分布于乡镇,所在县市多为双方言或多方言地区。桂南、桂北的平话区内,很多地方也说西南官话或粤语;湘南片多为土话和西南官话的双方言区;粤北片的多数县市也说粤语。

平话和土话区位于湘粤桂交界处,属于南岭中心地带,山陡水急、交通不便。不同历史时期的移民浪潮带来不同区域、不同历史层次的汉语方言,它们与当地固有的汉语方言和少数民族语言不断接触、融合,加之明清以降强势方言西南官话的影响,造就了这一带方言"四不像"的混合面貌。①

平话和土话的共性主要有以下两点:微母与明母相混;溪母常用字在口语中读同晓母。如在粤北片的广东连州$_{星子}$、湘南片的湖南江永$_{城关}$、桂北片的广西富川$_{秀水}$、桂南片的广西南宁$_{亭子}$,"尾""问""袜"的声母均为[m],"开""哭""糠"的声母均为[h]。

桂南片内部一致性较强,其他三片内部一致性较弱。桂南片和桂北片虽均处广西,但难以通话。桂北片与湘南片和粤北片特征近似。平话和土话的主要语音特征如下。②

---

① 参见李如龙:《汉语特征研究》,厦门大学出版社,2018 年,第 322 页。
② 南宁$_{亭子}$、扶绥、江永$_{城关}$、江华$_{七都}$、道县$_{寿雁}$方言语料引自陈海伦、林亦:《粤语平话土话方音字汇 第 1 编 广西粤语、桂南平话部分》,上海教育出版社,2009 年;陈海伦、刘村汉:《粤语平话土话方音字汇 第 2 编 桂北、桂东及周边平话、土话部分》,上海教育出版社,2009 年。临桂$_{两江}$语料引自梁金荣:《临桂两江平话研究》,广西民族出版社,2005 年;桂阳$_{流峰}$语料引自鲍厚星等:《湘南土话论丛》,湖南师范大学出版社,2004 年;曲江$_{白沙}$语料引自庄初升:《粤北土话音韵研究》,中国社会科学出版社,2004 年;蓝山$_{太平}$语料引自罗昕如:《湖南蓝山太平土话研究》,湖南师范大学出版社,2016 年;连州$_{沙坊}$语料引自邹晓玲:《粤北连州沙坊土话音系》,《方言》,2016 年第 4 期;临桂$_{义宁}$语料引自周本良:《临桂义宁话研究》,广西民族出版社,2005 年;滨江$_{犁市}$语料引自李冬香:《粤北犁市土话音系》,《方言》,2013 年第 4 期;乐昌$_{北乡}$语料引自张双庆主编:《乐昌土话研究》,厦门大学出版社,2000 年。

1. 古全浊声母今逢塞音、塞擦音的读音类型

桂南片古全浊声母今逢塞音、塞擦音读不送气清音,见表 2-117。

表 2-117　桂南片古全浊声母今读表

	皮并	头定	坐从	旧群	直澄
南宁亭子	pi阳平	təu阳平	tsu阳上	kəu阳去	tsek阳入2
扶绥	pei阳平	təu阳平	tsu上	kəu阳去	tsek阳入
南宁新桥	pəi阳平	tɐu阳平	tsəu阳平	tsəu阳去	tsək阳入

桂北片、湘南片大部分也读不送气清音,见表 2-118。

表 2-118　桂北片、湘南片古全浊声母今读不送气清音表

		皮并	头定	坐从	旧群	床崇	直澄
桂北片	灵川三街	pi阳平	tau阳平	tso上	tʃiəu阳去	tʃyaŋ阳平	tsai阳去
湘南片	江永城关	pɵ阳平	tou阳平	tsəu阳上	tɕiou阳去	zo阳平	tɕi阳去
湘南片	江华七都	pi阳平	təu阳平	tsə阴去	tɕiəu阳去	—	tɕiəu阳去 / tsʅ阳去一~ / tɕi阴去横~

桂北片、湘南片和粤北片部分方言点今逢塞音、塞擦音基本均读送气清音,见表 2-119。

表 2-119　桂北片、湘南片、粤北片古全浊声母今读送气清音表

		爬并	地定	才从	舅群	床崇	茶澄
桂北片	临桂两江	pʰio阳平	tʰæ阳平	tsʰa阳平	kʰiau上	tʃʰõ阳平	tʃʰo阳平
湘南片	桂阳流峰	pʰo阳平	tʰi去	tsʰa阳平	tɕʰiəu去 / tɕiəu去	tsʰɔ̃阳平	tsʰo阳平
粤北片	曲江白沙	pʰo阳平	tʰœ上	tsʰɐ阳平	kʰiu阴去	tsʰɔc阳平	tsʰo阳平

此外，这三片部分方言点古全浊声母今逢塞音、塞擦音是否送气是有条件的，分为三种情况。第一种以声母为条件，如湘南片蓝山$_{太平}$和粤北片连州$_{沙坊}$，古並、定母读不送气清音，从、邪、澄、崇、群母字读送气清音。第二种以声调为条件，如桂北片临桂$_{义宁}$上声送气，阳平、阳去、阳入不送气；永福$_{塘堡}$阳平、上声送气，阳去不送气。第三种同时以声母和声调为条件，如粤北片浈江$_{犁市}$，並母、定母、澄母（今读塞音）平去入声字"排""住""毒"等读不送气清音，上声字部分送气，部分不送气；澄母（今读塞擦音）和从、邪、崇、禅、群母字"残""池""直""近""共""杰"等一般都送气。

2. 古知组三等字今读

桂北、湘南、粤北三片均有古知组三等读如端组的现象。桂北片灵川$_{三街}$、临桂$_{义宁}$和粤北片乐昌$_{北乡}$，"猪""迟""虫"声母均为[t]；湘南片道县$_{寿雁}$"张""竹"声母为[t]，"抽""畜"声母为[t^h]。桂南片知组三等与二等无别，都读塞擦音，见表2-120①。

表2-120 桂南片知组二三等今读对照表

	二等		三等				
	罩$_{知}$	茶$_{澄}$	猪$_{知}$	竹$_{知}$	抽$_{彻}$	虫$_{澄}$	直$_{澄}$
南宁$_{亭子}$	ts-	ts-	ts-	ts-	ts^h-	ts-	ts-
南宁$_{心圩}$	ts-	ts-	ts-	ts-	ts^h-	ts-	ts-
南宁$_{五塘}$	ts-	ts-	ts-	ts-	ts^h-	ts-	ts-
融水	ts-	ts-	ts-	ts-	ts^h-	ts-	ts-
宜州	ts-	ts-	ts-	ts-	ts^h-	ts-	ts-

① 表2-120,2-121语料引自余瑾等：《广西平话研究》，中国社会科学出版社，2016年。

3. 古阳声韵今读

桂南片普遍保留[-m, -n, -ŋ]三个鼻音韵尾，与中古韵类对应整齐，见表 2-121。

表 2-121　桂南片古阳声韵今读表

	店_咸	心_深	间_山	分_臻	羊_宕	能_曾	东_通
南宁_{亭子}	-m	-m	-n	-n	-ŋ	-ŋ	-ŋ
南宁_{心圩}	-m	-m	-n	-n	-ŋ	-ŋ	-ŋ
南宁_{五塘}	-m	-m	-n	-n	-ŋ	-ŋ	-ŋ
融水	-m	-m	-n	-n	-ŋ	-ŋ	-ŋ
宜州	-m	-m	-n	-n	-ŋ	-ŋ	-ŋ

桂北、湘南、粤北三片，古阳声韵部分字今不读鼻尾韵。例如：

灵川_{三街}　三[sɔ^{阴平}]｜尖[tʃie^{阴平}]｜灯[tai^{阴平}]｜病[pai^{阳去}]｜玩[uā^{阳平}]

蓝山_{太平}　甜[tei^{阳平}]｜尖[tsei^{阴平}]｜山[ɕie^{阴平}]｜病[pei^{阳去}]｜青[tsʰei^{阴平}]

江永_{城关}　针[tɕie^{阴平}]｜近[tɕie^{阳上}]｜灯[lai^{阴平}]｜秤[tɕʰie^{阳去}]｜风[pai^{阴平}]

浈江_{犁市}　南[la^{阳平}]｜闲[ha^{阳平}]｜根[køy^{阴平}]｜井[tsie^上]｜坑[hie^{阴平}]

4. 古入声韵今读

桂南片多保留塞音韵尾[-p, -t, -k]，且与中古韵类对应整齐，见表 2-122。

表 2-122　桂南片古入声韵今读表

	答_咸	十_深	八_山	七_臻	角_江	黑_曾	肉_通
南宁_{亭子}	-p	-p	-t	-t	-k	-k	-k
南宁_{心圩}	-p	-p	-t	-t	-k	-k	-k

(续表)

	答咸	十深	八山	七臻	角江	黑曾	肉通
南宁五塘	-p	-p	-t	-t	-k	-k	-k
融水	-p	-p	-t	-t	-k	-k	-k
宜州	-p	-p	-t	-t	-k	-k	-k

桂北、湘南、粤北三片,古入声字今读开尾韵或元音尾韵,见表 2-123。

表 2-123 桂北片、湘南片、粤北片古入声韵今读表

		答咸	十深	八山	七臻	角江	白梗	木通
桂北片	灵川三街	sɔ阴	ʃie阳去	pɔ阴	tʃʰi阴	ko阴	pa阳去	mə阴
湘南片	江永城关	lu阴平	suɯə阳去	pø阴平	tsʰa阴平	tɕiou阴平	pɯə阳去	mu阳去
粤北片	浈江犁市	ta阴入	s̩阳入	pa阴入	tsʰai阴入	ko阴入	pie阳入	bɛɯ阴入 bɛɯ阳入

(二) 内部分片及代表点音系

1. 桂南片

桂南片分布于广西中南部,共包含 31 个县市,主要特点如下[①]:

(1) 古心母今读[ɬ],如南宁五塘"锁"[ɬu阴上]、"伞"[ɬan阴去]、"塞"[ɬɐk阴入]。

(2) 古知、照组今读塞擦音与精组洪音合并,如南宁亭子、融水、宾阳等地"椒精母""秋清母""钱从母""袖邪母""抽彻母""绸澄母""插初母"等字,声母均为舌尖前的[ts]组。

[①] 主要参考中国社会科学院语言研究所等编:《中国语言地图集》(第 2 版)。宾阳、融水方言语料引自余瑾等:《广西平话研究》。

（3）古见系在细音前一般未腭化,如南宁_石埠_、南宁_亭子_、四塘等地"鸡_见母_""舅_群母_""群_群母_"声母均为[k],"起_溪母_""虚_晓母_"声母均为[h],"缺_溪母_"声母为[kʰ]。

（4）区分尖团,如宾阳"焦"[tsiu_阴平_]≠"娇"[kiu_阴平_],"清"[tsʰiŋ_阴平_]≠"轻"[həŋ_阴平_],"相"[ɬeŋ_阴平_]≠"香"[ieŋ_阴平_]。

（5）平上去入各分阴阳。入声又根据来源不同,分为几类。如南宁_五塘_,阴入为一类,浊入以古声母全浊、次浊为条件分为甲、乙两类,部分次浊入受今韵母影响读全浊入。还有从其他方言、语言借来的"借入"。①

（6）词汇一定程度上受到少数民族语言影响,以南宁平话和武鸣壮语为例:

	螳螂	青蛙	柚子	谷壳	黏稠
武鸣壮语	maː laːŋ	kaːŋ kje/kop	ma puk	leːp reːp	niːu/naːt
南宁平话	ma laŋ kʰaŋ	kap	pøk	køk lep	niu
	痒	烫	拉扯	爬	（粥）稠
武鸣壮语	han/ɲap	dat	peːŋ	plen	kɯt
南宁平话	hən	nat	məŋ	pan	kət

兹以南宁_亭子_平话为例,列举音系如下②。

南宁_亭子_音系

声母(20个)

p	八皮倍	pʰ	批品盼	m	苗文木	f	夫犯佛	w	祸温画
t	多图道	tʰ	土体跳	n	拿女能	ɬ	写私西	l	罗礼林
tʃ	资才垂	tʃʰ	初妻设	ŋ	二鱼月	ʃ	少水是	j	衣叶远

---

① 参见覃远雄:《广西南宁五塘平话音系》,《方言》,2020年第4期。
② 南宁_亭子_音系参考唐七元:《广西汉语方言概要》,世界图书出版广东有限公司,2021年,第142—143页。

| k | 国求近 | kʰ | 区缺靠 | ŋ | 五银仍 | h | 河口陷 |
| Ø | 雨元恶 | | | | | | |

韵母(57个)

		i	皮耳谢	u	步娶户	y	女去如
a	爬牙夜			ua	瓜挂夸		
ə	而						
e	车姐也			ue	瘸		
o	波过多						
ai	排代介			uai	怪乖快		
ɐi	迷悲士			uɐi	归鬼亏		
				ui	培追水		
au	包到老						
ɐu	否手流						
ɛu	叫猫	iu	标小巧				
am	品三暗						
ɐm	针林心						
ɛm	点钳	im	尖甜严				
an	班山看			uan	关惯		
ɐn	本分真			uɐn	滚军困		
ɛn	扁研碱						
on	孙存算						
		in	片千见	un	般乱端	yn	战权专
aŋ	上江当			uaŋ	狂况逛		
ɐŋ	朋疼登	iɐŋ	长商良	uɐŋ	轰		
eŋ	定景呈						
œŋ	冬从风						

oŋ	梦王广						
ap	甲答腊						
ɐp	集立急						
ɛp	夹	ip	帖叶涉				
at	八法达			uat	括		
ɐt	割						
ot	阔夺	it	灭切跌	ut	末没泼	yt	说月乙
ak	作各确						
ɐk	则得克	iɐk	白麦客				
ek	尺色石						
ok	国扩郭						
œk	木六屋						
ŋ̍	五午误						

声调(10个)

阴平	53	波工新
阳平	21	同平人
阴上	33	左且品
阳上	24	社买马
阴去	55	正探派
阳去	22	射在站
上阴入	5	粒割
下阴入	3	插法七
上阳入	2	杂达学
下阳入	24	纳日麦

2. 桂北片

桂北片分布于广西北部,共 11 个县市,主要语音特点如下:

(1) 古溪母部分字今读擦音,开口韵前为[h],合口韵前为[f],与晓匣母或非敷奉母相混,如临桂_{五通}"开"声母为[h],"库"声母为[f]。

(2) 一些匣母合口一二等字今读零声母,如临桂_{义宁}"黄"[uaŋ^{阳平}]、"回"[ue^{阳平}]、"魂"[uen^{阳平}]、"换"[un^{阳去}]、"滑"[uaʔ^{阳入}]。

(3) 古精知庄章组今读分两套。临桂_{五通}、大江等精组读[ts,tsʰ,s],与知照组[tʃ,tʃʰ,ʃ]对立。灵川_{三街}、永福_{塘堡}则精组与知照组混同,洪音前读[ts,tsʰ,s],细音前读[tɕ,tɕʰ,ɕ]。

(4) 蟹开四齐韵今读洪音,与止开三支脂之韵不混,如临桂_{两江}"披"[pʰæ^{阴平}]≠"批"[pʰei^{阴平}],"地"[tʰæ^{阳去}]≠"第"[tʰei^{阳去}],"李"[læ^上]≠"礼"[lei^上]。

(5) 一些方言全浊入读阳去,如富川_{九都}"学"[hou^{阳去}]、"舌"[i^{阳去}]。

兹以灵川_{三街}为例,列举音系如下。①

灵川_{三街}音系

声母(20 个)

p	波巴白	pʰ	怕破佩	m	门忙忘	f	飞副妇		
t	猪锤端	tʰ	拖滩挑	n	南暖农			l	罗蓝泥
ts	祖齐池	tsʰ	清猜燥			s	苏数少		
tʃ	茄肉加	tʃʰ	车差欠	ɲ	硬赢日	ʃ	山射书		
k	国公权	kʰ	去块开	ŋ	岸牙软	h	豪红巷		
ø	乌歪我								

---

① 灵川_{三街}音系参考唐七元:《广西汉语方言概要》,第 144—145 页。

韵母(41个)

ɿ	词字紫姿	i	比衣皮耳	u	都锅铺过	y	猪书巨除
a	低崖策替	ia	格硬刻买	ua	乖夸大国	ya	柴采豺筛
				uɔ	担蚕花家	yɔ	茄爷夜肉
		iɛ	十天仙接			yɛ	完船远砖
ɤ	再对来谷			uɤ	关开灰爱		
				ou	多团碗甘		
ɯ	剧去句菊						
ai	诚丁直黑	iai	景根轻肯	uai	浼弄脏傻		
ei	痱悔飞废			uei	鬼龟味亏		
au	烧膏劳抖	iau	条叫钩鸟				
ou	臭首粥手	iou	游竹秋酒				
		iu	狱育浴辱				
an	探砍暂但						
		iɛn	建颜间言			yɛn	玄愿宣悬
		iŋ	林虫重冰			yŋ	永军犬勋
aŋ	帮旁忙挡	iaŋ	长享枪浆	uaŋ	狂广筐黄	yaŋ	妆床创双
əŋ	总攻东饨			uəŋ	弓困纯闻		
oŋ	怂共颂龙	ioŋ	云中春雄				
n̩	我鱼午五						

声调(6个)

阴平	24	东开风
阳平	533	门牛皮
上声	33	古九五
阴去	35	冻怪痛

| 阳去 | 21 | 卖路树 |
| 入声 | 5 | 急哭月六 |

3. 湘南片

主要分布于湘南永州、郴州地区的 11 个县,包括永州的新田、蓝山、宁远、道县、江永、江华和双牌以及郴州的嘉禾、临武、桂阳、宜章等。

湘南土话主要特点如下:

(1) 古溪母今读擦音,和晓匣母、非敷奉母合流,如道县"苦""开""空"声母均为[x],江永"苦""开""空"声母均为[h],宜章"苦$_白$"声母为[f]。

(2) 多数方言全浊入今读阳去,如江永"服"[fu^{阳去}]、"十"[sɯə^{阳去}],道县$_{寿雁}$"白"[pu^{阳去}]、"石"[ɕiu^{阳去}]。

(3) 有一批特色词,在湘南土话中覆盖面较广,而不见或少见于外区方言,如"息孙$_{曾孙}$""鼓鼻$_{打鼾}$""六谷$_{玉米}$""面帕$_{毛巾}$""纸炮$_{爆竹}$"等[①]。

兹以蓝山$_{太平}$方言为例,列举音系如下。

蓝山$_{太平}$音系

声母(22 个)

p	杯皮百	p^h	飘破拍	m	麻买尾	f	飞肺符		
t	刀团夺	t^h	天套铁	n	年脑你			l	凉老绿
ts	猪姊装	ts^h	茶次床			s	私商尚		
tɕ	诛酒蒸	tɕ^h	除秋墙	ȵ	娘牙人	ɕ	修升受		
c	鸡假街	c^h	气奇跪			ç	稀许鞋		
k	该滚盖	k^h	枯捆钳			x	灰会开		

[①] 词汇特点参见罗昕如:《湘南土话词汇研究》,中国社会科学出版社,2004 年,第 19 页。蓝山$_{太平}$音系引自罗昕如:《湖南蓝山太平土话研究》,第 18—19 页。

Ø　　武耳原安友野

　　说明：

① 老派[c,cʰ,ç]声母只拼细音,[k,kʰ,x]声母只拼洪音；新派[c,cʰ,ç]与[tɕ,tɕʰ,ɕ]有时相混。

② [x]拼开口呼音值接近[h]。

韵母(35个)

ɿ	紫迟诗	i	皮支飞	u	姑书雨	y	朱取水
a	麻白蛇	ia	家壁野	ua	瓜花瓦	ya	靴
o	婆台火			uo	禾爱		
e	八读色	ie	排饭歇	ue	国袜	ye	桌出血
ai	派木碍			uai	哭挖外		
ei	杯边对			uei	回砖远		
au	包头口	iau	交晓咬				
əu	保老好	iəu	条流摇				
an	砍咸	iae	□脏				
ən	东轮恨	in	林定认	uən	公棍温	yn	忠穷云
aŋ	本风恩	iaŋ	腆牵	uaŋ	创环文	yaŋ	撞双
oŋ	帮胆光	ioŋ	两墙羊				
ŋ̍	鱼五						

　　说明：

① [ie,ue,ye]中的[e]实际音值为[ɛ]。

② [ya]只有一个字"靴"[ɕya¹³]；[iae]只有一个字"□脏"[iae¹²]。

③ [ŋ̍]有些地方读作[u]。

声调(5个)

阴平	13	初天边书花坡千音恩衣
阳平	21	词床才唐平回忙龙云移
上声	35	纸比古打姐朵板矮碗椅
阴去	33	过菜送老柱坐竖福绿读
阳去	53	字利步大饭用雾玉石白

说明：

① 阳平 21 的起点略高于 2，在 2 和 3 之间，记作 21。

② 上声 35 的音长较短，起点略高于 3。

4. 粤北片

分布在粤北韶关地区乐昌、曲江、仁化、乳源、南雄、韶关、武江、北江(今已并入浈江区)、浈江和粤西北的连州、连南等市县区。该区域属于多方言区，有些地方对内使用土话，对外使用客家话或粤语，也使用西南官话。① 粤北土话主要特点如下②：

（1）古精组与知庄章组今读声母有别。例如连州保安、西岸、丰阳读"祖"[ts-]、"草"[tsʰ-]、"嫂"[s-]、"前"[tsʰ-]、"张""庄""章"[tʃ-]、"池""炒""车"[tʃʰ-]、"史"[ʃ-]。

（2）假摄二等韵一般带[-u,-ɯ]韵尾，多数地点与歌韵混同，如连州星子"歌=家"[kʌu阴平]、"婆=爬"[pʌu阳平]、"魔=麻"[mʌu阳平]。

（3）声调数量为 5 至 6 个。平、去各分阴阳，上、入调类归并情况差异较大。

（4）有一批特色词，如淋雨说"洒雨"，抽屉说"推箱"，柚子说"雷

---

① 参见王福堂：《平话、湘南土话和粤北土话的归属》，《方言》，2001 年第 2 期。

② 主要参考张双庆：《连州土话研究》，厦门大学出版社，2004 年，第 14—24 页。

公""雷公橙",松球说"松鸡婆""鸡婆子"等。

兹以连州_{星子}为例，列举音系如下。①

连州_{星子}音系

声母(20个)

p	爬被白饭	p^h	普配拍遍	m	马墓雾满	f	火虎发粉	v 话位黄横
t	大渡断猪	t^h	剃退添桶	n	糯奴内农			l 罗路林鹿
ts	左祖进遵	ts^h	粗全绝村			s	苏雪笋索	
tʃ	渣蔗罩镇	$tʃ^h$	茶车潮床	ȵ	饿惹瓦咬	ʃ	沙蛇常色	
k	家古居结	k^h	课苦裙屐			h	河欺咸苋	
ø	哑野吴雨							

说明：

① [v]摩擦较轻。

② 老派[tʃ, tʃʰ, ʃ]与[ts, tsʰ, s]有音位对立，新派合为一套。

韵母(44个)

ɿ	紫赐四自	i	体纸失食	u	过兔菜割	y	苎鱼对吹
ɑ	筛鸡使卒	iɑ	额逆	uɑ	夸垮乖刮		
ɔ	大赖答辣						
œ	靴锯_{动词}						
		iɛ	妻十七雀				
ai	誓第习力	iɑi	易_{交~}				
ɛi	车蛇接	iɛi	惹爷叶热	uei	悔桂惠柜		
au	帽鸽末角	iɑu	咬岳				
		ieu	笑烧摇酒				

---

① 连州_{星子}音系参考张双庆：《连州土话研究》，第8—9页。

au	头口瘦竹	iau	藕偶肉育			
ʌu	河簸马胎	iʌu	我牙芽瓦	uʌu	禾华	
ɵy	茄梳雪说	iɵy	越穴月			
		iu	碍艾外			
ai	尖煎天门	iai	染延言恩	uai	滚棍捆菌蘑菇	
ɑi	凌剩惊平	iɑi	仍迎赢萤			
ɵn	癣建选劝	iɵn	软原员			
		iaŋ	良酱张网			
ɑŋ	参人灯层梗	iɑŋ	硬			
ɔŋ	贪炭关缸	iɔŋ	岩岸眼			
ʌŋ	东葱风凶	iʌŋ	浓绒容用			
iŋ	林金亲陈			uŋ	柑肝断乱	yŋ	春军群永
ŋ̍	五					

说明：

① [iŋ]主元音的实际音值是[ɪ]。

② [ai]与舌根音相拼时带有微弱的[i]介音。

声调(5个)

阴平	33	疤飞针坐女十叶毒
阳平	24	鹅婆麻肥毛林田堂
上声	55	我果鲁考鬼紧想桶
阴去	53	破顾锯记靠酱姓众
阳去	21	糯杜道造索雀屋竹

说明：阳去的实际调值是211。

清代、民国的地方志中已有平话和土话的记载。嘉庆《广西通志·桂林府·灵川县志》："天曰铁,地曰的,父曰阿把,母曰阿嗟,哥曰郭,嫂曰搔,水曰输,火曰呼。"①

民国《灵川县志》："天谓之铁（从本音转）,地谓之笛（从本字,转入音）,日谓之议（从上音转）……外祖父谓之物更（外公转音）,外祖母谓之物不（外婆转音）。"②民国《昭平县志》："昭平语言有土音,与正音相戾者,仿佛听久则能言之,然一邑之中亦有大同小异若类聚然。近苍梧藤县者其音柔而平……近贺县富川者其音和而畅……近永安平乐者其音低而醇……然亦有世类相承来自远方者,如黄姚英家之村落多习粤左之阳山……附城黄姚之市井多习粤左之鹤山、南海……"③这些文献记录了桂北平话的语音特点和内部差异。

又如湘南土话,清道光二十六年（1846）《永明县志》记载："邑人读书习于乡音,今考之,亦有与古韵合者。'风'读方凡反,与《说文》风从虫凡声,及飓从马風声合,枫同……'江'桃川人读'工',与楚辞《哀郢》《悲回风》合,《说文》'江'从水工声……"④清同治、光绪年间《江华县志》《零陵县志》《道州志》以及民国《宜章县志》《蓝山县图志》等对湘南土话亦有记载。粤北土话的记载主要见于道光《广东通志》、光绪《清远县志》及民国《仁化县志》等。

20世纪二三十年代,中央研究院史语所赵元任等学者调查了湘粤桂毗连地区的土话,开启了该地区现代方言学调查的先声,但调查材料未发表。平话、土话的早期调查成果散见于广西师范学院中文系编《广西汉语方言概要》油印稿（1960）、杨时逢《湖南方言调查报告》

---

① ［清］谢启昆修,［清］胡虔纂:《广西通志》卷八十七,《中国地方志集成·嘉庆广西通志》第2册,凤凰出版社,2010年,第295页。
② 陈美文修,李繁滋纂:《灵川县志》卷四,民国十八年（1929）石印本。
③ 李树楠修,吴寿崧、梁材鸿纂:民国《昭平县志》卷四,民国二十三年（1934）铅印本。
④ ［清］王春藻、刘圭修,［清］徐典等纂:《永明县志》卷三,见江永县政府（永明县志）工作组整理校点:《永明县志（道光版）》,内部发行2018年,第187页。

(1974)、梁猷刚《广东省北部汉语方言的分布》(1985)等。

《中国语言地图集》(1987)将平话、土话独立出来,此后相关研究不断涌现。除各省、市、县所编方言志外,还有李连进《平话音韵研究》(2000),鲍厚星等《湘南土话论丛》(2004),庄初升《粤北土话音韵研究》(2004),谢建猷《广西汉语方言研究》(2007),陈海伦、林亦、刘村汉主编《粤语平话土话方音字汇》(2009),林亦等主编"桂北平话与推广普通话研究"丛书,鲍厚星主编"湘方言研究"丛书、"濒危汉语方言研究"丛书(湖南卷),张双庆主编"粤北土话研究"丛书等,推动了平话和土话的研究。

新世纪以来,平话、土话的研究进一步深入,如王福堂《平话、湘南土话和粤北土话的归属》(2001)、伍巍《论桂南平话的粤语系属》(2001)、鲍厚星《湘南东安型土话的系属》(2002)、詹伯慧等《关于广西"平话"的归属问题》(2003)、罗昕如《湘南土话词汇研究》(2004)、卢小群《湘南土话代词研究》(2004)、李连进《平话的分布、内部分区及系属问题》(2007)、李小凡《两广毗连地区汉语方言的归属》(2011)、侯兴泉《粤语勾漏片封开开建话语音研究——兼与勾漏片粤语及桂南平话的比较》(2016)、林亦《近代汉语平话土话方言文献集成》(2023)等。

第三章
汉语方言语音调查与研究

第一节 汉语方言语音调查的理论与方法

一 方言田野调查

研究一种方言必须先调查和记录这种方言。汉语方言最常见也最基础的调查方法就是田野调查法,即面对面地调查和记录发音人的方言口语,所以也叫"直接调查法"。

作为语言学的学习和研究者,必须具备独立进行田野调查的能力。田野调查有两种模式。一种是在发音人家乡以外的地点进行调查,有时调查地点偏僻,没有可以居住的旅店,到村民家居住也不方便,往往会把发音人接到县城来调查。再比如20世纪三四十年代,历史语言研究所调查江西、湖南、湖北、云南、四川等地方言,就是向各县在省会读书或工作的发音人调查的。另一种是前往所调查方言当地进行调查,尽可能多地在当地搜集语料、调查核对。如果有条件,应尽量到发音人的家乡进行实地调查。首先,实地调查有利于核对或补充调查内容。有时候一个发音人不能提供所有调查项目的内容,或者调查者对某些调查结果有怀疑,在当地寻找其他发音人核对和补充更加方便。其次,这种方式有利于比较本地方言和邻近方言的异同。在方言情况复杂的地方,有时一地有两种或数种方言并存,如果在外地记音,则难以辨明。最后,这种方式有利于了解地方文化,也有利于获得对本地方言的感性认识,这在记录方言词汇时尤为重要。对有地方特点的农具、器皿、房舍等的释义,如不见实物,难免不周,甚至产生错误。①

调查方言一般从语音入手,由听音、记音开始,先调查语音系统,然后调查记录单字、词汇、语法、语篇。对于初学者来说,最好是从自己熟悉的母语开始,待积累一些经验后,再去调查陌生的方言。在调查方言语音的过程中,应注意以下几点。

1. 反复调查、校对,确保语料真实、准确。方言田野调查最重要的就是语料的真实性和准确性,记音是否准确直接关系到语料的可靠性。因此,在记录方言语音时,应尽量记出声韵调的细微差别,反复听辨、确认。如果条件允许,可以使用录音、摄像设备将调查过程记录下来,以便日后核对校验。

2. 应当注意对特殊民俗、口头艺术进行细致的调查,广泛搜集民间故事、歌谣、谚语等。② 这些方言口语能够反映出许多当地自然地理、社会生活现象,其中可能保存有珍贵的方言材料。例如赵元任《广西瑶歌记音》记录了广西瑶语民歌,严格意义上说,这些瑶歌不是真正的瑶歌,而是瑶人唱的汉歌,歌词实际上是粤语的一种变体。这是研究瑶语和当地汉语接触之后产生语言变异的开创性著作,从中可以考察少数民族语言与汉语的融合情况,是非常宝贵的资料。

---

① 参见游汝杰:《汉语方言学教程》(第二版),第54—55页。
② 参见刘泽民:《方言中濒临消失的存古语音层——从纯学术的角度看方言的濒危》,庄初升、邹晓玲主编《濒危汉语方言研究》,中山大学出版社,2016年。

3. 方言田野调查还是与人和社会打交道的工作。方言田野调查面对的经常是完全陌生的自然、社会环境,为了准确地记录方言及当地文化,调查者要善于观察环境、了解风土民情。调查者深入当地,融入当地生活,多走走,有时会有意外惊喜。只有与当地群众建立良好关系,与发音人交朋友,才能用最少的时间得到最多、最好的材料。

方言田野调查是所有语言学研究者的必修课和基本功。如果是专业的方言工作者,方言调查训练应有更加全面的要求。从调查到研究,由点到面、由易及难,循序渐进,步步深入,只有这样,才能学到过硬的功夫。真能坚持、认真实践,调查多了,经验多了,就能左右逢源,进入奇妙的境界,这就是方言调查应该追求的前景。① 正所谓"礼失而求诸野",田野调查对汉语方言、汉语史和少数民族语言研究都有十分重要的意义。

二 调查表格的制订

根据不同的研究目的,可以使用不同的调查表格。若是普查性地调查某一方言的字音,可以使用中国社会科学院语言研究所编订的《方言调查字表》。若是要进行专项调查,可选取已出版或发表的相关调查表,或自行设计调查表格。

(一)《方言调查字表》

1930 年中央研究院历史语言研究所编写"方言调查表格",后来经过增删修改形成《方言调查字表》。使用这个调查字表,是基于两个基

---

① 参见李如龙:《汉语方言调查》,商务印书馆,2017 年,第 11 页。

本认识：一是切韵音系是现代汉语方言的总源头；二是语音演变是有规律的。

《方言调查字表》共收 3700 多个汉字，收字依据《广韵》，参考《集韵》。按十六摄排列，依次为：果、假、遇、蟹、止、效、流、咸、深、山、臻、宕、江、曾、梗、通。同摄的韵先分开合，再分一二三四等。相承的四声并列，每页第一横行的韵目举平以赅上去。横行为声调和小韵，竖行为声母。粗横线分隔不同系声母，细横线分隔不同组声母。以"假开二：麻"（第3页）为例，见表 3-1：

表 3-1 《方言调查字表》"假开二：麻"

	假開二：麻		
	平	上	去
	麻	馬	禡
幫 滂 並 明	巴芭*疤 「鈀(杷)_{耙子} 爬琶_{琵琶}杷_{枇杷} 麻痲蟆_{蝦蟆}[媽]	把_{把握,把守,一把} 馬碼(馬)_{碼子}	霸欄_柄*壩_堤垻_{平川}*爸 怕*帕(帊) 耙(杷)_{犁耙,耙地} 罵
端 透 定			
泥(娘) 來	拿(拏)		
精 清 從 心 邪			

(续表)

	假開二：麻		
知 徹 澄	茶搽(塗)		蛇水母
照莊 穿初 牀崇 審生	查(柤)山查 渣(柤) 叉杈枝杈 差差别,差不多 *苴[查]調查 沙紗	灑	詐榨榨油 [炸]炸彈 岔(*衩)三岔路 乍 *廈偏廈,前廊後廈
照章 穿昌 牀船 審書 禪			
日			
見 溪 羣 疑	家加痂嘉傢(家)傢具 牙芽衙伢(*孲)小孩子	假真假 賈姓 雅	假放假 架駕嫁稼價 *搳捕,捉,拿住 砑砑平
曉 匣	*蝦魚蝦 *煆煆腰 霞瑕遐蝦蝦蟆	下底下 夏姓 廈廈門	嚇嚇一跳 下下降 夏春夏 暇
影 喻云 喻以	鴉丫丫頭 椏椏杈	啞	亞

表 3-1 中横行"假开二：麻"表示假摄开口二等麻韵(举平以赅上去),下面再分平、上、去。竖栏列三十六字母。每一方格所收的字同韵同调,方格中每一行所收的字声韵调全同。

根据《集韵》收入的字在左上方加"*"号,如表 3-1 中的"*爸""*蝦魚蝦"等。《广韵》《集韵》都没有的字寄在相当地位,外加方括号"[　]",如"[查]调查"。今通行写法与《广韵》《集韵》不同的字,在今形后用圆括号"(　)"标出《广韵》《集韵》中的字形,如"傢(家)傢具。"

若同音字在一行写不下而相邻的横行正好无字时,则用"⌈"或"⌊"表明借用相邻横行,如表3-2。

表3-2 《方言调查字表》"果合一:戈"(节选)

	果合一:戈		
	平	上	去
	戈	果	過
泥(娘)來	⌈囉(覶)囉唆 騾螺螺蟳 膕手指紋	裸裸體 瘰瘰癧	*糯(稬)糯米 擩擩起來
精清從心邪	脞矮 簑梭織布梭 唆囉唆 ⌊莎莎草	坐 鎖瑣瑣碎	剉莝莝草,切碎的草 座

利用这个字表调查方言语音,能在较少的时间里大致了解某个方言语音系统的全貌。一个受过训练的调查者可以在半小时之内了解一种方言单字调的调类和调值。① 因此该字表自20世纪50年代全国方言普查时使用至今,已成为最常用的汉语方音调查表。

(二)《汉语方言调查简表》

丁声树、李荣编的《汉语方言调查简表》由中国科学院语言研究所于1956年8月出版,该表供20世纪五六十年代全国汉语方言普查所用,内容分语音和词汇语法两部分。此表中语音是调查重点,兼顾一些

---

① 参见游汝杰:《汉语方言学教程》(第二版),第55页。

词汇、语法方面的基本情况。语音部分包括声调、声母、韵母、音系基础字、单字表五项,共收常用字 2100 多个。音系基础字和单字表都按北京音排列,节选列举如下。①

四　音系基礎字

221	222	223	224	225	226	227
把	麻	馬	乏	搭	打	拿
228	229	230	231	232	233	234
納	雜	擦	插	茶	殺	家
235	236	237	238	239	240	241
瞎	夏	壓(壓)	雅	抓	刷	瓜
242	243	244	245	246	247	248
滑	画(畫)	瓦	袜(襪)	遮	車	惹
249	250	251	252	253	254	255
热(熱)	歌	格	課	刻	客	賀
256	257	258	259	260	261	262
餓	惡	駁	婆	佛	多	拖
263	264	265	266	267	268	269
脫	騾	左	坐	作	捉	說
270	271	272	273	274	275	276
禍	或	窩	臥	滅	解	借
277	278	279	280	281	282	283
切	歇	邪	鞋	寫	血	夜

---

① 丁声树、李荣编:《汉语方言调查简表》,中国科学院语言研究所,1956 年,第 7 页。

284	285	286	287	288	289	290
絕	雪	字	死	織	治	迟(遲)
291	292	293	294	295	296	297
尺	詩	湿(濕)	失	兒	二	比

词汇语法部分包括172条词(或词组)和37条语法例句,节选列举如下。①

貳　詞彙語法部分

六　172个詞(或詞組)

4001　太陽——日头　热头　老爺兒　爺爺兒　佛爺兒
4002　月亮——月光　月婆　太陰　月头　月明
4003　打雷——响雷　行雷
4004　打閃——扯閃　閃电　打火閃
4005　下雨——落雨
4006　雹——雹子　冰雹　冰塊　冷子　冷彈子
4007　刮風——吹風　翻風(刮小風)　打風(刮大風)　动風
4008　灰塵——土　塵土　灰　煙塵
4009　石灰——灰　蠣灰
4010　煤——煤炭　石炭　炭

……

七　37个例句

9001　你姓王,我也姓王,咱們兩个都姓王。

---

①　丁声树、李荣编:《汉语方言调查简表》,第39、55页。

9002　老張呢？他正在同一個朋友說着話呢。

9003　他还沒有說完嗎？还沒有。

9004　你到哪兒去？我上街去。

9005　在那兒，不在這兒。

9006　这个大，那个小，這兩个哪一个好一點兒呢？

9007　这个比那个好。(这个好过那个。)

关于《简表》的使用，书中有详细说明。为了配合《简表》的使用，同时出版了《汉语方言调查字音整理卡片》，共 2136 张，供与北京音比较。《简表》和《卡片》上的单字都编有统一的数字号码，一张卡片配一个号码，每张卡片上都注北京音。根据调查结果，将方音记录在卡片上，整理归纳后，即可得出方言与北京话的语音对应规律。

(三) 专项调查表

调查方言语音，可根据不同要求，选用《字表》或《简表》。在调查过程中遇到问题，可另行设计补充表格。有的调查表针对某一语音特征或项目进行调查，如调查方言的连读变调则需设计专门的表格。

连读变调是指由于邻近音节间的相互影响，声调产生变化的现象。一般来说，根据所调查的方言的调类数量，进行平方运算，即可排列出该方言的连读变调调查表。例如北京话有 4 个声调，进行平方运算，就形成 16 种组合的两字组连读变调。我们以詹伯慧等《汉语方言及方言调查》中的"两字组连读变调调查表·前字清平"[①]为例，见表 3-3。

---

① 参见詹伯慧、李如龙、黄家教、许宝华：《汉语方言及方言调查》，第 386—387 页。

表 3-3　前字清平的两字组连读变调调查表

前字清平								
1+1								
山边	医生	飞机	松香	乌龟	风车	声音	心肝	新鲜
中央	高低	开通	浇花	搬家	开车	伤心	山高	
1+2								
山城	高楼	今年	清茶	烟筒	天桥	昆明	工农	操劳
中南	安排	光荣	新奇	帮忙	开门	花钱	心齐	
1+3								
山顶	甘草	腰鼓	工厂	科长	东海	糕饼	风水	安稳
中等	凄惨	抓紧	浇水	光火	加减	辛苦	枪响	
1+4								
山后	沙眼	经理	公道	清淡	公里	风雨	夫妇	轻重
中士	兄弟	安静	遮雨	张眼	抓鸟	偷马	天冷	
1+5								
山货	花布	青菜	车票	仓库	天气	新裤	相信	轻快
中界	通气	开店	交货	装蒜	霜降	心细	鸡叫	
1+6								
山路	山洞	公事	车站	军队	医院	春夏	烟雾	尖锐
中队	修路	新旧	烧饭	生病	开会	耕地	胸闷	
1+7								
山谷	生铁	青竹	初级	书桌	猪血	公式	霜雪	筋骨
中国	清洁	亲切	推托	升级	充血	心急	天黑	
1+8								
山药	京剧	金额	兵役	商业	阴历	风俗	宗族	亲热
中学	生活	收集	抓贼	消毒	惊蛰	开学	腰直	

该调查表兼顾了不同词语结构对连读变调的影响,可作初步调查之用。为了做到各方言通用,选用的都是普通话词语,具体调查时难免出现不适用的情况,调查者需根据实际情况进行补充和修改。

再如中古知庄章声母今读情况的调查,可参考《方言调查字表》取常用字,分别调查位于前字和后字时的情况(见表3-4),在调查过程中根据方言实际情况进行补充和删减。

表3-4 知庄章声母调查表

知母									
养猪	猪圈	著名	显著	智商	失智	追人	被人追	罩子	面罩	朝阳
肘子	手肘	站台	车站	转圈	右转	展览	开展	镇江	张嘴	开张
帐子	蚊帐	征服	出征	忠心	尽忠	桌子	圆桌	摘花	竹子	毛竹
蚊帐	算账	胀气	当中	中奖	建筑					
庄母										
渣子	人渣	阻止	电阻	斋饭	吃斋	债主	外债	抓小鸡	爪子	猪脚爪
找人	寻找	皱纹	除皱	蘸酱油	装相	服装	扎头发	捆扎	侧面	左侧
捉	路窄	庄子	桩子	强壮	争吵	风筝	睁眼			
章母										
遮挡	煮饭	珠宝	珍珠	主任	做主	注意	下注	一支笔	照片	合照
咒语	念咒	针头	打针	枕头	战争	挑战	砖头	红砖	震动	地震
樟木	香樟	掌心	手掌	浙江	江浙	拙萝卜	手拙	正月	公正	

在设计和制定调查表时,应做足充分的准备。虽然是拿着《字表》去调查,但是记录的不是"字"的读音,而是要想办法让发音人尽量用这个"字"所表达的意思来说话,才能调查自然的、实态的方言。方言的口语常用词常常存在有音无字的情况,若仅依靠文字的调查表,难免疏漏,这就需要调查者在调查前做好充分的准备工作,尽可能多地搜集语料。

三 调查前的准备工作

(一) 了解调查点的情况及其方言背景知识

在方言田野调查开始之前,应通过查阅文献、网络搜索、电话咨询等多种途径,搜集有关语言田野工作地点的情况资料以及当地所有语言或方言的相关资料,充分了解背景知识。具体包括以下内容①:

1. 田野工作地点所在县市人文历史和地理情况。如:行政区划、历史建制、地理位置、地形地貌、山川气候、经济类型、各民族人口和分布、重要节庆、民风民俗、语言族群生活习惯、族群文化禁忌等。

2. 田野工作地点所在县市各种语言和方言的分布和使用情况,以及这些语言和方言的基本特点。如:县内各种语言或方言的地域分片、各种语言的使用人口,当地有无世居少数民族,当地世居少数民族分布在哪些乡镇,各民族的人口信息以及使用的语言或方言,等等。

3. 田野工作地点及周边县(市、区)或邻近乡镇的其他语言和方言的基本情况。在开展正式的田野调查之前,可以提前去往调查点逗留几天。利用这段时间,拜访一下相关部门,如民政局、文化局、档案馆等,还可以走访对调查点有所了解的当地学者,他们会提供许多纸质材料无法查阅到的地方性资料,这些资料有利于调查的开展。

(二) 寻找合适的发音人

方言调查的成败和发音人提供的语料是否准确关系很大,所以聘请合适的发音人至关重要。从调查地域方言的目的出发,可以不必顾

---

① 参见范俊军编著:《中国田野语言学概要》,广东人民出版社,2016年,第6页。

及发音人的性别、职业、阶层等。理想的发音人应该具备以下条件：

1. 当地方言是发音人的母语。父母双亲均为当地人。从学会说话以后一直说纯粹的本地话。不会说别种方言或民族共同语。一直住在本地，或只是成年后短期离开过本地。如果在外地住过，最好只是住在与本地方言差别较大的方言区，如苏州人在北京住过。两种差别较大的方言互相间的干扰较小。如果一个苏州人在上海住过若干年，作为发音人就不合适，因为两种差别较小的方言相互间的干扰反而较大。

2. 最好是老年人，中年人也可。因为青年人的语言经历还不够，特别是其掌握的本地词汇往往不够丰富，对某些语气词的用法缺少亲身感受，常常把握不定，对本地和邻近地区的口音差别也缺少感性认识。还有，在现代社会里，青年人的方言易受民族共同语的影响，从而使他的方言变得不纯粹。

3. 最好受过中等以上的教育。文化程度较高的发音合作人能较快地领悟调查目的和调查者的提问，因此可以提高效率，节省时间。赵元任在调查吴语语气词的时候，有一段经验之谈："大概教育程度高一点的人差不多都能领略所要问的恰恰是怎么一个味儿，而且也能知道假如本地没有相当的语助词，就应该用一种什么说法或什么语调来表示同样的口气。"[1]再者，目前调查汉语方言语音的通用方法是拿调查字表请人读字，实际上是以调查文读音为主的。文化程度太低的人识字不多，或对某些字的读音没有把握，这样就难以获得预期的材料。

4. 发音器官健康正常，没有影响发音的生理缺陷。

5. 最好喜欢谈天说地且熟悉地方文化，能够提供丰富的方言材料和地方文化背景。

---

[1] 赵元任：《现代吴语的研究》，商务印书馆，2017年，第28页。

要找到符合上述5个条件的理想发音合作人并不容易,所以在实际调查时有时只能降低要求,但最重要的是发音人必须是本地人,能说纯粹的本地话。初到一个陌生的地方,往往难以判断所请来的发言人的方言是否杂有外地口音。这时候可以略选几个韵的字多请几个人读,看同韵的字内部是否一致。如果读的结果内部不一致,即可能杂有外地口音。各地方言都有文理和土白的区别,在现代,发音人又多少有些普通话的感性认识,调查之初,发言人又往往有怕说得太土的心理障碍。所以在选定发音人后,开始调查提问前,必须启发发音人用本地最自然、最纯粹的土话来读字和说话。如果可能的话,调查人最好用较接近本地的方言提问或边调查边学着说本地话,以便于尽可能快地解除发音人的心理障碍。另外,调查一个地点方言的语音,应始终只用同一个发音人,这样可以避免因个人方言的差异,造成语音系统混乱。①

(三) 选择合适的调查场地

根据调查目的和要求,可以选择不同的调查场所。如果调查地点为本地,或距调查者的生活、工作地较近,且调查语料之后不用做实验语音学的分析,则对调查场地的要求不高,在安静的室内环境进行即可。可以在发音人的家中,也可租借特定的场地。但如果要做实验语音学的分析,对于背景噪音等参数则有严格要求,场地也有所限制。

选择记音和录音场地要考虑下面几个因素②:

1. 远离闹市、街道、工厂、机房、锅炉房、车站、工地、娱乐场所。

2. 远离广播电视发射塔、移动通讯发射站、雷达站、变压器和变电站。

---

① 参见游汝杰:《汉语方言学教程》(第二版),第56—57页。
② 参见范俊军编著:《中国田野语言学概要》,第13页。

3. 房屋里电器少或未摆放电器。

4. 房间无回声。坚硬光滑的地面、墙壁和台面容易产生声音反射,影响录音效果;而土木地面和地毯地面、原始砖土墙面和墙纸或绒布墙面则不易产生回音。

正式录音之前,需要先测试背景噪音和语音音量,以保证录音质量。一般背景噪音不能大于"-48 dB",最好控制在"-60 dB"以下。以"Audacity"软件为例:

运行 Audacity,移动鼠标至界面右侧"话筒"图标所在刻度条的最右端,此时光标呈左右箭头状,如图 3-1:

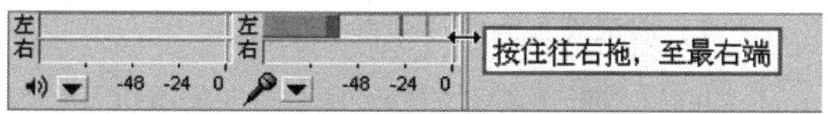

图 3-1 测试背景噪音和语音音量步骤(一)

按住鼠标左键把整个刻度条往右拖动,使之充满整个软件窗口,此时音量刻度条显示出"-72"、"-60"等刻度,如图 3-2。

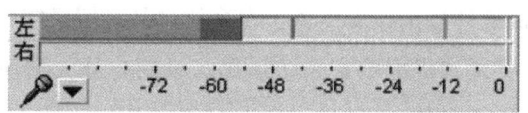

图 3-2 测试背景噪音和语音音量步骤(二)

这样就可以测试背景噪音和语音音量的大小了。需要说明的是,较常见的录音软件都用负数区间表示音量范围,音量范围从小到大为"-∞~0","0"表示音量的上限,即能采录的最大音量值。

单击"话筒"图标右上侧的凹陷区域,暗红指示条越往右靠近"0"表示背景噪音越大,越往左背景噪音越小。为了保证音质,背景噪音音量最好控制在"-60"以下,不能大于"-48"。如果大于"-48",说明背景噪音过大,需找到噪音源并设法消除,或适当调小输入音量。

一般来说,下面这些地方都可以作为方言调查记录的工作场所①:

(1) 县城或乡镇广播电视台的播音室或演播室;

(2) 学校的语音室或电教室;

(3) 政府机关部门的小会议室;

(4) 高、中档宾馆客房和小会议室。

如果调查点离县城较远,或发音合作人不方便外出,调研人员则应驻扎村寨和居民点,选择较安静的村民住房作为工作场地。

(四) 调试设备和录音训练

语言田野工作目的地较远,在颠簸的路途中和换乘交通工具时,容易造成设备损坏。选定场地以后,应及时检查设备,发现故障尽快修复,无法修复则启动应急方案。②

在语言社区居民点记音和录音,应根据说话人发音条件和场地环境状况,使用合适的录音设备。例如,在乡村住宅记音和录音,最好使用专业录音机配外接头戴麦克风。在乡村户外场所录制二三人聊天说话,可使用数字录音机配枪式采访话筒。录制户外大场地的群众活动时,应给主要说话人戴上无线话筒,通过无线话筒系统、声卡和笔记本电脑进行录音。总的原则是,采录不同场合和不同活动状态的说话人的话语,要使用与之相匹配的录音设备。

除了眼看耳听检查工作场地的环境状况之外,还应进行现场录音,检测场地的录音效果。录音检测包括下面几项:

---

① 参见范俊军编著:《中国田野语言学概要》,第13页。
② 同上。

（1）检测录音机在室内不同摆放位置、不同角度和朝向的录音效果；

（2）检测话筒不同朝向以及发音人嘴巴和话筒不同距离和角度的录音效果；

（3）分别启用录音机内置话筒和外接话筒，对比录音效果；

（4）更换领夹话筒、头戴话筒、手握话筒，对比录音效果；

（5）让发音人改变坐姿、站姿和说话音量，对比录音效果；

（6）改变录音机或外置声卡的输入电平增益，对比录音效果；

（7）改变录音机的采样率/位精度模式，对比录音效果；

（8）开启和关闭录音机降噪模式、改变降噪参数，对比录音效果；

（9）变换话筒心形和超心形指向功能，对比录音效果；

（10）换上桌布和墙面布帘，对比前后录音效果；

（11）关闭和开启室内电器，对比录音效果。

检测录音场地是不可少的工作环节，需要多次反复测试，每次试录都要变换录音机工作模式和参数设置，听辨效果，做好记录，直到获得最佳录音效果以及设备最佳工作模式和参数设置为止。

不同发音人和说话人的心理状况和言语行为习惯有所不同。面对录音机，有的人发挥自如、不受拘束，有的人则可能怯场。在正式记音和录音之前，应对发音人进行记音和录音训练指导。内容包括：

（1）了解发音人正常说话的习惯音量，获得合适的录音输入音量参数；

（2）了解发音人说话时的习惯动作和姿势，告诉他们哪些动作和姿势会影响录音效果，应怎样避免或减少这类动作和姿势；

（3）告诉发音人手持话筒的正确方式，避免手动话筒产生噪声；

（4）告诉发音人哪种发音和说话速度、力度比较合适；

（5）将每次试录结果让发音人听判，使其明白哪种说话状态音效最好；

（6）告诉发音人如何用自己的语言翻译记音人员的语句和回答

提问。

  试录训练要注意营造轻松气氛,放缓节奏,控制次数,不能急于求成,避免给发音人造成心理压力。碰到发音人读不准或者不确定的字词,一两遍读不好就可以先跳过,放一放,过段时间再问,不然容易造成发音人的心理压力,效果适得其反。

  方言语音的调查非常复杂,即便做了充分准备,在调查过程中也会碰见各种问题。最常见的问题就是发音人用的是方言的文读音或读书音系统。因为目前的方言调查大多以文字形式为主,调查结果理论上只能算是某地方言中的汉字读音系统,可以称为"字本位的方言调查法"。有些字,甚至是很常见的字,方言口语也有不用的,如"坏"字温州口语不用,"洗"字上海口语不单用。而有些口语中常用的词没有对应的汉字或只有方言俗字,如河北昌黎话[tsou^5](洗,特指洗纺织品等),有音无字。[①] 这些都需要调查者在调查过程中及时发现、调整和记录。

第二节　汉语方言语音分析

一　归纳声韵调系统

  完成前期准备工作后,即可开展正式调查。下面以《方言调查字表》为例,介绍如何记录、归纳某一方言的音系。

[①] 参见游汝杰:《汉语方言学教程》(第二版),第55页。

（一）如何记音

《字表》前3页，共收录472个音系基础字，分别用于调查声调、声母、韵母系统。

1. 声调记音

<u>聲調</u>

詩時使矢是士試世事侍識石食	梯題體弟替第滴笛	方—房 天—田 初—鋤 昏—魂 胸—雄	高豬專尊低邊　安 開抽初粗天偏 婚　傷三　飛 窮陳牀才唐平 寒　神徐　扶 鵝娘人龍難麻文雲 古展紙走短比　碗 口丑楚草體普 好　手死　粉 五女染老暖買網有 近柱是坐淡抱 厚　社似　父
		碗—晚 委—尾 隱—引 比：米 九：有 捲：遠	
衣椅意一	移以異逸	付—婦—附 到—稻—盜 四—似—寺 試—市—示 注—柱—住 見—件—健 救—舅—舊 漢—旱—汗	蓋帳正醉對變　愛 抗　唱菜　怕 漢　世送　放 共陣助賤大病 害　樹謝　飯 岸　讓漏怒帽望用 急竹織積得筆　一 曲　出七禿匹 黑　濕錫　福
燈等凳得	棉免面滅	八—拔 發—罰 督—毒 桌—濁 失—實 濕—十	割桌窄接搭百　約 缺　尺切鐵拍 歇　說削　發 月　入六納麥襪藥 局宅食雜讀白 合　舌俗　服

声调调查表分 3 栏 8 个矩阵，按古调类和古声母的清浊排列。调查从第一栏开始。第一矩阵的 8 行例字分别源于古清平、浊平、清上、浊上、清去、浊去、清入和浊入。由此可初步得出方言的调类分合情况，如北京话第一、二行声调不同，"诗"读阴平，"时"读阳平。第三行清声母上声字单独成调。第四、五、六行声调相同，可见浊上、清去、浊去合流。第七、八行古入声字已无独立调类。第二矩阵的例字用于调查清声母与次浊声母字声调是否有别，第三矩阵亦同。

中间和右边一栏用于更为细致的调查。中间栏第三矩阵可进一步比对清去、浊上、浊去声调是否有别。右栏亦是按古音平上去入和声母的清浊排列，150 字排成 27 行，平上去入次浊声母字各占一行，全浊母字各占两行，平上去清声母字各占三行，入声字占六行。以入声字为例，"急"至"歇"六行是清入字，"月"至"合"三行是浊入字，用于考察某方言的入声是否有阴阳之别。

确定方言调类后，下一步就是确定调型和调值。先请发音合作人读左栏里的例字，听辨并逐字记下调型，是平调、升调、降调、先升后降还是先降后升，然后逐栏检查有几种调型。例如北京话的声调调型分别是平调、升调、降升调和降调。

调值的描写一般用五度标记法。把一条竖线分为四格五度，用阿拉伯数字 1—5 分别表示低、半低、中、半高、高五度；用横线、斜线、折线表示声音的高低、升降、曲直变化。据此，普通话四个声调用数字表示为 55、35、214、51，用调型符号表示为"˥""˧˥""˨˩˦""˥˩"。

五度标记法只能表示某一方言声调的相对音高，而非绝对音高。例如普通话 51 调的起点音高 5 仅表示比上声 214 的终点音高 4 高一度，并不代表与厦门话上声 51 调的起点音高相同。声调音高需要反复比字，仔细辨听，方可确定调值。

2. 声母记音

聲　母

布—步　別　怕　盤　門—聞　飛—灰　馮—紅　符—胡

到—道　奪　太　同　難—蘭　怒—路　女—呂　連—年—嚴

貴—跪　傑　開　葵　岸—案　化—話　圍—危　微　午—武

精—經　節—結　秋—丘　齊—旗　修—休　　　　稅—費

全—權　　　趣—去　　　旋—玄

糟—招—焦　倉—昌—槍　曹—巢—潮—橋　散—扇—線

祖—主—擧　醋—處—去　從—蟲—窮　　　蘇—書—虛

增—爭—蒸　僧—生—聲　粗—初　鋤—除　絲—師—詩

認—硬　繞—腦—襖　若—約　閏—運　而　日

延—言—然—緣—元　　　軟—遠

调查声母时，既要注意辨别音值，也要注意音类分合。声母例字调查表按北京音排列，同时又照顾到字音的历史来源。

《字表》的"声母调查表"收字 115 个，分 10 行，横杠"—"两端的字是用来比对的。第一行"布—步"考察帮、并母的分合，如吴语帮母为 [p-]，并母为 [b-]，说明二者有别。"盘""别"考察并母今读是否与平仄有关，如南京方言"盘"的声母为 [pʰ-]，"别"的声母为 [p-]，符合"平送仄不送"的规律；而江苏如皋方言不论平仄，一律送气，"盘""别"的声母均为 [pʰ-]。"门—闻"考察明、微母的分合，如广州话均为 [m-]，西安话则分别读 [m-] 和 [v-]。"飞—灰""冯—红""符—胡"考察 [f-] 和 [x-] 的分混，如梅县话这些字声母均为 [f-]。

第二行"到—道"考察端、定母的分合，如北京话"到""道"均读 [t-]，南通话"到"为 [t-]，"道"为 [tʰ-]。"难"到"连"四组字，主要考察泥、来母的分合及其条件，如南京方言这四组字都不分；安徽芜湖方言洪音前一般读[l]，如"脑""老""男""兰"，细音前[n]、[l]自由变读，如"女""吕""娘""凉"。

第三行"贵—跪"考察见、群母的分合，如北京话"贵""跪"声母均为[k-]，如皋方言"贵"的声母为[k-]，"跪"的声母为[kʰ-]。"岸"到"午"四组字着重考察是否为零声母，如南京方言这几组字都是零声母，福州方言"岸""危""午"声母为[ŋ-]，温州方言"围""微""武"声母为[v-]。

"精—经""全—权"两行考察尖团音的分合。北京话不分尖团，"精""经"声母均为[tɕ-]，"全""权"均为[tɕʰ-]。在分尖团的方言中，有的是[ts-]组和[k-]组的对立，如福州方言"精""全"声母为[ts-]，"经""权"声母为[k-]；有的是[ts-]组和[tɕ-]组的对立，如苏州方言"精"声母为[ts-]，"经"声母为[tɕ-]。

"糟—招—焦""祖—主—举""增—争—蒸"三行，考察塞擦音声母有几套。官话方言一般有[ts-, tʂ-, tɕ-]三套，如济南方言"糟"声母为[ts-]，"招"声母为[tʂ-]，"焦"声母为[tɕ-]。吴方言有[ts-]组和[tɕ-]组两套，如苏州方言"糟""招""焦""主""祖""增""争""蒸"声母为[ts-]，"举"声母为[tɕ-]。闽、粤、客方言一般只有一套[ts-]组或[tʃ-]组，如梅县方言"糟""招""焦""祖""主""增""争""蒸"声母均为[ts-]，广州方言这些字声母均为[tʃ-]。"举""去""虚"南方方言多未腭化，仍读舌根音。

最后两行主要考察古次浊声母"泥""日""疑""云""以"的分合。北京话有[n-]、[ʐ-]和零声母三种读法，如"脑"声母为[n-]，"认"声母为[ʐ-]，"硬"读零声母。南方诸方言分合情况则更为复杂。

声母例字调查完毕之后，即可按发音部位和发音方法排列声母表，同时列举例字。对于发音部位或发音方法十分相近的音，要反复核实。

例如:n—ɳ—ɲ—ŋ, ɕ—ç, x—h, t—ʈ—t̪ 等,重点关注音值差异及音类分合。

3. 韵母记音

韻母

資	—	支	—	知		耳		爬			河		蛇
第	—	地						架		姐			
		故						花		過			
野	—	以	—	雨		色				虛		靴	
直		日		辣		舌		合		割		北		百
急		接		夾		鐵	—	踢		落	—	鹿	—	綠
木		出		刮		各	—	郭	—	國		活	
確	—	缺		月	—	欲	—	藥					

蓋—介　倍　妹　飽—保　桃　斗—賭　醜　母
怪—桂—貴　帥　　　　條　流　　　燒　收
短—膽—黨　酸—三—桑　竿—間　含—銜　根—庚
減—檢—緊—講　　　連—林—鄰—靈　心—新—星
光—官—關　　　良—廉　魂—橫—紅　溫—翁—東
權—船—牀　　　圓—雲　羣—瓊—窮　勳—胸

韵母例字表共收111个字,分14行。前四行("資"行到"野"行)不同方言有所差异。北京话"資"[ɿ]与"支""知"[ʅ]韵母不同;广州话"資""支""知"的韵母都读为[i];厦门话"資"韵母为[u],"支""知"韵母为[i]。北京话"爬""架""花"韵母分别是[a]、[ia]、[ua],介音各异,而有的方言为单元音韵母,如南昌方言这几个字韵母均为[a]。"雨""虛""靴"北京话都读撮口呼,梅县方言"雨""虛"韵母为[i],"靴"韵母为[ɔ]。记音时除了注意观察主元音的开口度,舌位高低、前后,圆唇与否等情况,还要注意是否有介音和韵尾。

第五至八行用于调查入声,注意韵类的分合,如"铁""踢"是否同韵。应注意听辨是否有塞音韵尾[-p]、[-t]、[-k]、[-ʔ],如中原官话、冀鲁官话等无塞音韵尾,江淮官话、吴方言、粤方言、客家方言等有塞音韵尾。

"盖""怪"两行,考察北京话为元音尾韵的字在方言中的读音。以横杠"—"相连的两个字,应注意韵母是否相同。如"盖—介"北京话韵母分别为[ai]、[ie],而在武汉话中韵母相同,均为[ai]。

最后四行考察阳声韵的今读及分合。北京话"短""胆"韵尾为[-n],"党"韵尾为[-ŋ];广州话"短""胆""党"韵尾不同,分别为[-n]、[-m]、[-ŋ]。北京话"心""新"韵母[-in]与"星"韵母[-iŋ]不同,泰州方言"心""新""星"韵母均为[-iŋ],表明深臻曾梗已经合流。

归纳声母、韵母、声调系统后,可进一步整理出音系表,包括声母表、韵母表和声调表及相关说明。但这样的音系并不完整,因为有些方言存在较为特殊的语音演变规律,"前三页"例字有限,需要我们找更多的例字,进行全面深入的调查。还有一些音只在口语词中出现,有音无字,如江苏泰兴方言"[yaŋ²¹]~树;栽树"。因此,在调查单字、词汇时,若发现新的声母、韵母和声调,应及时补充到音系里,不断完善声韵调表。

4. 单字记音

记录单字时,可能会碰到文白异读和训读等现象。文白异读指方言里有口语和非口语两类读音。汉语各方言或多或少都有文白异读现象,有的方言文白异读现象尤其丰富。在调查时,可将单字放在不同的词里考察。例如"薄"字,先问在"厚的、薄的"中怎么说,再问在"单薄"

"薄弱""淡薄""薄利多销""绵薄"等词语里又如何说。这样调查比起直接问发音人"这个字有几种读音,有没有文白读"的效果要好得多。若存在异读,应全部记录下来,判断是否为文白异读,若是,还需判断哪个是文读,哪个是白读。

很多方言还存在训读现象。用汉字记录方言词,有时不用这个词的本字或原字,而借用一个同义字或近义字记录,这个被借用的字即训读字,这个字的读音仍按本字或原字的读音读,称为训读音。[①] 如海口方言"怕"[kia²⁴],实际上读的是"惊";"看"[mɔ²⁴],实际上读的是"望"。

训读字的特点是皆有原字或本字与之对应,而这些原字或本字在方言里不用或不常用,或词义有所不同。在调查中应注意判别,避免将训读音误认为本音。

(二) 如何归纳音位

完成记音后,下一步需归纳音位,这是一项非常细致的工作。赵元任认为相似性、对补性(互补性)、系统性是音位的三个基本要素:"一个语言里,凡是一个音群,其中各音的性质相似而成对补分配,又跟其他合乎以上条件的音群成为一个简单整齐的系统,这个系统就叫这个语言里的音位系统,简单说起来就是音系。"[②]

音位归纳的基本原则有对立原则、互补原则和语音近似原则,其中对立原则最为重要。如果两个语音成分可以在相同的语音环境中出现,并且有区别意义的作用,那它们就是互相对立的。具有区别意义作用的音素必须归为不同的音位,如北京话"爸[pa⁵¹]—怕[pʰa⁵¹]",/p/

[①] 参见游汝杰:《汉语方言学导论》(修订本),上海教育出版社,2018年。
[②] 赵元任:《语言问题》,商务印书馆,1980年,第33页。

和/pʰ/具有区别意义的作用,归为两个音位。反之,芜湖方言日母字有的读[z],有的读[z̩],二者为自由变体,可归为一个音位/z/。

互补原则是指同一个音位在不同的条件下有不同的变体,互为补充,不区别意义。凡音位性的音标,一般用双斜线"//"标识,以区别于其他音位,如/a/。北京话音位/a/在不同的语音环境中音值不同:在[i]韵尾和开口呼、合口呼的[-n]韵尾之前读[a],如 ai(哀)、uai(歪)、an(安)、uan(弯)等;在零韵尾之前读[A],如 a(啊)、ia(鸭)、ua(蛙)等;[u]韵尾和[ŋ]韵尾前读[ɑ],如 au(奥)、aŋ(肮)、iaŋ(央)等;齐齿呼[n]韵尾前读[ɛ],如 ian(烟);撮口呼[n]韵尾前读[æ],如 yan(冤)等。因此,[a,A,ɑ,ɛ,æ]五个为/a/的音位变体。

有些音素听感上不易辨别,如舌叶音[tʃ,tʃʰ,ʃ]与卷舌音[tʂ,tʂʰ,ʂ],塞音[-p,-t,-k]尾等,调查时需反复听辨。以声母为例,可选取声母不同,韵母、声调相同的字,请发音人辨别是否同音,以此来确定是否归为不同的音位。

(三) 如何选择例字

方言音系例字的选择非常重要。李荣先生曾说过:"看他的例字,就能看出他的功夫。他摆得个七零八落,从他那个排列法一点也看不出语音的系统来。连事实都罗列不清楚,怎么好进一步讨论理论呢?"[①]例字选取的总原则是,选取口语常用字,避免生僻字、多音字等。

声母表例字优先考虑声母来源,兼顾声调,因为汉语方言声母的演变与声调关系密切。以南京方言为例,见表3-5。

---

① 李荣:《方言存稿》,商务印书馆,2012年,第8页。

表 3-5　南京方言声母表

p	杯饱病八	pʰ	牌盆品怕	m	妈米面木	f	飞反费服		
t	多胆电毒	tʰ	台头腿铁					l	年女路六
ts	争早坐昨	tsʰ	随愁草昨			s	随事送色		
tʂ	猪纸撞捉	tʂʰ	车鼠丑撞			ʂ	双手上食	ʐ	人惹让肉
tɕ	江举舅角	tɕʰ	寻巧去七			ɕ	寻小向学		
k	高广共角	kʰ	宽口去哭			x	回海汉黑		
∅	衣晚岸药								

表 3-5 中南京声母[p-]例字"杯""饱""病""八",[pʰ-]例字"牌""盆""品""怕",反映出[p-]的来源有帮母和并母仄声,[pʰ-]的来源为滂母和并母平声。由此可见,南京话古全浊声母今逢塞音、塞擦音,平声送气,仄声不送气。[l-]例字"年""女""路""六",说明南京话古泥来母已合流。"角"存在文白异读,白读舌根音,文读舌面音,反映出南京话见系二等的腭化。

韵母表例字优先考虑韵摄来源,适当兼顾声母和声调。以江苏泰州方言为例,见表 3-6。

表 3-6　泰州方言韵母表

ɿ	知池四字	i	皮地起鸡	u	布锄父妇	y	女雨腿嘴
ɑ	麻车拉洒	iɑ	加写佳价	uɑ	瓜挂抓花	yɑ	瘸靴茄
ɛ	射来海买	iɛ	写借戒谢	uɛ	乖拐衰槐		
ɔ	刀饱教兆	iɔ	孝教舀条				
ɯɣ	豆周柔欧	iɯɣ	纽有秋幽				

(续表)

əi	桅卫肺为			uəi	回最嘴水		
ɚ	儿二耳						
		iĩ	赔梅盐变				
ɛ̃	男看监限	iɛ̃	碱监限谏	uɛ̃	幻闩关还		
ũ	男看船官					yũ	绢劝犬圆
aŋ	忙上方讲	iaŋ	乡羊江进	uaŋ	庄光狂双		
əŋ	本人门冷	iŋ	琴民兴清	uəŋ	昏春村滚	yŋ	均群训云
ɔŋ	朋孟宏公	iɔŋ	兄荣熊用				
əʔ	十室不勿	iiʔ	页立力觅	uəʔ	入忽出述		
æʔ	纳插法达	iæʔ	峡甲匣狭	uæʔ	刮滑刷		
ʊʔ	盒割活说					yʊʔ	月血桔屈
ɑʔ	博弱剥托	iɑʔ	约脚岳削	uɑʔ	郭捉朔桌		
ɔʔ	北白麦鹿	iɔʔ	菊局曲育				

由表 3-6 可见，泰州方言存在"支微入鱼"现象，即"腿""嘴"等蟹止摄合口字白读与"女""雨"等鱼韵字韵母相同，均为[y]。韵母表例字应反映出韵类分合情况。

声调例字要考虑古四声八调与今音的对应关系，以江西瑞昌方言为例，见表 3-7：

表 3-7 瑞昌方言声调表

调类	调值	例字
平声	43	多沙通村门楼船红

(续表)

调类	调值	例字
上声	24	主鬼九统考抢买我
阴去	325	半冻送怪怕菜唱去
阳去	33	动近卖路用饭树盒
入声	213	搭节铁尺热袜罚毒

表3-7中可见,江西瑞昌方言现今有五个调,声调演变的基本规律为:平声不分阴阳;清上、次浊上合流;去声分阴阳,古清去归阴去,全浊上、浊去归阳去;入声不分阴阳,部分入声字与阳去合流,如"盒"。

二 语流音变的归纳及整理

音位和音位组合时,受前后的语音环境或说话的快慢、高低、强弱等因素的影响,可能发生不同变化,这种变化叫语流音变。常见的语流音变有同化、异化、弱化、脱落等。

同化指一个音受到另一个音的影响而变得与之相同或相似,分为顺同化和逆同化。顺同化是指后面的音素受到前面音素的影响而趋同,如福州话"精神"[tsiŋ^{44}siŋ^{52}→tsiŋ^{44}niŋ^{52}]、广州话"今日"[kam^{53}jat^{2}→kəm^{53}mat^{2}]。逆同化指前面的音素受后面音素的影响而趋同。北京话[-n]韵尾后面的音节如果是双唇音声母,会被逆同化为双唇音[-m],如"面包"[miɛn^{51}pɑu^{44}→miɛm^{51}pɑu^{44}]、"门面"[mən^{35}miɛn^{51}→məm^{35}miɛn^{51}]。

异化指两个原本相同或相近的音位相互影响,导致它们变得不相同或不相似。北京话两个上声字相连,第一个上声要变成阳平,如"老板"[lɔ²¹³pan²¹³→lɔ²⁴pan²¹³],属于调位异化。

语音弱化有历时演变过程中的弱化、语流中特定位置的弱化和伴随语法化的语音弱化等。宣州吴语泾县茂林方言古全浊声母大部分弱化为擦音声母,如"婆"[h-]、"迟"[sʰ-]、"床"[h-]、"琴"[ɕʰ-]等。

脱落指在语流中,因发音速度快而丢掉一个或几个音素。脱落往往与弱化有关,脱落的常常是弱化音节里的音素。例如安徽芜湖方言"豆腐果子"[tɯ⁵⁵fu²¹³kʊ²¹³tsə⁰→tɯ⁵⁵u⁰kʊ²¹³tsə⁰],"腐"的声母脱落了。

下面以两字组连读变调、儿化、Z 变韵为例,介绍如何记录语流音变现象。

(一)连读变调规律

连读变调是汉语方言常见的语流音变,有的相当复杂,有的比较简单。吴方言和闽方言的连读变调较为复杂,粤方言和客家方言就比较简单。可用事先制定的连读变调调查表,调查"阴平+阴平""阴平+阳平"等的调值变化,把相同的归为一类。归纳整理连读变调规律时,可用"/"符号加以区别,"/"左边为单字调,右边为变调。以江苏泰兴方言为例。[①]

1. 前字为阴平,后字为上声,前字不变,后字由 213 变同阳平 45。

开水　　[kʰɛ²¹suəi²¹³/⁴⁵]　　东海　　[tɔŋ²¹xɛ²¹³/⁴⁵]

甘草　　[kõ²¹tsʰɔ²¹³/⁴⁵]　　双打　　[suaŋ²¹ta²¹³/⁴⁵]

凄惨　　[tɕʰi²¹tɕʰiɛ²¹³/⁴⁵]　　腰鼓　　[iɔ²¹ku²¹³/⁴⁵]

2. 前字为阳平,后字为阴平,前字由 45 变同去声 43,后字不变。

[①] 参见顾黔:《泰兴方言研究》,中华书局,2015 年,第 75—78 页。

连心　　[niĩ⁴⁵⁾⁴³ɕiəŋ²¹]　　　　红花　　[xɔŋ⁴⁵⁾⁴³xua²¹]

龙虾　　[lɔŋ⁴⁵⁾⁴³xa²¹]　　　　　肥皂　　[fəi⁴⁵⁾⁴³tsʰɔ²¹]

桃酥　　[tʰɔ⁴⁵⁾⁴³su²¹]　　　　　人家　　[ʐəŋ⁴⁵⁾⁴³ka²¹]

3. 前后字均为阳平，前字由 45 变同去声 43，后字由 45 变同阴平 21。

寒毛　　[xũ⁴⁵⁾⁴³mɔ⁴⁵⁾²¹]　　　黄桥　　[xuaŋ⁴⁵⁾⁴³tɕiɔ⁴⁵⁾²¹]

名堂　　[miəŋ⁴⁵⁾⁴³tʰaŋ⁴⁵⁾²¹]．游龙　　[iɣɯ⁴⁵⁾⁴³lɔŋ⁴⁵⁾²¹]

牛郎　　[ŋə⁴⁵⁾⁴³laŋ⁴⁵⁾²¹]　　　明朝_{明天}　[məŋ⁴⁵⁾⁴³tsɔ⁴⁵⁾²¹]

4. 前字为阳平，后字为上声，前字不变，后字由 213 变同阳平 45。

茶碗　　[tsʰa⁴⁵ũ²¹³⁾⁴⁵]　　　　麻饼　　[ma⁴⁵piəŋ²¹³⁾⁴⁵]

团体　　[tʰũ⁴⁵tɕʰi²¹³⁾⁴⁵]　　　长短　　[tsʰaŋ⁴⁵tũ²¹³⁾⁴⁵]

铜板　　[tʰɔŋ⁴⁵pẽ²¹³⁾⁴⁵]　　　红枣　　[xɔŋ⁴⁵tsɔ²¹³⁾⁴⁵]

5. 前后字均为上声，二字均由 213 变同阳平 45。

检举　　[tɕiĩ²¹³⁾⁴⁵tɕy²¹³⁾⁴⁵]　　处理　　[tsʰu²¹³⁾⁴⁵li²¹³⁾⁴⁵]

小巧　　[ɕiɔ²¹³⁾⁴⁵tɕʰiɔ²¹³⁾⁴⁵]　水果　　[suəi²¹³⁾⁴⁵kɣɯ²¹³⁾⁴⁵]

草稿　　[tsʰɔ²¹³⁾⁴⁵kɔ²¹³⁾⁴⁵]　　五反　　[vu²¹³⁾⁴⁵fẽ²¹³⁾⁴⁵]

6. 前字为去声，后字为阳平，前字不变，后字由 45 变同去声 43。

菜油　　[tsʰɛ⁴³iɣɯ⁴⁵⁾⁴³]　　　　应酬　　[iəŋ⁴³tsʰəi⁴⁵⁾⁴³]

看头　　[kʰũ⁴³tʰəi⁴⁵⁾⁴³]　　　　算盘　　[sũ⁴³pʰũ⁴⁵⁾⁴³]

7. 前字为去声，后字为上声，前字不变，后字由 213 变同阳平 45。

放手　　[faŋ⁴³səi²¹³⁾⁴⁵]　　　　汽水　　[tɕʰi⁴³suəi²¹³⁾⁴⁵]

报喜　　[pɔ⁴³ɕi²¹³⁾⁴⁵]　　　　　对比　　[təi⁴³pi²¹³⁾⁴⁵]

到底　　[tɔ⁴³tɕi²¹³⁾⁴⁵]　　　　　报纸　　[pɔ⁴³tsɿ²¹³⁾⁴⁵]

8. 前字为阴入，后字为上声，前字不变，后字由 213 变同阳平 45。

铁饼　　[tʰiĩʔ⁴³piəŋ²¹³⁾⁴⁵]　　黑枣　　[xəʔ⁴³tsɔ²¹³⁾⁴⁵]

索粉 粉丝　　[saʔ⁴³fəŋ²¹³ᐟ⁴⁵]　　　竹笋　　[tsɔʔ⁴³suəŋ²¹³ᐟ⁴⁵]

粥碗　　　[tsɔʔ⁴³ũ²¹³ᐟ⁴⁵]　　　　吃饱　　[tɕʰiəʔ⁴³pɔ²¹³ᐟ⁴⁵]

9. 前字为阳入,后字为阴平,有两种情况。

(1) 前字由 45 变同阴入 43,后字不变。

十三　　　[səʔ⁴⁵ᐟ⁴³ɕiɛ²¹]　　　　肉丝　　[ʑɔʔ⁴⁵ᐟ⁴³sʅ²¹]

学生　　　[ɕiaʔ⁴⁵ᐟ⁴³səŋ²¹]　　　越冬　　[yʊʔ⁴⁵ᐟ⁴³təŋ²¹]

学校　　　[ɕiaʔ⁴⁵ᐟ⁴³ɕiɔ²¹]　　　滑车　　[xuæʔ⁴⁵ᐟ⁴³tsʰa²¹]

(2) 前字由 45 变同阴平 21,后字不变。

十二　　　[səʔ⁴⁵ᐟ²¹ər²¹]　　　　日夜　　[iɪʔ⁴⁵ᐟ²¹ia²¹]

学问　　　[ɕiaʔ⁴⁵ᐟ²¹uəŋ²¹]　　　热量　　[iɪʔ⁴⁵ᐟ²¹liaŋ²¹]

月亮　　　[yʊʔ⁴⁵ᐟ²¹liaŋ²¹]　　　白面　　[pʰɔʔ⁴⁵ᐟ²¹miĩ²¹]

10. 前字为阳入,后字为阳平,有三种情况。

(1) 前字由 45 变同阴平 21,后字不变。

木棉　　　[mɔʔ⁴⁵ᐟ²¹miĩ⁴⁵]　　　腊梅　　[laʔ⁴⁵ᐟ²¹məi⁴⁵]

药丸　　　[iaʔ⁴⁵ᐟ²¹ũ⁴⁵]　　　　肉圆　　[ʑɔʔ⁴⁵ᐟ²¹yũ⁴⁵]

(2) 前字由 45 变同阴平 21,后字由 45 变同阴平 21。

石榴　　　[səʔ⁴⁵ᐟ²¹ləi⁴⁵ᐟ²¹]　　别人　　[pʰiɪʔ⁴⁵ᐟ²¹ʑəŋ⁴⁵ᐟ²¹]

特为　　　[tʰəʔ⁴⁵ᐟ²¹uəi⁴⁵ᐟ²¹]

(3) 前字由 45 变同阴入 43,后字由 45 变同阴平 21。

木头　　　[mɔʔ⁴⁵ᐟ⁴³tʰəi⁴⁵ᐟ²¹]　合同　　[xʊʔ⁴⁵ᐟ⁴³tʰɔŋ⁴⁵ᐟ²¹]

肋条　　　[ləʔ⁴⁵ᐟ⁴³tʰiɔ⁴⁵ᐟ²¹]　　舌头　　[ɕiɪʔ⁴⁵ᐟ⁴³tʰəi⁴⁵ᐟ²¹]

11. 前字为阳入,后字为上声,有两种情况。

(1) 前字不变,后字由 213 变同阳平 45。

白果　　　[pʰɔʔ⁴⁵kɯ²¹³ᐟ⁴⁵]　　月饼　　[yʊʔ⁴⁵piəŋ²¹³ᐟ⁴⁵]

日本　　　[iɪʔ⁴⁵pəŋ²¹³ᐟ⁴⁵]　　　药水　　[iaʔ⁴⁵suəi²¹³ᐟ⁴⁵]

木板	[mɔʔ⁴⁵pɛ̃²¹³ʲ⁴⁵]	物品	[vəʔ⁴⁵pʰiəŋ²¹³ʲ⁴⁵]

(2) 前字由 45 变同阴平 21,后字不变。

物理	[vəʔ⁴⁵ʲ²¹li²¹³]	白脸	[pʰɔʔ⁴⁵ʲ²¹liĩ²¹³]
十五	[səʔ⁴⁵ʲ²¹vu²¹³]	肉碗	[zɔʔ⁴⁵ʲ²¹ũ²¹³]
落雨	[laʔ⁴⁵ʲ²¹y²¹³]	白眼	[pʰɔʔ⁴⁵ʲ²¹ŋɛ̃²¹³]

12. 前字为阳入,后字为去声,前字由 45 变同阴平 21,后字不变。

肉案	[zɔʔ⁴⁵ʲ²¹ũ⁴³]	烙印	[laʔ⁴⁵ʲ²¹iəŋ⁴³]

13. 前字为阳入,后字为阴入,前字由 45 变同阴平 21,后字不变。

十一	[səʔ⁴⁵ʲ²¹iɿʔ⁴³]	没得	[məʔ⁴⁵ʲ²¹təʔ⁴³]
蜡烛	[læʔ⁴⁵ʲ²¹tsɔʔ⁴³]		

14. 前后字均为阳入,有两种情况。

(1) 前后字均由 45 变同阴平 21。

药物	[iaʔ⁴⁵ʲ²¹vəʔ⁴⁵ʲ²¹]	腊月	[læʔ⁴⁵ʲ²¹yʊʔ⁴⁵ʲ²¹]
六月	[lɔʔ⁴⁵ʲ²¹yʊʔ⁴⁵ʲ²¹]	热烈	[iɿʔ⁴⁵ʲ²¹liɿʔ⁴⁵ʲ²¹]
白药	[pʰɔʔ⁴⁵ʲ²¹iaʔ⁴⁵ʲ²¹]	学历	[ɕiaʔ⁴⁵ʲ²¹liɿʔ⁴⁵ʲ²¹]

(2) 前字由 45 变同阴平 21,后字不变。

绿叶	[lɔʔ⁴⁵ʲ²¹iɿʔ⁴⁵]	毒药	[tʰɔʔ⁴⁵ʲ²¹iaʔ⁴⁵]
十六	[səʔ⁴⁵ʲ²¹lɔʔ⁴⁵]	六六 一种农药	[lɔʔ⁴⁵ʲ²¹lɔʔ⁴⁵]

(二) 儿化音变规律

官话方言里的"儿化"现象丰富,如北京话有 39 个韵母,除了[ɛ,ər]不能儿化外,其他 37 个韵母均能儿化。鼻尾韵和以[i]作韵尾的韵母去掉韵尾后再卷舌,前高元音韵母加[ə]再卷舌,其他韵母直接加卷舌。北京话儿化韵共有 26 个[①],见表 3-8。

[①] 参见贾采珠编:《北京话儿化词典》,语文出版社,1990 年。

表 3-8　北京话儿化音变规律表

原韵母	儿化韵	例词	原韵母	儿化韵	例词
a,ai,an	ar	盘儿	iɛ	iɛr	碟儿
ia,ian	iar	豆芽儿	yɛ	yɛr	小皮靴儿
ua,uai,uan	uar	牙刷儿	u	ur	小猪儿
yan	yar	人缘儿	ou	our	豆儿
o	or	小偷小摸儿	iou	iour	小牛儿
uo	uor	被窝儿	aŋ	ãr	药方儿
au	aur	羊羔儿	iaŋ	iãr	小样儿
iau	iaur	纸条儿	uaŋ	uãr	老王儿
ʅ,ɿ,ei,ən	ər	墨汁儿、盆儿	əŋ	ə̃r	板凳儿
i,in	iər	今儿	iŋ	iə̃r	明儿
uei,uən	uər	嘴唇儿	uəŋ	uə̃r	小瓮儿
y,yn	yər	有趣儿,彩云儿	uŋ	ũr	小桶儿
ɤ	ɤr	唱歌儿	yŋ	ỹr	小熊儿

（三）Z 变韵规律

Z 变韵,指汉语方言中通过词根音节的语音变化表示普通话中"子"尾词意义的一种音变现象,主要分布于河南北部中部、山西南部等地。如河南获嘉方言基本韵母逢名词,有时韵母发生变化,变韵规律见表 3-9 和表 3-10。[①]

---

① 贺巍:《获嘉方言研究》,第 13—15 页。

表 3-9 获嘉方言中 Z 变韵母与基本韵母的关系

基本韵母	Z变韵母	基本韵母	Z变韵母	基本韵母	Z变韵母	基本韵母	Z变韵母
a 拔	ɔ 鞋ᶻ	ɛʔ 折(摺)	o 手折ᶻ	iaŋ 箱杨镶响	iɔ 箱ᶻ	ən 盆陈针	iːŋ 洗脸盆ᶻ
ia 芽	iɔ 豆芽ᶻ	iɛʔ 镊	io 镊ᶻ	uaŋ 窗王囤光	uɔ 窗ᶻ	in 银辛噙	iːŋ 银ᶻ
ua 花	uɔ 韭花ᶻ	yɛʔ 月	yo 坐月ᶻ	ai 盖筹白	io 锅盖ᶻ	un 棍孙捆	yːŋ 棍ᶻ
ɤ 盒	o 洋铁盒ᶻ	au 帽毛炒老	ɔ 帽ᶻ	uai 筷怀快	yo 筷ᶻ	yn 裙军均	yːŋ 裙ᶻ
uɤ 锅	uo 烟袋锅ᶻ	iau 条庙钓飘	iɔ 面条ᶻ	i 枝史撕	iou 树枝ᶻ	iŋ 蝇丁清	iːŋ 蝇ᶻ
iɛ 茄	io 茄ᶻ	an 盘安担烂	ã 盘ᶻ	1 儿耳	ou 侄儿ᶻ	uŋ 粽宋种	yːŋ 粽ᶻ
yɛ 瘸	yo 瘸ᶻ	ian 钳田牵浅	iã 钳ᶻ	i 鸡李提	iːou 鸡ᶻ	əʔ 汁织	ˀou 面汁ᶻ
aʔ 颏	o 下巴颏ᶻ	uan 橡官换宽	uã 橡ᶻ	y 驹徐锯	yu 驴驹ᶻ	iʔ 栗踢	iːou 毛栗ᶻ
uaʔ 桌	uo 桌ᶻ	yan 院宣圈远	yã 院ᶻ	ei 辈裴背	iːou 辈ᶻ	uʔ 秃出	u 秃ᶻ
yaʔ 角	yo 墙角ᶻ	aŋ 帮仓纺长	ɔ̃ 菜帮ᶻ	uei 穗隋缀	yu 麦穗ᶻ	yʔ 魆掬	yu 魆ᶻ

表 3-10　获嘉方言 Z 变韵母表

ïou(<ïəʔ)	iːou(<i ei iʔ)	u(<uʔ)	yu(<y uei yʔ)
ou(<l̩)			
ɔ(<a au)	iɔ(<ia iau)	uɔ(<ua)	
o(<ɤ aʔ ɐʔ)	io(<iɛ ai iɐʔ)	uo(<uɤ uaʔ)	yo(<yɛ yaʔ yɐʔ)
ā(<an)	iā(<ian)	uā(<uan)	yā(<yan)
ɔ̃(<aŋ)	iɔ̃(<iaŋ)	uɔ̃(<uaŋ)	
	iːŋ(<ən in iŋ)		yːŋ(<un yn yŋ)

表 3-9 和表 3-10 可以看出获嘉方言 Z 变韵规律。若还有其他音变现象,也应详细记录、描写。

三　如何探求语音对应规律

调查方言语音,总的要求是弄清方言的语音系统,找出方言与中古音、普通话的语音对应关系,有助于认识方言语音特点,为研究汉语语音史提供参考。把这三者结合起来,就是明系统、辨对应、通古今的方法。

探求语音对应规律,就是将两个声韵调系统进行比较,分别探求其间的对应规律。纵向的古今对比通常指的是将以《广韵》为代表的中古音与方音进行对比,从而厘清方音的历史演变轨迹。横向的语音对应规律一般是将方言语音与北京话进行比较。

(一) 方音与古音的对应规律

探求方音与古音的对应规律,一要摸清方音的系统,二要熟悉古音的音类。下面以泰兴方言为例,分别列举声类、韵类和调类与今音的规律,见表3-11至表3-14。①

表 3-11　泰兴方言帮组声母古今对应关系表

泰兴	中古	演变及分合条件	例字
p	帮		帮波把布北
	并	文读	暴鼙拌
p^h			皮抱拔暴鼙拌
	滂		坡普盼泼匹
m	明		麻米墓末灭
f	非		方匪废法发
	敷		芳仿副赴佛
	奉		肥父饭乏伐
v	微	合口三等(宕合三除外)	无尾问袜物
	疑	合口一三等	危五外玩扤
	影		威委稳畏挖
	喻(云)		围伟卫胃

由表 3-11 可知,泰兴方言帮系声母的古今对应规律为:帮—p,滂—p^h,明—m,非、敷、奉—f,微—v。并母有文白异读,文读[p],白读[p^h]。

---

① 引自顾黔:《泰兴方言研究》,第 86、91—93、106—107 页。

表 3-12　泰兴方言阴声韵古今对应规律表(一)

		一等			二等			
		帮系	端系	见系	帮系	泥组	知庄组	见系
果	开		ɤɯ 多	ɤɯ 哥				
	合	ɤɯ 波	ɤɯ 坐	ɤɯ 果				
假	开				a 巴	a 拿	a 茶	a/ia 鸦
	合							ua 花
遇	合	u 布	u 土	u 古				
蟹	开	əi 贝	ɛ 胎	ɛ 开	ɛ 拜	ɛ 奶	ɛ 柴	ɛ/ia 街/佳
	合	əi 杯	əi 腿	uəi 灰				uɛ/ua 怪/画
效	开	ɔ 毛	ɔ 刀	ɔ 高	ɔ 包	ɔ 闹	ɔ 吵	ɔ/iɔ 敲/孝
流	开	ɤɯ 亩	əi 豆	əi 沟				

表 3-13　泰兴方言阴声韵古今对应规律表(二)

		三四等						
		帮系	端组	泥组	精组	庄组	知章组	日母	见系
果	开								
	合								ya 靴

(续表)

		三四等							
		帮系	端组	泥组	精组	庄组	知章组	日母	见系
假	开				ia 借		a 蛇		ia 夜
遇	合			y 女	y 徐	u 初	u 住	u 如	y 雨
蟹	开	i 米	i 低	i 泥	i 西		ɿ 世		i 鸡
	合	əi 废			y/uəi 岁		uəi 税		uəi 桂
止	开	i/ie 眉		i 离	ɿ 子	ɿ 事	ɿ 知	ər 耳	i 衣
	合	əi 飞		əi 泪	y/uəi 醉	uɐ 帅	uəi 水		uəi 鬼
效	开	cɔ 表	cɔ 挑	cɔ 料	cɔ 小	ɔ 烧	ɔ 绕		cɔ 桥
流	开	u 富	əɯ 丢	iɯ 柳	mɯi 酒	əɯ 搜	iɯ 周	iɯ 柔	mɯi 九

表 3-12 和表 3-13 反映出泰兴方言流摄的演变情况颇为复杂,与果、遇、蟹、止摄均有关联。

表 3-14 泰兴方言声调古今对应关系表

		阴平 21	阳平 45	上声 213	去声 43	阴入 43	阳入 45
平	全清	多沙					
	次清	村通					
	全浊		瓶台				
	次浊		毛楼				

(续表)

		阴平 21	阳平 45	上声 213	去声 43	阴入 <u>43</u>	阳入 <u>45</u>
上	全清				火写		
	次清				考抢		
	全浊	竖近					
	次浊				冷我		
去	全清				半暗		
	次清				炭气		
	全浊	树大					
	次浊	卖外					
入	全清					急笔	
	次清					七尺	
	全浊						白毒
	次浊						肉六

由表 3-14 可知,泰兴方言有 6 个声调,演变规律为:古清平、全浊上、浊去今归阴平,古浊平今归阳平,古清上、次浊上今归上声,古清去今归去声,入声根据声母的清浊分阴入、阳入。由于泰兴话的阴平包括古清平、全浊上和浊去,因而泰兴话阴平的辖字特别多。

(二) 方音与北京音的对应规律

普通话以北京语音为标准音,将方言与北京话作比较,可以直观体现二者的共时差异。事先要做好两项准备工作:第一,掌握北京话音韵系统要点,熟悉声韵调系统,了解声韵调配合情况;第二,得出方言的音韵系统要点,列出声母表、韵母表、声调表。

完成以上工作后,即可开始探讨方音与北京音的对应规律。注意总结方言里每一个音类(调类、声母或韵母)相当于北京音里几个音类。以安徽合肥方言声母为例,其与北京方言声母对应关系见表 3-15①。

表 3-15 合肥方言与北京方言声母对应关系表

合肥	北京	例字
p	p	布边步败笔白百别
pʰ	pʰ	谱批普篇喷捧皮盆
	p	庇
m	m	米马买慢门忙芒墨
f	f	飞反风费丰肥饭凤
t	t	多带点东大代电达
tʰ	tʰ	太天台条田同铁塔
l	n	糯耐年嫩农捏牛虐
	l	路罗连轮良龙列辣
ts	ts	资嘴总字罪杂责泽
	tʂ	诌争筝睁窄助骤摘
	t	低抵底第弟地
	tɕ	济际剂鸡几季技忌
tsʰ	tsʰ	猜草村才蚕词侧策
	tʂʰ	撑拆初楚衬锄愁崇
	tʰ	体替涕题提蹄
	tɕʰ	妻齐脐企起气骑棋

---

① 安徽省地方志编纂委员会编:《安徽省志·方言志》,第 98—99 页。

(续表)

合肥	北京	例字
s	s	私赛酸孙森寺俗色
	ʂ	师狮瘦疏生士柿事
	ɕ	西洗细希牺喜戏系₋统
tʂ	tʂ	知猪庄章状直植竹
tʂʰ	tʂʰ	超吵产茶床船成尺
ʂ	ʂ	沙霜水诗社石神蛇
ʐ	ʐ	绕染肉荣融容日弱
	∅	藕岸硬爱袄恩额恶₋人
tɕ	tɕ	酒尽句巨节绝结杰
tɕʰ	tɕʰ	秋清全去求琴囚雀
	ɕ	徐祥详翔
ɕ	ɕ	小修新邪象虾雄习学
k	k	歌瓜古钢跪柜共骨
kʰ	kʰ	可开口康狂昆括客
x	x	火花海河厚红汇活
∅	∅	武尾弯牙鱼云阅药

四 实验语音与汉语方言研究

实验语音学是使用仪器、软件等分析语音的一门科学,近年来发展迅速,这种方法广泛应用于汉语方言研究。

20 世纪初,刘复、赵元任、王力等较早采用实验语音学方法进行汉语方言研究。刘复《四声实验录》(1924)用浪纹计对北京、南京等地方言进行声调实验,借鉴音乐五线谱创制了声调推断尺。赵元任《中国言语字调底实验研究法》(1922)用简单乐器和渐变音高管模拟声调的高低并确定调值,创制了五度制标调法。该标调法一直是描写汉语声调调值的通行标准。罗常培《临川音系》提倡在方言调查中使用实验语音学方法:"自近代语音学兴,而后分析音素,可用音标以济权字之穷;解决积疑,可咨实验以补听官之缺。举凡声韵现象,皆可据生理物理讲明。从兹致力,庶几实事求是,信而有征矣。"[①]王力的博士论文《博白方音实验录》(1931)用浪纹计记录了博白方言的语音。这些学者为汉语方言实验语音学的发展作出了重要贡献。

早期的语音实验仪器主要有磁带录音机、声谱仪等。磁带录音机是可以记录声音的电声磁性装置,功能主要有录音、放音等。声谱仪也叫语图仪,以图形即声谱图的形式自动显示语音,以满足声学分析需要。常见的声谱图有四种,分别为宽带声谱、窄带声谱、振幅曲线和断面谱。宽带声谱显示间隙、宽横杠或浊音杠、冲直条、共振峰纹样、杂乱纹样和双有纹样等声谱信息。窄带声谱可用来研究音高,振幅曲线用来研究音强。断面谱用于研究某一时间断面的频谱结构。

随着电子计算机和声学软件的推广应用,笔记本电脑可满足一般的录音要求,实现采录和分析一体化。下面以"斐风"和 Praat 为例,介绍如何应用方言调查软件及语音分析软件,进行汉语方言语音的调查与研究。

(一)"斐风"语言田野调查系统

"斐风"语言田野调查系统是目前应用较广的语音调查软件之一,可用于语音数据的采集、标注等。具体操作步骤如下:

[①] 罗常培:《罗常培文集(第3卷)》,山东教育出版社,2008年,第166页。

第一步,数据采集和录音。导入调查表,即可开始录音。系统自带"音系代表字提前排列"功能(见图3-3①),可以帮助我们快速了解方音系统。"编辑中古音"选项(见图3-3②),可用于方言与中古音比较,有助于了解方言与古音的对应规律。"筛选需核对词条"选项(见图3-3③),用于修改完善调查内容。

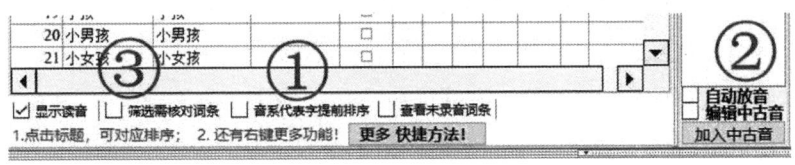

图3-3 斐风功能(一)

点击鼠标右键可获取其他功能。例如,链接图片进行展示(见图3-4①),帮助发音人辨识词语,避免误读,提高调查质量。也可根据需要,将斐风与Praat建立链接(图3-4②),实现语料的同步实验分析。

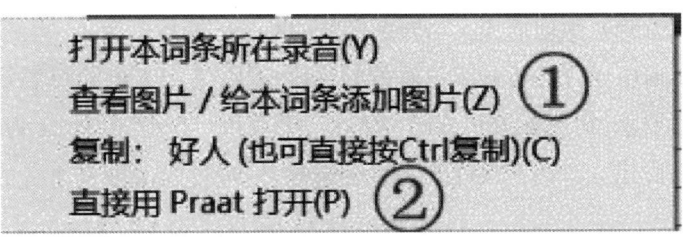

图3-4 斐风功能(二)

斐风自动生成声波图、语图和音高曲线图(见图3-5、图3-6、图3-7),录音过程中可即时观察录音效果,如音量和噪音大小、音高曲线是否因发声态而出现断裂等。

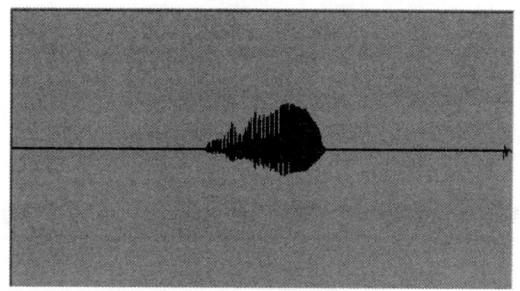

图 3-5　斐风声波图

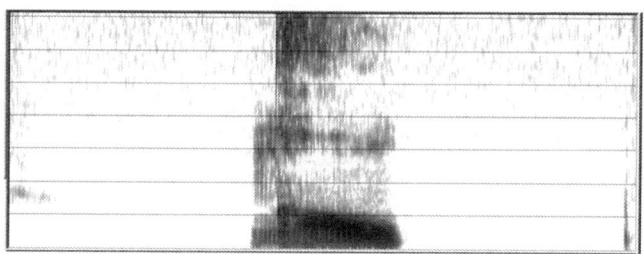

图 3-6　斐风语图

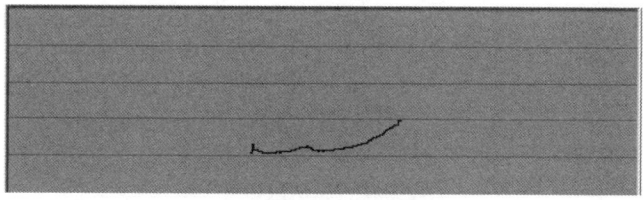

图 3-7　斐风音高曲线图

调查和录音也可分开进行,先纸笔调查,再录音,以音频文件的格式保存语料,供后续研究使用。

第二步,标注和数据处理。系统自带国际音标字体及多语种输入法,录音时可同步标注。标注后系统自动切音。通过"切分声韵调"功能,生成"声母""韵母""声调""声韵""音节""音素"等数据表。

"声韵调校验"功能可实现声母、韵母、声调自动校验(见图3-8),确保音标记录准确无误。

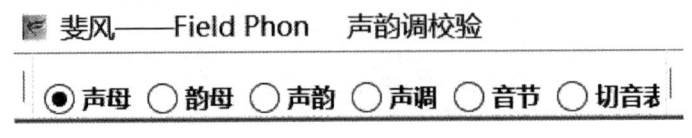

图3-8 斐风"声韵调校验"功能

"最小对立比较"功能(见图3-9),可通过比较发现差异。例如要比较声调差异,系统会自动查找声韵相同的标音,进行对比排列,有助于方言音系的整理归纳。

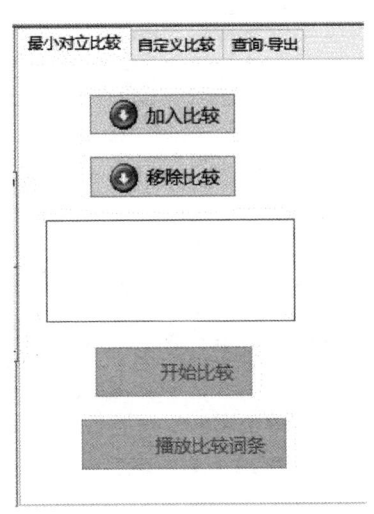

图3-9 斐风"最小对立比较"功能

第三步,数据使用。"斐风"提供搜索、导出、生成、链接数据使用功能。首先是多角度搜索,可通过词项(调查项)、序号、读音、备注、义项(调查项的注释词或语境)等进行搜索,见图3-10。

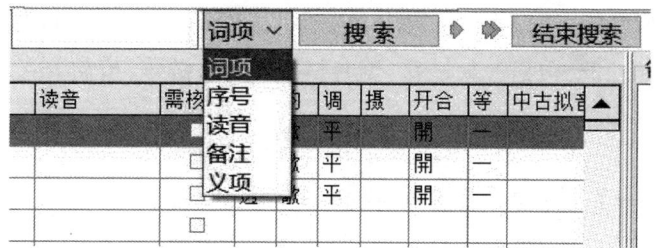

图 3-10 斐风搜索功能

既可实现单点搜索,也可实现多点搜索。单点搜索只搜索一个语言点的数据,多点搜索可以展示同一搜索内容在不同语言点的分布情况。

导出功能,也叫"下载功能",可以导出完整的调查表,也可分别导出声、韵、调、音节等表,见图 3-11 和图 3-12。

图 3-11 斐风导出词表功能

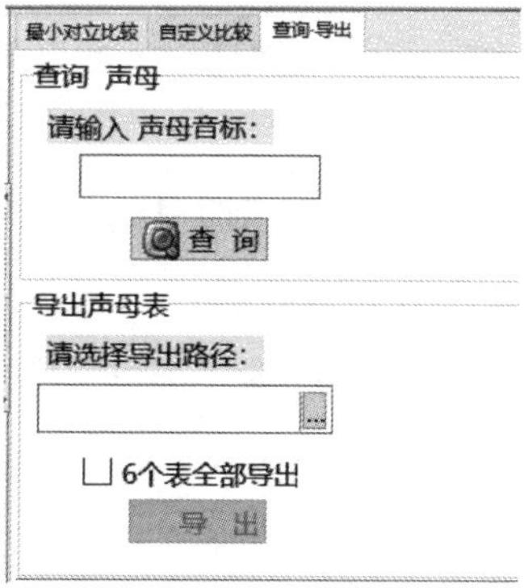

图 3-12 斐风导出声母表功能

生成功能,通过系统内部自动整合,生成同音字表、字音调查表。

链接功能,包括音频链接、图片链接、Praat 链接,可将相关数据同时快速呈现。

(二) Praat 语音分析软件

Praat,全称"Praat: Doing Phonetics by Computer",是目前最通用的语音分析软件。具有录音、编辑、分析、统计、合成等功能,Windows、Linux、Macintosh 等系统均可运行。

Praat 主要用于语音信号的采集、标注和分析,合成语音或声音,统计分析语言学数据。可将声音信号转换为三维频谱图,根据辅音语图模式、元音共振峰、声调基频等分析语音的声学特征。

1. 辅音语图模式分析

横杠、竖条("冲直条")和乱纹是辅音在语图上最基本的纹样。横杠表示声带颤动产生的能量,对应辅音的噪音段,如[m]、[n]、[z]等音。冲直条表示短暂的爆发音段,如[p]、[t]、[k]等音。乱纹表示延续的噪音段,如[f]、[s]、[x]等音。塞擦音语图表现为冲直条后接乱纹,浊擦音则表现为乱纹中夹杂着横杠。下面以泰兴方言为例,说明不同类型的辅音在语图上的差异。①

如图 3-13,[t](刀)的语图显示明显的成阻、持阻和除阻段,在破裂之前没有浊音横杠。发[t]音时,舌尖与齿龈接触在口腔通道形成阻塞,持阻阶段声带不振动,之后受阻气流突然爆发。在频谱图上的表现是,元音周期性波动之前出现一条较窄的脉冲波——冲直条,这是塞音的标志性语图特征之一。[t]除阻段的整体能量分布较强,语图颜

---

① 部分语图引自顾黔:《泰兴方言研究》,第 27、31、34、38 页。

色偏重。

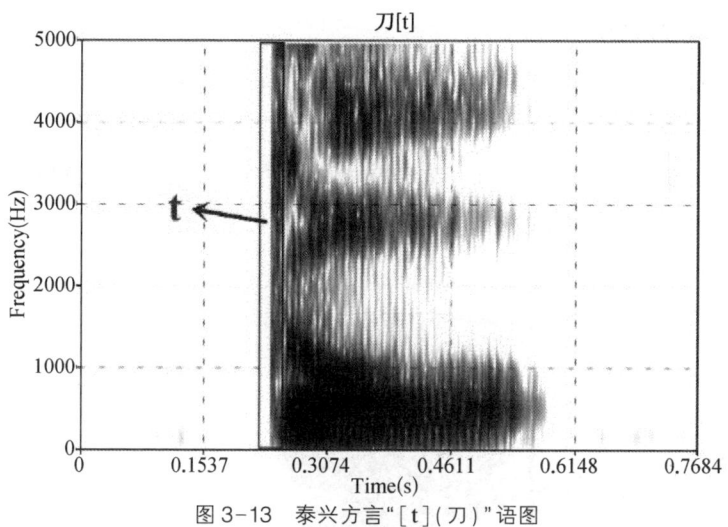

图 3-13 泰兴方言"[t](刀)"语图

如图 3-14,[s](生)显示擦音的典型语图特征。除阻之后,气流从声门逸出,持续时间较长,然后声带开始振动。[s]的元音浊音横杠

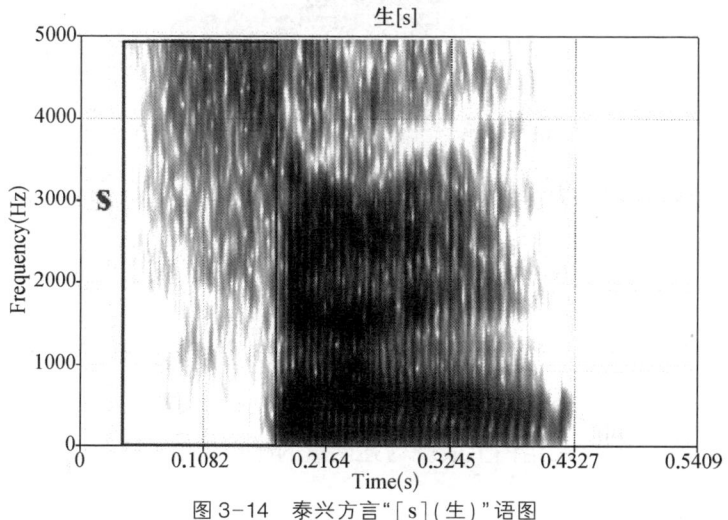

图 3-14 泰兴方言"[s](生)"语图

之前有一段相当长的送气乱纹。[s]的整体能量较弱,颜色较浅,强频区在 4000 Hz 以上。

如图 3-15,[ts](做)表现出典型的塞擦音语图特征:冲直条后接一片噪音乱纹。[ts]是不送气塞擦音,除阻之后噪音乱纹很短,随后声带振动,进入元音段。[ts](做)的冲直条明显,短暂的乱纹段整体能量较强,集中在 3000 Hz 以上的高频区。

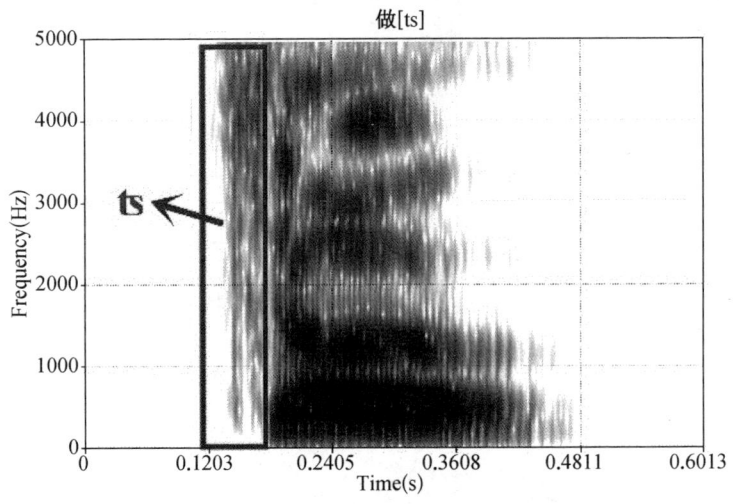

图 3-15　泰兴方言"[ts](做)"语图

如图 3-16、3-17、3-18,[z̩](人)、[n](南)、[l](来)均为浊辅音。"[z̩](人)"是唇齿浊擦音,"[n](南)"是鼻音,"[l](来)"是边音。

浊辅音的语图表现为低频区的浊音横杠,高频区能量较弱,乱纹不明显。这是因为气流分别从鼻腔和舌两边狭小的空间逸出。"[l](来)"的气流较强,语图上表现为强能量的噪音乱纹。

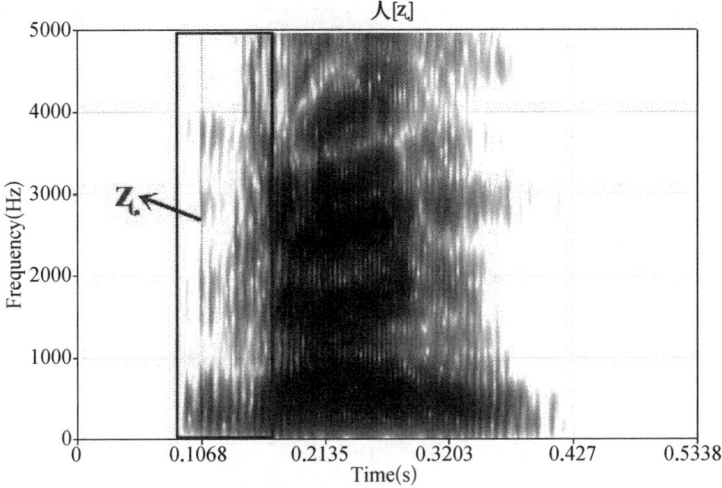

图 3-16　泰兴方言"[z_i](人)"语图

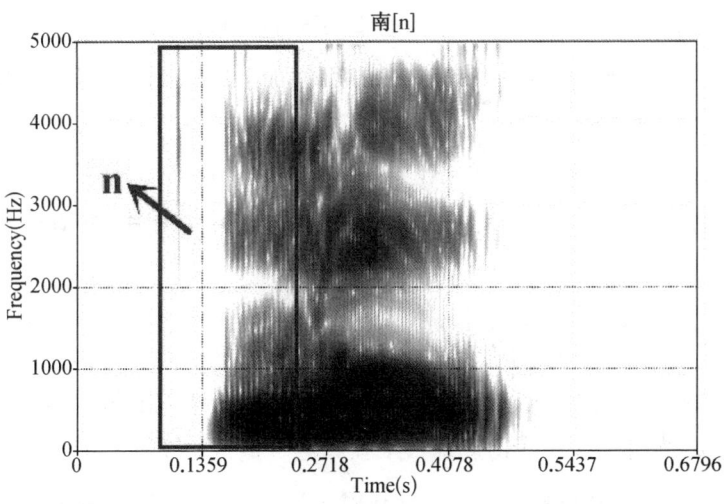

图 3-17　泰兴方言"[n](南)"语图

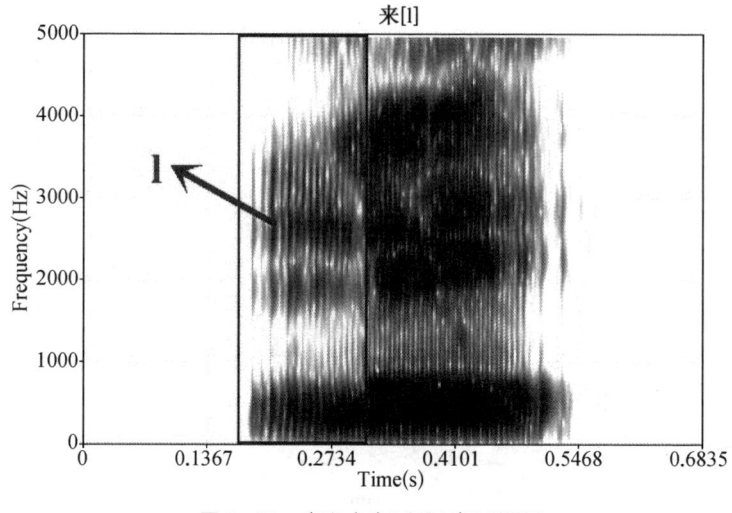

图 3-18 泰兴方言"[l](来)"语图

鼻音的浊音横杠与元音共振峰相似,但并不完全相同。一般来说,鼻音的浊音横杠带宽较宽,频率更低,更贴近基线。因为鼻音气流通道更长,内壁面积较大,会被吸掉更多能量,加上"反共振"效应,所以听上去比元音更低沉。

浊擦音"[z̩](人)"在元音共振峰之前有浊音横杠,但是比鼻音和边音的浊音横杠更细,时长更短,在 2000 Hz—3000 Hz 处有明显的摩擦。

2. 元音共振峰分析

共振峰是指在声道的共振频率附近,一些谐波的能量因声道共振而得到加强提升,共同构成的一个强频区。宽带语图显示元音共振峰的走向。第一共振峰 F1、第二共振峰 F2、第三共振峰 F3 反映元音音色,尤其是 F1 和 F2,能够看出舌位、唇形的改变。F1 跟舌位高低关系密切,舌位越高,F1 越低;舌位越低,F1 越高。F2 跟舌位前后有关,舌位越前,F2越高;舌位越后,F2越低。F3跟唇形圆展及卷舌程度有关,圆唇元音的F3比同部位的非圆唇元音低。卷舌元音的F3从起点到终点往往呈下降趋势。图3-19、3-20、3-21分别是泰兴方言[i]、[u]、[a]三个顶点元音的语图。①

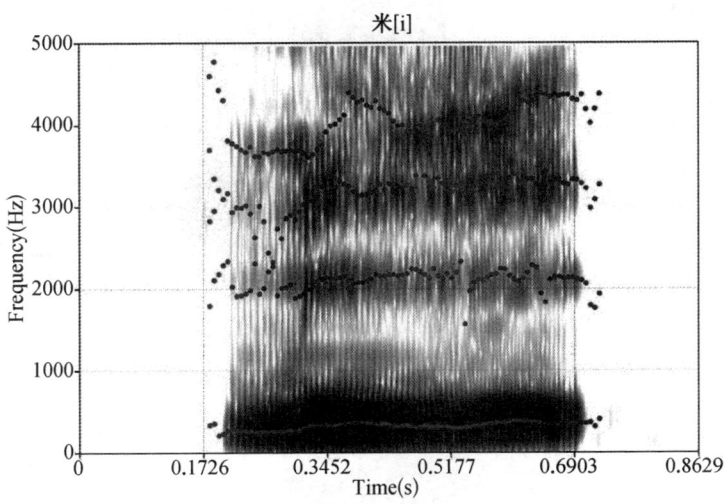

图3-19　泰兴方言"[i](米)"语图

[i](米)、[u](赌)、[a](蛇)的F1、F2、F3近乎平行,说明发音时共鸣腔的形状基本保持不变,为单元音韵母。用Praat测得F1均值:[i]约为325 Hz,[u]约为398 Hz,[a]约为662 Hz。[a]的F1均值最大,说明它的舌位最低;[i]的F1均值最小,说明它的舌位最高。根据F1均值大小,可将这3个单元音由低至高排列为:[a]>[u]>[i]。F2均值分别为:[i]约为2211 Hz,[u]约为855 Hz,[a]约为1155 Hz。[i]的F2均值最大,舌位靠前;[u]的F2均值较小,舌位靠后;[a]处于中间。

---

① 顾黔:《泰兴方言研究》,第40—42页。

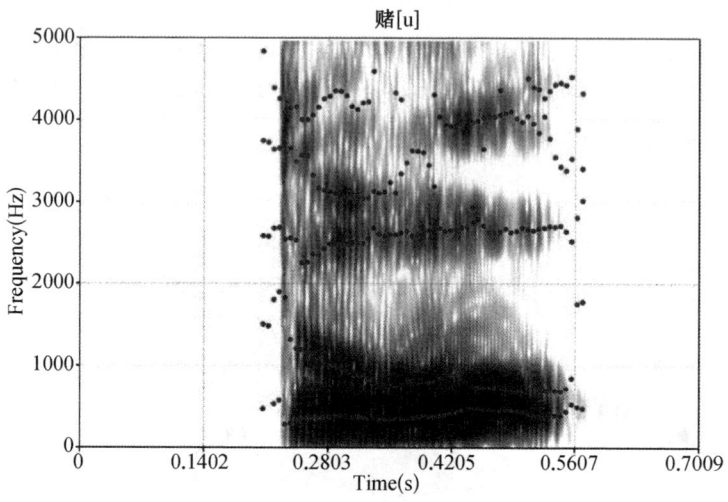

图 3-20 泰兴方言"[u](赌)"语图

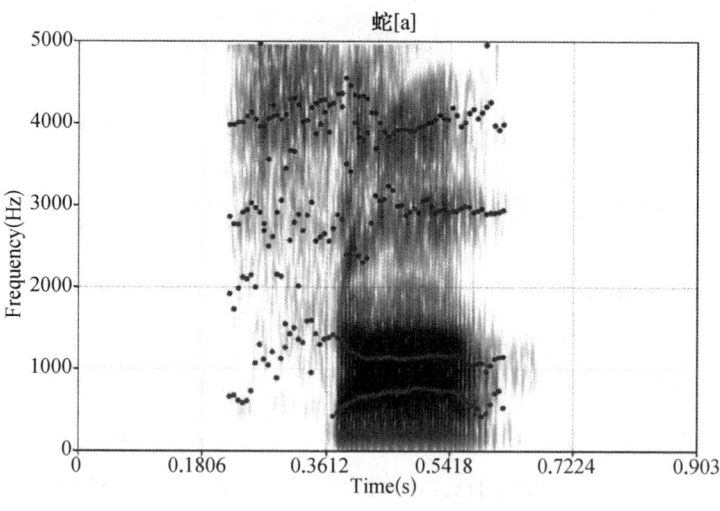

图 3-21 泰兴方言"[a](蛇)"语图

Praat 还可用来绘制声学元音图。其中,纵坐标是第一共振峰 F1,

横坐标是第二共振峰F2。图3-22是基于泰兴方言所有单元音共振峰数据绘制的声学图。①

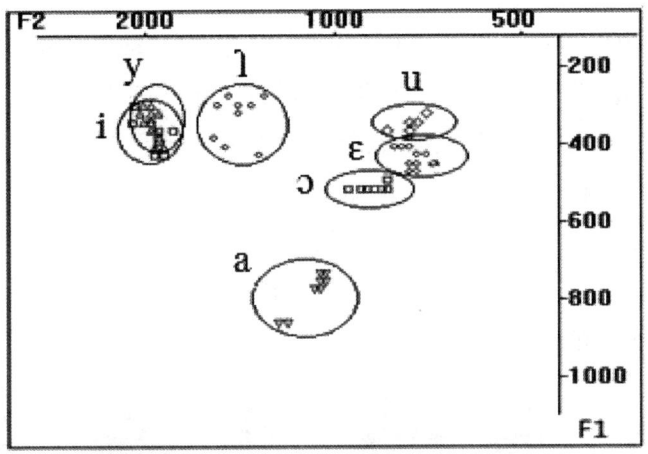

图3-22 泰兴方言声学元音图

声学元音图反映元音舌位。图3-22可见,泰兴方言元音格局以[a]、[i]、[u]为顶点,[a]舌位偏后。[i]和[y]的位置接近且有重叠,这是由于F2跟唇形圆展有关,圆唇作用会使[y]的F2降低一些。[ɿ]与[i]、[u]同为高元音,舌位介于[i]、[u]之间;[ɛ]、[ɔ]同为后元音,舌位介于[u]、[a]之间。

3. 声调基频分析

窄带图可显示谐波,其中的第一谐波叫基频,一般用F0表示。基频是复杂声波中最低的一个频率(其他频率叫谐波),反映音高变化。下面以泰兴方言声调为例,展示Praat中的基频曲线信息

---

① 顾黔:《泰兴方言研究》,第47页。

(见图3-23)①。

泰兴方言6个声调分别为:阴平21,阳平45,上声213,去声43,阴入43,阳入45。从时长看,阴入和阳入调长最短,"急"约为0.23 s,"辣"约为0.19 s;阴平、阳平和去声调长较长,"敲"约为0.36 s,"平"约为0.25 s,"汉"约为0.32 s;上声调长最长,"五"约为0.43 s。

从宽带语图的基频曲线看,阴平是低降调,调程贯通整个调域,呈缓慢的下降趋势。阳平是高调,起始部分陡升,高升之后,随着音节结束自然下降。上声在微降之后上升,拱顶位置在调域中线以后,起点低于终点。去声在微平后下降,起点高。阴入在微升后下降,为高降调,调型与去声相似。阳入是高升调,呈微升趋势,随音节结束自然下降。

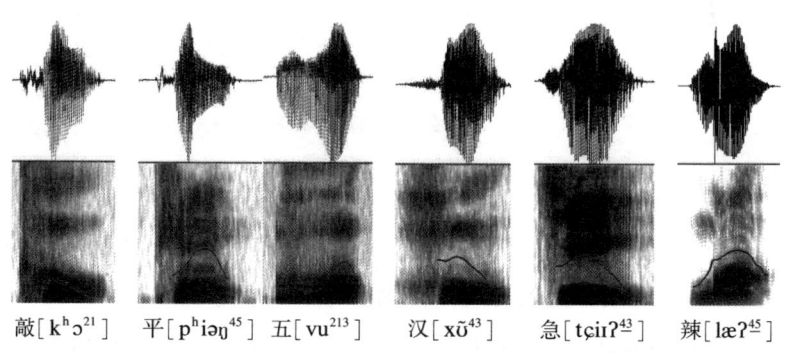

敲[kʰɔ²¹]　平[pʰiəŋ⁴⁵]　五[vu²¹³]　汉[xʊ⁴³]　急[tɕiɪʔ⁴³]　辣[læʔ⁴⁵]

图3-23　泰兴方言声调系统

提取基频数据,用T值法、z-score(LZ)进行归一化处理,消除人际随机差异,提取恒定参数,获得具有语言学意义的信息。图3-24是使用上述方法绘制的南京方言声调格局图。②

---

① 顾黔:《泰兴方言研究》,第74页。
② 汪莹:《明代以来南京方言语音的历史演变》,南京大学博士学位论文,2018年,第110页。

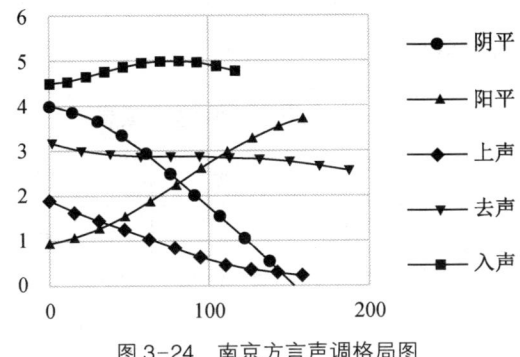

图 3-24 南京方言声调格局图

第三节 汉语方言语音调查材料的整理

归纳出音系、语流音变规律、语音对应规律后,可进一步整理声韵调配合表、同音字汇、区域性的语音调查报告等。

一 声韵调配合表

汉语的音节由声母、韵母和声调三个要素构成。声母、韵母和声调的拼合都有一定的规律。整理完音系后,需把它们的拼合关系弄清楚。

(一) 声韵调拼合关系

1. 声母与韵母的拼合关系

声母与韵母的拼合,与声母的发音部位和韵母的开、齐、合、撮有关。如北京话[ts,tsʰ,s,tʂ,tʂʰ,ʂ,ʐ,k,kʰ,x,f]不拼齐齿呼、撮口呼，[tɕ,tɕʰ,ɕ]不拼合口呼、开口呼，见表3-16。

表3-16 北京话声韵拼合关系表

声母 \ 韵母	开			齐		合		撮	
	ɿ	ʅ	其他	i	i-	u	u-	y	y-
p pʰ m			搬	米	边	补			
f			翻			扶			
t tʰ			刀	低	甜	读	团		
n l			南	你	脸	努	乱	女	略
ts tsʰ s	丝		猜			祖	钻		
tʂ tʂʰ ʂ ʐ		知	产			书	软		
tɕ tɕʰ ɕ				鸡	香			句	圈
k kʰ x			干			苦	关		
∅			安	衣	烟	五	万	玉	元

声韵的拼合关系一般是同部位成套的，如北京话[p]可与开口呼、齐齿呼、合口呼相拼，同部位的[pʰ,m]也可以。但也存在不一致的情况，[t,tʰ]只与开口呼、齐齿呼、合口呼相拼，不拼撮口呼，同部位的[n,l]四呼都拼，所以分开排列。

2. 声母与声调的拼合关系

声母、声调的配合跟声母的清浊、声调的阴阳密切相关，在有浊声母的方言里规律比较明显。例如吴语，一般清声母只与阴调类相配，全浊声母只与阳调类相配，次浊声母阴调类和阳调类都有字，见表3-17[①]。

---

① 江苏省和上海市方言调查指导组编：《江苏省和上海市方言概况》，第100页。

表 3-17　无锡话声母声调配合关系表

声母＼声调	阴平	阳平	阴上	阳上	阴去	阳去	阴入	阳入
p　t　ts　tʂ　tɕ　k pʰ　tʰ　tsʰ　tʂʰ　tɕʰ　kʰ f　s　ʂ　ɕ　h　ø	丁		比		肺		约	
m　n　l　n̥　ŋ	拉	迷		我		烂		玉
b　d　dʐ g　ɦ　v　z　ʐ		皮		坐		倦		独

[p, pʰ, f]三行均为清声母,只与阴调类相配;[m, n, l, n̥, ŋ]次浊声母阴调类和阳调类都有字;[b, g]两行为全浊声母,只与阳调类相配。

(二) 声韵调配合表

声韵调配合表即某一方言的音节总表。横行依次列举韵母和声调,左侧依次列举声母。表中同一横行表示声母相同,同一竖行表示韵母和声调相同。有文白异读的字,加单下划线表示白读,加双下划线表示文读。有音无字者可用编号(如:①②……)代替,再于表下注释说明。以泰兴方言为例,见表 3-18①。

表 3-18　泰兴方言声韵调配合表(节选)

声＼韵调	ɿ 阴平	ɿ 阳平	ɿ 上声	ɿ 去声	i 阴平	i 阳平	i 上声	i 去声	u 阴平	u 阳平	u 上声	u 去声	y 阴平	y 阳平	y 上声	y 去声	a 阴平	a 阳平	a 上声	a 去声
p			屄			比		闭	补		布						巴		把	爸

---

① 顾黔:《泰兴方言研究》,第 17 页。

（续表）

韵\声调	ɿ 阴平	ɿ 阳平	ɿ 上声	ɿ 去声	i 阴平	i 阳平	i 上声	i 去声	u 阴平	u 阳平	u 上声	u 去声	y 阴平	y 阳平	y 上声	y 去声	a 阴平	a 阳平	a 上声	a 去声
pʰ					披	皮	痞	屁	步	菩	普	铺					趴	爬		怕
m					妹	迷	米	秘	父	扶	斧	富					妈	麻	马	
f																				
v									乌	无	五	雾								
t									都		赌	度					大		打	大
tʰ									度	涂	吐	兔			腿		他			
n						泥	你	腻							女		拿			那
l					厉	鹂	鲤	厉	路	炉	鲁	赂		驴			拉			哪
ts	资		子	志					朱		煮	注					渣	咱		炸
tsʰ	自	词	齿	次					初	除	暑	醋					车	茶	扯	岔
s	思	时	死	四					苏		数	素					沙	蛇	洒	敕
z̠										如	乳								惹	
tɕ					机①		挤	计					居		举	据				
tɕʰ					妻	齐	起	气					句	渠	取	去				
ɕ					西		洗	细					虚		许	岁				
k									姑		古	顾					家			架
kʰ									枯		苦	裤					咖②		卡	
ŋ																	丫	牙	哑	垩
x																	哈	还		
∅					厉	姨	椅	亿					芋	鱼	雨	喻	啊			

① [tɕi⁴⁵]象声词,动物的叫声。
② [kʰa⁴⁵]~食:吃饭时多拿多占。

二 同音字汇

同音字汇是某方言所有音节及每个音节所包含的单字的总汇,包括有音无字的音节。一般先按韵母分类,同韵的字按声母顺序排列,声母、韵母相同的按声调顺序排列。同音字汇前须列凡例,说明取字来源、体例、标注方式等。例如:

本同音字汇以常用字为主,包括《方言调查字表》中收录的口语常用字以及见于《广韵》《集韵》等韵书中口语使用的字。按音系表中的韵母次序排列,同一韵母按照声母的次序排列,声母和韵母相同的字按声调排列。有音无字者用"□"表示,后附小字注解;举例时以"~"代替本字,注释用"( )"表示。文读音加小字"文",白读音加小字"白",书面语用"书"表示。文白异读有多个层次的,用"白1""白2"表示,"白1"更老一些。有新老派差异的,"新"表示新派,"老"表示老派。右上角标1、2、3等数字,表示多音字。右下角标1、2、3等数字,表示又读。

现以江苏兴化方言同音字汇的[a、ia、ua、ya]韵为例。[①]

a

p　[324]巴疤笆芭吧粑_{糙~}掰_{~下来}爬[1]_{往上~、~山}

　　[213]把[1]_{书给他} 靶屁_屎

　　[53]把[2]_{~子}霸爸坝罢_{文:~工}

[①] 参见顾黔:《江苏兴化方言音系》,《方言》,2020年第2期。

pʰ　[324]趴扒¹~猪蹄 豍《广韵》傍下切。矮~~的

　　[35]扒²~手儿(小偷) 扒²~虫子在~ 耙~钉(农具) 杷₁枇~ 琶

　　[53]怕

　　[21]罢白:~市(蔬菜、水果等过季)

m　[324]马¹~虎 妈 吗¹ 孍

　　[35]麻 蟆蛤~乌儿(蝌蚪)

　　[213]马²~牛 码 蚂 玛 吗²~啡 □留心某人 □用少量盐擦拭(一种腌制方法) □~~儿(妇女,含贬义)

　　□给予 □把(介词)

　　[21]骂

t　[213]打

　　[53]大¹老~

tʰ　[324]他 她 它

l　[324]拉¹ 垃

　　[35]拿 拉²~尿

　　[213]喇 哪¹ 惹 喏磕头唱~(作揖)

　　[53]那₁ 娜

ts　[324]查¹姓 喳 渣 蔗 遮 夌《广韵》陟加切。张开。嘴~一~不费事,做起来就不简单了 揸《集韵》庄加切。一~(拇指与食指或中指张开后的距离)

　　[53]诈 榨 炸 咋□~开、~线(裂开)

tsʰ　[324]叉 杈¹ 钗 差~别;白:~出 赵《广韵》楚皆切。升~旗子 □劫夺;半路上挨~过去了

　　[35]查² 茶 搽

　　[213]采白 扯白 衩~儿;小钗 镲~嘴(乱插话) 茬找~儿

　　[53]杈²~枝 汊 岔

s　[324]沙 纱 砂 莎 裟 鲨 痧□漏、撒

　　[35]蛇 佘

　　[213]洒 傻 撒 舍¹白:~不得 □很,修饰"亮"等

　　[53]嗄~喉咙(喉咙沙哑) 敫

第三章 汉语方言语音调查与研究

k   [324] 家白傢白;~伙(用具) 加白 袈白 枷白

    [213] 乍~古(乖僻)

    [53] 尬 架白 驾白 嫁白

k^h [324] 咖~啡 □藏 □干咳 □硬塞 㧖《集韵》丘加切。~住喉咙

    [35] □逞强,自私 ~食(吃饭时多拿多占)

    [213] 卡咯~血

    [53] 搭持

x   [324] 哈虾白;鱼~儿 颬《广韵》许加切。~气

    [35] 蛤~蟆 还¹~有

    [213] □不精明;~里~气

    [21] 下白;~去 夏白

ø   [324] 丫白 鸦白 砑碾压 桠□~求(降低身份央求) 啊

    [35] 牙白 芽白 庌《集韵》牛加切。露缝;门~呃个缝

    [213] 哑白 也白1

    [53] 垭施肥 挜强行给予

ia

p   [324] □象声词

p^h [324] □象声词

    [213] □读音不准;~音

m   [324] 䁤迅速地斜眼一看

t   [324] 爹祖父;~~

    [213] 嗲

tɕ [324] 家文傢文;~具 加文 袈文 枷文 痂伽佳嘉

    [213] 姐白 假贾

    [53] 借文 架文 驾文 嫁文 价

$tɕ^h$ [324] 斜白1;~头儿

    [35] 斜白2;~的 茄邪白

ɕ　　［324］虾_文

　　　　［35］霞_书瑕_书遐_书

　　　　［213］写_白

　　　　［53］泻_白卸_白

　　　　［21］下_文夏_文些_白1

ø　　［324］丫_文鸦_文耶_鯀教

　　　　［35］芽_文牙_文蚜衙爷_白:~娘(父母)崖涯

　　　　［213］野_白雅也_白2哑_文

　　　　［53］亚

　　　　［21］夜白

ua

ts　　［324］抓

　　　　［213］爪_1:~子

s　　　［35］□_行窃

　　　　［213］耍□_~巧(灵便)

k　　　［324］瓜

　　　　［213］剐寡□_~嘴(话多)□_~搭(闲扯)

　　　　［53］挂卦褂

kʰ　　［324］夸

　　　　［35］刳_刮□_殴打

　　　　［213］垮侉

　　　　［53］跨胯挎_~包

x　　　［324］花

　　　　［35］华桦铧_犁~哗_喧~划_文:~船1

　　　　［21］化画话划_计~2

ø　　　［324］蜗蛙哇□_剜□_剖开

　　　　［35］娃划_白:~船1

［213］瓦佤掗《集韵》乌瓦切。昌

［53］凹洼

ya

tɕʰ　［35］𤶸

ɕ　［324］靴

ø　［21］曰_白肶_{~膀儿,~手~脚(手脚有残疾,不灵便)}

同音字汇整理结束后,需与发音人再次核对,修改讹误,查漏补缺。可根据词汇和长篇语料,进一步补充一字多音、方言俗字、训读音等。

三　语音调查报告

语音调查报告根据调查点的多少或调查地域的大小、调查内容的详略,分为单点方言调查报告和区域方言调查报告。

（一）单点方言调查报告

单点方言调查报告除了前文介绍的音系、声韵调配合表、同音字汇以外,一般还有词汇、语法例句、自然口语语料等。

词汇一般按意义分类,如天文地理、服饰穿戴、岁时节令等。若某个意义有多种说法,按常用度的高低排列。应注意方言词语的意义、用法是否与调查条目完全对应,必要时可加以说明、举例,如南京"毛毛雨"_{细而密的小雨}"［mɔ²⁴/¹¹ mɔ⁰ y¹¹］。语法部分应细致记录"一句多说"现象,多种说法同样按常用度排列。自然口语语料包括但不限于谚语、谜语、歇后语、歌谣等,以及"牛郎织女""狼来了""北风和太阳"等故事,也可请发音人自选内容讲述。转写语料时注意语流音变,力求把口语中的实际音值标注准确。

早期的单点方言调查报告着重于记录音系、单字音等,如罗常培的《厦门音系》(1930)、《临川音系》(1940),赵元任《钟祥方言记》(1939),董同龢《华阳凉水井客家话记音》(1948)等。现在的单点方言调查报告更为全面,注重从词汇、语法、语篇等语料中挖掘语音的变化和变异。如鲍明炜、顾黔主编"江苏方言研究丛书"(2011—),邢向东《神木方言研究》(2002),鲍厚星主编"湖南方言研究丛书"(1998—1999)等。

(二) 区域方言调查报告

区域方言调查报告大体有两种。一种以方言区为调查对象,比较方言的内部差异,如赵元任《现代吴语的研究》(1928),李如龙、张双庆主编《客赣方言调查报告》(1992)。一种以行政区域划定调查范围,考察区域内的方言分布情况及特点等,如《湖北方言调查报告》(1948)、《昌黎方言志》(1960)、《江苏省和上海市方言概况》(1960)。

区域方言调查报告包括分地报告、语音特点及差异、单字和词汇对照表、语法例句、方言地图等。分地报告描写各地方言的语音系统、音韵特征等。如《湖北方言调查报告》"分地报告"共有 64 个调查点,每个调查点都有发音人信息、声韵调表、声韵调的音值描写和音位处理说明、今音与中古音的比较、同音字表、音韵特点及会话语料等。

方言对照表是区域方言调查报告的重要组成部分。尽量选用调查材料中最重要、最可靠、最能够反映语言事实的条目,将各点材料列表对照,以便进行方言间的比较。如《江苏省和上海市方言概况》列举了 20 个方言点的 2601 个单字、567 条常用词,见表 3-19[①]。

---

① 江苏省和上海市方言调查指导组编:《江苏省和上海市方言概况》,第 129 页。

表 3-19 《江苏省和上海市方言概况》字音对照表（节选）

摄 开合 等 反切	调 韵 声	假 开 二 莫霞 麻	平 麻 明	假 开 二 莫下 马	上 马 明	假 开 二 莫驾 骂	去 祃 明	梗 开 二 德冷 打	上 梗 端	果 开 一 唐佐 大	去 箇 定
北 京		ma^{35阳平}		ma^{214上}		ma^{51去}		ta^{214上}		ta^{51去}	
徐州市		ma^{55阳平}		ma^{35上}		ma^{51去}		ta^{35上}		ta^{51去}	
邳 县		ma^{55阳平}		ma^{24上}		ma^{51去}		ta^{24上}		ta^{51去}	
新海连市		ma^{35阳平}		ma^{42上}		ma^{55去}		ta^{42上}		ta^{55去}	
南京市		ma^{13阳平}		ma^{22上}		ma^{44去}		ta^{22上}		ta^{44去}	
句 容		ma^{24阳平}		ma^{213上}		ma^{55去}		ta^{213上}		ta^{55去}	
扬州市		ma^{34阳平}		ma^{42上}		ma^{55去}		ta^{42上}		ta^{55去}	
高 邮		ma^{213阳平}		ma^{21上}		ma^{53去}		ta^{21上}		ta^{53去}	
盐 城		ma^{213阳平}		ma^{53上}		ma^{35去}		ta^{53上}		ta^{35去}	
淮 阴		ma^{24阳平}		ma^{212上}		ma^{55去}		ta^{212上}		ta^{55去}	
泰 州		ma^{45阳平}		ma^{213上}		ma$^{33去 文}$ ma$^{21阴平 白}$		ta^{213上}		ta$^{33去 文}$ ta$^{21阴平 白}$	
如 皋		ma^{35阳平}		ma^{213上}		ma^{21阴平}		ta^{213上}		ta^{21阴平}	
南通市		mo^{35阳平}		mo^{55上}		mo^{213阳去}		ta^{55上}		ta$^{42阴去 文}$ tʰɤ$^{213去 白}$	
苏州市		mo^{13阳平}		mo^{31阳去}		mo^{31阳去}		tã^{52上}		da$^{31阳去 文}$ dəu$^{31阳去 白}$	
无锡市		mu^{14阳平}		mu^{33阳上}		mu^{213阳去}		tã^{324阴上}		da$^{213阳去 文}$ dɤɯ$^{213阳去 白}$	

（续表）

常　　熟	mo³³阳平	mo³¹阳上	mo²¹³阳去	tã⁴²³阴上	da²¹³阳去 文 dɤɯ²¹³阳去 白
常 州 市	mo²¹³阳平	mo⁴⁵上	mo²⁴阳去	taŋ⁴⁵上	da²⁴阳去 文 dɤɯ²⁴阳去 白
海　　门	muo¹⁴阳平	muo³¹阳上	muo²¹³阳去	tã²³阴上	da²¹³阳去 文 duo²¹³阳去 白
上 海 市	ma¹³阳去 文 mo¹³阳去 白	ma¹³阳去 文 mo¹³阳去 白	ma¹³阳去 文 mo¹³阳去 白	tã³⁴阴去	da¹³阳去 文 du¹³阳去 白
嘉　　定	muo³¹阳平	muo¹³阳去	muo¹³阳去	tã³⁴阴去	da¹³阳去 文 du¹³阳去 白
松　　江	mo³¹阳平	mo²²阳上	mo¹³阳去	tã⁴⁴阴上	da¹³阳去 文 du¹³阳去 白

　　方言地图能够直观展现方言的分布情况和内部差异。《湖北方言调查报告》绘制方言地图 66 幅，用同言线束展现方言的亲疏关系。《江苏省和上海市方言概况》有 42 幅方言特征图，有语音方面的，也有词汇方面的。

　　无论是单点方言调查报告还是区域方言调查报告，都需要遵循一个最基本也是最重要的准则：从语言事实出发。方言调查报告的编写没有固定格式，上述所列各项仅供参考，需根据实际情况调整。

第四章
汉语方言词汇调查与研究

第一节　汉语方言词汇调查

汉语方言词汇的调查研究历史悠久,西汉扬雄的《方言》就已经对各地的口语词(可能还包括一些少数民族语言)进行调查、记录、比较。20世纪60年代,汉语方言词汇研究受到学界广泛关注,丁声树《关于进一步开展汉语方言调查研究的一些意见》(1961)和詹伯慧、黄家教《关于汉语方言词汇调查研究的问题》(1963)等提出要重视并加强汉语方言词汇研究。汉语方言词汇调查是在语音调查的基础上进行的,可以补充语音调查的遗漏和不足,同时也是方言语法调查的基础。

一　调查对象

汉语方言词汇调查的对象是"方言词"。那么,什么是方言词？我们可以把方言词理解为仅在方言区内部通行,在语素、构造方式和语义上不同于共同语,且很少用于共同语中的词。如普通话的名词"台阶",太原话说"圪台",武汉话说"礓磋",成都话说"坎坎",合肥话说

"踏步子",扬州话说"坡台子",苏州话说"阶沿",温州话说"踏步",南昌话说"坡子",广州话说"步级",厦门话说"崎仔"。方言词汇是特定方言的词语总汇,包括通用词语和方言词语。[①] 一种方言的词汇特点集中体现在方言词语上。在方言词汇调查过程中,应尽可能多地搜集、记录方言词语,以全面反映某一方言的词汇系统及其特点,同时关注常用的、富有地方色彩的词语。

二 调查表格的设计

方言词汇调查表包括说明和调查条目。说明部分主要阐明调查表的类型和用途,概述调查表编排的标准、词条数目、类别及行文体例。调查条目是调查表的主体,决定我们能够调查到哪些内容。调查表通常按意义分类,每个大类下可再划分若干子类。类目根据调查点和调查目的的不同灵活调整,不必完全统一。

(一) 全国性或大范围普查性方言词汇调查表

这类调查表一般选取方言中常用的、意义单纯且固定的词,以便比较大范围内各方言之间的词汇差异。

1.《方言调查词汇表》(语言研究所方言组编,1981)

该表是1958年为调查河北省方言编写的,共收录词语4000多条。分为天文、地理、时令时间、农事、植物、动物、房屋器具、人品、亲属、身体、病痛医疗、衣服穿戴、饮食、红白大事、迷信、讼事、日常生活、交际、

---

① 李小凡、项梦冰编著,项梦冰修订:《汉语方言学基础教程》(第二版),北京大学出版社,2020年,第89页。

商业、文化教育、游戏、动作、位置、代词、形容词、副词、次动词、量词、数词等 31 类,见表 4-1。

表 4-1 《方言调查词汇表》词目举例

壹 天文	顶风 枪风 迎风	掉点儿了 滴点儿了
太阳 日头 热头 老爷儿 太阳帝儿	顺风	雨停了 住了 不下了
太阳地儿_{太阳照的地方} 日头地儿	刮风 起风 吹风	淋雨 轮雨
荫凉儿 背阴子 背阴地儿	风停了 风住了 风息了	雪花儿
月亮 月婆 太阴 月光 月亮帝儿	打雷 响雷 行雷	鹅毛雪 鹅翎雪 鹅毛片儿
月亮地儿_{月亮照的地方}	劈雷 炸雷 霹雳	雪珠儿 雪子子 雪子儿 雪豆儿 雪圪垯儿
星 星星	雷打了 雷劈了 龙抓了	下雪 落雪
银河 天河	打闪 扯闪 霍闪 闪电	雪化了 雪融了 雪烊了
流星 贼星	大雨	冰 冰凌 冰楞
彗星 扫帚星 帚星	猛雨 暴雨	冰锥儿_{檐前垂的冰条} 冰条儿 冰凌条儿 冰箸
云 云彩	小雨	冻冰 结冰 上冻
瓦块云 瓦鰣儿云 鱼鳞甲儿_{列举各种"云"的名称}	牛毛雨 濛濛雨 毛毛雨	冰化了 冰融了
大风 狂风	连_{声调}阴雨	雹子 雹 冷子 冷弹子 冰雹 冰块
小风 微风	雨点儿 雨珠儿 雨点子	露 露水
旋风 旋磨风 鬼头风	下雨了 落雨了 下了	露水珠儿

(续表)

下露 下露水	山尖儿 山顶儿 山峰 山头	桔橰 轧杆儿
下霜	山腰 山半腰 山中间	石头
雾罩子	山坡	石块 石头块儿
下雾 下罩子	山根儿 山脚 山脚下 山麓	礓石 料礓
虹 蝃蝀 鲎	山涧 涧 山谷	鹅卵石 鹅蛋石
天气 天儿	河岸 河崖儿 河边儿 河沿儿	沙 沙子
晴天 好天	堤 河岸上的　河堤	沙子子 沙子
阴天	坝 拦水的，注意堤坝有无分别。	沙滩 河滩
日食 天狗吃日	河坡 河滩	土坯 土墼 坯 土砖
月食 天狗吃月	水坑 水塘 水池	砖头 声调 砖块
天旱 天干	流沙 晃滩 立着愈来愈深的滩	瓦块 瓦片儿 瓦礤儿
涝了 水淹(洊)了	大水 洪水	筒瓦 筒儿瓦
贰　地理	水头 洪水来时的头　洪峰	土堆 土堆 声母 子
平地 平原 坝子 平川	泉源 泉 泉眼	土块儿 坷垃 "坷垃"声调 土坷垃
田地 耕地 地 田 有些地方，"田"和"地"不同，有水的叫"田"，无水的叫"地"或"土"。	旱井 土井	坷垃蛋儿 一个~
沙土地 沙和土混合的地	一眼井 一口井	灰尘 土灰 埻土 尘土 如果也说"土"，也说"灰"，注意分别。有的方言，地上的叫"土"，桌子上或屋里的叫"灰"。有的方言，堆积的叫"土"，飞起来的叫"灰"。
荒地 荒田	井绳 汲绳	石灰 灰 蛎灰
高岗 岗子	汲水桶 柳罐	水泥 洋灰 水门汀
丘 土堆	打水 汲水 系水	
空地 空场	辘轳	

该表应和《方言调查字表》(详见第三章第一节)联系起来使用,先记字表,再记录词汇。调查时请合作人逐一将每个条目用方言说出,如果方言说法刚好是表格列举出的某一词,就在该词下面画一条横线。同时记录实际读音,如果方言说法未出现在表格中,就要先记录方言说法,之后注音。

2.《方言调查词汇手册》(丁声树编,1989)

该手册是由中国科学院语言研究所1955年8月初次印行,后来由科学出版社出版单行本,但今已绝版。1989年根据《汉语方言调查简表》(丁声树、李荣编,1956)的"词汇语法部分"补充少数条目,重新发表。共收录词和词组329条,大致按意义分为自然界、年节、房舍、人品、亲属、身体、疾病、丧葬、服饰、器具、饮食、动物、植物、若干常用名词、代词、量词、时间、方位、动词、形容词等20类。每条以通行的词标目,列举方言中的同义词若干,作为提示参考,见表4-2。

表4-2 《方言调查词汇手册》词目举例

1
太阳——日头　热头　老爷儿
月亮——月光　月婆　太阴
打雷——响雷
打闪——扯闪　闪电
下雨——落雨
下雪——落雪
雪化了——雪融了　雪烊了
冻冰——结冰
雹——雹子　冰雹　冰块　冷子
刮风——吹风

(续表)

端阳——五月节　端午　五月端午儿
中秋——八月节　八月十五　八月十六　八月中秋
(阴历)除夕——三十儿晚上　岁除　年三十儿　三十夜
元旦——(大)年初一　正月初一　新年
2
灰尘——土　尘土　灰
石灰——灰　蛎灰
泥土——泥　泥巴　烂泥
凉水——冷水　冻水
热水——汤
煤——煤炭　石炭　炭
煤油——洋油　火油　石油　火水
锡——锡镴　镴
磁石——吸铁石
3
乡村——屯铺　乡庄　农村　村庄
(赶)集——场　街子　虚　市
胡同——巷子　弄　弄堂
房子(全所)——屋
屋子(单间)——房间
正房——上房　神厅　堂屋
厢房——偏房　横屋
窗户——窗子　窗　阆门
门坎儿——门限　门槛　地伏
厕所——茅房　茅厕　后园儿　茅子
厨房——厨屋　灶屋　灶火　镬灶间
烟囱——烟筒　冒烟洞

(续表)

4
男人——男的　老爷们儿　男子汉　男人家
女人——女的　妇人　妇道人　内人家　娘儿们
小孩儿(子)——小娃儿(子)　细牙儿(子)　小囡(团)
男孩儿(子)——小子　男娃子　细老
女孩儿(子)——小姑娘　小妮儿(子)
老头儿(子)——老汉　老者　老官
单身汉——光棍儿　单身儿　光杆儿
老姑娘(老处女)——老小姐　老女儿
医生——大夫　先生　太医　郎中　医官
厨子——大师父　厨师夫　火房　掌锅的　做饭的　厨官

3.《汉语方言词汇调查手册》(〔美〕史皓元、顾黔、石汝杰编著,2006)

　　该手册有简表、详表和短表三个不同用途的调查表。简表收词450个,适用于大范围布点调查,以便于比较研究,见表4-3。详表收词1900个,适用于深入小范围的区域或单点词汇调查。通过调查可以对方言词汇有详尽的了解,更全面、真实地反映当地方言的语音面貌和历史层次,弥补单字音调查的不足,见表4-4。短表收词60个,是从简表和详表中精选的,对内具有代表性,对外具有区别性,并且有利于进行比较研究的词目,适用于绘制方言地图、调查方言同言线,见表4-5①。调查表选取日常口语词语,词条按首字的音序排列,以便查检。该手册对研究汉语语音、语法和语言理论的学生、学者亦有参考价值。

---

　　① 详表和简表以▲表示短表中也收的词;详表以★表示简表中也收的词,以◆表示该手册的基本词。有的条目后附不同方言中的例子,部分用的同音字,方言形式列在FY后。

表 4-3 《汉语方言词汇同言线调查简表》词目举例

A
1 矮(个子矮/树长得很矮)
2 艾草
3 岸(河岸) ▲ FY:涯
4 暗(屋子里很暗)
5 肮脏 FY:齷齪/邋遢 金沙:赖打
B
6 疤(脸上有一块疤)姜堰:疤儿 海门:疤板
7 把(把门关上/把桌子搬过来/把衣服洗干净)
8 白天 FY:日里 如皋:日的
9 绊(被石头绊了一个跟头)
10 傍晚 FY:下晚点/夜快/齐夜
11 薄(薄的纸) FY:枵
12 饱(吃得很饱)
13 抱(抱小孩/抱一捆稻草) FY:掰

表 4-4 《汉语方言词汇同言线调查详表》词目举例

A
1 阿姨(母亲的姐妹)'maternal aunt, mother's sister' 注意:年龄长幼/结婚与否/当面或背后的称呼
2 矮(个子矮/树长得矮)◆★'short(height)'
3 艾草 ◆★'Chinese mugwort(*Artemisia argyi*)'
4 安静/清净(这个地方很安静)'quiet' 丹阳:静背
5 岸(河岸/岸边)◆★▲'bank, shore' FY:涯
6 按(按电铃/用手按住)'push, press down on' FY:摁/揿 溧水:捺 靖江:揹

（续表）

7 暗(屋子里很暗)◆★'dark, dim'
8 肮脏◆★'dirty, filthy' FY:龌龊/邋遢 金沙:赖打
9 凹(凸的反面)'sunken, concave, dented'
B
10 疤◆★'scar' 姜堰:疤儿 海门:疤板
11 拔'pull up/out'(1)拔牙'pull teeth'(2)拔草'pull weeds' 锄(锄草)'hoe up weeds'◆★ FY:薅草/脱草/削草
12 拔鸡毛/拔毛'pull out feathers' 泰兴:挦毛 如东:摘毛
13 把◆★(1)一把刀;一把米[*Measure* for knives, handfuls, etc.](2)斤把'*approximately* one catty',(3)介词[*Preposition*]:把门关上/把桌子搬过来/把衣服洗干净。注意:用不用"把"有无区别。
14 把(尿/大便)'to hold a young child in a position to urinate or deficate' 高邮/通州:端 丹阳:掂
15 把脉'to take a pulse' FY:搭脉
16 掰(把西瓜掰成两块)'to break apart with thumb and fingers'
17 白(白跑了一趟/白给的东西)'in vain, for nothing'

表4-5 《汉语方言词汇同言线调查短表》词目举例

1 岸(河岸/岸边)
2 病:他病了两天
3 不:我不去(注意"去"的语音形式)
4 不要(别):不要动(注意"动"的语音形式)
5 菜
6 蔡(姓蔡)
7 茶(吃茶？喝茶？)
8 长:长短

9 车/车子	
10 大	
11 戴(戴帽子)&带(注意"戴""带"是否同音)	
12 袋子(米袋子)	
13 的:妈妈的鞋	
14 比较声调:东_{东方}、懂_{懂不懂}、冻_{冻疮}、铜_{铜器}、动_{动弹}、洞_{山洞}	

4.《中国语言资源调查手册·汉语方言》(教育部语言文字信息管理司、中国语言资源保护研究中心编著,2015)

为了更好地掌握语言国情,保存日渐衰微的语言及方言并向社会提供语言资源服务和口头文化资源服务,教育部、国家语委启动了"中国语言资源有声数据库"建设工程。《中国语言资源调查手册·汉语方言》是该工程的标志性成果之一。其中词汇调查表收录1200个词条,包括天文地理、时间方位、植物、动物、房舍器具、服饰饮食、身体医疗、婚丧信仰、人品称谓、农工商文、动作行为、性质状态、数量、代副介连词等14大类35小类,见表4-6。

表4-6 《中国语言资源调查手册·汉语方言》词目举例

一 天文地理
(一)天文
0001. 太阳~下山了
0002. 月亮~出来了
0003. 星星
0004. 云
0005. 风

(续表)

0006. 台风	
0007. 闪电 名词	
0008. 雷	
0009. 雨	
0010. 下雨	
0011. 淋 衣服被雨~湿了	
0012. 晒 ~粮食	
0013. 雪	
0014. 冰	
0015. 冰雹	
0016. 霜	
0017. 雾	
0018. 露	
0019. 虹 统称	
0020. 日食	
0021. 月食	

（二）区域或单点方言词汇调查表

这类调查表是供全面深入调查某一地区或某一方言的词汇所用，相较普查类调查表更为细致，条目不限于常用词。制定区域或单点方言词汇调查表时，可以参考普查所用调查表的编写体例，根据各方言区或调查点的实际情况，发掘具有特色的方言词汇。

1.《昌黎方言志》(河北省昌黎县县志编纂委员会、中国科学院语言研究所合编，1960)

该书第八章《分类词表》列举了昌黎方言词约8000条，按意义分为 36 类①,许多大类又分为若干小类。每一小类中,同义词排在一起,第一条顶格排列,其他各条缩一格另行并列,见表 4-7。可作为深入调查用表,尤其适用于官方方言。

表 4-7 《分类词表》词目举例

1. 天文	
(1) 日、月、星	月亮地儿
日头 　太阳少②	月蚀 　狗吃月儿 　狗吃月亮
日头地儿 　太阳地儿少	星星
向阳(儿)	流星 贼星
背阴儿 　背阴子	扫帚星
阴凉儿	天河
日蚀 　狗吃日头	牛郎星 牛郎
月亮 月儿	织女星 织女
月牙儿	卫星

---

① 具体包括:1.天文;2.地理;3.时令;4.时间;5.政治;6.工业、工艺;7.农业;8.商业;9.交通运输工具、邮电;10.动物;11.植物;12.房舍;13.衣料、服饰;14.器具;15.饮食;16.交际;17.婚丧、生育、寿辰;18.神鬼、祭祀;19.身体;20.疾病;21.医疗卫生;22.人品;23.职业;24.亲属;25.学校教育;26.文娱活动;27.动作;28.位置;29.一般名词;30.代词等;31.性质、感觉、状态、颜色;32.副词、介词等;33.数目;34.量词;35.新词新语示例;36.象声词。

② 同义词右下注"少"字,表示该条目在方言中较少使用。

2.《江淮方言基本词汇调查表》(南京大学中文系方言研究室编,1988)

该表词目分为33类(另有两类是语法语篇)①,共4600多条,主要收录普通话词语,也有取自江淮官话内部某方言片或方言点的词语,便于调查方言词的通行范围,可作为深入调查用表,尤其适用于江淮方言,见表4-8。

表4-8 《江淮方言基本词汇调查表》词目举例

1. 天文(92条)	
太阳	双虹
阳光	早霞
太阳地(阳光所照之处)	晚霞
荫凉地(照不到之处)	风
月亮	狂风
月牙儿	大风
月亮地(月光所照之处)	小风
亮月头	旋风
月黑夜(农历月底月初)	鬼风
黑月头	迎风(~走)
日蚀	顺风
月蚀	起风
星星	刮风
流星	住风,风息了

---

① 具体包括:1.天文;2.地理;3.时间节令;4.人品;5.亲属;6.婚丧、生育;7.人体、人体动作;8.疾病医药;9.器具;10.饮食;11.房舍;12.服饰;13.交际;14.交通邮电;15.工业、工艺;16.农业;17.植物;18.动物;19.商业;20.政法;21.学校教育;22.祭祀、宗教、迷信活动;23.文体;24.一般行为、动作;25.普通名词;26.方位;27.指代;28.性质、感觉、状态、颜色;29.副词;30.介词、连词;31.数词(附支干);32.量词;33.词尾、儿化。

	(续表)
彗星	雷
牛郎星	打雷
织女星	炸雷
三星(参宿)	滚雷
人造卫星	闪
银河天河	打闪
云彩	雨
虹(注意读音)	下雨
单虹	大雨

设计词汇调查表是词汇调查的基础,但任何一种方言中的词汇都很难用一份调查表囊括。实际调查过程中往往能搜集到很多调查表条目以外的词语,尤其是对某一方言进行深入调查后。因此,调查时不要局限于预先制定的调查大纲,应该根据调查点的实际情况,不断调整、补充调查条目,发掘更多特色方言词。

三 调查步骤、方法及注意事项

(一) 调查步骤和方法

1. 确定调查范围,制定词汇调查表

初步确定调查点和调查范围后,可以先拟订一份调查大纲,对调查流程作出初步规划,在准备过程中随时根据实际情况进行修改。调查时先尽可能多地记录方言词语,然后重点调查常用词语。词条可以按词类分列,词类之下再按义类分列,具体条目可以按音序或笔画顺序排列。这样便于前期调查和后期语料整理。

2. 熟悉调查内容，选择调查合作人

在正式调查记录方言词汇前，最好根据调查任务进行必要的准备工作，比如熟悉调查点方言语音系统，查阅地方志等文献材料，了解调查点历史人文、社会风俗等情况。选择的合作人力求方言纯正、口齿清晰，世居本地，对风土人情、历史变迁有较深入的了解，对方言调查工作有一定的认识并有较高的积极性和责任心。

3. 开展词汇调查，记录方言词条

方言词汇调查的方法包括但不限于以下三种。一是对译法，调查人指出调查表上的某一词，合作人用方言词表达。二是解释法，调查人向合作人解释某一词的词义，合作人依据释义给出该词的方言说法。三是提示法，即"看图说词"，调查人给合作人提供实物或图片，请合作人说出对应的方言词。

对译法的优点是可以高效地使用词汇调查表。但可能遇到合作人无法直接参考普通话词语对译方言词语的情况，这时可以使用解释法，帮助合作人理解词条，同时也可以调查出更多的相关说法，丰富语料。解释法有其局限性，比如日常生活中的某些用具，用解释法描述某物特征不仅效率不高，也容易产生误解。这时可采用提示法，直接向合作人指出该物或出示图片，这样可以大大提高调查效率和准确度。

调查方言词汇不仅要准确记录单字音，还应如实记录语流音变、合音、分音等特殊音变。方言条目后可加注释说明。方言词汇的用字规范同样重要。若出现有音无字的情况，可用方言同音字表示，用统一符号注明。若无同音字，可用"□"替代。有的方言有通用的自造俗字，如梅州客家话的"我"常写作"偓"。

4. 整理语料,编写调查报告

初步调查结束后,搜集到的语料往往很庞杂,需要整理,甚至还要经过多次补充调查,才能撰写可靠的、具有学术价值的词汇调查报告。方言词汇的筛选和鉴别是词汇材料整理的重点。应重点关注方言特有词汇,词义范围和用法有别于普通话词汇的应作出释义,释义应准确、简洁。对动词、形容词和虚词的释义最好辅以短语或例句。

词汇材料的整理环节,字音的转写十分重要,尤其要注意核对声韵调的变化,以及轻声、儿化、合音、衍音等音变现象。轻声和非轻声有时具有辨义作用,例如北京话"地道",后字轻声时词义为"纯正的、真的、好的",后字非轻声则表示"地下通道"。沈阳话"大爷",后字轻声时表示"伯父(爸爸的哥哥)",不读轻声时指"阔大爷(贬义)"。

此外,需要注意正确使用本字和方言俗字。本字是方言词最初的书面形式,考证本字要先确定该音节在方言口语中的音韵地位,再联系《切韵》《广韵》《集韵》等韵书,找到本字。有些方言中有通行的"方言俗字",是当地人另造汉字来记录本字未明的音。这类俗字可以用于记录方言词汇,例如吴方言中否定副词"不要""未曾"的合音写作"覅""朆"。若有本字可考,但本字十分生僻,也可以采用俗字旁注本字或本字旁注俗字的方式注明。

(二) 注意事项

1. 尊重语言事实,如实记录语料

调查人做记录时,须尊重语言事实,即合作人如何说,调查人就如何记。先记录字音,再转写汉字。方言语音调查和记录的准确性会影响词汇调查,因此在进行词汇调查前,调查人须熟悉调查点的声韵调系

统和变调规律等。

2. 及时修订调查条目,灵活调整调查方法

调查过程中,不要被调查表限制。尤其在深入调查某一方言时,词汇调查很难用调查表一次完成,往往需要反复思考、提问,记录每一个词的义项和用法。在这个过程中,调查人需要灵活使用不同调查方法,帮助合作人拓展思路,联想相关词汇。

3. 先记字音,再考本字

先用音标记录字音,须如实记录词内音变,必要时加以注释说明。如果转写时无法写出本字,可用方言同音字代替,并用字下加"＿"或字右上角加＊号表示。如果遇到有音无字的情况,通常先标音,本字留待调查结束后考证。

4. 辨析词义差异,准确释义

记录某词的语音或汉字形式后,还需向发音人核实词义和用法。同一个调查条目,在不同方言中可能对应不同的意义,或有不同的适用范围。例如"馒头",在吴语中可以兼指"包子"(有馅),但在北方官话中,"馒头"只有"无馅"的一个义项。

5. 分辨新旧词,搜集口语词

有些词语的使用可能存在年龄差异,出现新词和旧词的不同。例如我们现在常见的"沪剧"一词,老派上海话称作"申曲"。通常这种情况是由于普通话或网络语言的影响而产生,调查时要注意分辨并及时注明。分辨新旧词的同时,还要注意合作人的方言说法是否为口语词。方言词汇调查的目标是方言口语词,而非书面词。这要求合作人必须熟练掌握

方言土语，更重要的是，调查人要多问多辨，避免记录的是书面词。

方言词典集中体现了方言词汇调查的成果。20世纪90年代，社科院语言所编纂《现代汉语方言大词典》(41卷)，包括崇明、苏州、厦门、长沙、娄底、西宁、太原、贵阳、南昌、武汉、梅县、乌鲁木齐、南京、丹阳、忻州、柳州、黎川、西安、扬州、徐州、金华、海口、银川、洛阳、济南、东莞、万荣、杭州、温州、上海、宁波、萍乡、南宁、牟平、成都、哈尔滨、福州、建瓯、广州、雷州、于都等地，几乎涵盖了所有汉语方言区域。每部词典收词都在8000条左右，为方言词典的编写提供了一批示范性的作品，可作为方言词汇调查的参考。

方言是一个整体的系统，语音、词汇和语法三方面密不可分，词汇调查在方言调查研究中起到承上启下的作用。方言词汇调查可以补充完善方言语音调查，同时也是语法调查和研究不可或缺的基础。词汇记录着社会生活和历史变迁，反映人类思维的发展。词汇一旦产生，进入日常交际，就会逐渐融入一地之文化。词汇系统是开放的，它是方言发展、变化的源泉。

第二节 汉语方言词汇系统及特点

汉语方言词汇"同中有异，异中有同"，既有一致性，又有差异性。总的来说，官话方言词汇内部一致性较强，南方诸方言差异性较大。

一 官话

官话包括东北官话、北京官话、胶辽官话、冀鲁官话、中原官话、兰银官话、西南官话、江淮官话,分布范围广,占汉语区的四分之三以上,使用人口多,超过了说汉语人口的70%。官话内部一致性较强,能够相互通话,如第三人称代词大多用"他",否定副词都用"不"等。大体上有如下特点:

第一,双音节词占优势,如"木头""眼睛"。官话中很多词要附加"子"或"儿",构成双音节词,如"稻子""蚊子""杯子""花儿""馅儿"。

第二,相对于南方诸方言,官话保留古语词较少。如官话说"走",粤方言、客家话仍有说"行"的;官话用"看",粤方言、闽方言多用"睇";官话说"站",吴语多说"立",闽、粤、客家、赣方言说"企"或"徛"等。官话第三人称代词为"他(她)",客家、赣、粤方言多用"佢",闽方言多用"伊"。

第三,与南方诸方言相比,官话外来借词较少。闽、粤等地长期以来为出海门户,与国外接触颇多,方言中借入了较多的外语词。粤语有不少借词,如"巴士""唛$_{商标}$""波$_{球}$"分别来自英语 bus、mark、ball。闽方言中借入不少马来语词,如汕头话"阿铅$_{铁丝}$"[a^{33}iŋ^{55}]借自马来语 ayan,"动角$_{手杖}$"[toŋ$^{35/21}$kak^{2}]借自马来语 tongkat。

官话中通行范围比较广的词语,大都已进入共同语,但内部仍有差异,见表4-9。

表4-9 官话基本词汇对比举例

	东北官话	北京官话	胶辽官话	冀鲁官话	中原官话	兰银官话	西南官话	江淮官话
	哈尔滨	北京	烟台	济南	洛阳	银川	成都	扬州
太阳	日头	太阳 老爷儿	日头	太阳 老爷爷儿	日头	太阳 日头	太阳	太阳
脖子	脖子	脖子 脖颈子	脖子	脖子 脖儿颈	脖子	脖子	脖子 颈项 颈子	颈项

(续表)

	东北官话	北京官话	胶辽官话	冀鲁官话	中原官话	兰银官话	西南官话	江淮官话
	哈尔滨	北京	烟台	济南	洛阳	银川	成都	扬州
看	瞅	瞅	看	瞅看	瞅看	瞅	看	看/望
喝(茶)	喝	喝	喝	喝	喝	喝	喝吃	吃喝
下(雨)	下	下	下	下	下	下	下落	下
稠 稀饭稠	稠	稠糨	稠	稠	稠	稠	酽稠干	厚稠干
晚 来得晚	晚	晚	晚	晚	晚	迟	晏	晚迟
母亲	妈娘	妈妈娘	妈	妈娘	妈	妈	妈	妈妈姆妈
祖父	爷爷	爷爷	爷	爷爷	爷	外爷爷	爷爷	爹爹
公牛	公牛牤子牤牛	公牛	公牛犍子	牤牛公牛	公牛牤牛	骚牛	公牛	牯牛公牛
母牛	母牛雨牛	母牛	母牛	氏牛母牛	母牛牸牛	乳牛	母牛	母牛

从表4-9可看出,东北官话、北京官话、胶辽官话、冀鲁官话、中原官话一致性较强。兰银官话、西南官话、江淮官话处于官话的边缘区,与核心区的词汇差异性较大。江淮官话一些常用词不同于其他官话区,如"褥子"称为"垫被","猪颈部的肉"称为"槽头肉","踝骨"称为"孤拐","摆架子"称为"拿乔","靠房屋墙壁搭的简易房"称为"披子/披儿","淋雨"称为"沰雨","漏掉"称为"卯"。南京、泰兴等地的"姊妹"既可以单指女性同胞,也可以包括兄弟。

江淮官话的亲属称谓词,不仅与其他官话区差异较大,且内部也存在差异。江淮官话区"太太"一词,南京统指曾祖父母;淮阴、盐城、南通、镇江、扬州(邵伯)等只指曾祖母。泰兴面称"太太",指曾祖父母,背称曾祖母为"女太太",曾祖父为"男太太"。再如"大大"一词,扬州、南通、泰州指伯父,镇江指伯父和伯母,淮阴、连云港指父亲。"爷"在镇江、扬州、淮阴、连云港、盐城、泰州等地指的是"叔父"。淮阴、盐城等地背称姑母为"娪"或"娪子",面称为"乌ᵘ"。"姑娘"在南京(老派)、镇江、淮阴、盐城、南通等方言中,可以指女儿,也可以指丈夫的姐妹。

二 晋语

晋语地处北方,与中原官话、兰银官话、冀鲁官话毗邻,有些词语与中原官话相同,如晋语济源方言与中原官话徐州方言"母鸡"都叫"草鸡"。但由于山川阻隔,晋语有一定的封闭性,与周边官话存在差异,有自己的特色:

第一,"圪""日""忽""卜"等晋语的特色词缀,能产性强,分布广泛。

圪:圪都_{拳头}、圪洞_{小坑}、圪眊_{看一看}、圪吵吵_{吵一吵}、圪转_{散步}、圪腻_{很油腻}、圪森_{很害怕}、圪节_{一小节}、圪堆_{一小堆}、圪沓_沓、脸圪腮_{腮帮子}、杂圪节_{铡短的草}、锅圪巴_{锅巴}、肉圪蛋_{肉球儿}、蚂圪台_{蜻蜓}、门圪络_{门框}、塌圪窝_{亏损塌台}、打圪逆_{打嗝儿}、打圪瘆_{打冷战}、小圪岭_{丘陵}

日:日捣_{哄、骗、捉弄}、日怪_{奇怪}、日唬_{诈唬}、日诀_骂、日能_{耍小聪明、戏弄人}、日责_{责备}、日卵_{不出力}、日猴_{顽皮}、日愣_{冒傻气}、日噪_{吃昧心食}、日忽_{应付}、日眼_{扎眼}

忽:忽雷_雷、忽跳_{跳动}、忽舔_{舔来舔去}、忽揉_{揉搓}、忽眨_{眨眼}、忽绕_{绕来绕去}、忽拍_{来回拍打}、忽摆_{摆来摆去}、忽松_{松动不牢}

卜：肚卜脐_(肚脐)、菜卜篮_(菜篮子)、纸卜篓_(纸篓子)、竹卜篓_(竹篓子)、黑卜兴_(很黑)、清卜涕_(清鼻涕)

第二，分音词丰富。分音词指"把一个词分成两个音节来说。也就是说前一个音节的声母是本词的声母，后一个音节的韵母是本词的韵母。前一个音节的韵母为入声韵，后一个音节的声母一律为边音 l，所以有人又称'嵌 l 词'"①。如太原方言中的薄拉(拨)、薄浪(棒)、薄烂(绊)、薄来(摆)、薄楞(蹦)、扑捞(抱)、扑棱(蓬)、突栾(团)、特罗(拖)、特拉(奔)、圪料(翘)、圪老(搅)、圪揽(秆)、圪劳(角)、骨拢(滚)、骨拉(刮)、克朗(框)、窟窿(孔)、窟联(圈)、黑浪(巷)、忽栾(环)、忽拉(划)、囫囵(浑)等(括号中为本词)。

第三，有特殊的 Z 变韵现象。山西南部和河南北部的晋语，普通名词可以变韵，变韵后的语法功能相当于普通话的名词加后缀"子"，一般称为"Z 变韵"或"子变韵"。以河南济源方言为例：

基本韵	变韵
鸡蛋 tɕi^{55}tan^{51}	鸡^{Z}tɕiou^{55}_(鸡子)
楼梯 lou^{213}t^{h}i^{55}	梯^{Z}t^{h}iou^{55}_(梯子)
柿饼 sʅ^{24}piŋ^{51}	柿^{Z}sʅou^{24}_(柿子)
底下 ti^{51}ɕia^{24}	鞋底^{Z}ɕiɛ^{24}tiou^{51}_(鞋底子)
围巾 uei^{213}tɕin^{55}	床围^{Z}tʂ^{h}uaŋ^{213}uiou^{51}_(床围子)
连衣裙 lian^{213}i^{55}tɕ^{h}yn^{213}	裙^{Z}tɕ^{h}yŋ^{213}_(裙子)

上述"鸡蛋"中"鸡"的韵母为[i]，是基本韵；变韵后"鸡^Z"的韵母为[iou]，是鸡的统称。"楼梯"中"梯"的韵母为[i]，是基本韵；变韵后"梯^Z"的韵母为[iou]，指作为工具的梯子。

---

① 侯精一主编：《现代汉语方言概论》，第 51 页。

三 吴语

吴语区有一批通用方言词,这些词不是普通话词语,但不排除其他方言区也使用。如:物事(有形的东西,物件)、镬(锅)、面孔(脸)、污(大便)、开洋(脱皮去壳的大干虾)、眠床(床)、疥橱(菜橱)、囥(藏物)、隑(倚靠)、洝(去淬)、汏(洗)、望(看)、掮(扛)、驮(背)、调(换)、拎(拿)、着(穿)、渧(滴)、揿(按)、掼(摔)、刹(削,去皮)、煠(水煮或油炸)、烊(融化)、搲(强予)、敲(把成包的东西展开)、弄松(作弄,挑逗)、落雨(下雨)、落雪(下雪)、长(个子高)、壮(肥)、夹(狭窄)、轧(挤,拥挤)、顶针(认真)、做人家(节省,节俭)、踱(走一~)。

吴语"头"尾词较多,名词、形容词、动词等后都可以附加"头"。以上海奉贤话为例,"地点名词+头"有指示方位的意思,如"浜滩头""水桥头""屋前头"。"人称名词+头"可表喜爱等小称意义,如"姑娘头(小姑娘)""男囝头(男孩儿)""囝囝头(对婴儿的爱称)"。"形容词+头"表示具有某种性格特征的人,如"来三头(能干的人)""把细头(小心、仔细的人)""巴结头(勤俭的人)""饭榔头(胃口大的人)""囡窜头(发育中的小青年)""烂风头(说话爽快像一阵风的人)""老念头(经常吃一种东西成瓣的人)""奶末头(最小的一个孩子)"。"动词+头"有成词作用,如"赚头""推头(借口)""轧头(岔儿)"等。

在吴语内部,词汇的南北差异较大。北部吴语和南部吴语词汇差异详见表4-10。

表4-10 北部吴语与南部吴语词汇差异例词

北部吴语	南部吴语	北部吴语	南部吴语
舅妈	妗娘	酒靥	酒凼
菠菜	菠薐菜	米饮汤	饮
公猪	猪牯	蟑螂	胶蚉
垃圾	粪扫	砧板	板砧

北部吴语	南部吴语	北部吴语	南部吴语
筷子	箸	生豆腐	豆腐生
举	擎	拎	挈
呛	嗽	吃早饭	吃天光
挖	搂	折	拗
亮	光	发寒热	身体暖发烧
坏	毛	清楚	灵清
便宜	松	错	赚
自家	自自己	乖	相能
馋	蔫	年纪轻	后生
搭	伉和	湿	澜

从表中可看出,北部吴语词汇比较接近官话,较古老的词语更多地保留在南部吴语里。

四 徽语

徽语北与吴语宣州片毗邻,东与吴语的太湖片、处衢片相邻,西面、南面与赣语相接。历史上,徽语区接纳了大量的江淮官话移民。因此很多常用词与吴语、赣语、江淮官话等相同或相近。如吃天光吃早饭、反手左手、顺手右手、房房间、屋房子、粪箕簸箕,挑柴草土石等、风水坟墓、浮藻浮萍、粿本地风味食品、笕杆晒衣服用的竹竿、猴狲猴子、火烔烘篮、槛窗户、脚膝头膝盖、筷筷子、老鸦乌鸦、萝稷高粱、面布毛巾、面糊糨糊、面盆洗脸盆、面水洗脸水、面嘴脸、坪山中平地、事事情,世故,工作、坦平地、堂前堂屋、田水田、蚊虫蚊子、洗面洗脸、洗浴洗澡、灶司灶王爷、猪栏猪圈、打杵用来帮助挑担的木棍、朝祖父、妇祖母、老官丈夫、外甥外甥;外孙、叔伯/伯叔母妯娌、新妇儿媳妇、三十夜大年三十、自家自己、尔你、出蛟山洪暴发、传

袋 入洞房时，用麻袋倒换着垫在新娘脚底下、担 拿，取，送、跌 遗失，丢、伏 孵、隁 站，立、园 放，藏、睏 睡，躺、来家 回家来、碰 用鼻子闻、碰着 遇见；有机会，偶尔、破 劈、去家 回家去、上围/屋头 上座、伧 抱、嬉 休息；玩、是 在、乌 黑、晏 晚，迟、硬 稠、牢 坚固、仂 结构助词，的。

徽语中有一些词，词义不同于普通话。

第一，词义范围比普通话大。如徽语"供"既可指供养人，"把孩子供大""供老人"，又可指供养家禽家畜等，"供鸡""供猪""供蚕"。普通话中仅指供养人。

第二，词义范围比普通话小。"说"在徽语中只用于贬义，如"瞎说"，不是贬义的使用"讲"。"砂糖"在徽语中专指红色的砂糖，普通话中兼指红白砂糖。

第三，词义与普通话不同。如"鸭子"，徽语指"鸭蛋"，普通话指"鸭"。"口舌"在徽语中指"舌头"，普通话指"话"，如"费口舌"。"点心"在徽语中指一种面食，像馄饨但比馄饨大，普通话指各种糕点和非正餐吃的解饿食物。

徽语中一部分双音节词的两个词素意思相关，但整个词义以其中一个词素为基础，另一个词素起附加、衬托作用。如：鞋袜 袜子、衫领 领子、衫袖 袖子、头颈 脖子、肚肠 肠子。

五 湘语

湘语主要分布在湖南省境内，有一些词语在湘语各方言片通行，如：虾背 驼背、酒凼 酒窝儿、搞路子 使坏，算计人、扳俏 故意抬高身价、争颈 （吃东西时）争多、发猛气 做事冒失、拐场 坏了事、吵烙壳 闹纠纷，吵架、挂相 模样相似、懂味 知趣、得路 得到好处，占到便宜、放当 为姑娘找婆家，定亲、块方 能谋私利的权势，或善于钻营的本领、提篮子 自己无本钱，利用别人的本钱做生意或从中牟利，买空卖空。

湘语的"打-"类词和"吃-"类词较有特色。① 如：

打止：截止，达到极点。
打住：在别人家里或外地暂住。
打堆：(人或物、事情)多得成了堆。
打跪：走路时腿部发软。
打倒：望回走。
打伴：结伴，做伴。
打秤：压秤，即物体的比重大，跟同体积的物体相比称起来分量重一些。
打敞：敞露在外。一般就穿衣服而言。
打㸃工：义务帮忙。
打冒诈：冒欺诈。
打厄震：做事或答复问题时迟疑不决，不干脆。
打通关：从事某项工作从头到尾的各个部分。
打总荐／打总从：支持、鼓励别人做成某事。
打嗽声：故意咳出声来以示提醒或警告。
打里手架：指双方预先商量好，故意打架给外人看。
吃生：欺生。
吃住：压制，欺负。
吃长饭：指青少年处于发育阶段。
吃空饭：白吃饭不干活。
吃轮供：父母接受子女的轮流赡养。

---

① 语料引自罗昕如：《湘方言词汇研究》，湖南师范大学出版社，2006年，第156—170页。

吃冤枉：比喻得了不应得的好处，包括贪污受贿等。

湘语词缀丰富，尤其是有一批富有特色的类后缀。有的遍布各地，有的只在特定地区通行。

1. "公""婆"

湘语中"公""婆"作为构词语素处于词尾的位置，能产性强。有两种语义：一是表性别义，构成表人或动物名词，如"太公_曾祖父_""太婆_曾祖母_""媒人公""媒人婆"等。二是无性别义，意义虚化为词缀。有些构成表人名词，如湖南新化方言"红面公_脸红的人_""驼背公_驼背的人_"；有些构成动植物、人体器官名词，如娄底方言"腰筒公_腰部_""树蔸公_树根_""高粱梗公_高粱秆_"；还可构成无生命物体的名词，如长沙方言"沙婆（子）_沙子_""针婆_针_"等。

2. "它""哥""码子""脑壳""老倌"①

后缀"它""哥""码子""脑壳"，指人，一般含贬义。如：
棉花它_性格软弱的人_、溜渣它_品行不端的人_、死呆它_呆头呆脑的人_、苕它_傻瓜_；
鸟哥_举止轻浮、油嘴滑舌的人_、浮哥_办事不牢靠的人_、香哥_不讨人喜欢的人_；
派码子_有派头的人_、呆式码子_呆板的人_、苦流码子_最穷苦的人_、厉害码子_尖刻厉害的人_；
叫脑壳_性子犟、不怕事、喜欢称王称霸的人_、霸脑壳_霸道的人_、冲菜脑壳_脾气大的人_；
水老倌_品行、作风不正派的人_、兔老倌_贼头贼脑的人_、贼老倌_偷东西的人_、爷老倌_对父亲的背称，面称时有不够恭敬的意味_。

3. "唧"

湘语中有一个特殊的表小称、爱称的词尾，一般写作"唧"，也有写

---

① 语料引自侯精一主编：《现代汉语方言概论》，第128—129页。

作"基""侪"等,表"小,少,轻微"义,或"喜爱,亲昵"的感情色彩。"唧"附加在名词后构成两类,一类是不带"子"尾的词或语素加"唧"尾构成,如"伢唧_男孩""女唧_女孩""姑唧""姨唧""舅唧""鸡唧""牛唧"。另一类是"子"尾词加"唧"尾构成,如"新娘子唧""兜肚子唧_兜兜""衣挂子唧_身材""银角子唧_银币"。"唧"附加在形容词后,如"轻轻唧""慢慢唧""高高唧""尖尖唧""大大方方唧""轻轻摸摸唧",表示程度的减弱;"唧"附加在数量词后,如"一钱唧""二两唧""两三斤唧""八九天唧",表示说话人主观上认为数量很少。"唧"还可附加在量词重叠后,如"一撮撮唧""一滴滴唧""一丝丝唧",表示数量非常少。

六 粤语

粤语分布在广东中西部、广西东南部和香港、澳门地区。海外华人华侨也有很多说粤语。粤语内部分歧较小,但在词汇方面与普通话的差异相当突出,有一大批本方言特色词,使用频率很高。如:嘢_东西、褛_披、呃_骗、闹_骂、喊_哭、瞓_睡、靓_漂亮、啱_对,合适、掂_直,妥当、牙烟_危险、孤寒_吝啬、乌龙_糊里糊涂、巴闭_了不得、拍拖_谈恋爱、雪条_冰棍、脷_舌头、膶_肝、执笠_收摊、乜嘢_什么、点样_怎么样、点解_为何、边度_哪里、边个_谁、埋住_盖住、埋站_车船停靠、埋单_结账、走粉_偷运毒品、走宝_错过好机会。

还有一些颇具特色的词缀,如"阿""仔""佬"。"阿"可以位于亲属称谓和人名前,如"阿嫲""阿爷""阿叔""阿雄""阿明"。"仔"可表小,如"亭仔""猫仔""雀仔""碗仔"等;也可表爱称,如"强仔""雄仔""明仔"等;还可表某一属性的人,如"乡下仔""打工仔""广西仔"等。"佬"附加于形容词及某些专门行业名称之后,指成年男子,略带贬义,如"肥佬_胖子""寡佬_单身汉""泥水佬_泥水匠""贼佬_贼"等。

粤语的形成与壮侗语、苗瑶语有密切关系。现代粤语里有 20% 左右的词汇来源于壮侗语族或苗瑶语族。① 如：

普通话	粤语	壮语	普通话	粤语	瑶语
地方	tɛːŋ³³	tɛːŋ³¹	边缘	mɐn³³	man²⁴
蹲	mɐu⁵⁵	mau⁵⁵	扛	taːm⁵⁵	daːm³³
削	pʰɐi⁵⁵	pʰaj⁵⁵	嚼	tʃiu¹¹	dziu¹³
聪明、能干	lɛːk⁵⁵	lɛːk⁵⁵	咋	naːm³³	naːm²⁴

粤语吸收了较多的外来词，其中主要来自英语。如：

巴士_公共汽车_，来自 bus，车型较小的还有"中巴""小巴"之称；

泵_打气、打气筒_，来自 pump，普通话只作名词，粤方言可作动词，如"泵水_抽水_"；

恤衫_衬衣_，来自 shirt，针织有领的叫"T 恤"，来自 T-shirt；

菲林_胶卷_，来自 film；

波_球_，来自 ball；

曲奇_一种西式奶油小饼干_，来自 cookie；

唛_商标_，来自 mark；

朱古力_巧克力_，来自 chocolate；

泊_汽车停靠_，来自 park。

粤语还有一些避讳词，如：

"猪血"称"猪红"，因忌"血"而改称；

"空屋"称"吉屋"，因"空""凶"同音，改称"吉"；

"丝瓜"称"胜瓜"，因"丝""输"同音，改称"胜"；

"伞"称"遮"，因"伞""散"同音，改称"遮"；

---

① 参见李敬忠：《粤语是汉语族群中的独立语言》，《学术论坛》，1990 年第 1 期。

"猪舌头"称"猪脷",因"舌""蚀"同音,改称"脷"。

七 闽语

闽语是汉语方言现象最复杂、内部分歧最大的一种方言。闽南闽北不能通话,甚至同一个次方言内部分歧也很大。不过,仍有一批方言词通行于闽语区,其他方言区较少见。如"祖母"称为"依妈","外祖母"称为"外妈"。闽南"公妈"指祖父母,也指祖宗,如"供公妈"即供祖宗。多说"溪",少说"河"。泉州方言中有"溪水"河水""溪头"上游""溪尾"下游""溪口"河口""溪底"河床""溪岸"河岸""溪沙"河沙""溪石"河里的石头""溪边"河边""溪船"内河小木船""溪鱼"淡水鱼""溪坎"河边陡坡""溪门"河面"等。多说"拍",少说"打"。福州方言有"拍毛"丢失""拍施"撒下""拍打"武打""拍算"打算""拍米"买米""拍马"作弊""拍滚斗"翻筋斗""拍针"打针""拍招呼"打招呼"。

此外还有:厝房子、箸筷子、鼎铁锅、餜糕饼、骹脚、喙人和动物的嘴、肾胘肝、塍水田、洋大片的田园、园旱地、粟稻谷、箬泛指植物的叶子、樵柴火,木头、枋厚木板、匏匏瓜、蠓小黑蚊子、疤伤口所结的痂、粕渣、舷边缘,旁边、柿舀水的勺子、粞米磨的用来作糕饼或小儿所食米糊的粉、鲑盐渍后的小海鱼、焄焖、鲧鱼腥味、沃浇、曝晒、拄顶,撑,抵挡、刮杀、趁挣钱,赚钱、跋跌倒、挤撬、炊蒸、拭擦,抹,揩、扛多人共抬、泅潜入水中、欶吮吸、擘用手掰开、唔是不是、侪多、瀷水冷或天寒、悬高、熁不通气,闷热、䗩味淡。

闽南话一些词的语素与普通话相同,但语序不同,见表4-11。

表4-11 闽南话与普通话词汇对比

普通话	闽南话
客人	人客
台风	风台
姓名	名姓

普通话	闽南话
日历	历日
前头	头前
健康	康健
酸臭	臭酸
喜欢	欢喜
施舍	舍施
产业	业产
秋千	千秋
花菜	菜花

闽南和闽东方言词汇差异较大,见表 4-12。

表 4-12 闽南与闽东方言词汇对比

普通话	闽南话_{厦门}	闽东话_{福州}
老板	头家	老板
老鹰	觅鹞	老鹞
热水瓶	电罐	热水壶
商标	唛头	牌头
香	芳	香
吝啬	啬	奸狡
厚道、老实	古意	老实
称心、中意	心适	中意
差得远	离经	差真远

闽语中外来借词也不少,如:

巴刹_{市场},借自马来语 pasar;

马察_{警察},借自马来语 mata-mata;

老君_{医师},借自马来语 dukun;

洞葛_{手杖},借自马来语 tongkat;

柴木_香皂,借自马来语 sabun；

纱笼_团裙,借自马来语 sarung；

波_球,借自英语 ball；

奥赛_球出界,借自英语 outside；

勒带_领带,借自英语 necktie；

巴仙_百分率,借自英语 percent。

八　客家话

客家话的特色词也比较多。如：秆扫_扫把、地_坟墓、岩_悬崖、颧骨突出、子嫂_妯娌①、两姨丈_两连襟、地理先生_风水先生、(米)蛇虫_蛔虫、湖蜞_蚂蟥、旧饭_剩饭、浼_污垢、笠嫲_斗笠、秋晡日_昨天、半昼边_半个上午的时候,有时指(上午)很晚了、脉个_什么、打走(被水)冲走、打帮_靠他人帮忙、依赖他人得到好处、改(用锄头)挖、中(头)顶、遮盖、较_用东西去换(糖果等)、孵_蹲、仰_身体转动或抖动、嗫_嘴唇翕动、宕(车)错过(车)、裁_砍断、擎_打伞、荷_挑、捋_拔、扯、噙(用罩子)罩住(鸡鸭)、旱(水)排干(水)、发虫_长出虫子、斫猪肉_买猪肉、抻叉(衣服)伸展不皱、据(手指)冻僵,不灵活、潆(池塘)水干了、抛(车)很颠簸、唔得_巴不得、鲜(汤、粥)稀、精_谷物子实饱满。

客家方言一些词的形成与地理环境关系密切。客家人大都聚居在丘陵地带,"湖"较少见,因此将小水坑、积水洼地称为"湖",如：湖洋田_常年被水浸泡着的农田、窝座湖_涝洼地。甚至不少地方的温泉也叫"湖",如烧湖(石城)、暖水湖(南雄)、热水湖(新丰、龙川)、汤湖(曲江、兴宁)。少数地方还用它称"粪坑",肥湖(石城)、屎湖(石城、龙川、东源)、屎缸湖(新丰)。

客家地区华侨多,一些词语与华侨生活有关。如"走水"指一种专

---

① 也作"姊嫂"。

门为华侨带钱、信件、物品,来往于侨居地与故乡之间的流动职业;"水客"指从事此职业的人。

虽然客家方言中有些词的词形与普通话相同,但词义范围有所差异,如:

爱:普通话表"喜爱",客家方言除了表"喜爱"义,还有"要"的意思,如:我冇爱了_{我不要了};

鼻:普通话只能作名词,客家方言还可作动词,表示"嗅""闻",如:你来鼻下几朵花香唔香_{你来闻一下这朵花香不香}?

烧:普通话只有"燃烧"的意思,客家方言除表示"燃烧"外,还有"暖和"的意思,如"着烧_{穿暖}"。

客家方言有些词包含很多义项,使用频率也高,如"侪""唇""背""舞"等。

"侪"多用在形容词、动词、数词后面,专指人,相当于普通话的"者"。如:大侪_{个头大或年龄大的人}、衰侪_{运气不好的人}、肥侪_{胖的人}、食侪_{吃东西的人}、看侪_{观众}、读侪_{读者}、一侪_{一个人}、两侪_{两个人}、偓两侪_{我们俩}、佢三侪_{他们仨}、耕田侪_{农民}、有钱侪_{富人}、看轻侪_{接生者}。

"唇"除指嘴唇外,还有"边缘"义,如:海唇_{海边}、圳唇_{水渠边}、河唇_{河边}、田唇_{田埂}、马路唇_{马路边}、井唇_{井口}、桌唇_{桌沿}、床唇_{床沿}、婴儿唇_{瓶口}、碗儿唇_{碗口}、杯儿唇_{杯口}。

"背"除指称腹背外,还可作方位词,如:上背_{上面}、下背_{下面}、前背_{前面}、后背_{后面}、里背_{里面}、外背_{外面}、天背_{远方}、河背_{河对岸}、墙背_{墙外}、山背_{山那边}、田唇背_{田埂外}、屋背_{房外,房后}、城背_{城外}、灶头背_{灶那边}、番背_{国外}、间儿背_{房间外面}。

"舞"是泛义动词,可以表示各种行为动作。如:舞柴_{砍柴}、舞饭食_{做饭吃}、舞犁耙_{做犁耙}、舞么个_{做什么}、舞你几下_{打你几下}、舞鱼子_{抓鱼}。

客家方言中有一些外来借词,以梅县话为例:

系口西[ke⁵⁵la¹¹si⁴⁴]:打领带,印尼语"领带"叫 dasi;

食罗帝[sət⁵lo¹¹ti⁵³]:吃面包,吃饼干,印尼语"面包、饼干"叫 roti;

短口儿[ton³¹kat⁵te]:手杖,印尼语手杖为 tongkat;

倒隆人[to⁵⁵luŋ¹¹ŋin¹¹]:帮助人,印尼语"教授、帮助"叫 tolong;

打麻帝[ta³¹ma¹¹ti⁵³]:打弹球,一种游戏,印尼语"死亡"叫 mati,比喻消失。

九 赣语

赣语主要分布于江西省境内,湖南、湖北、安徽、福建亦有分布。有一些词语在各方言片通行,如:脚膝头_膝盖_、槛_窗子_、堂前_堂屋_、馃_圆面饼_、姑爷_姑父_、姑娘_姑妈_、柱头_柱子_、拐子_瘸子_、旋磨风_旋风_、灰面_糨糊_、番薯_白薯_、趴纱_蜘蛛_、拜东莲_向日葵_、簸盆_簸箕_、扁颈_脖子_、日上_白天_、先前日_大前日_、万后日_大后日_、地方_门槛儿_、南长_地方_、择、拣_挑拣_、拘礼_客气_、来记_忘记_、结壳_结疤_、跍_蹲_、不做唧_不言语_、瞌眠_瞌睡_、特意_故意_、话事_说话_、打构_冻冰_、闪_傻_、憨_顽皮_。

赣语有一些特色的前缀。如:

霞:南昌称"霞伯_夫之兄_""霞叔_夫之弟_",抚州一带称"霞姑_父之妹_""霞姨_母之妹_";

驮:南昌称"驮娘_母亲的姐姐_""驮爷_母亲姐姐的丈夫_",抚州附近称"驮姑_父之姐_""驮姨_母之姐_";

贺:抚州一带称父之姐为"贺姑",称母之姐为"贺姨"。

赣语的中心地区与边缘地带词汇差别较大,以江西南昌、湖南平江、福建邵武为例[①],见表4-13。

---

① 语料引自中国大百科全书出版社编辑部编:《中国大百科全书·语言文字》,中国大百科全书出版社,1988年,第90页。

表4-13　江西南昌、湖南平江、福建邵武词汇对比

普通话	江西南昌	湖南平江	福建邵武
我们	我东	我哩	伉多
男人	男个	男人家	畲人
女人	女个	女人家	阿娘
丈夫	老公、男客	老公	老子
妻子	老婆、女客	老娘	妈娘
毛线	头绳子	红索	羊毛索
鸟儿	鸟	爪哩	爪子
蝉	家鲁子	蝉蛉	蝉
玩儿	玩	嬉	搞
睡觉	睏觉	睏落	瞌眠

由表4-13可见，同一事物，中心地区的南昌方言与边缘地带的平江、邵武方言表达形式不同。"鸟儿"南昌方言说"鸟"，平江和邵武用"爪子"或"爪哩"指代"鸟儿"。"毛线"南昌方言说"头绳子"，平江方言说"红索"，邵武方言说"羊毛索"。

赣语与客家话虽然关系密切，但在词汇上的差别是不容忽视的。如赣语说"吃饭""吃茶""吃烟""吃苦""吃不消"，客家话说"食饭""食茶""食烟""食苦""食不消"。赣语"我的"说"我个"，客家话说"偓介"。赣语说"活鱼"，客家话说"生鱼"（相对"死鱼"而言）。

第三节　汉语方言词汇研究

汉语方言词汇研究的主要内容，包括词汇语义、方言特征词以及方

言词汇用字等。词汇语义学的主要任务之一,是把词汇层面的无数意义单位概括为少数的几个基本义类——义素、语素义(素义)、义位、义丛,并研究它们的结构以及它们在语义体系中的位置、关系。最基本、核心的单位就是义位。方言词汇研究也不例外。

一 方言的词义分析

关于现代汉语词汇的词义分析,较为通行的有义素分析、语素分析和构词分析等。在进行词义分析之前,要先确定比较的语义场和对比义位,即具有意义关联性的同一语义场的义位。接着,提取对比义位的共同义素与区别义素,可以采用元语言、矩阵表、场图、树形图等形式呈现,进而分析义位之间的异同。

(一) 义位的微观分析

义位是能够跟语音结合的最小语义单位,由义值和义域组成。义值是由基义和陪义构成的。基义是基本义值,部分地相当于传统词汇学(或语义学)的"理性义""概念义"。陪义是附属或补充义值,传统的语义学、词汇学称陪义为色彩。[①] 因此,进行方言词汇义位分析时,首先要分析其基义与陪义。

1. 基义分析

在具体的语义场中,不同方言的义位数量不同,基义也不同。即使相同的义位,基义也可能存在差异。以"蓝色"义场为例,见表4-14。

[①] 关于义位的相关概念,可参看张志毅、张庆云:《词汇语义学》(第三版),商务印书馆,2012年,第13—63页。

表 4-14　四十一个方言点的"蓝色"义场

	蓝	深蓝	浅蓝	混合蓝色	指代蓝色
成都	蓝颜色、天蓝	深蓝	浅蓝	藏蓝、藏青	阴丹蓝
崇明	蓝、天蓝	老蓝	浅蓝	藏青	
长沙	蓝、天蓝	深蓝	浅蓝	藏青	
丹阳	蓝、天蓝	深蓝	湖蓝、浅蓝	藏青	苋菜蓝
东莞	蓝、天蓝、蓝棍棍		浅蓝、淡蓝	藏青	
福州	蓝、蓝贯贯、宝蓝	天青、镇蓝、青蓝	浅蓝		
广州	蓝、宝蓝	深蓝	浅蓝		
哈尔滨	蓝、天蓝、蓝盈儿的	深蓝	浅蓝、干靠色儿	藏青	
海口	蓝、天蓝	深蓝	浅蓝		
杭州	蓝、天蓝			藏青	
绩溪	蓝、天蓝				
济南	蓝、天蓝	深蓝	浅蓝	藏青	钢靠蓝、靠蓝、一九蓝
建瓯	蓝、天蓝	深蓝	浅蓝		天津蓝、鸡屎蓝
金华	蓝、蓝式式儿、蓝忽忽儿、天蓝	深蓝	浅蓝	藏青	
雷州		蓝乌	蓝笑、蓝勃蓝勃		青蓝
黎川	蓝、天蓝			藏青、蓝绿	
柳州	蓝、天蓝	深蓝	淡蓝	藏青	士林蓝
娄底	天蓝	老蓝	嫩蓝		

(续表)

	蓝	深蓝	浅蓝	混合蓝色	指代蓝色
洛阳	天蓝			藏蓝、藏青、品蓝	
梅县	蓝、天蓝、宝蓝	深蓝	淡蓝、浅蓝		
牟平	蓝、天蓝子色儿、焦蓝		浅蓝子色儿、蓝车车儿的		
南昌	蓝、天蓝、宝蓝		浅蓝		
南京	蓝、天蓝	深蓝、毛蓝	浅蓝	藏青	孔雀蓝、海军蓝
南宁	蓝、天蓝	深蓝	浅蓝		
宁波	蓝、蓝接接、天蓝			品蓝、藏青、黑蓝	士林蓝
萍乡	蓝、天蓝	深蓝	浅蓝	藏青	
上海	蓝、天蓝	靛青	淡蓝	藏青	北京蓝、孔雀蓝
苏州	蓝、天蓝、青			藏青	海昌蓝
太原	蓝、蓝圪盈盈、天蓝	毛蓝、深蓝	浅蓝、淡蓝	湖蓝、黑蓝、藏蓝、警蓝、藏青	宝石蓝
乌鲁木齐	蓝、天蓝	毛蓝、骚情蓝、深蓝	淡蓝、浅蓝	藏青	学生蓝
万荣	蓝、海蓝、天蓝	毛蓝、深蓝	浅蓝	黑蓝	学生蓝
温州	蓝、水蓝儿	老蓝	淡蓝、淡淡蓝儿	藏青	

(续表)

	蓝	深蓝	浅蓝	混合蓝色	指代蓝色
武汉	蓝、天蓝	深蓝		藏青	
西安	蓝、天蓝、蓝争争儿	深蓝、毛蓝	浅蓝	藏青、乌蓝青	
西宁	蓝、蓝英英、蓝乌乌、天蓝	深蓝	浅蓝	藏青	
忻州	蓝、天蓝	深蓝	浅蓝	品蓝、黑蓝、紫蓝	
徐州	蓝、天蓝			藏蓝、藏青	
扬州	蓝、天蓝	老蓝、毛蓝		藏青	二蓝
银川	蓝、亮蓝、天蓝		淡蓝	黑蓝、安蓝、藏青、藏蓝	
于都	蓝、天蓝	暗蓝、接蓝		藏青	学生蓝

说明：表中语料引自《现代汉语方言大词典》(综合本)。

表 4-14 列出了 41 个方言点"蓝色"义场下的义位。根据释义时的参照不同,可分成蓝、深蓝、浅蓝、混合蓝色、指代蓝色五个下位义场。各个方言"蓝色"义场的义位数量差距较大,最多的有 13 个,如太原,最少的有 2 个,如绩溪。

《现代汉语词典》(第 7 版)对"蓝"的解释为"像晴天天空的颜色"[①],天空正是人们感知蓝色的来源,因此大多数方言都有"蓝"和"天蓝"义位。同时,许多方言都有"深蓝"和"浅蓝"义位,可见深浅是区分颜色的基本维度之一。在混合蓝色中,"藏青"的分布最广,41 个方言

---

① 中国社会科学院语言研究所词典编辑室编:《现代汉语词典》(第 7 版),商务印书馆,2016 年,第 775 页。

点中有 26 个具有"藏蓝"义位。

在同一方言的义场中,通过词义分析可以明晰不同义位之间的基义差异,以太原的蓝色调混色义场为例,见表 4-15。

表 4-15 太原的"混合蓝色"义场

	基色			混合色				混合程度		现实参照
	蓝	深蓝	淡蓝	黑	绿	紫	红	深	浅	
湖蓝			+		+				+	+
黑蓝	+			+				+		
藏蓝		+					+		+	
藏青	+			+					+	
警蓝		+				+		+		+

通过比较可以发现,"黑蓝"与"藏青"虽然都是蓝黑混合色,但是"黑蓝"是"蓝黑混合成的深色","藏青"则是"蓝中带黑的颜色",二者的混合程度不同。"藏蓝"与"警蓝"虽然同样以"深蓝"为基础颜色,但"藏蓝"略带红色,而"警蓝"略带紫色,并且有现实中的参照——20 世纪 80 年代的警察制服。

2. 陪义分析

语义学中的陪义可分为 10 种类型:属性、情态、形象、风格、语体、时域、地域、语域、外来、文化陪义。① 方言中涉及较多的是情态陪义,如喜爱、厌恶、轻蔑等。兹以"喜鹊"义位为例,考察各方言的情态陪义。②

---

① 参见张志毅、张庆云:《词汇语义学》(第三版),第 36 页。
② 各点语料均引自李荣主编:《现代汉语方言大词典》(综合本)。

杭州:【喜鹊】民间传说听见它叫将有客人或喜事来临:喜鹊叫,客人到,乌老鸦叫,祸事到。

黎川:【喜鹊】民间视喜鹊为不吉祥物。

西宁:【喜鹊】民间传说听见它叫将有喜事来临。喜鹊加加加,我们家里来亲家。

银川:【喜鹊】民间以为这种鸟叫有喜事来临。喜鹊叫,客来到。喜鹊叫喳喳,喜事到我家。喜鹊花,尾巴长,娶了婆姨忘了娘。

徐州:【花喜鹊子】旧时民间传说听见花喜鹊子叫就要有喜事来临。

牟平:【鸦鹊(大鸦鹊)】民间认为它在谁家房前房后叫,谁家便有喜事来临。所谓"朝_{早晨}报喜,夜报财,不晌不旰儿报客来。"鸦鹊窝捅儿一棍_{比喻十分嘈杂}。鸦鹊大,尾巴长,将儿媳妇儿不要娘,关着窗,堵着门,扑喽扑喽喝面汤。

宁波:【丫鹊】丫鹊叫,必定有人客到。

雷州:【客鸟(鹊鸟)】民间传说听见它叫将有贵客临门,故名客鸟。

于都:【屎缸鸟(屎结鸟子)】一种鸟儿,形状像喜鹊,喜欢在粪坑边觅食。当地认为听见它便有不吉之事来临。

萍乡:【屎鹊(仔)】俗语云喜鹊"早叫喜,也叫财,中饭边仔叫有客来。"名称的来由,一说其叫声为"屎鹊鹊鹊……"。

从构词语素上看,绝大多数方言都包含"喜"这一语素,与民间"喜鹊叫,喜事到"的说法有关,还有部分方言虽然叫"鸦鹊""野鹊""丫鹊""阿鹊",但与"喜鹊"无异,都具有[+喜爱][-厌恶]的陪义。不过,黎川虽然称"喜鹊",但是本地人却认为喜鹊不祥,即[-喜爱][+厌恶]。

徐州称"花喜鹊子",洛阳称"花野鹊儿",都有语素"花"。结合北方官话区"喜鹊花,尾巴长,娶了媳妇忘了娘"的俗语,此处的"花"并无褒义,反而略带贬义。

雷州"客鸟"、福州"客鹊"、厦门"客鸟"等说法,与"喜鹊叫,客人到"有关。虽然"客"本身是中性语素,但是在"客鸟""客鹊"中,也具有[+喜爱][-厌恶]的陪义。而萍乡"屎鹊"、于都"屎缸鸟"的说法,都与"屎"有关,带有[-喜爱][+厌恶]的陪义。

(二) 义位的宏观分析

义位的宏观分析,即研究义位的系统意义。取决于义位在义位系统中纵横坐标的时空位置,具体表现就是语义场。根据底层义场中义位的关系,可以划分出 10 种结构:同义、反义、多义、上下义、类义、总分、交叉、序列、构词、组合。① 其中探讨较多的是同义、反义和多义。

1. 同义义场

具有同义结构关系的义位构成同义义场。同义关系指"基义相同或大部分相同;不一定是指同一事物,不一定是传统训诂学上的同训"②。根据义位的数量不同,能够形成二元、三元乃至多元聚合。

"小雨"义场中,扬州③"小雨""毛雨""小毛雨"三元聚合,高邮、常州有"小雨""细雨"两个义位,苏州则是"小雨""濛濛雨"二元聚合。

"明年"义场中,南京"开年""明年""明年子""来年"形成四元聚合。"月初"义场中,如皋"月初""初头上""月头上""月头里"也形成

---

① 参见张志毅、张庆云:《词汇语义学》(第三版),第 68—87 页。
② 同上书,第 68 页。
③ 宏观分析的语料详见江苏省和上海市方言调查指导组编:《江苏省和上海市方言概况》。

四元聚合。

同义义场的不同义位之间,词的结构和理据、义位的基义与陪义等都有差异。例如,扬州"鳝鱼"的同义义场下有"长鱼""黄鳝"两个义位,"长鱼"具有形态形象陪义"长","黄鳝"具有颜色形象陪义"黄";"长鱼"具有地域陪义,通行于江淮地区,"黄鳝"则不具备地域陪义,实际上已经成为"鳝鱼"的普通义位,收在《现代汉语词典》(第7版)中:"鱼,身体像蛇而无鳞,黄褐色,有黑色斑点。生活在水边泥洞里。"[①]

2. 反义义场

反义义场包含反义结构关系的义位。具有反义关系的义位之间"基义的共性义素相同,个性义素相反或相对。包括极性对立(贫↔富,≈对立概念),互补对立(生↔死,≈矛盾概念),关系对立(买↔卖,上↔下,多数≈对偶概念)"[②]存在一对一、一对多、多对多等类型。

"咸"—"淡"的反义义场中,扬州、高邮只有"咸"—"淡"两个义位,形成一对一的模式。南京形成"咸"—"淡""口小"一对二的模式。盐城则通过"咸"—"淡""甜""不咸"形成一对三的模式。

"稀"—"稠"的反义义场中,高邮具有多对多的格局,即"稀""枵"—"厚""稠"。

3. 多义义场

多义义场是"一词的多个义位共居一场",是"历时演变为共时的语义网络"[③]。即使是同一个多义义场,各地的义位数量差别也很大。例如,"姊妹"在成都、西安、万荣、乌鲁木齐、上海、娄底、南宁(平话)、

[①] 中国社会科学院语言研究所词典编辑室编:《现代汉语词典》(第7版),第575页。
[②] 张志毅、张庆云:《词汇语义学》(第三版),第69页。
[③] 同上书,第81页。

广州、东莞、忻州、崇明等地有1个义项"姐姐和妹妹",在济南、扬州、南京、贵阳、银川、柳州、苏州、宁波、金华、南昌、萍乡、黎川、梅县等地有2个义项,而在徐州和海口最多,有4个义项:

徐州:1.姐姐和妹妹。2.同辈女性之间的称谓。3.哥哥和妹妹,姐姐和弟弟。4.同辈男性和女性之间的称谓(多用于关系较密切的)。

海口:1.姐姐和妹妹。2.指女子间相互结交的朋友。3.结婚时女方邀请的女伴。4.女子跟辈分相同的人和对众人说话时的谦称。①

可见,即使义位数量相同,不同方言点之间的义位也有差别。

二 方言特征词

方言特征词指"一定批量的本区方言共有的而外区方言少见的方言词"②。方言区有核心区和边缘区之分,考察方言特征词需把重点放在核心区。

按照特征重要性的大小,方言特征词可分为不同的等级:区内相当一致、区外未见或极少见的,可称为一级特征词;本方言内部不够一致,区外有较多交叉的,可作为二级特征词;如果其数量庞大,也可按重要性再分出第三级。

---

① 多义义场的语料引自李荣主编:《现代汉语方言大词典》(综合本)。
② 李如龙:《论汉语方言特征词》,《中国语言学报》(第10期),商务印书馆,2001年,第118页。本节关于方言特征词的介绍参考此文。

（一）词汇特点

方言特征词有以下特点：

其一，口语中高频使用。例如，闽语"早起$_{上午}$""冥昏$_{晚上}$""鼎$_{铁锅}$""喙$_{嘴}$""拍$_{打}$""白贼$_{撒谎}$""清气$_{干净}$""燴$_{闷热}$"等。

其二，由于常用，特征词在方言中容易引申出相关义项。汉语方言的动态助词几乎都从动词虚化而来，这些词不论作为动词或虚词，都是高频词，义项也很多。例如，于都方言"打"有 24 个义项，动词用法有"举""买""编织"等，作虚词时可与相同的单音名词或形容词构成"X 打 X"结构，如"斤打斤$_{一斤一斤}$""话事直打直$_{说话直来直去}$"。

其三，有较强的派生能力。特征词反映最基本的概念，不但在交际生活中常用，在发展过程中往往还成为新词语的词根，用它构成的多音词语在词汇系统中形成一个系列。"爷"是官话的特征词，使用频度高，义项多，构成相关语词也不少，如：爷爷、老爷、少爷、姑爷、老爷子、老佛爷、倒爷、爷儿们、爷儿俩、老天爷、土地爷、关帝爷、财神爷等。客家话的"牯""嫲"不但可作为后缀表示动物的性别，如"牛牯$_{公牛}$""猪嫲$_{母牛}$"，还可以构成称人或称并无性别的动物或其他事物的后缀，如"贼牯$_{小偷}$""戆牯$_{傻子}$""矮牯$_{矮子}$""舌嫲$_{舌头}$""笠嫲$_{斗笠}$""虱嫲$_{虱子}$"等。

（二）提取方法

方言特征词的提取方法一般遵循以下步骤。

首先，应由点到面，由内到外，制定分级的特征词表。要找出某一区方言的特征词，必须先从方言点的深入调查开始。调查获得该地区方言的详细词汇材料之后，归纳整理出各点之间共同的方言词表，词目选取范围应尽可能宽泛些。然后再选取若干有代表性的方言点进行核查、检验，根据情况再作增删，初步制定出方言特征词表。

接下来,与区外的方言进行比较,区分哪些是本区方言特有的,哪些是与区外方言共有的。参照本区方言里不同的覆盖面把特征词表的条目按照主次程度分为若干级。不论区内或区外,方言点检验得越多,特征词表就越完善。最终得到一级特征词表(如表4-16)和二级特征词表(如表4-17)。①

表4-16 客家方言一级特征词表——外区罕见词表(节选)②

方言点 特征词	客			赣		粤				闽		
	赣县	丰顺	紫金	安义	樟树	顺德	高州	新兴	阳春	福鼎	揭阳	屯昌
1. 半昼(边):半个上午的时候,有时指(上午)很晚了	+	+	+		+							
2. 地:坟墓	+	+	+									
3. 湖(水湖):小水坑,积水洼地	+*											
4. 湖蜞*:蚂蟥		+	+									
5. 嫲[ma²]:指雌性动物		+	+									
6. 虱嫲:虱子		+	+									
7. 猫公:猫(统称)			+									

---

① 特征词表引自温昌衍:《客家方言特征词研究》,商务印书馆,2012年,第119、123页。

② 方言点下的"+"表示有同词条的说法,"*"指表末有注释。必要时注梅县音。下表同。

(续表)

方言点 / 特征词	客			赣			粤			闽		
	赣县	丰顺	紫金	安义	樟树	顺德	高州	新兴	阳春	福鼎	揭阳	屯昌
8. 黄蛰*[vo$\mathrm{\eta}^2$ts$^\mathrm{h}$at^8]：蟑螂	+		+									
9. 屎乌蝇：绿头苍蝇	+											
10. 大水蚁(公)：下雨前飞的蛾子		+	+									

说明：
① 第3条"湖(水湖)"，赣县音[vu^2]。
② 第4条"湖蜞"，词根"蜞"粤语、赣语、闽语同见。
③ 第8条"黄蛰"，词根"蛰"粤语、赣语、闽语同见。

表 4-17 客家方言二级特征词表——客粤方言关系特征词表(节选)

方言点 / 特征词	客			赣			粤			闽		
	赣县	丰顺	紫金	安义	樟树	顺德	高州	新兴	阳春	福鼎	揭阳	屯昌
101. 两子爷：父子俩	+	+	+			+	+	+	+			
102. 死佬：死人(也作詈称)	+	+	+			+		+	+			
103. 蚜：青蛙(有的地方特指小青蛙)		+					+	+				
104. 乌蝇：苍蝇	+	+	+			+	+					
105. 乌蝇屎：痣；雀斑	+	+	+			+	+					
106. 生鱼：活鱼	+	+	+			+		+	+			+
107. 翻生：复活	+	+	+			+	+	+	+			+

（续表）

方言点 特征词	客			赣		粤				闽		
	赣县	丰顺	紫金	安义	樟树	顺德	高州	新兴	阳春	福鼎	揭阳	屯昌
108. 棚（沟）：遮盖住（水沟）	+		+	+				+	+			
109. 拗腰：后弯腰	+					+	+	+				
110. 争：袒护	+	+	+		+	+	+	+				

（三）历史考察

特征词是在方言形成和发展过程中产生的。因此，还应对方言特征词进行历时考察，分析历史层次，考证语源，探讨特征词在形成发展过程中的特点。从历时角度，将方言特征词分为传承词和创新词等。

传承词是从古代汉语直接传承下来的，有通语传承下来的，也有方言传承下来的。东南方言中的许多常用词直接继承自通语，例如：行_{行走}、走_{逃跑}、惊_{害怕}、食_吃、寒_冷、肥_胖、光_亮、利_{锋利}、细_小、面_脸、无_没、目_眼、日_{太阳、天}、翼_{翅膀}、索_{绳子}。另一种是保留古代方言的说法，例如《集韵》所收的"囝"，释曰"闽人呼儿曰囝"①。唐代顾况的诗即以"囝"为题：

《囝》
顾况

囝，哀闽也。（囝音蹇。闽俗呼子为囝，父为郎罢。）

囝生闽方，闽吏得之，乃绝其阳。为臧为获，致金满屋。为髡为钳，如视草木。天道无知，我罹其毒。神道无知，彼受其福。郎

---

① ［宋］丁度等编：《宋刻集韵》，中华书局，2015年，第112页。

罢别囝,吾悔生汝。及汝既生,人劝不举。不从人言,果获是苦。囝别郎罢,心摧血下。隔地绝天,及至黄泉,不得在郎罢前。①

至今"囝"还是闽方言的特征词。

又如,用"鲎"表示"虹",见于明代徐光启《农政全书》"东鲎晴,西鲎雨"②。今北部吴语仍然保留这样的用法,如上海谚语"东鲎日头西鲎雨"。

创新词是在长期的社会生活中根据交际需要创造的方言词汇。例如吴语的"浜""溇""泾",闽语的"埃""坜""垄",粤语的"涌""沥""滘"等地理名称。北方也不乏此类方言词语,例如晋语就有"垜""塬""峁",中原官话有"峪""崮""淀"。

除了从古代共同语或方言中传承下来的和创新的词语之外,方言特征词还有一些是借用的结果。以吴语的人称代词为例,南朝吴歌第一人称为"侬",明代冯梦龙《古今谭概·杂志部》记载"嘉定近海处"用"我侬"③,现代吴语普遍的说法是"我、侬(俫)",是唐宋之后中原共同语不断冲击、催化的结果。

一些特征词借自其他语言。如闽语和客家话共有的"啱啱"刚好"□[neŋ]乳房""□[lut]滑落"等,可能借自古百越语。粤语的"士多"(store)、"巴士"(bus)等,借自英语,称为"外来词"。

考察方言特征词不仅能推动汉语词汇研究的发展,还可为汉语方言分区提供依据。方言特征词的横向比较可用来说明不同方言之间的

---

① [清]彭定求等编:《全唐诗》,中华书局,1960年,第2930页。
② [明]徐光启撰,石声汉校注,西北农学院古农学研究室整理:《农政全书校注》,上海古籍出版社,1979年,第268页。
③ [明]冯梦龙编撰,陆国斌、吴小平校点:《古今谭概》,魏同贤主编《冯梦龙全集》,江苏古籍出版社,1993年,第777页。

亲疏关系,纵向比较有助于了解方言形成的历史和复杂过程,利于汉语史研究。

三　方言词汇用字

方言词汇的记录离不开汉字。为更好地确定方言用字,需考证方言本字和训读字,同时参考方言俗字。

(一) 方言本字及考证方法

方言调查过程中,常常碰到有音无字的情况,这时候需要考证本字。例如,苏州方言称"用手按"为[tɕʰin⁵¹³],本字为"搇"(揿),初见于《集韵》去声沁韵丘禁切:"搇,按也。"确定本字,关键在于方言词与本字语音对应,词义相同或相近。应根据古今语音演变规律,确定今方言词在韵书中的音韵地位,在对应韵目下检索音义相合的字。还应寻找其他文献书证,并在其他方言中寻找佐证。

例如"把食物放在水里煮或油里炸",苏州话说[zaʔ³]。今苏州[aʔ]主要来自中古咸山摄开口一二等合盍洽狎曷黠鎋韵及合口三等乏月韵,检索《广韵》,发现洽韵的"煠,士洽切,汤煮"音义皆合。其他文献中亦有记录。《广雅·释诂》:"煠,汤爁也。"王念孙疏证"爁者……内肉及菜汤中薄出之"①,指将肉在菜汤中略煮。明徐光启《农政全书》:"采苗叶煠熟,换水浸去酸味,淘净,油盐调食。"②民国《嘉定县续志·方言》亦有记载:"煠,俗谓熟煮也。……俗读如闸。"③其他方

---

① [清]王念孙:《广雅疏证》,江苏古籍出版社,1984年,第45页。
② [明]徐光启撰,石声汉校注,西北农学院古农学研究室整理:《农政全书校注》,第1336页。
③ 陈传德修、黄世祚纂:《嘉定县续志》,成文出版社有限公司,1975年,第413页。

言也不乏旁证，如梅县方言"把食物放在煮沸的水里弄熟"用"煠"，音[sap⁵]。因此，苏州话[zaʔ³]的本字应为"煠"。

当然，并非所有方言词都有本字可考。有的方言词并无文字记载，有些今音难以与《广韵》等韵书关联。对于这种词，不必强求考本字，以免弄巧成拙。

（二）方言训读字

"训读"是指在方言里常借用某个字（或词）的读音，去读另一个同义的字。被读的字称"训读字"，借读的音称"训读音"。如海南琼州方言借用"蚊"记录"蠓"。"蠓"是本字，"蚊"是训读字。读音仍按本字读为[maŋ²¹³]，而不用"蚊"的读音[vun²¹]，如"蚊香"[maŋ²¹³hio²³]，"蚊"训读为"蠓"，[maŋ²¹³]是训读音。

许多汉语方言存在训读现象，见表4-18。

表4-18 方言训读字举例

方言点	训读字	训读音	原字或本字
福州	嘴	tsʰuei²¹³	喙
潮州	欲	ai²¹³	爱
厦门	脚	kʰa⁴⁴	骹
建瓯	猪	kʰy²¹	豨
梅县	搓	tsʰai⁴⁴	挼
温州	小	sai³⁵	琐
双峰	燥	tsɤ⁵⁵	熸

训读字的特点是有原字或本字与之对应，这些原字或本字在现代汉语里已不用或词义与方言词有所不同，如上表中的"喙""豨""骹"已不常用，而"琐""爱"在现代汉语里已不再有"小""欲"的含义。

每个方言都存在有音无字的情况，不同的方言采取了不同的办法。粤语以自创俗字为重要手段，闽语则采用训读的办法。训读借字形来标示意义，有时字形和字音并不匹配，在调查中应注意甄别。

（三）方言俗字

方言俗字指某方言区人民创制或使用的与正字或本字相对的字。民国《揭阳县正续志·方言》："尺牍诗文中字体之变殊难悉数，如坐为'坌'（音稳），短为'矞'（音矮），瘦为'奀'（音芒），山之岩洞为'岞'（音勘）……隐身忽出为'覛'（音闪）……此皆随俗撰出者也。按此文郡志所录，然方言俗字大江南北亦同之，不独潮中为然，大抵音本有古字，因音略异遂别撰字以实之，虽中土皆然。"①其中"坌""矞""奀"等均为方言俗字。

创制和使用方言俗字最主要的原因是方言词本字无考或无正字可写。如广州表示"蟑螂"的词读音为[kat²tsat³⁵]，因本字无考，专造方块字"甴曱"。有时也会为了记录外来词另造俗字，如广州"咭"[kʰat⁵]（英语 card 卡片）、"唛"[mak⁵]（英语 mark 商标）。

记录同一个词，各地方言俗字写法可能不同。例如表示"山间平地"的词，浙江吴语写作"畚"或"壨"，江西客家话写作"坳"，闽语则写作"畚""坳"或"垌"。同是指"磁窑"的地名词，闽语内部存在差异：闽东记为"磋窑"，闽北记为"垌窑"。同一俗字，不同方言所指也可能不同。例如"栊"，武汉指"楼"，长春指"柳"；"嬲"上海指"嬉扰不已"，广州指"生气"，潮州指"奇怪"或"玩耍"。

方言俗字的造字方法与通用汉字的造字法基本相同，以形声法和

---

① [清]刘业勤纂修：《揭阳县正续志》，成文出版社有限公司，1974年，第887页。

会意法最为普遍。形声字如"艋"(福州[ta²¹²]),意指"船夫";"埕"(福州[tiaŋ⁵³]、厦门[tiã²⁴]),意指"庭院"。会意字如潮州"岙",意指"岩洞";广州"孖",意指"两个";建瓯"冇",意指"空虚不实"。

有一种特殊的方言俗字是合音字,即常用的双音节词在口语中合成一个音节,而只用一个字来记录。如苏州话合音字"覅"[fiæ⁵¹³]取"勿"[fɤʔ⁴]的声母与"要"[iæ⁵¹³]的韵母、声调紧缩而成。北京话"甭"[pəŋ³⁵]则由"不"[pu³⁵]与"用"[yoŋ⁵¹]紧缩而成。

调查过程中,应尽量考求本字,辨别训读字,记录整理方言俗字。不过,并非所有词都能找到对应的汉字。有音无字一般用方框"囗"表示,后面再标注国际音标,如梅县话表"甩"义的动词无字可考,记为"囗[fin¹¹]"。

第五章
汉语方言语法调查与研究

第一节 汉语方言语法调查

一 调查表格的设计

制定方言语法调查提纲和表格是开展调查的先行条件。没有合适的、有针对性的调查表,不仅费时费力,而且容易遗漏。根据不同调查目的,应设计不同的调查表,分为概略调查、全面调查、专题调查三种。

(一)概略调查

概略调查指用较短的时间对方言进行初步、基本的调查,可选择一些具有代表性的例句。如《中国语言资源调查手册·汉语方言》(2015)中列出的 50 个调查例句,具体如下:

0001. 小张昨天钓了一条大鱼,我没有钓到鱼。
0002. a. 你平时抽烟吗?
   b. 不,我不抽烟。
0003. a. 你告诉他这件事了吗?

b. 是，我告诉他了。

0004. 你吃米饭还是吃馒头？

0005. 你到底答应不答应他？

0006. a. 叫小强一起去电影院看《刘三姐》。

b. 这部电影他看过了。/他这部电影看过了。/他看过这部电影了。

0007. 你把碗洗一下。

0008. 他把橘子剥了皮，但是没吃。

0009. 他们把教室都装上了空调。

0010. 帽子被风吹走了。

0011. 张明被坏人抢走了一个包，人也差点儿被打伤。

0012. 快要下雨了，你们别出去了。

0013. 这毛巾很脏了，扔了它吧。

0014. 我们是在车站买的车票。

0015. 墙上贴着一张地图。

0016. 床上躺着一个老人。

0017. 河里游着好多小鱼。

0018. 前面走来了一个胖胖的小男孩。

0019. 他家一下子死了三头猪。

0020. 这辆汽车要开到广州去。/这辆汽车要开去广州。

0021. 学生们坐汽车坐了两整天了。

0022. 你尝尝他做的点心再走吧。

0023. a. 你在唱什么？

b. 我没在唱，我放着录音呢。

0024. a. 我吃过兔子肉，你吃过没有？

b. 没有,我没吃过。

0025. 我洗过澡了,今天不打篮球了。

0026. 我算得太快算错了,让我重新算一遍。

0027. 他一高兴就唱起歌来了。

0028. 谁刚才议论我老师来着?

0029. 只写了一半,还得写下去。

0030. 你才吃了一碗米饭,再吃一碗吧。

0031. 让孩子们先走,你再把展览仔仔细细地看一遍。

0032. 他在电视机前看着看着睡着了。

0033. 你算算看,这点钱够不够花?

0034. 老师给了你一本很厚的书吧?

0035. 那个卖药的骗了他一千块钱呢。

0036. a. 我上个月借了他三百块钱。借入。

b. 我上个月借了他三百块钱。借出。

0037. a. 王先生的刀开得很好。王先生是医生(施事)。

b. 王先生的刀开得很好。王先生是病人(受事)。

0038. 我不能怪人家,只能怪自己。

0039. a. 明天王经理会来公司吗?

b. 我看他不会来。

0040. 我们用什么车从南京往这里运家具呢?

0041. 他像个病人似的靠在沙发上。

0042. 这么干活连小伙子都会累坏的。

0043. 他跳上末班车走了。我迟到一步,只能自己慢慢走回学校了。

0044. 这是谁写的诗? 谁猜出来我就奖励谁十块钱。

0045. 我给你的书是我教中学的舅舅写的。

0046. 你比我高,他比你还要高。

0047. 老王跟老张一样高。

0048. 我走了,你们俩再多坐一会儿。

0049. 我说不过他,谁都说不过这个家伙。

0050. 上次只买了一本书,今天要多买几本。

这 50 条例句基本覆盖了语序、句式、时体等内容。例如"0001. 小张昨天钓了一条大鱼,我没有钓到鱼",考察最普通的主动宾式陈述句及其否定句的结构和语序,体现一种语言的基本语序。"0010. 帽子被风吹走了",调查使用被动介词的被动句以及用"走"充当离开义的结果补语。"0033. 你算算看,这点钱够不够花",调查方言中是否有专用的尝试体标记。基于此,可初步了解一种方言中重要的语法现象。具体调查时,可根据实际需要再适当进行补充。

再如《汉语方言调查简表》(丁声树、李荣编,1956),收录 37 个语法例句,具体如下:

1. 你姓王,我也姓王,咱们两个都姓王。
2. 老张呢?他正在同一个朋友说着话呢。
3. 他还没有说完吗?还没有。
4. 你到哪儿去?我上街去。
5. 在那儿,不在这儿。
6. 这个大,那个小,这两个哪一个好一点儿呢?
7. 这个比那个好。(这个好过那个。)
8. 这些房子不如那些房子好。

9. 不是那么做,是要这么做的。
10. 用不着那么多,只要这么多。
11. 他今年多大岁数?
12. 大概有三十来岁罢。
13. 这个东西有多重呢?
14. 有五十斤重呢。
15. 拿得动吗?
16. 我拿得动,他拿不动。
17. 你说得很好。
18. 我嘴笨,我说不过他。(我说他不过。)
19. 说了一遍,又说了一遍。
20. 请你再说一遍!
21. 不早了,快去罢!
22. 你先去罢,我们等一会儿再去。
23. 坐着吃比站着吃好些。
24. 这个吃得,那个吃不得。
25. 他吃了饭了,你吃了饭没有呢?
26. 他去过上海,我没有去过。
27. 给我一本书!(把本书我!畀一本书我!)
28. 这是他的书,那一本是他哥哥的。
29. 把那一本拿给我。
30. 看书的看书,看报的看报,写字的写字(看的看书,看的看报,写的写字)。
31. 好好儿的走!不要跑!("不要"——"别","白","嫑","不许","不准"等。)

32. 来闻闻这朵花香不香!

33. 香得很,是不是?

34. 不管你去不去,反正我是要去的。

35. 我非去不可。

36. 一边走,一边说。

37. 越走越远,越说越多。

这 37 条语法例句,虽然数量不多,但基本囊括了汉语方言最重要的语法特征。例如差比句有三种形式,"6. 这个大,那个小,这两个哪一个好一点儿呢""7. 这个比那个好""8. 这些房子不如那些房子好"。上述例句还体现了一些虚词的多种用法,比如"得",可用于"15. 拿得动吗""16. 我拿得动,他拿不动""17. 你说得很好""24. 这个吃得,那个吃不得""33. 香得很,是不是"等多种语言环境中。在以上概略调查例句的基础上做扩展式询问,发掘还有哪些可类推、变通的说法,可以得到更多有价值的方言语法材料。

(二) 全面调查

全面调查指对方言语法进行全面、系统的调查,可以获取大量方言语料,从中归纳语法特点。夏俐萍、唐正大编著《汉语方言语法调查问卷》(2021),列举 711 条语法例句,内容涵盖构词与形态、词类、句法、语用等方面。具体包括 22 个调查项目:构词、构词生动形式、名词复数、重叠、代词、数量名结构、定名结构、状语性成分、趋向动补结构、介词与连词、处置被动致使、双及物结构、连动结构、处所存现领有判断、语序与话题、复杂句与复合句、疑问否定、祈使感叹、时体、情态语气、反身相互、比较比拟。每项由若干语法例句组成,以"名词复数"为例,见表 5-1:

表 5-1 《汉语方言语法调查问卷》例句(节选)

序号	例词	方言说法	国际音标	备注	说明
0301	人们				
0302	学生们				
0303	大人们				
0304	亲戚们				
0305	伙伴们				
0306	朋友们				0301—0312 考察是否有如普通话复数后缀"们"的用法。
0307	老师们				
0308	同学们				
0309	弟兄们				
0310	姊妹们				
0311	男人们				
0312	女人们				
0313	*马们				
0314	*狗们				
0315	*鸡们				00313—0318 考察动物名词是否可加"们"表复数。
0316	*鸭们				
0317	*狐狸们				
0318	*蚊子们				
0319	*树们				
0320	*花们				0319—0321 考察植物名词是否可加"们"表复数。
0321	*苹果们				
0322	*桌们				0322—0323 考察无生命名词是否可加"们"表复数。
0323	*碗们				

(续表)

序号	例词	方言说法	国际音标	备注	说明
0324	*点子们				0324—0325 考察抽象名词是否可加"们"表复数。
0325	*研究们				
0326	*石子们				0326—0328 考察不可数名词是否可加"们"表复数。如兰银官话和四川话可加"们"或"些"。
0327	*棉花们				
0328	*沙子们				
0329	*卖菜的们				0329—0330 考察"的"字短语是否可加"们"表复数。
0330	*看见的们				
0331	雷锋们				考察连类复数意义的表达,如"雷锋们"表示雷锋及其与雷锋具有相同品质的人。
0332	舅舅他们				0332—0335 考察以某人为核心的团体或群体结构能否加"们"。
0333	张三他们				
0334	老师(们)和学生们				并列短语是否可以加"们",是加在整个并列短语之后还是每个名词之后,如加在并列短语之后,"们"语义指向哪个名词。
0335	爸爸们				亲属称谓加"们"是否表达如下意义:普通名词复数意义?连类复数意义(爸爸以及爸爸一类的人)?类指意义?请在备注注明。

说明:*表示该例在普通话中不合语法。

上述 35 个调查条目考察方言指人名词、动植物名词、无生命名词等的复数形式。调查时应仔细对照"说明"中的注释,注意调查内容是否与调查目的相符。调查者应记录每个例句对应的方言说法,标注国际音标,其他需要说明的内容可写在"备注"栏。例如"客人"在湘语中有两种说法,一种为"客",另一种为"人客",但"人客"只用于类指,因此需在备注中注明"'人客'仅用于类指"。陕西耀州方言的名词复数标记"些",可附加于常见的动物或植物类名词"猪""狗""树"等之后。但更常见的是附加于这类名词的并列式之后,例如"他家猪羊些都卖了_{他把家里的猪羊些都卖掉了}"相比"他家狗些都遗了_{他家养的狗都丢了}",接受度和使用频率更高。① 这类情况即可在备注中说明。

(三) 专题调查

专题调查是指对某一语法范畴、某一词类或特殊句式进行深入、细致的调查。既可做单点方言的调查,也可做区域性的调查。以体标记的专题调查为例。②

表完成:

1. 我打破了一个碗。
2. 张三杀了他家的那只鸡。
3. 你刚吃了药,不能喝茶。
4. 他给了我三斤橘子,我马上就给了他钱。
5. 他每天吃了早饭就出去。
6. 我想吃了晚饭,看了电影再回去。

---

① 参见杨炎华、刘道海:《耀州方言复数表达形式》,《语言研究》,2023 年第 1 期。
② 例句引自张双庆主编:《动词的体》,香港中文大学中国文化研究所、吴多泰中国语文研究中心,1996 年,第 376—379 页。

7. 他们走了我才能坐下来做自己的事。
8. 讲错了没关系,再讲一遍就是了。
9. 门一开就有几只苍蝇飞了进来。
10. 太阳出来了,地干了没有?
11. 饭和菜都凉了,热一热再吃吧。
12. 我想了想,还是决定不去。
13. 他说了半天还没有说清楚。
14. 我叫了你半天你都不答应,你聋了吗?
15. 我找了三趟都没找到他。
16. 我睡了一会儿就醒了。
17. 我们等了半个多小时,门才开。
18. 他刚才踢了我一脚,不知为什么。
19. 门打开了,大家进去吧。
20. 你洗完衣服了吗?——洗完了。
21. 等我问过了他再告诉你。
22. 擦掉黑板上的字!(苏州:V 脱;温州:V 爻)
23. 不能把这些东西丢掉。
24. 李明拉住了小王不让他回家。
25. 林老师买到一件很好看的衣服。
26. 门口挤了许多人。(比较:挤着)
27. 房间里点了一盏灯。(比较:点着)

表进行:

1. 我在吃饭,他在洗手呢。
2. 她哭着呢,什么也不吃。
3. 我跑着呢,所以不觉得冷。

4. 外面下雨呢,要带伞。

5. 妈妈在门口缝衣服,姐姐在厨房里煮饭。

6. 我没在吃饭呢,我在扫地。

7. 这会儿他在干什么?——他躺在床上看书呢。

表持续:

1. 他手里拿着一个茶杯。

2. 他在屋檐下站着呢。

3. 他穿着一身新衣服。

4. 她在地上坐着,不肯站起来。

5. 我带着雨衣,不怕下雨。

6. 门开着,里面没有人。

7. 你拿着!

8. 坐着,不要站起来!

9. 我走开一会儿,行李要好好儿地看着!

10. 小明低着头不说话。

11. 他们打着伞在街上走。

12. 戴着帽子找帽子。

13. 他喜欢站着吃。

14. 他靠着墙抽烟。

15. 他们手拉着手,一边走一边唱。

16. 车子里坐着两个外国人。

17. 墙上挂着一幅画。

18. 石头上刻着字呢。

19. 门口站着三个人。(比较:站了三个人)

表经历:

1. 他到过很多地方,就是没到过北京。
2. 我找过他好几次。
3. 他从前做过生意。
4. 我早就看过这本书了。
5. 我吃过这种菜,不大好吃的。
6. 前几天冷过,今天又热了。

表起始:

1. 天气冷起来了,要多穿一件衣服。
2. 他们打起来了,你去劝一劝。
3. 客人还没到他就喝起酒来。
4. 你怎么做起生意来了?

表继续:

1. 让他说下去,不要插嘴。
2. 你要这样干下去,我明天就走。
3. 要看的人看下去,我们先走了。

表已然:

1. 我吃了饭了,你吃了吗?
2. 我儿子已经考上了大学了。
3. 他去了一个多月了,还没有回来。
4. 你把昨天买的东西放在哪儿了?——放在桌子上。
5. 冬至以后白天渐渐变长了,夜晚渐渐变短了。
6. 明天这时候他早就到了北京了。
7. 球滚到洞里去了。
8. 钱都拿了出来了,就这么一点儿。

9. 他来敲门的时候我已经睡了。

10. 还有一点钱我不给你了。

11. 你认出他是谁了没有？——认出来了。

表短时：

1. 大家歇歇再干。

2. 你坐着,我进去换一换衣服。

3. 星期天,在家看看电视,没出门。

上述例句主要考察汉语方言体标记的形式。例如普通话完成体标记为"了",江苏泰兴方言是"啊",江西南昌方言用"泼"。掌握某一方言体标记的基本形式后,还可利用这些例句,调查其在否定、疑问、祈使中的使用情况,归纳该体标记组合能力、语义特征、语用功能等方面的特点。

二 方言语法调查注意事项

（一）避免使用语法术语提问

发音人往往不懂专业的语法术语,调查时应注意避免用专业术语直接提问。调查大纲上的语法术语仅供调查者参考,调查时应该问某句话或某种意思用本地话怎么说。不能问发音人"本地有没有被动句?"或"处置句怎么说?"这样的问题,而应采用"'杯子被我打碎了''我把杯子打碎了'方言里怎么说?"的方式来提问。

（二）设计例句要具有代表性,自然简洁

设计例句时,首先选择常用的句式和句型,最好以日常生活常见事

物为素材,以便发音人能够自然地表达。其次,尽量选择短句,因为口语中短句更为频繁。再次,最好包含对话式的例句,这样有利于观察某些成分的成句能力、语用功能等。最后,例句最好能覆盖各种不同的句子成分、结构形式和语境,比如主语、谓语、宾语等成分的语序、搭配和隐现,展示不同句子结构如倒装句、被动句等的特点,还应该考虑到不同的语境,包括问候、表达感谢、提出请求等各种情景,以准确、全面地了解方言语法面貌。

(三) 深入挖掘最地道的方言说法

方言语法的调查例句常用普通话,在调查过程中,发音人往往会出现逐字折合成方言的情况。但是这样折合成的句子,在当地口语中要么不用,要么不常用,要么很别扭。例如"把那只鸡杀了",绍兴方言逐字折合的结果是"拨亨只鸡杀脱",但实际上自然、地道的说法是"亨只鸡杀脱伊"。[①] 因此,调查时需提醒发音人,使用方言最地道的说法。比如用"这样的句子(或意思)在当地通常怎么说?有几种说法?哪一种最常用?"等方式来询问。

(四) 注意多种表达方式共存的情况

方言中某一语法范畴常常有多种表达方式,应尽可能全面地挖掘。例如河南内黄方言[②]有第二人称代词"你""恁","恁"既可表单数,也可表复数,而"你"则只能表单数。不同的表达方式可能有功能上的区别,应注意不同形式间性质的异同。

[①] 参见游汝杰:《汉语方言学教程》(第二版),第 106 页。
[②] 内黄方言语料引自李学军:《河南内黄方言研究》,中国社会科学出版社,2016 年。

三　方言语法材料的整理及归纳

（一）注意记音和转写的准确性

调查方言语法必须以语音和词汇为基础。只有熟知方言音系和连读音变规则，了解古音和方音的对应规律，搜集一定量的方言词汇，才能准确、高效地记录语法语料。方言语法例句要用普通话解释，确保语法意义准确、严格对应。辨清每个句子的成分、结构及其功能，为后续研究奠定基础。

以湖南益阳（泥江口）方言为例[①]：

把得箇本书把尔_{把这本书给你}。

pa^{42} tɤ^{45} ko$^{213-34}$ pən$^{42-21}$ çy^{34} pa^{45} n$^{42-21}$.

箇本书把得他搞烂跌_{这本书被他弄坏了}。

ko$^{213-34}$ pən$^{42-21}$ çy^{34} pa$^{42-21}$ tɤ^{45} xa^{34} kɑɔ^{42} lan^{21} tie^{45}.

上述例句中，"把"单用时和与"得"连用时读音不同。"把得"是一个复合型被动标记，"把"表示给予，"得"后接目标对象，在记录时要注意字音、字形和功能间的对应关系。

语法与语音密切相关。整理语料时，不仅要标音，还要关注音变（变声、变韵、变调、合音等）和语调（停顿、升降、轻重音等）等语音形式所负载的语法功能。很多方言中不同的语法结构可能有不同的连读变

[①] 益阳方言语料引自夏俐萍：《益阳方言"在咯里、在哦里"及其相关问题研究》，《成都理工大学学报（社会科学版）》，2007年第1期；上海语料引自游汝杰《汉语方言学教程》（第二版）。

调模式,例如上海方言"炒饭"读[tsʰɔ³⁴/³³ vɛ¹³/⁴⁴]时,既可表示炒成的饭,也可表示炒饭的动作,读[tsʰɔ³⁴/³³ vɛ¹³]时仅表动作。

(二)将所得材料整理归类

调查结束后,要对搜集到的语料进行整理,描写方言语法的基本面貌。例如调查晋语五台片的小称范畴时,可以先按照语法功能归纳为名词性、量词性、形容词性和动词性小称等几类,再根据研究对象的性质和研究目的划分次类。比如名词性小称按照表现形式可分为重叠型、附加型和混合型三类。重叠型如"筐筐""羊羔羔""毛毛雨",附加型如"圪蛋""树圪桩""桃儿""狗娃儿",混合型则叠用两种或两种以上的不同小称形式,如"圪尖尖""圪杈儿""圪糁糁儿""桌桌儿"等。合理的分类,有助于进一步探讨其构成、功能与来源。

在调查、整理的过程中,要以问题为导向,避免盲目分类,同时注意发现新的问题。比如:晋语名词性小称的混合型与单一形式有什么区别与联系?为什么有的方言只使用一种形式,而有的方言多种形式并存?这些都是基于细致、合理的归类展开的。

(三)发现、提炼方言语法特点

首先,要注意从个别现象中发现一般性的规律。例如江苏如皋"块钱"指"一块钱",调查时若发现这种特殊说法,就要准备一批类似的例子追问,如说不说"个人""条鱼""张桌子""件衣裳"?这样才能找出如皋话数量词结构的数词为"一"时,通常省略"一"的规律。

其次,要注意"大同"中的"小异"。江苏泰兴方言的相对程度副词"很""扎实""交关""没得命",均只能用作补语,前加补语标记"得",表示程度深。[①] 例如:

[①] 参见顾黔:《泰兴方言研究》,第242页。

大得扎实_{很大}　热得没得命_{太热}
冷得交关_{很冷}　不甜得很_{不很甜}

虽然这类词在句法和语义功能上有很强的一致性,但"很"只能用于否定句,"扎实""没得命"则只能用于肯定句。例如:

*他怕他爸爸得很。　　他不怕他爸爸得很_{不很怕}。
今朝天热得扎实。　　*今朝天不热得扎实。
报名的人多得没得命。　*报名的人不多得没得命。

可见,要在不同的句法环境中检验各种相近形式的异同,才能准确发现方言的语法特点。

第二节　汉语方言语法的描写与分析

在充分调查的基础上,方可开展汉语方言语法的描写分析。方言语法研究通常分为词法、句法两部分。词法研究词的形态、变化、分类及用法,句法研究词与词组合后进入短语或句子的规则。方言语法现象的描写应尽可能详尽,解释应尽可能科学、合理,进而归纳、总结规律。

一　词法描写与分析

词法研究包括词类、构词法和构形法等。词类研究以各词类及其小类为研究对象。构词法和构形法主要探讨词的内部构成与外部形态变化,其中重叠和附加是汉语方言最常见的构词与构形手段。

(一) 词类研究

词类是语法描写与研究的起点和基础。汉语词类问题由来已久,一直是汉语语法研究中让人纠结却又无法回避的难题。汉语方言词类丰富,方言词类研究是方言语法研究的重要领域。描写分析时,首先需确定研究对象的性质、界定研究对象的范围。在此基础上,探讨其语法特点、相关语法结构、语法意义等。

1. 界定研究对象和范围

要分析方言中的某一词类,首先需从句法、语义两方面界定研究对象。以陕西靖边方言时间副词为例。时间副词表示时制、时体、频率、顺序等时间义;只能作状语,不能充当主语、宾语、定语和补语等句法成分;只能作修饰语,不作被修饰语。时间名词和时间副词都可在句中作状语,表达时间义,容易混淆,分析时应注意区分。

靖边方言时间副词"才将儿"和时间名词"将才"形式相近,都表过去义,主要功能都是充当状语:

妹妹将才_{刚才}把一个碗打烂了。
妈才将儿_{刚刚}把那_他收拾了一顿。

但"将才"可以作定语,用于"将才+的+名词"结构,"才将儿"则不行。例如:

快把将才的事忘了。

*快把才将儿的事忘了。
将才的演出你录下了不？
*才将儿的演出你录下了不？

"将才"可以用于"赶""跟"等介词后，"才将儿"则不行。例如：

吃了退烧药，而今现在赶比将才舒服些儿了。
*吃了退烧药，而今现在赶比才将儿舒服些儿了。
这水晾了半天还跟将才一样烧。
*这水晾了半天还跟才将儿一样烧。

名词可以与介词构成介宾结构，而副词不可以。所以，"将才"是时间名词，"才将儿"不是。

时间名词还可充当主语、宾语、谓语，如：

早起_{早上}还是冷嘞。
你过生日那天是立春。
明天礼拜天。

上述例句中，时间名词"早起""立春"分别在句中作主语、宾语，"礼拜天"作谓语。时间副词则不能出现在这些句法位置，以"先头儿"为例：

*先头儿_{曾经}还是冷嘞。
*你过生日那天是先头儿。
*昨天先头儿。

基于此,可大体将靖边方言的时间名词与时间副词区分开来,明确它们的性质和范围,这是进一步对研究对象展开描写、分析的前提。

2. 内部比较与分类

描写方言中的某一词类时,常常涉及该词类下位类别的划分与具体成员的归类,这种分类往往是通过内部成员间的比较、归纳得出的。以指示代词为例,汉语方言大多分为"近指"和"远指"两类,但具体的表示方法并不完全相同。例如靖边方言的指示代词"这(儿)"表近指,"那(儿)"表远指。但"那儿"有两种语音形式,一为平声,一为去声。这两种读法是单纯的语音变体,还是有区别意义的作用,需通过比较方可得出结论。

A:妈,我的书咋不见了?
B:在那儿[nər^{24}]那个桌子上嘞。
A:还是寻不见。
B:那就在那儿[nər^{51}]那个沙发上嘞。

在这一语境中,"沙发"比"桌子"距离说话人更远,指"桌子"时用[nər^{24}],指"沙发"用[nər^{51}]。由此可见,靖边方言的"远指"可分出"较远"和"更远",这种分别通过声调的变化表示。

这种远指分为两类的现象并不少见。① 湖北武穴方言"勒$_1$"

---

① 湖北武穴方言语料引自姜迎春、甘于恩:《湖北武穴方言指示代词三分型研究》,《语言研究》,2021年第3期;广东五华县华城客家方言语料引自李作南:《客家方言的代词》,《中国语文》,1965年第3期,但原文只标注调类,未注明调值,此处调值据朱炳玉《五华客家话研究》增补;阳曲语料引自侯精一:《现代晋语的研究》;苏州语料引自汪平:《苏州方言研究》,中华书局,2011年;海门语料引自王洪钟:《海门方言研究》,中华书局,2011年;泰兴语料引自顾黔:《泰兴方言研究》。

[le²¹³]表远指,"勒₂"[le³¹]表更远指。广东五华县华城客家方言[ka³⁵]表较远指,[ka⁵¹]表更远指。

有的方言则用三个不同的指示代词来区别远近。例如山西阳曲方言：

A:你把碟碟_{小碟子}放到这儿。
B:是这儿还是那儿?
A:不是放到那儿,是兀儿。

"这儿"是近指,"兀儿"所指的地方相比"那儿"距离说话人更远。晋语指示代词的三分式应是后起的,是不同的二分系统在语言接触中的叠加。"那""兀"混用表远指的情况,反映了"这—兀"和"这—那"两个指示代词系统叠加的过程。①

苏州方言也有三个指示代词,但内部分类与阳曲方言不同。苏州方言的基本指代词,除对应于共同语"这"的"哀"[E⁴⁴]/"该"[kE⁴⁴]、对应于"那"的"弯"[uE⁴⁴]/"归"[kuE⁴⁴],还有"䇔"[gəʔ²³]。

"哀"和"弯"相对,"哀"表近指,"弯"表远指。例如：

哀件是红葛,弯件是蓝葛。
哀搭无不_{这里没有},要到弯搭_{那里}去寻。

"䇔"比较特殊,表示泛指,但不表示明确的远近。说话人如要明确指称远、近,就分别用"弯""哀"。如果不想或无法确定远近,只是随意指称某事物,则多用"䇔"。"䇔"与"哀""弯"属于不同层次。

---

① 参见张维佳:《山西晋语指示代词三分系统的来源》,《中国语文》,2005年第5期。

江苏海门方言的指示代词系统更加复杂。按照是否区别远近,可分为定指词与指别词。定指词是不别远近的指示代词;指别词是区别远近的指示代词,分为近指词、远指词、更远指词三小类,见表5-2。

表5-2　江苏海门方言的指示代词系统

定指	指别		
	近指	远指	更远指
其、葛	即;降;即其;即葛;降葛;降即	葛;杠;杠其;杠葛	爱;爱其;爱葛

单音节基本指示代词有"其""即""葛""降""杠""爱"六个。"其""葛"不区别远近,主要用于单指某一确定的对象。"即""降"是近指词,"葛""杠"是远指词,通常配对使用,指别两个远近距离不等的对象,其中"葛"仅在与近指词对举时表远指。"爱"是更远指词。

双音节基本指示代词中,"即""降"开头的是近指词,"杠"开头的是远指词,"爱"开头的是更远指词。如:

降其还有用场个嘞_{这还有用呢},爱葛种一淘掼脱特好个特_{那种全部扔掉算了}。

即个徒弟要比杠个崭劲_{这个徒弟要比那个勤快}。

由此可见,分析方言中的指示代词时,可根据使用环境与功能进行区分。分出大类后,再看内部成员间的差异,例如表示所指距离远近的指别词,是二分还是三分。要注意广泛搜集相关例句,全面考察句法环境,才能准确区分用法。

再如江苏泰兴方言的程度副词"蛮""顶""嫌",均表程度高,且都只能作状语,不能作补语。但三者所表程度高低有差别,由高到低依次是：嫌(程度过分)＞顶(相当于普通话的"最")＞蛮(和普通话"很"的意义相当)。三者虽都可作状语，但修饰对象不同。"蛮"修饰性质形容词、部分心理动词及动词短语，必须与"的"连用，不能单独修饰行为动词。如：

粥是才盛的，蛮烫人的。
那个碗蛮大的。
他格(这)两天念书蛮用心的。
格(这)个伢儿(孩子)蛮惹惯(讨人喜欢)的。
我其实蛮欢喜(喜欢)你的。
格(这)人说话确实蛮伤人的。

"顶"可修饰形容词、动词、方位词等。如：

他是家里顶细(最小)的伢儿(孩子)。
格(这)个伢儿(孩子)顶欢喜(喜欢)吃糖。
我家就住在庄上的顶(最)东头，一问就到。

"嫌"一般修饰性质形容词，表示程度过分，有委婉否定的意味。如：

空调开得杠啊(这么)高，嫌热(太热了)！
格(这)歇个(时候)来，嫌晏啵(太晚了)！
他过日子嫌省(太节省了)！
今朝(今天)中上(中午)吃嘎得嫌饱(太饱了)。

内部比较还应考虑到新老差异。方言语音有新老派之分,词汇有新旧差别,语法也会形成新老差异。如徐州方言形容词前的状语位置的程度副词,老年人不用"很",不说"她很能干",而说"她挺能干(的)/她可能干(了)",青年人中则出现了"她很能干"的新说法。

(二) 词缀的形式与功能

附加词缀是汉语方言常用的构词和构形手段。根据位置可将词缀分为前缀、中缀和后缀。汉语方言词缀丰富多样、功能各异、系统性强。特别是单音节动词、形容词后缀,数量多、使用频率高、具有能产性。下面分别介绍汉语方言前缀、中缀、后缀的研究思路与方法。

1. 前缀

普通话前缀不太多,较常见的有"老""第",如"老虎""第一",但汉语方言中有不少能产性极高的前缀。"阿"广泛见于吴语、闽语、粤语等南方方言,如上海话亲属称谓"阿奶""阿爸""阿叔""阿哥",厦门话、广州话的称呼语"阿英""阿兴""阿雄"等。"毛"常见于北方官话,如称小孩为"毛娃""毛孩儿""毛蛋",也可用于称人"毛英""毛兴""毛祥"。晋语前缀"圪"用法多样,语法意义丰富。本节以"圪"为例,介绍如何描写和分析前缀。

"圪"头词①有名词、量词、动词、形容词、象声词等。名词一般指称较小的事物,如"圪虫"_{小虫子的统称}""圪洎_{小坑儿}""圪渣_{东西的碎渣儿}""圪尖_{东西的尖儿}"等。量词的小称义与所修饰的名词有直接关系,如"圪都"指蒜的量,"圪抓"指葡萄、毛发的量。动词常表动作,例如"圪

---

① 有些"圪"头词是单纯词,"圪"不是前缀,只是表音词头。前后两个音节均为不成词语素,无法单独表义。如"圪老_{角落}""圪榄_{细棍棒}""圪料_{翘,扭曲,不顺,不舒服}"等,实际上是"分音词"。

搅来回搅拌""圪走慢慢走一走""圪摇小幅度摇动"。形容词多描述状态或感觉,如"圪瘆心里发瘆的感觉""圪影恶心的感觉""圪探探小心巴结的样子",带有厌恶、不快的感情色彩。象声词如"圪噔""圪吱""圪炸炸""圪叭叭""圪嚓圪嚓""圪嘣圪嘣"等,无特殊语义色彩。

"圪"头词的形式为"圪+X","X"既可以是不成词语素,也可以是成词语素。当 X 为不成词语素时,必须加上"圪",如"圪蚤跳蚤"。当"X"为成词语素时,有两种情况。一是"圪"只作为补足音节构成双音节词,不改变"X"的词义,如山西太谷方言①名词"圪洞洞""圪梁山坡",量词"圪截截""圪堆堆""圪卷卷",形容词"圪涌流动物满溢的样子"。二是"圪X"与"X"意义不同,但存在相关性,如山西朔州方言"蛋"本身只指禽类的蛋,但"圪蛋"指球形或块状的物体,"针"指缝衣服的器具,而"圪针"指荆棘、酸枣树等植物上的刺。

当"X"是动词时,"圪 V"与"V"语义不同。"圪 V"既可指量增,动作反复或持续,也可指量减,动作幅度小、时间短。例如靖边方言"地今天没拖,不要圪趴在那上","圪趴"指一直趴着;"我圪仰一阵儿就起身","圪仰"指短暂休息,稍微躺一躺。还可表随意貌,如"他圪夹起一本书就听课去了","圪夹"指随手一夹。相比 V,"圪 V"增加了持续、短暂或随意等意义。

---

① 太谷方言语料引自马启红:《太谷方言"圪"字研究》,《语文研究》,2008 年第 4 期;清徐语料引自潘耀武:《清徐方言志》,山西高校联合出版社,1990 年;神木语料引自邢向东:《神木方言研究》,2002 年;平遥语料引自侯精一:《现代晋语的研究》;藁城语料引自杨耐思、沈士英:《藁城方言里的"们"》,《中国语文》,1958 年第 6 期;合阳语料引自邢向东、蔡文婷:《合阳方言调查研究》,中华书局,2010 年;陇西语料引自朱富林、包妍、吕倩倩:《甘肃陇西方言的子尾与儿尾》,《方言》,2021 年第 4 期;万荣语料引自吴建生:《万荣方言的"子"尾》,《语文研究》,1997 年第 2 期;东台语料引自蔡华祥:《东台方言的后缀"儿"和"儿+子"》,《中国语文》,2014 年第 3 期;娄底语料引自颜清徽、刘丽华编纂:《娄底方言词典》,江苏教育出版社,1998 年;惠东客家方言语料引自周日健:《广东省惠东客家方言的语缀》,《方言》,1994 年第 2 期;韩城语料引自〔日〕秋谷裕幸、徐鹏彪:《韩城方言调查研究》,中华书局,2016 年。

"X"还可以是一个更复杂的成分。山西清徐方言有"圪 V 一 V"式，如"圪要一要_{稍微玩一会}"。太谷方言有"圪 AA"式，如"圪台台_{较平的一小块地方}""圪丝丝_{小细丝，碎屑}"。"圪 X"还可以重叠或儿化，如河南辉县方言"圪挤圪挤_{往里挤一挤}"，神木方言"圪泊儿_{小水坑}"。分析复杂形式时，应注意与基式的对比，区分本义、词缀义和语境义，避免张冠李戴。

2. 中缀

汉语是否存在中缀，学界尚未取得共识。龙果夫、赵元任、胡裕树等认为汉语有中缀，但数量极少，大体上只有"糊里糊涂"的"里"、"酸不溜溜"的"不"、"看得见"的"得"。① 而刘叔新、祝鸿杰、周荐、王泽鹏等，否认"里""得""不"的中缀资格，认为不能轻易判定现代汉语有中缀。②

汉语方言是否存在中缀，也是一个值得探讨的问题。广东惠东客家话"晡"可嵌于词中，构成时间名词，如"今晡日_{今日}""介⁼晡墟_{那个集市的日子}"。韩城方言"不""圪""里"都是高度虚化的构词成分，起填衬音节、和谐韵律的作用，如"臭不哄哄_{形容很臭的样子}""软不塌塌_{形容很软的样子}""硬圪梆梆""脆圪生生_{形容食物脆而酥，口感很好}""木里木囊_{形容行动迟缓、慢腾腾的样子}""稳里稳当"等。这些成分能否看作中缀，有待进一步研究。

3. 后缀

汉语方言的后缀丰富多样、功能各异。官话方言名词后缀有"儿""子""头"，形容词后缀有"乎""巴"等。南方方言有"头""仔（崽）""佬"等。形式相同的后缀，在不同方言中使用范围和频率也有差异。

---

① 参见〔俄〕龙果夫：《汉语的结构单位》，《中国语文》，1959 年第 5 期；赵元任等：《汉语口语语法》，商务印书馆，1979 年；胡裕树：《现代汉语》，上海教育出版社，1995 年。
② 参见刘叔新：《汉语描写词汇学》，商务印书馆，1990 年；祝鸿杰：《汉语词缀研究管见》，《语言研究》，1991 年第 2 期；周荐：《汉语词汇研究史纲》，语文出版社，1995 年；王泽鹏：《现代汉语的中缀问题》，《烟台师范学报》，1998 年第 4 期。

如复数后缀"们",官话方言区较为常见,北京话基本只用于指人名词,山西平遥、藁城方言则可与动物、事物搭配,如平遥说"汤汤水们""烂东西们",藁城说"小鸡们""衣服们"。

"子"是一个广泛分布于汉语各方言区的后缀,尤其是江淮官话,"子"的组合能力非常强。亲属称谓,除"婶子""嫂子""儿子""孙子""侄子"以外,还有"弟子""妹子""叔子""伯子""姑子""姨子""舅子"。肢体名称如"胃子_胃""肺子_肺""皮子_皮肤""瞳仁子""嘴唇子""胳肘子""屁头子_屁股"。动物名称如"狮子""蚊子""牛子""八哥子""蜻蜓子_蜻蜓""鸡子_鸡""蛆子""蚕子_蚕"。普通话很少见"子"尾的时间名词,而江淮官话有"今朝子""明朝子""今年子""明年子""多会子_什么时候""今晚子""年晚子_除夕"等。人名和地名也可以加"子"。人名加"子"限于第二个字是"大""小""二""三"等表顺序的字,如"王大虎子""李二庆子""刘三多子""赵小琴子",给人一种亲切感。地名加"子"限于村镇名,如"王集子""张圩子"。词组也可以加"子",如"怕人子""喜人子""讨厌人子""六年级子""家庭通知书子""你们子""他们子"。江淮官话"子"的生命力极强,近现代新出现的名词亦带"子"尾,如"墨水子""号码子/号头子""年级子""录音机子""电话线子"。

"子"缀有成词、转类、变义等功能。成词作用体现为词根不能单说,必须加"子",上述所举例子基本如此。转类作用表现为附加于动词、形容词后,构成名词。江苏泰兴方言"动词+子""形容词+子"多为名词,如"捻子_灯芯""捂子_热水袋""撑子_撑船竹竿""纽子_纽扣""蛮子_北方人对南方人的贬称""白子_蛋白""黄子_蛋黄""驼子_驼背的人"。陕西合阳方言"子"附于单音节形容词重叠式后,构成"AA 子"式状态名词,表示事物的形状、姿态。如"光光子"表示"光滑没有修饰的状态、东西","横横子"表示"横着放的状态、东西","反反子"表示"方向、位置反着的状态、东西"。变义功能体现为加缀形式与词根所指事物不同。山西万荣方言"车"一般指机动车，"车子"特指自行车；"布"指棉麻织品，"布子"特指尿布；"自家"指自己，"自家子"指同宗族的人。

"子"缀还可附加色彩义。甘肃陇西方言的"子"尾词，多带消极义，表轻蔑、嫌恶等。如"背阴子"指"运气不好或智力不健全的人"，"变言子"指"说外地话的人"，"老釉子"指"老滑头"。

南方方言普遍存在"仔""崽""囝"等后缀形式，虽然与"子"形式不同，但语义、功能相近，均可在名词、动词、形容词、量词等成分后做附加成分，有区别词义、改变词性、附加感情色彩等作用，可作比较研究。

（三）重叠现象研究

很多汉语方言都采用重叠作构词和构形手段。有的方言名词重叠大致相当于名词加子尾或儿尾，如贵阳方言用重叠不用儿尾。有的方言既有重叠，又有子尾、儿尾，如太原方言、平遥方言。有的方言不使用重叠作为语法手段，如广州话、温岭话。不同方言的重叠式在结构形式、语法功能、涉及的词类范围等方面存在一定差异。

描写分析方言的重叠现象，首先应穷举方言中能够重叠的所有词类及其形式，探讨其意义与功能。以苏州方言为例，名词、量词、动词、形容词、副词均可重叠。名词重叠主要见于亲属称谓，如"爹爹_{爸爸}""囡囡_{对孩子的昵称}"；还可表示较小的事物，如"洞洞_{窟窿}""脚脚_{器皿底部剩余的渣滓}""眼眼_{眼儿}"。量词重叠表周遍义，如"只只_{每只}""趟趟_{每趟}"。苏州话动词重叠形式丰富，功能多样，使用频率高。最常见的是单纯重叠 AA 式，如"看看""望望""揿揿_{揿，用手按}"，主要表示短时、少量；还有四叠式 AAAA，如"看看看看""做做做做""吃吃吃吃"，表动作、行为持续进行；双音节动词重叠用 ABAB 式，如"带看带看_{顺带照看}""打听打听""修浥修浥(修理)"。动词重叠后可带宾语或补语,表尝试义,如"啯啯嘴(漱口)""问问讯""寻寻开心""吃吃脱""烧烧熟""汏汏清爽";若后加结果补语则表完成,如"立立好(站好了)""拿杯酒呷呷脱(把酒喝了)"。还有"A 勒 A"和"A 法 A 法",如"挥勒挥""荡勒荡""挥法挥法(甩啊甩)""碰法碰法",其中的动词动作性较强,表示动作重复,速度较慢。"A 法 A 法"略带随意、幽默等色彩。形容词重叠最常见的是 AABB 式,如"清清爽爽(清爽)""笃笃定定(笃定)""好好坏坏(好的和坏的)""长长短短(长的和短的)"。单音节形容词重叠不可单用,主要形式有"A 完 A 完""A 透 A 透""AA 叫",如"好完好完""长透长透""慢慢叫""好好叫"。前两者表示程度较高,能产性较强;"AA 叫"式能产性不高,只限于少数口语常用词。副词重叠表程度加深,如"最最甜""蛮蛮好""顶顶强"。还有一些固定搭配,如"绷绷硬""生生青""索索破""塌塌溚(形容满得要溢出)"。

在描写分析过程中,还应注意以下几点。

1. 区分重叠式的构词、构形功能

二者的主要区别在于构词产生新词,构形不产生新词。构词有两种情况。一是不成词语素重叠,如"蛐"重叠为"蛐蛐"。二是成词语素重叠,如山西运城方言①"山山(的)(质朴、粗糙)""水水(的)(含水分多、清脆)",名词

---

① 运城方言语料引自吕枕甲:《运城方言重叠式的韵律特征》,《语言研究》,1988 年第 2 期;忻州语料引自侯精一、温端政主编:《山西方言调查研究报告》;大方语料引自李蓝:《贵州大方方言名词和动词的重叠式》,《方言》,1987 年第 3 期;昆明语料引自张宁:《昆明方言的重叠式》,《方言》,1987 年第 1 期;丹江语料引自苏俊波:《丹江方言语法研究》,中国社会科学出版社,2021 年;洛阳语料引自詹伯慧、李如龙、黄家教、许宝华:《汉语方言及方言调查》;潮阳语料引自张盛裕:《潮阳方言的连读变调》(一),《方言》,1979 年第 2 期;贺县语料引自邓玉荣:《贺县客家话量词的衍音重叠》,《广西梧州师范高等专科学校学报》,1998 年第 4 期;淮浜语料引自叶祖贵:《汉语方言中的两类"VV"式动词重叠》,《汉语学报》,2020 年第 2 期;苏州语料引自汪平:《苏州方言的重叠式》,汪国胜、谢晓明主编《汉语重叠问题》,华中师范大学出版社,2000 年;泉州语料引自林华东:《泉州方言研究》,厦门大学出版社,2008 年。

重叠后构成形容词。忻州方言"盖盖_盖子""擦擦_擦子",动词重叠后构成名词。通过重叠改变词性,产生新词。再如陕北晋语"面"的重叠式"面面",由专指"面粉"变为泛指"性状与面粉相近的细小颗粒物",通过重叠改变词义,产生新词。

构形只附加语法意义、色彩意义等,不改变词性。名词重叠常表遍指或统指,如贵州大方方言"门门道道"表示"各种方法和底细","根根底底"表示"全部主意"。方位名词重叠多表示程度的加深,如云南昆明方言"那那边_最那边""中中间_最中间"。动词重叠主要表示动作、行为的动态特征,如昆明方言"这匹马性子烈,我来骑骑(瞧)"中,"骑骑"表动作幅度小、时量短,带有随意、尝试色彩。湖北丹江方言"说说,他一下子哭起来","说说"表动作、状态的持续。洛阳方言"他坐坐儿坐着,连一点儿忙也不帮","坐坐儿"作状语,表程度加强,且附加悠闲自得的色彩。

有些方言的重叠式兼具构形、构词功能,容易混淆,需从句法、语义等角度加以辨析。以广东潮阳方言为例,单音节动词重叠后作状态形容词,独立充当谓语,是构词重叠,如"鼻塞塞_鼻子不通气儿""目汁流流_形容流眼泪";重叠式必须与补语共现,表动作持续、反复,是构形重叠,如"扫扫清气_扫干净""坐坐落去_坐下去""舒舒直_铺平"。

2. 分析重叠类型与形式

重叠可分为完全重叠和变形重叠两种类型。完全重叠中,基式与重叠式同音,汉语方言的大部分重叠式均属此类。变形重叠则多伴随变声、变韵、变调等音变现象。例如北京话的单音节形容词重叠式"好好_儿"和"慢慢_儿","好""慢"本调分别为上声、去声,但重叠后,后字一律读阴平。广西贺县方言量词"窦"重叠为"窦漏_一大窝(细人、猪仔)","碟"重叠为"碟猎_{一小碟(菜)}","漏""猎"是"窭""碟"的音变形式,声母变读为[l]。

从形式上看,同一基式可能有两叠、三叠乃至多叠式,重叠次数的不同可表示不同的性状义、程度义、时体义。单音节动词的多叠式可表示动作持续的时间长,如苏州方言的四叠式"讲讲讲讲笑起来哉_{说着说着笑起来了}"。福建泉州方言的单音节形容词除 AA 式之外,还有 AAA 式、AAAA 式甚至 AAAAA 式,重叠次数越多,事物的性质、状态所达到的程度越深。如:晒甲乌乌_{晒得黑黑的};晒甲乌乌乌_{晒得很黑};晒甲乌乌乌乌_{晒得非常黑};晒甲乌乌乌乌乌_{晒得非常非常黑}。

重叠式可附加不同成分,要重点分析这些附加成分带来的语义和功能差别。如湖北丹江方言"一 AA(儿)"表示"数量少",如"一点点钱""一块块糖",相比"一点钱"和"一块糖"所指的量要小;但"一 AA 子"却表示"大、多",如"一车车子人""一锅锅子饭"。陕西靖边方言的颜色形容词重叠式"白生生""蓝盈盈""红丹丹"等,插入"圪"后增加了生动、亲切、喜爱等色彩,如"白圪生生""蓝圪盈盈""红圪丹丹"。

3. 探讨重叠式的句法功能和语义特征

句法功能包括充当句子成分的能力、与其他成分的组合能力等,语义分析关注在不同句法环境中呈现出的语义特征。以江苏扬州方言的动词重叠式"VV 的"为例。扬州方言单音节动词重叠后不能单用,必须加"的"。"VV 的"[①]主要呈现、描摹人或事物的动作状态,可作谓语、补语、状语等,如:

街上人奔奔的_{走来走去的},都忙到_着早点个家_{回家}去过年。(作谓语)

---

① 例句引自陆勤:《扬州方言重叠式研究》,《南京师范大学文学院学报》,2011 年第 4 期。原文无释义。此处释义为作者与扬州当地人核实后所加。

他力气大,这么点个东西保险抬得飞飞的_像飞起来一样快_。(作补语)
生了一盆炭火,烘烘的_热气不停烘烘冒出的样子_来了。(作状语)
门口正在吵吵的_吵个不停的_老头子是主任的丈人。(作定语)
咳咳的_咳嗽咳个不停的_是哪一个啊?(作主语)

　　无论作哪一种句子成分,"VV 的"在语义上一般指向 V 的施事。作谓语、补语、宾语、状语,V 的施事在主语位置上;作定语,V 的施事在中心语位置上;作主语,V 的施事常在宾语位置上。"VV 的"表示的状态以某种动作为基础,是对某个具体动作做高频率重复,或以急速的方式、急切的心情进行某个具体动作所形成的状态①,表达的动作量是"大量"的。

　　汉语方言词法手段多样,除附加词缀外,各类重叠以及变韵、变调等语法音变,也是构词、构形的常见途径,在方言词法的调查、描写和分析中,也需多加注意。

二　句法描写与分析

　　句法研究对象包括句子的成分、结构、类型等,关注句式、句类、句中成分的句法分布和语义功能等。本节主要探讨汉语方言特殊句式、构式、句类的分析方法。

(一) 句式与构式分析

　　句式是具有一定语法意义的结构格式。汉语方言句式研究主要考察句法结构和语法意义的对应关系、整个句式的语用功能等。常

---

①　参见朱景松:《扬州话单音动词的生动重叠》,《中国语文》,1993 年第 3 期。

见句式有比较句、被动句、处置句、存现句等。汉语方言还存在许多特殊构式①,如江淮官话"连 V 是 V"、青岛方言"害+V/A"、张家口方言"还得 VP"等。本节以比较句、被动句、"连 V 是 V"构式为例,介绍汉语方言句式研究的思路与方法。

1. 比较句

比较句表示比较对象在程度、性状、数量等方面的关系,由比较主体、基准、比较结果、比较标记构成。② 汉语方言比较句可分为差比句、等比句等。差比句表示比较对象在程度、性状、数量等方面存在差异,如北京话"我比他高",表示"我"和"他"在"高"这一性状上存在差异。等比句表示比较对象在程度、性状、数量等方面相同,如山西平鲁方言等比句"我和他一般儿高""这个棍子跟那个一般儿长"等,表示比较对象在某种程度上相同。

差比句是汉语方言比较句的重要类型之一,表现形式丰富。考察某一方言的差比句时,需重点考察语序类型、不同比较参项的具体内容等。汉语方言差比句的语序类型主要有八种③:

(1) 比较主体+比较标记+比较基准+比较结果

北京④:他比你高。

---

① 构式的形式与意义——对应,构式义是句子的整体意义,不能从构成成分中获得。具体参看 Adele E. Goldberg, *Constructions: A Construction Grammar Approach to Argument Structure*, University of Chicago Press, 1995。
② 参见李蓝:《现代汉语方言差比句的语序类型》,《方言》, 2003 年第 3 期。
③ 参见上文。
④ 差比句中,漳州、广东电白沙琅、浙江武义、甘肃临夏方言的例句分别引自施其生:《闽南方言的比较句》,《方言》, 2012 年第 1 期;黄婷婷:《广东丰顺客家方言的差比句》,《方言》, 2009 年第 4 期;张赪:《从汉语比较句看历时演变与共时地理分布的关系》,《语文研究》, 2005 年第 1 期;王森:《甘肃临夏方言的两种语序》,《方言》, 1993 年第 3 期。其他方言例句引自李蓝:《现代汉语方言差比句的语序类型》。

上海：朝东房子比朝西房子好。
湖北大冶：我把渠长 我比他高。
湖南长沙：咯只比那只好 这个比那个好。
贵州大方：我赶比你高 我比你高。

还可在比较结果后加数量词，如朔州方言"这根棍子比那根棍子长一寸""我比他高三厘米""这个苹果比那个苹果大些儿"。

（2）比较主体+比较结果+比较标记+比较基准

广东广州：老公高过佢好多 丈夫比她高很多。
湖南益阳：他高咖你蛮多 他比你高很多。
湖北英山：你的儿强似他的儿 你的儿子比他的儿子好。
湖北黄冈：一个拐似一个 一个比一个坏。

（3）比较主体+比较标记+比较结果+比较基准

福建厦门：伊较好我 他比我好。
福建泉州：汝恰悬我 你比我高。
福建漳州：我恰躷伊 我比他高。

这一类型仅见于福建闽语，还可在比较结果后加数量词，如厦门方言"我较加伊三岁 我比他大三岁"。

（4）比较主体+比较标记+比较结果+比较标记+比较基准

广东丰顺：梅县较冷过汤坑 梅县比汤坑冷。

自家屋家较舒服过唔知里位_{自己家比哪儿都舒服。}

广东电白沙琅:老弟较高过大佬_{弟弟比大哥高。}

这一类型的差比句有两个比较标记,分别是"较""过"。

(5) 比较主体+比较标记+比较基准+比较标记+比较结果

广东丰顺:梅县比汤坑较冷_{梅县比汤坑冷。}
广东梅县:佢比你过高_{他比你高。}
福建大田:伊比我恰悬_{他比我高。}
福建莆田:伊并我会悬_{他比我高。}

(6) 比较主体+比较结果+比较基准

上海:辫个小孩日长夜大,真是一日大一日_{这个小孩日夜都在长,一天比一天大。}
福建泉州:我勇汝_{我比你健壮。}
福建厦门:我矮伊_{我比他矮。}
湖南吉首:我高他_{我比他高。}

这种类型的比较句没有比较标记。

(7) 比较基准+比较标记+比较主体+比较结果

浙江天台:小王是小李长_{小李比小王高。}
倒阿是坐阿好过_{坐着比躺着舒服。}
浙江武义:小姑还大姑好_{大姑比小姑好。}

(8) 比较主体+比较基准+比较标记+比较结果

青海：我你哈高着 我比你高。

甘肃临夏：我□[tɕiɛ⁴⁴]他哈比不过 我比不过他。

汉语方言的比较标记丰富多样，除了常见的"比""较""过"等，还有很多，例如：

宁夏同心：今儿赶昨儿强多了 今天比昨天好多了。

陕西西安市鄠邑区：这个扁兀个强 这个比那个好。

湖南益阳：他高咖你蛮多 他比你高很多。

湖北黄冈：一个拐似一个 一个比一个坏。

福建福州：我好啊汝 我比你好。

河北定兴：他凭我强 他比我好。

浙江嘉善：小红傍小李漂亮 小红比小李漂亮。

等比句与差比句语义构成基本相同，区别在于差比句表示程度、性状等存在差异，而等比句表示程度、性状等相同。汉语方言等比句的表达形式一般为"A+连词+B+性状词"，但其中的连词有所差异[①]，例如：

上海：我搭侬一样高 我和你一样高。

广东梅县：𠊎同你一般高 我和你一样高。

---

① 上海、梅县方言例句引自詹伯慧、李如龙、黄家教、许宝华：《汉语方言及方言调查》；广州、厦门方言例句引自李如龙：《汉语方言学》(第二版)。

广东广州：我同你一般高 我和你一样高。
福建厦门：我合汝平平悬 我和你一样高。
山西平鲁：我和他一般儿高。

2. 被动句

被动句表示某事物被动地受到其他事物的影响，从而产生某结果。句子成分包括施事（动作的发出者）、受事（动作对象）、动词、被动标记（引出施事者的介词）等。根据有无被动标记，汉语方言的被动句分为两类：有标被动句和无标被动句。"有标被动句"指句中有明确的被动标记，如北京话中的"被""叫""让""给"，广州话中的"畀"，厦门话中的"互"，梅县话中的"分"，上海话中的"拨"等。

分析有标被动句时，主要考察被动标记、被动句的结构和语义语用功能等。一个方言可能存在多种被动标记，如湖北随县①有"着""尽""把到"等。例如：

挖草药，他又着蛇咬到了 他又被蛇咬了。
麦种尽老鼠子吃了 麦种被老鼠吃了。
衣裳把到老鼠子咬坏了 衣服被老鼠咬坏了。

广西阳朔县葡萄乡平话被动标记有"捱""给""着"，如：

---

① 广西阳朔葡萄乡平话和钟山董家峒土话例句分别引自梁福根《桂北平话与推广普通话研究——阳朔葡萄平声话研究》，广西民族出版社，2005年；邓玉荣《广西钟山董家峒土话》，商务印书馆，2019年。除以上两地方言及晋语外，被动句的例子均引自詹伯慧、李如龙、黄家教、许宝华《汉语方言及方言调查》。文中不再一一说明。

他捱人家冲了一石头_{他被人家碰了一石头}。
莌大树给大风吹断了_{大树被大风吹断了}。
他着狗咬了_{他被狗咬了}。

广西钟山董家垌土话被动标记有"分""着",如:

新取嘅单车就分渠搞烂了_{新买的自行车就被他弄烂了}。
马善分人骑,人善分人欺。
渠着送去了医院_{他被送去了医院}。

以上均为有标被动句。研究有标被动句,需归纳结构类型。以北京话为例,有标被动句的结构类型主要有三种。

(1) 受事+被动标记+施事+动作行为

我被他打了。
小明叫他爸骂了一通。
这片林子让大火烧光了。

(2) 受事+被动标记+动作行为

他被打了。
衣服给淋湿了。
钱包被偷走了。

（3）受事+被动标记+施事+介词"给"+动作行为

我的茶杯叫人给打烂了。
地里的庄稼被羊给吃完了。
自行车让他给骑走了。

被动句常表消极的、说话人主观上不希望发生的事，如"我的茶杯叫人打烂了""地里的庄稼被羊给吃完了"。当表示使人愉快的、如意的内容时，一般直接陈述事实，如"老师表扬他了"。

无标被动句没有明确的被动标记，被动义隐含在句中，如：

脸晒红了。
鸡杀好了。
水烧好了。
水喝完了。

汉语方言的被动标记常具有多功能性，描写分析时要注意辨别。例如扬州方言"把"既可以作实义动词，也可以表被动，还可以表处置：

他把狗咬了一口 他被狗咬了一口。
我把钱把他了 我把钱给他了。

"他把狗咬了一口"中"把"表示被动。"我把钱把他了"，第一个"把"表示处置，第二个"把"是实义动词，表示给予义。这种同形的情况需特别注意，应认真区分、辨别。

3. "连 V 是 V"构式

考察构式时,应着重关注其结构形式、分布情况、语义类型及语用功能、形成过程等。以江淮官话的"连 V 是 V"①为例。江淮官话普遍存在"连 V 是 V"句,表示连续、持续不断做某事,该意义来自构式本身,其构成成分"连""是""V"都无法单独表达这一构式义。

"连 V 是 V"中的"V"大多为单音节动词,例如:

江苏南京:他连追是追,还是没得_{没有}追上。
江苏如皋:他连吃是吃的,吃相难看嘞。
江苏江都:他连栓_跑是栓,还是不曾_{没有}赶上那趟车。
安徽天长:这几天雨连下是下的。
湖北孝感:他连跑是跑,终于赶上了火车。

一些双音节动词或动宾词组也能进入该构式,例如:

江苏如皋:他连打招呼是打招呼的,客气叨没得魂_{客气得不得了}。
江苏兴化:我无意碰呃他_{我不小心碰了他},连招呼是招呼的也不行_{一直打招呼也不行}。
江苏南京:家里头人_{家人}连商量是商量_{一直不停商量},想赶快找到法子_{方法}。

"V"一般具有[+动态]、[+持续]的语义特征,如"跑""跳""吃"等动

---

① "连 V 是 V"的描写、分析参见薛力玮:《南京方言动词重叠式比较研究》,南京大学硕士学位论文,2020 年。兴化方言语料引自张丙钊:《兴化方言志》,上海科学院出版社,1995 年。其余语料为调查所得。

作性强的动词,都能进入该构式;判断动词、能愿动词、心理动词、存现动词等则不能进入,如不能说"*连会是会""*连想是想""*连有是有"等。

"连 V 是 V"的动作发出者不同,其构式义也会发生变化。当动作发出者是生命体时,主要表示连续快速地做某动作;当动作发出者是非生命体时,构式的主观性强,表现说话人的不满。例如南京方言"他连爬是爬,爬到了门口",表示一直快速地爬;"黄梅天雨连下是下的,洗的衣服都干不了""这倒头_该死的_雪连下是下的"表示对雨和雪下个不停的不满。

随着调查研究的深入,越来越多的方言特殊句式和构式得到了描写和分析。还有很多研究尝试运用新的理论和方法,解释其形成机制和演变轨迹。

(二) 句类分析

根据所表示的语气,句子可分为陈述句、疑问句、祈使句和感叹句四种类型。汉语方言的句类形式多样,如反复问句可分为两类:"VP 不 VP"和"可 VP"。每类又包括不同的句式变体,"VP 不 VP"有"V 不 VP""VP 不 V""VP 不"等形式,"可 VP"有"阿 VP""还 VP"等形式。

"VP 不 VP"类反复问句分布地域很广,北方官话、西南官话、吴语等均有分布。如山东曲阜[①]:"他能来不?"湖北武汉:"你看电视的时候开不开灯啊?"上海:"侬去勿去?"

"可 VP"类反复问句主要分布在江淮官话、西南官话和吴语等方

[①] 山东曲阜方言语料引自罗福腾:《山东方言里的反复问句》,《方言》,1996 年第 3 期;湖北武汉语料引自赵葵欣:《武汉方言语法研究》,武汉大学出版社,2012 年;上海语料引自游汝杰:《吴语语法的历史层次叠置》,《语言研究集刊》第二辑,上海辞书出版社,2005 年;云南昆明语料引自朱德熙:《汉语方言里的两种反复问句》,《中国语文》,1985 年第 1 期;河南固始语料引自汪化云、李倩:《河南固始方言的"可"字句》,《方言》,2013 年第 4 期;广东封开南丰语料引自侯兴泉:《广东封开南丰话的三种正反问句》,《方言》,2005 年第 2 期。其他方言语料为调查所得。

言中,如江苏南京"阿要辣油啊?"、泗洪"你可吃过?"、云南昆明"你格认得?"、江苏高淳"你格愿意做?"等。此外,河南固始、广东封开南丰等地方言也有少量分布,如固始方言"昨个可晴天?"、南丰方言"你阿见过李平?"。

分析"可VP"问句时,首先应考察其具体表现形式。根据"可"在不同方言中的形式,归纳总结其表现类型。如苏皖地区"可VP"有"可VP""个VP""还VP""阿VP"等多种形式:

安徽霍邱:你可喜欢吃西瓜_{你喜不喜欢吃西瓜}?
江苏泰兴:你个吃羊肉啊_{你吃不吃羊肉}?
江苏睢宁:老王还知道_{老王知不知道}?
江苏苏州:俚唱得阿灵_{他唱得好听吗}?

"可VP"问句中"VP"的类型多样:

江苏泰兴:个晓得嘎_{你知不知道}?
江苏睢宁:你还去家_{你回不回家}?
安徽蚌埠:今个可星期三_{今天是不是星期三}?

泰兴方言"VP"是双音节动词"晓得",睢宁方言"VP"是动词短语结构"去家",蚌埠方言"VP"为名词"星期三"。

其次,分析"可VP"问句的句法功能。"可VP"主要作谓语,还可以作宾语、状语和补语,例如:

江苏南京:你阿吃饭_{你吃不吃饭}?(动词性谓语)

天阿亮啦_{天亮没亮}?（形容词谓语）
我不晓得阿要去_{我不知道去不去}。（宾语）
江苏泰兴：今朝个是星期一_{今天是不是星期一}?（谓语）
我不晓得个是小王_{我不知道是不是小王}。（宾语）
江苏苏州：倷阿应该去_{你应该去吗}?（状语）
哀个衣裳买得阿贵_{这件衣服买得贵吗}?（补语）

除分析"可VP"的表现类型和句法功能外，句子的语义功能也是重要的考察内容。考察"可VP"的语义功能时，不能笼统地认为这一句类仅表示疑问功能，应具体问题具体分析。以霍邱方言的"可VP"问句为例，"可VP"问句后能加句末语气词，区分时体义，例如：

小王可走_{小王走不走}?
小王可走来_{小王走了吗}?
小王可走了_{小王走了吗}?

不加句末语气词时，通常表示对未然事件提问；加语气词"来""了"表示对已经开始实施或已经完成的动作进行提问。

"可VP""可VP来""可VP了"的语义存在区别，说话人的期待和预设不同，例如：

小王可去北京?
小王可去北京来?
小王可去北京了?

"可 VP"和"可 VP 了"句式,说话人没有倾向和预设判断,"VP"和"不 VP"的几率各占一半。而"可 VP 来"有倾向性,说话人已经有了一定的预设,如"小王可去北京来",说话人更倾向于认为"小王去了北京"。

当 VP 为形容词或者具有属性义的动词时,"可 VP"不具有倾向性,询问未知行为。例如:

跑得可快_{跑得快不快}?
*跑得可快了?
*跑得可快来?

汉语方言疑问句类型丰富,调查时应着重考察其具体表现形式、句法功能、语法意义和语用意义等。陈述句、祈使句、感叹句也是方言句法描写、分析的重要内容。在详尽、细致的调查基础上,需广泛吸收新的理论、方法,深入挖掘、阐释句类系统的内部规律。

(三) 虚词分析

虚词是汉语重要的句法手段,与句子的功能、意义关系密切。虚词形式与功能的差异,是方言间最常见、最细微的,也是最复杂的。若以某一虚词为研究对象,应设计专门的、详细的调查表,获取充足语料,全面分析其用法、功能。

虚词出现的句法环境,如句中位置、组合能力等,是虚词研究的重要内容。出现的位置不同、共现的成分不同等,意义都会有差异。以盐城方言[①]"住"为例。"住"可用于多种句法环境,与不同的句法成分组

---

① 盐城方言语料引自蔡华祥:《盐城方言研究》,中华书局,2011 年;平和语料引自庄初升:《闽语平和方言的介词》,《韶关大学学报(社会科学版)》,1998 年第 4 期。

合。用在表进行的句子中,句末一般有语气词"呢",动词前常出现副词"紧呃正、正在"[tɕin³³ŋə⁰]或表处所的介词结构"在(那/这)块"。例如:

外头下住雨呢正下雨呢,外去要穿雨衣。
小王来的时候,我紧呃打住电话呢正打电话呢。

"V住"后一般有宾语,形成"V住O",表示与动作相关的事件正在进行。"V住了"连用,即"V_1住了V_2住了",表示两个动作同时进行。例如:

说住了笑住了。一边说一边笑。
走住了说住了。一边走一边说。
望住了吃住了。一边看一边吃。
拿住了喊住了。一边拿一边喊。

该用法与"V住O"中"住"表进行的用法应该有一定关联,只不过这里的"住"没有独立性,必须附着一个无意义的"了"[lə⁰]。"住了"一起附着于动词后,表示相关事件的进行。"V_1住了"与"V_2住了"的关系是并列的,两个动作的时间互为参照点,既显示了两个动作的同时性,又引申出两个动作的进行义。这里的V_1、V_2没有先后顺序的区别,因此使用中可互换位置而意义不变。例如:

笑住了说住了。
说住了走住了。

吃住了望住了。
喊住了拿住了。

"住了"用在动词或形容词的后面,表示相关的状态处于持续过程中,句末一般会出现语气词"呢"。例如:

门还开住了呢_{开着呢},你这昝_{现在}去还赶得上。
教室内里灯亮住了呢_{亮着呢},估计有人在。
棉袄还在他身上穿住了呢_{穿着呢}。
脸还红住了呢_{红着呢}。
被窝内里还暖住了呢_{暖和着呢}。

"门还开住了呢"表示门处于开的状态,"教室内灯亮住了呢"表示灯处于亮的状态。"V 住了"后不能出现宾语,受事宾语必须移到谓语前作话题或主语,句子才能够成立。

"住"可用在形容词后,后面一般要接数量成分。比如:

他比我高住两三公分。
这条裤子穿了身上短住一大截子。

这里"住"主要表示形容词和数量成分之间的连接关系,没有"住"以上说法也能成立,如:

他比我高两三公分。
这条裤子穿了身上短一大截子。

"住"可用于祈使句"V 住+点尕子"中,表示命令或提醒。例如:

过马路的时候望住点尕子车子_{看着点儿车}。
你能记住点尕子_{记着点}就好了。

"点尕子"意为"一点儿、一点点",本质上也是一种数量成分,与"形容词+'住'+数量成分"的格式很近似。

"住"用于某些介词之后,表示方式、方向。例如:

沿住大河边找_{沿着河边找}。
顺住_{顺着}大路一直朝前走。
对住_{对着}他说。
不能由住_{由着}他瞎来。

这里的"住"已经不是一个独立的虚词,而是作为语素来构成表示方式、手段的介词,其动作性已经不明显。

由以上分析可知,"住"可用于多种句法环境中。同时,即便是同样的句法格式,也可能表达不同的语义,在分析时需仔细甄别。

虚词往往具有多功能性,因此首先应将虚词的功能与形式对应起来。以福建平和方言介词"趁"为例。平和方言介词"趁"语义功能多样,除了表示利用条件或机会,还可表示经由、依据、方向与随同。

(1) 表示利用条件或机会

趁少岁着加读一些册_{趁年轻得多读些书}。

(2) 表示经由

趁即条大路行怀免外久就遘因兜_{沿着这条大路走不了多久就到他家}。
汝敢是趁漳州来_{你是不是途经漳州的}?

(3) 表示依据

汝着趁伊吩咐的去做_{你得按照他吩咐的去办}。
破病着趁先生讲的食药_{生病了就得按医生吩咐的服药}。

(4) 表示方向

即条溪流趁海的去_{这条河流往大海}。
汝趁晓去行一字钟就遘因兜_{你往那儿走五分钟就到他家}。

(5) 表示随同

伊细汉仔就趁侬落田做空课_{他小时候就跟人家下田干活}。
汝趁伊去_{你跟他去}。

由上例可见,"趁"可用于名词性短语、形容词或小句前,构成的"趁……"主要在谓语前作状语。细致考察"趁"的语义功能、句法环境,可为后续的进一步研究奠定基础。共时差异往往能够反映历时的演变,"趁"共时的多功能性实际上是历时演变的结果。

全面深入描写方言语法现象是研究工作的起点,细致分析方言的词法和句法,才能揭示它的真实面貌,为后续研究打好基础。注意采用比较的方法,特别是方言与普通话之间、方言与方言之间的横向比较,此外还应从历时角度考察某一语法现象的历史层次和发展脉络。

第三节 汉语方言语法的比较研究

比较研究是方言语法研究的重要组成部分。早期汉语方言语法研究的主要特征和思路,是以现代汉语语法系统为框架,调查、描写与共同语不同的方言语法现象。第一次全国汉语方言普查期间的语法研究成果,大多从共同语出发,有意识地收集方言语法材料,从对比中观察方言语法特点。① 后来,吕叔湘、朱德熙等学者倡导把普通话语法、方言语法、历史语法的研究结合起来,将比较的方法确立为方言语法研究的核心。邢福义提出"普_{普通话}—方_{方言}—古_{古代、近代汉语}"大三角理论②,强调共时和历时两个维度的交叉和贯通。

一 共时比较研究

共时比较研究包括方言和普通话的比较、某一种方言内部的比较、不同方言间的比较等。基于此,可发现语法的结构规律、方言之间及其

---

① 参见詹伯慧、黄家教:《谈汉语方言语法材料的收集和整理》,《中国语文》,1965 年第 3 期。
② 参见邢福义:《现代汉语语法研究的两个"三角"》,《云梦学刊》,1990 年第 1 期;邢福义:《现代汉语语法研究的三个"充分"》,《湖北大学学报(哲学社会科学版)》,1991年第 6 期。

与共同语之间的关系。

(一) 方言与普通话比较研究

汉语方言语法研究的开山之作是赵元任 1926 年发表在《清华学报》上的《北京、苏州、常州语助词的研究》,这篇文章运用比较的方法,考察苏州、常州与北京[1]语助词的异同。文中列出北京话"de"的十种用法,以此为纲,比较苏州话、常州话中的对应成分,见表 5-3。

表 5-3 北京话"de"与苏州话、常州话对应成分比较表[2]

		北京	苏州	常州
A	领格词尾	de 得("的""底") 我得书	ge 格 我格书	ge 格 我格书
B	前置形容词词尾	de 得("的") 好看得衣裳	ge 格 好看格衣裳	ge 格 好看格衣裳
C	后置形容词词尾或代词	de 得("的") 我要一个好得。	ge 格 我要一格好格。	lao 佬, ge 格 我要一个好佬(或格)。
D	事类	de 得("的") 告诉了他,他会生气得。	ge 格 告诉仔俚,俚会动气格。	ge 格 告诉则佗,佗会生气格。
E	副词词尾	de 得("的""地") 好好儿得走。	jiaw 叫, ge 格 好好叫走。	tze 则, ge 格 好好则走。
F	动作结果、性质	de 得("的""地") 他走得不算慢。	de 得 俚走得勿算慢。	de 得, tze 则 佗走得勿算慢。
G	动作结果、程度	de 得("的"), dao 到 他累得走不动勒。	de 得, dela 得啦, daw 到 俚吃力得啦走勿动哉。	dawtze 到则 佗吃力到则走勿动俚。

---

[1] 赵元任《汉语口语语法》(1979)特别说明用北京话来代表汉语口语的整体,即现代汉语共同语,新中国成立后称普通话。此处北京话实际上就是指现代汉语共同语。

[2] 语料引自赵元任:《北京、苏州、常州语助词的研究》,《清华学报》,1926 年第 2 期。

(续表)

		北京	苏州	常州
H	可能	de 得 看得见	de 得 看得见	de 得 看得见
I	等于"和" "跟"等	de 得 八块得七块是十五块。	ge 格 八块格七块是沙五块。	ge 格 八块格七块是十五块。
J	在	de 得 他住得那儿?	le 勒 俚住勒啥场化?	le 勒 佗住勒朗块?

由表 5-3 可见,北京话"de"的大部分用法可与苏州话、常州话的"格"对应,一些用法不能与"格"对应,如 F"动作结果、性质",G"动作结果、程度",H"可能",J"在"等,苏州话和常州话都不用"格",而用"得""则""勒"等,体现了北京话与苏州话、常州话虚词用法的差异。

随着语料不断丰富,共时比较研究逐渐深入。朱德熙利用广州话语料,指出北京话"的"与广州话的"咁""哋""嘅"有对应关系,详见表 5-4。

表 5-4 广州话"咁""哋""嘅"的用法[①]

	句法分布及功能	例句	与北京话"的"对应关系
咁	只在状语后出现	佢成日唔停咁讲他成天不停的说。 你老老实实咁讲畀我听你老老实实的讲给我听。	的$_1$
哋	经常在形容词重叠式后出现,"X哋"在句子里充任谓语或状语	连食饭佢都唔係好好哋食嘅连吃饭他都不好好的吃。 你慢慢哋行你慢慢的走。	的$_2$

---

① 广州话语料引自朱德熙:《北京话、广州话、文水话和福州话里的"的"字》,《方言》,1980 年第 3 期。

(续表)

	句法分布及功能	例句	与北京话"的"对应关系
嘅	出现在名词、代词、动词、形容词以及各类词组后,"X嘅"能做主语、宾语、定语	新鲜嘅都有 新鲜的也有。 我要买最新式嘅 我要买最新式的。	的$_3$

表 5-4 可见,北京话"的"的三种用法,分别对应广州话三类不同的结构助词:"的$_1$"用"咁","的$_2$"用"哋","的$_3$"用"嘅",对应关系清晰,一目了然。①

调查时遇到与普通话不同的语法现象时,自然会产生许多疑问:这种方言形式跟普通话在句法分布、语义语用特征上有何区别? 为什么使用这种形式? 造成这种区别的原因是什么……这些问题促使研究者进行更细致地调查和更全面地比较,进而更深入地解释方言现象。

(二) 跨方言的语法比较研究

跨方言比较研究,对认识不同方言的语法特点,乃至认识整个汉语方言的特点具有重要意义。② 跨方言的比较将方言语法研究由点扩展到面,比较的内容丰富多样,既可以比较句法形式,如"不知道"与"知不道"、"很 A"与"A 得很"、VP-Neg③-VP 与 F④-VP 问句。也可以比较

---

① 朱德熙对"的"研究前后思路的发展和研究方法的得失进行了回顾和检讨:"本文作者一九六一年写《说'的'》,花了很大的力气说明'的'字应该三分。要是当时讨论的不是北京话而是某种方言,比如说是广州话,那末不费吹灰之力就可以得到同样的结论。因为广州话三个'的'不同音,一眼就可以看清楚。可是我是在《说'的'》发表之后二十年才去观察广州话的。不但如此,当时批评《说'的'》的文章也只是批评它不提历史,不批评它不提方言。可以说那个时候很多人心目中都没有方言语法比较这回事。"参见《从方言和历史看状态形容词的名词化》,《中国语文》,1993 年第 2 期。
② 参见贺巍:《汉语方言语法研究的几个问题》,《方言》,1992 年第 3 期。
③ Neg 是否定词,常见的有"不""否""无""未""没有"等。
④ F 代表某个标志中性询问意义的疑问副词。

语义功能,如方言中"在""着(著)""倒(到)""哒""得""的(底)""在里""在块""搁点"等都可表示动作的进行和持续,但语义存在细微差异。还可以综合比较某一语法范畴,例如不同方言的空间范畴,既有形式差异,如方位词的形式(里、里头、里边儿、拉、内等)、介词短语与动词的关系("在床上睡"与"睡在床上")等,也有语义区别,如位移动词"走",有的方言表示"离开"(江苏徐州:他走了),有的方言表示"到、往"(四川成都:你走哪儿去),有的方言作介词,引介起点时相当于"从"(云南昭通:走屋上飞过),引介处所时相当于"在"(山西襄汾:走黑板上写字)。

汉语的处置式是世界语言里罕见的一种格式,具有独特的类型学价值。处置式句式多样,处置标记也数量众多,下面以江苏省境内方言①的处置标记为例,进行跨方言的比较研究,见表5-5。

表 5-5　江苏省境内方言处置标记分布表

方言区	代表方言	处置标记	例句
中原官话徐淮片	徐州	把、给	把:把衣服搁_放箱子来_里。 给:给_把小孩帽子拿来。
	宿迁	把、给	把:来把鱼改改刀。 给:我来给_把葱洗洗。
江淮官话洪巢片	扬州	把	把:把钱放放好,别搞掉脱了_{别丢了}。
	南京	把、代	把:把我的名字去掉吧。 代:我代_把碗洗干净了。

---

① 江苏省境内分布有中原官话(徐淮片)、江淮官话(洪巢片、通泰片)、吴语等方言。相关语料引自王莹莹:《苏皖方言处置式比较研究》,中国社会科学出版社,2023年。下同。

（续表）

方言区	代表方言	处置标记	例句
江淮官话通泰片	如皋	把、拿	把：把院子里扫下子。 拿：我拿把橘子剥叨了皮。
江淮官话通泰片	泰兴	把、拿	把：把水灌啊到那个车子里头。 拿：有些落头地方拿把太阳叫日头。
江淮官话通泰片	南通	把、拿、捉	把：把饭煮煮烂。 拿：他拿把瓶子打坏叨了。 捉：我捉把他打叨了一顿。
吴语	高淳	把、拿	把：把粮食糟踢了。 拿：不要拿它弄脱掉了不要把它弄丢了。
吴语	丹阳	把、拿	把：把它撂扔掉则了吧。 拿：拿把他关关门外头。
吴语	金坛	把、捉	把：你把箇桩事体安顿好你把这件事安排好。 捉：他捉橘得剥笃皮他把橘子剥了皮，就是䑛没吃。
吴语	常州	拿	拿：你去拿把门关起来。
吴语	无锡	拿	拿：用啥个什么车子拿把家生家具从南京运过来呢？
吴语	苏州	拿	拿：拿只鸡杀脱哉把那只鸡杀了。

表 5-5 显示，江苏省境内官话方言处置标记比吴语丰富，除了"把"以外，还有"给""代""捉"等。从具体标记看，"把"分布范围最广，除苏州、无锡、常州外，均有分布。"拿"分布次之，除徐州、宿迁、南京、扬州、金坛外，均有分布。其他标记方言个性较强，分布范围较窄。"把"是官话的典型处置标记，而"拿"是吴语的典型处置标记，那么一些不符合这种分布的例外就需要解释。吴语区的高淳、丹阳、金坛等地为什么有"把"，官话区的如皋、泰兴、南通为什么有"拿"呢？这种分布的不平衡性，是多种因素共同作用的结果。内因可能有方言自身的长

期演变,外因可能有方言间的接触,还有自然地理因素、行政区划变迁因素、移民因素等,需要结合具体情况具体分析。

处置标记作为虚词,往往具有多功能性。进一步考察其用法和功能也是一个重要的研究视角。以江苏扬州、如皋、泰兴、高淳四地"把"为例:

1. 动词"把"

作为动词,"把"可表给予、许配、容让等义。

(1) 给予

作为给予动词,用于引进给予的对象或给予物品,相当于"给",如:

> 扬州:书不能把_给你。
> 如皋:把点钱你_{给你点钱}。
> 泰兴:把我一张纸_{给我一张纸}。|把本书我_{给我一本书}。
> 高淳:他阿把钱你_{他给你钱了吗}?

(2) 嫁、许配

表示女子嫁给某人,用于"NP$_1$+把+NP$_2$"结构。"许配"义应由"给予"义发展而来,当"给予"的对象扩展为女儿时,就发展出"许配"义,如:

> 扬州:她把人家了_{她嫁人了}。
> 如皋:她脾气不好,再不改就把不掉人家啊_{再不改就嫁不出去了}。
> 泰兴:我丫头还不曾把人家_{我女儿还没嫁人}。

(3) 容让

表主观上的容许、放任、任凭,如:

扬州:他不把_让我去上海。

如皋:我想出去耍子_玩,他不把_让我去。

以上是"把"的动词用法,此外其介词用法也很丰富。

2. 介词"把"

作为介词,"把"具有介引接受者/受益者、工具、处所、方向、处置对象、被动施事的功能。

(1) 接受者/受益者标记

介引受益对象,相当于"替、为、给"。接受者常常也是受益者。例如:

扬州:我写啊_了两封信寄把_给他了。

如皋:我送啊本书把_给他。

泰兴:钥匙拿把_给他。

高淳:送一本书把_给渠_他。

(2) 介引工具

"把"的宾语是动作所凭借的物件,包括典型工具、材料、方式、凭借等。

扬州:他把_用、拿木板钉_做了个箱子。

如皋：她把_(用、拿)_才买的布做了衣裳。

（3）表被动

扬州：鸭子把_被_他吃脱_掉_了。
如皋：杯儿把_被_我打叨啊_碎_了。
高淳：我把_被_他打了。

在尽可能充分地调查和描写的基础上，对上述四地"把"的语法功能进行比较研究，可以发现扬州、如皋比泰兴、高淳多了"容让"和"介引工具"功能，扬州、如皋、高淳比泰兴多了"被动"功能。如果将调查扩大开来，尽可能多地搜集语料，就可以利用语义地图理论，拟测"把"的语义演变过程。在此基础上，继续调查其他处置标记的功能，可构建"汉语方言处置标记"的语义地图，有助于完善方言语法的调查。

通过系统比较方言与普通话、不同方言之间的共性与差异，可以更加深入地挖掘方言的个性特征，分析共性现象背后的原因和机制，进而探讨语言演化的规律。

二　历时比较研究

语言是不断发展变化的，有语言自身的发展演变，还有与其他语言或方言接触产生的变化。汉语方言共时平面上有些差异，反映了不同历史时期的特征。所以，要想探寻方言差异形成的原因，必须用历史发展的眼光进行纵向比较研究，梳理来龙去脉，考察语法的演变规律。

(一) 方言语法特征的历史层次

语言自身的发展演变以及外来成分(如普通话、周边方言)的不断进入,会使方言形成不同的历史层次,在共时平面上叠置。以苏州方言的第一人称代词①为例,见表5-6。

表 5-6 苏州方言第一人称代词表

	第一式	第二式	第三式
苏州(赵元任 1928)	ngow[ŋəu]饿音②	now[nəu]怒音,少	ngh[ŋ̍]五白音,更少
苏州(谢自立 1988)	ŋəu⁶	nəu⁶	
苏州(石汝杰 1999)	ŋəu⁶		
吴江同里(刘丹青 1999)	ŋ³¹⁻²² nɯ²¹²	nɯ²¹²(同里乡下)	ŋ³¹

赵元任原文注明"更少"的第三式,在1988年谢自立的调查中已经消失。赵元任注明"少"的第二式在谢自立的调查中还保留,但是在1999年石汝杰的调查中也消失了。通过和邻近苏州的吴江同里方言比较,可以了解到苏州话第一人称代词的来源。如表5-6所示,苏州第二、第三式跟同里的语音对应关系十分清晰,第一式很可能也跟同里语音对应。从语音形式上看,同里第一式是第三和第二式的叠加,因此苏州第一式[ŋəu阳去]应为第三式[ŋ̍阳去]和第二式[nəu阳去]叠加后的形式。

共时层面上的不同形式,能够反映出不同的历史层次。"俫"作为第一人称代词在吴语文献里十分常见。明洪武《苏州府志》:"自称我为俫。"③明万历《崇明县志》、正德《华亭县志》等,都记录苏州、崇明、

---

① 参见陈忠敏:《吴语人称代词的范式、层次及音变》,《汉语史学报》第16辑,上海教育出版社,2016年。
② "饿音"意为"音为饿","怒音"意为"音为怒","五白音"意为"音为五白读"。
③ [明]卢熊:《苏州府志》卷十六"风俗",成文出版社有限公司,1983年,第632页。

松江等方言第一人称有"侬""我""我侬"。明冯梦龙《山歌》第一人称单数既用"我",也用"我侬"。

清乾隆年间则出现新变。《梅花缘》第十八出载:"吜呐$_{你侬}$个粉团,罨歇点$_{等一会儿}$唔呶$_{我侬}$也要吞吜$_{你}$到肚里向$_{里面}$去勒。"①第一人称"唔"跟第二人称"吜"用字不同,显然代表不同的读音。根据苏州话、吴江话的今读,"唔"对应自成音节的舌根鼻音[ŋ],而"唔呶"也就对应明末的"我侬",写成"呶"说明"侬"的鼻音韵尾已经脱落。所以"唔呶"的读音应为[ŋ neu],跟今天吴江同里第一人称单数[ŋ nəu]大体一致。

《娄县志》②(刻于清乾隆五十三年[1788])对第一、二人称的读音有更明确的说明:"由鼻音出则'尔侬'二字,合谓'汝'也;由喉音出则'我侬'二字,合谓'我'也。"③"尔"和"我"之差是"鼻音"和"喉音"的区别,这里的"鼻音"指自成音节的舌尖鼻音,喉音则是自成音节的舌根鼻音[ŋ]。

可见,苏州方言早先的第一人称是本土的"侬"。由于北方官话的渗透,官话第一人称单数代词"我"进入吴语,两者并行,形成了南北混合、同义叠架的"我侬"。它跟吴语本土"侬"共存,形成"侬/我侬"同表第一人称的格局。随着官话影响加深,"我"单独进入苏州方言,形成某一时期"侬""我侬""我"三种形式同时共存的局面。在这个过程中,本土词"侬"逐渐淡出,在混合词"我侬"里,"侬"的语义也逐渐淡化,演变为代词后缀。成为词缀的标志,是从"我侬"类推出第二人称、第三人称形式:尔/尔侬、渠/渠侬。

分析方言语法的历史层次时,面对复杂的共时方言语法现象,特别

---

① [清]任璇著,黄永堂注:《梅花缘》,贵州人民出版社,1988年,第151页。
② 娄县是当时上海县的邻县,今属上海松江区。
③ [清]谢庭薰修,[清]陆锡熊纂:《娄县志》,成文出版社有限公司,1974年,第178页。

是非官话方言,要注意语法与语音的结合。语音会发生各种规则和不规则的音变,要结合周边方言语音及其在历史文献中的汉字形式,梳理语音演变脉络,更好地追本溯源。进行历史比较时,共同语材料只能提供比较的基本框架,还要充分挖掘方言历史文献,才能更好地确定语法特征出现的历史时期。

(二) 语法化研究

"语法化"指语法范畴和语法成分产生和形成的过程或现象。典型的语法化现象是:意义实在的词语或结构式变成无实义、仅具有语法功能的语法成分,或一个不太虚的语法成分变成更虚的语法成分。[①] 语法化理论具有很强的解释力。例如,时体范畴在世界所有语言中都是重要的语法、语义范畴,时体标记是重要的语法成分,其语法化过程和机制是语法化研究的经典课题。

汉语方言普遍存在处所结构表动作进行和状态持续的现象,如"在(这/那)里"及其同义同形结构,在很多方言中既可以表示"X 在某处",也可以表示"X 正在做某事及某状态在持续"。如吴语(江苏苏州[②]、常州):

---

① 参见吴福祥:《近年来语法化研究的进展》,《外语教学与研究》,2004 年第 1 期。
② 苏州、常州、绩溪、歙县、泰州、南通、阜宁方言语料引自王健:《苏皖区域方言语法比较研究》,商务印书馆,2014 年;英山语料引自项菊:《湖北英山方言"在"的用法及相关问题》,《方言》,2012 年第 3 期;罗田语料引自汪化云:《黄孝方言的"在"类词研究》,《语言研究》,2016 年第 4 期;大冶语料引自汪国胜:《大冶方言的"在里"和"过来"》,《华中学术》,2016 年第 4 期;广州语料引自彭小川:《广州方言表"持续"义的几种形式及其意义的对比分析》,《语文研究》,2003 年第 4 期;汕头语料引自蔡国妹:《吴闽语进行体和持续体的语法化序列分析》,《福建师范大学学报(哲社版)》,2006 年第 3 期;湘语语料引自夏俐萍:《益阳方言"在咯里、在哦里"及其相关问题研究》,《方言》,1999 年第 2 期;武汉语料引自汪国胜:《湖北方言的"在"和"在里"》,《方言》,1999 年第 2 期;浚县语料引自辛永芬:《浚县方言中"在"的语音形式、意义和用法研究》,《河南教育学院学报》,2004 年第 5 期;栖霞语料引自刘翠香:《山东栖霞方言的持续体》,《方言》,2007 年第 2 期;江都语料为调查所得。

苏州：老李勿勒浪_{老李不在这儿}。（表处所）

刚刚俚勒操场浪，低仔头勒海奔呀_{刚才他在操场上低着头跑呢}。（"勒……浪"表处所，"勒海"既可表处所，也可表动作的进行）

外头勒海落雨，耐要带把伞_{外面正在下雨呢,你要带把伞}。（只表动作的进行）

耐等勒海，我马上就来_{你(在那里)等着,我马上就来}。（既可表处所，也可表状态的持续）

地浪潮勒海_{地上是湿的}。（只表状态的持续）

常州：我勒荡吃饭得，佗勒头洗手得_{我在这里吃饭,他在那里洗手}。（既可表处所，也可表动作的进行）

昨头佗来格辰光，我正当勒娘看电视_{昨天他来的时候,我正在看电视}。（只表动作的进行）

鱼还活勒头得_{鱼还活着呢}。（只表状态的持续）

徽语（安徽绩溪、歙县）：

绩溪：渠是那□xa⁵⁵看电视_{他在那里看电视}。（表动作的进行）

我是尔□na⁰洗衣服_{我在这里洗衣服}。（表动作的进行）

灯亮（是）那□xa⁵⁵_{灯亮着}。（表状态的持续）

渠伫门开（是）那□xa⁵⁵ 伫_{他的门开着的}。（表状态的持续）

歙县：——问：尔在呐干么_{你在干什么}？

——答：我在呐吃饭_{我在吃饭}。（表动作的进行）

外头在呐落雨，要带把伞_{外头在下雨,要带把伞}。（表动作的进行）

把肉切在呐，等一下再炒_{肉正在切呢,等一下再炒}。（表状态的持续）

金鱼活在呐_{金鱼活着呢}。(表状态的持续)

江淮官话通泰片(江苏南通、泰州):

南通:外头赖_在下落_下雨,带把伞。(表动作的进行)
她还活叨赖_在下。(表状态的持续)
泰州:外头在下落_下雨,要带伞。(表动作的进行)
金鱼还活(在)下。(表状态的持续)

江淮官话洪巢片(江苏阜宁、江都):

阜宁:外头有人在(那)块打球呢。(表动作的进行)
他站(在那)块,我坐(在那)块。(表状态的持续)
江都:不要听他的,他肯定在那块_在说_编故事。(表动作的进行)
外头有人在块下棋呢。(表动作的进行)
屋头狗子睡在块呢。(表状态的持续)
——问:你们这块格_可有多的椅子啊?
——答:就一把,我坐在块呢。(表状态的持续)

江淮官话黄孝片(湖北英山、罗田):

英山:大人在这里说话,细伢儿莫接嘴_{大人正在说话,小孩子别插嘴}。(表动作的进行)
她还在那里哭(唎),百事都不吃_{她还在那里哭呢,什么都不吃}。(强调"动作正在进行")

她在哭,百事都不吃_{她在哭,什么都不吃}。(客观陈述"哭"在进行,没有上述强调色彩)

带把伞哪,外头落雨在里_{把伞带上,外面下着雨呢}。(表状态的持续)

猫趴倒墙角在_{猫在墙角趴着}。(客观陈述持续状态的存在)

猫趴倒墙角在里_{猫正在墙角趴着呢}!(强调持续状态的正在进行)

罗田:饭在那个锅里/在/发在煮,你莫急_{饭在那个锅里/正在/还在煮,你别急}。(表动作进行)

姐在屋的/在/发在炒菜在的/在_{姐姐在家里/正在/还在炒菜呢}。(确认并强调动作"正在"进行)

我听在(的),你接倒往下说呤_{我在听呢,你接着往下说呀}!(表动作的进行)

屋里细伢儿哭在(的)_{屋里小孩儿在哭呢}。(表动作的进行)

饭热倒在的/在/的,菜过下儿再炒_{饭热着呢,菜等一会儿再炒}。(确认结果或状态的静态持续)

他跍倒门口在的/在/的_{他蹲在门口呢}。(确认结果或状态的静态持续)

其他方言还有赣语(湖北大冶):

殿突里在里唱戏_{祠堂里正在唱戏}。(表动作的进行)

渠一个人在里生闷气_{他一个人正在生气}。(表状态的持续)

粤语(广东广州):

佢嚟嗰阵时,我喺处开会_{他来的时候,我正在开会}。(表动作的进行)

成个晚黑我哋都喺处跳舞,玩得非常之开心_{整个晚上我们一直在跳舞,玩得非常开心}。(表状态的持续)

闽语(广东汕头):

熄灯了,你还放块唱歌_{熄灯了,你还在那儿唱歌}?(表动作的进行)

行李且放块_{行李暂且放着}。(表状态的持续)

湘语(湖南益阳):

他喊我的时节,我正在哦里洗衣服_{他喊我时,我正在洗衣服}。(表动作的进行)

啊壁上挂咖一幅画在咯里_{墙上挂着一幅画}。(表状态的持续)

西南官话(湖北武汉):

妈妈打电话在。(表动作的进行)

妈妈在打电话在。(强调动作的进行)

奶奶躺在床上在。(表状态的持续)

奶奶在床上躺倒在。(表状态的持续)

中原官话(河南浚县):

你放心吧,你嘞车儿还在这儿_{在这儿/在}嘞。(表处所,也表动作

的进行)

俺妹在那儿唱歌儿嘞_{我妹妹在唱歌呢}。(表动作的进行)

衣裳在这儿挂嘞_{衣服在挂着呢}。(表状态的持续)

胶辽官话(山东栖霞):

他待乜儿吃饭,别叫他_{他在吃饭,别叫他}。(表动作的进行)

衣裳晒儿待乜儿_{衣裳在晒着}。(表状态的持续)

以上各方言都经历了"处所义>进行/持续体标记"的语法化过程,但类型多样,情况复杂。有些方言表处所和表进行/持续的使用环境存在不同。如吴语、徽语、江淮官话洪巢片和通泰片是当处所结构在谓语前,表动作的进行,当处所结构在谓语后,表状态的持续。

江淮官话黄孝片的英山、罗田,当处所结构在谓语前,表动作的进行,当处所结构在谓语后,则受制于句中动词的语义。动词具有[+动态][+持续]的语义特征时,处所结构表动作的进行;动词具有[+静态][+持续]的语义特征时,处所结构表状态的持续。赣语大通片的大冶方言,处所结构在谓语前,既可以表动作的进行,也可以表状态的持续。

从空间概念演变为时间概念(时体标记)具有跨语言的共性,伯纳德·科姆里(Bernard Comrie)的研究显示:"不少语言的进行式都是通过表示动作发生处所的状语虚化而来的。在不少语言中表示处于某种状态之中的动态在来源上也和表示处所用语有关。"①琼·拜比(Joan

---

① 转引自胡明扬:《B. Comrie〈动态〉简介》,《国外语言学》1996 年第 3 期。

Bybee)等人进一步指出,世界语言普遍存在进行体形式从含有方位成分的表达式派生而来的现象。①

汉语方言来自方位成分的进行体标记存在形式上的差异,通过比较,能够发现其演化过程。如阜宁方言"外头有人在(那)块打球呢",表动作进行的"在那块"弱化为"在块";江都方言"在那块"和"在块"都表动作的进行。由此推测,"在里"由"在这/那里"弱化形成。"在里→里"的演变也能在方言中找到例证。绩溪方言"灯亮(是)那_{灯亮着}","是那"可弱化为"那";泰州方言"金鱼还活(在)下","在下"可弱化为"下"。可以得出,"里"由"在里"弱化而来,其演变轨迹为:V+在这/那里→V+在里→V+里。

这些形式也可以在历史文献中得到印证②:

  明是万物收敛醒定<u>在这里</u>……各自分去,所谓"各正性命"。(《朱子语类》卷九四)

  他只立得一市<u>在那里</u>,要买物事,便入那市中去。(《朱子语类》卷八六)

  保合,便是有个皮壳包裹<u>在里</u>。(《朱子语类》卷十六)

  姐姐,天色晚了,那生必定等<u>里/哩</u>,好去了。(《东墙记》第三折)

现代汉语方言很多语法现象,都能与古代汉语特别是近代汉语相

---

① 参见 Joan Bybee, Revere Perkins, William Pagliuca. *The Evolution of Grammar: Tense, Aspect, and Modality in the Languages of the Word*. University of Chicago Press, 1994, pp. 128-129。
② 此处讨论参见张爱玲:《汉语方所存在结构向进行体结构的语法化》,《中南大学学报(社会科学版)》,2015 年第 5 期。

印证,"方"与"古"的联系越来越受到重视,两者的比较研究也更系统深入,有助于辨析方言语法特征是遗存还是创新。复杂丰富的汉语方言语法现象,对汉语语法普遍规律的探索、语言理论的创新与完善具有重大意义。

第六章
方言地理学

方言地理学(dialect geography),也可称为"语言地理学"(linguistic geography)或"地理语言学"(geographical linguistics;geolinguistics)。主要是通过地图的形式直观呈现方言共时差异,并由此展开对方言地理分布、历时演变、传播途径、接触方式等的探讨。"方言地理学的本质在于比较,在比较中揭示差异,从差异中追溯历史——特定语言成分演变的历史及特定地理分布格局形成的历史。"[1]早期现代方言学的主要研究内容就是方言地理,因此在社会方言学(social dialectology)兴起以前,"方言学"和"方言地理学"常为同义术语。

第一节 方言地理学的形成与发展

一 方言地理学的发轫

方言地理学起源于欧洲。19世纪下半叶,青年语法学派提出了

---

[1] 詹伯慧、张振兴主编:《汉语方言学大词典》,广东教育出版社,2017年,第76页。

"语音规律无例外"①的著名假说。德国学者温克尔(Georg Wenker)为证明这一假说,于1876年开始调查德语方言。他设计了包括42个短句(后修订为40个)的调查问卷,寄往各地,请当地教师转写。1881年,他基于所得材料绘成第一组方言地图"德国北部和中部的语言地图",共6幅,包括30个调查条目。根据"语音规律无例外"假说,温克尔原本设想高地德语和低地德语之间应有一条明确的分界线,然而调查结果却截然相反,同一音变现象在不同词里的变化存在地理分布差异。"方言地图第一次揭示了青年语法学派的论断的片面性,展示了语言演变的另一个重要的方面。"②

温克尔之后,对方言地理学产生重大影响的是《法国语言地图集》的编纂者吉耶龙(Jules Gilliéron)。为了最大限度地维持语料的客观性和同质性,他没有采用温克尔的问卷调查法,而是与法国人埃德蒙(Edmont)合作,由听辨能力强且受过训练的埃德蒙去实地调查。

1897—1901年,埃德蒙调查了法国、比利时、瑞士和意大利的法语区,共639个点。调查表也由开始的1400个词或词组,逐渐扩展到了1920个。埃德蒙用精细的音标字母转写了每一位发音人的语料,记录准确可靠,为吉耶龙的方言地理学研究奠定了良好的基础。1902—1910年,《法国语言地图集》出版,共13卷,包括1920幅地图,地图上直接标出了不同调查项目在639个地点的音标转写形式。《法国语言地图集》是方言地理学的代表作,对后来的研究产生了巨大影响。以后的大规模调查大都以吉耶龙的方法为蓝本,加以取舍增益。通过这项研究,吉耶龙发现几乎每一个词都有其独特的同言线,因而提出"每一个

---

① 莱斯金(August Leskien)的原话英译为"Sound laws admit of no exception"。参见徐通锵:《历史语言学》,商务印书馆,1991年,第123页。
② 同上书,第252页。

词都有它自己的历史"的著名口号。虽然这一观点有待商榷,但方言地理学研究"揭示了语言演变的多样性(非线性),更为重要的是,这种多样性迫使语言学家去寻找更多的解释途径"①。

此后,各国相继涌现出内容形式多样的语言地图集,方言地理学得到进一步发展。如:芮德(F. Wrede)《德国语言地图集》(1926),雅伯尔格(K. Jaberg)、俅德(J. Jud)《意大利·南瑞士语言·民俗地图集》(1928—1940),格里拉神父(A. Griera)《加泰罗尼亚语言地图集》(1923—1964),柳田国男《蜗牛考》(1930),库拉思(H. Kurath)、布洛赫(B. Bloch)和汉森(M. L. Hansen)《新英格兰方言地图集》(1939—1943),以及日本国立国语研究所编制出版的《日本言语地图》(1966—1974)和《方言文法全国地图》(1989—1999)等。

二　方言地理学在中国的发展

汉语方言研究很早就出现了方言地理学的萌芽。西汉扬雄所著《方言》,不仅较为全面地记录了当时的汉语方言词汇,而且记述了它们的空间分布,如:"党,晓,哲,知也。楚谓之党,或曰晓,齐宋之间谓之哲。"②初步体现了词汇分布和语言发展变化的观念。

20世纪初,一些学者和研究机构开始了方言地理学的探索。1923年,林语堂在《研究方言应有的几个语言学观察点》中提及方言地理学的相关概念及研究方法,如"同音圈线"等。1928年中央研究院历史语言研究所成立以后,在全国范围内开展了大规模的汉语方言区域调查,

---

① 曹志耘:《地理语言学及其在中国的发展》,《中国方言学报》,2006年第1期,第177页。
② 周祖谟校笺:《方言校笺(附索引)》,第1页。

绘制了一系列方言地图。赵元任、白涤洲、罗常培等学者分别在两广（1928—1929）、陕西关中（1933）、皖南（1934）、江西（1935）、湖南（1935）、湖北（1936）、云南（1940）和四川（1940）展开调查。之后陆续出版的方言调查报告中，均含有大量方言地图，包括方言分区图和方言特征图等，详见表6-1。

表6-1 史语所的方言调查报告及所含方言地图数量表

作者	成果名称	出版时间	地图数量（幅）
赵元任等	《湖北方言调查报告》	1948	66
白涤洲遗稿（喻世长整理）	《关中方音调查报告》	1954	23
杨时逢	《云南方言调查报告》	1969	65
杨时逢	《湖南方言调查报告》	1974	53
杨时逢	《四川方言调查报告》	1984	47

《湖北方言调查报告》实际编写于1938年，"可以看作是中国方言地理学的第一部作品"[①]。该报告中的地图比较全面、准确地反映了湖北方言的分区情况，以及声母、韵母、声调、特字、词类等的分布情况。《湖北方言调查报告》"开创了为一个省区方言绘制大规模方言地图的先例……奠定了《湖北方言调查报告》在中国语言地理学研究中的基础作用"[②]。赵元任及史语所的研究模式和方法，对中国方言地理学产生了深远影响。

1936年，岑麒祥在《方言调查方法概论》第六章"方言地图"中，系统介绍了方言地图的概念和绘制方言地图的方法，包括编制调查册、实

---

① 詹伯慧、张振兴主编：《汉语方言学大词典》，第82页。
② 张振兴：《汉语方言调查研究名著讲解》，华中师范大学出版社，2014年，第28页。

地调查、绘图和解释等步骤。该书后经增补,更名为《方言调查方法》,于 1956 年由文字改革出版社出版发行。

20 世纪 40 年代,比利时语言学者贺登崧(Willem A. Grootaers,1911—1999),运用方言地理学方法,调查了大同、万全、张家口、宣化等地的方言和民俗文化,陆续发表关于汉语方言和中国民俗的论文多篇。其中一部分由岩田礼、石汝杰等编辑、注释和翻译,先后在日本和中国出版了《中国の方言地理学のために》(1994)、《汉语方言地理学》(2003)等。《汉语方言地理学》分 4 章,共 21 幅地图。贺登崧提倡对活的语言进行实地调查,认为应该结合政区沿革、自然地理、人口构成、经济、风俗、社区人际关系等诸多非语言因素,对语言特征进行解释。他的研究虽未在中国语言学界产生多大影响,但对日本地理语言学的发展产生了极大影响,被称为"日本地理语言学之父"。

20 世纪 80 年代后,中国方言地理学突飞猛进,出现一大批重要成果。1987 年出版的《中国语言地图集》(以下简称《地图集》)"第一次用多幅彩色地图的形式,对汉语方言和各少数民族语言进行分类和分区"①,规模大,影响深远,具有里程碑意义。《地图集》由中国社会科学院和澳大利亚人文科学院合作编纂,调查和编纂工作从 1983 年开始,至 1987 年结束。第一版的汉语方言部分由李荣、熊正辉、张振兴主编,共调查了 600 多个方言点的语料。《地图集》共有彩色地图 36 幅,分为 A、B、C 三组。A 组有 5 幅综合地图,包括"中国语言图""中国汉语方言图"等。B 组有 17 幅汉语方言图,包括国内官话、晋语、吴语等方言的分布和海外汉语方言的分布。C 组包括中国少数民族语言图 14 幅。每幅地图都附有详细的文字说明,对地图内容作相应解释。《地图集》

---

① 沈明:《汉语地理语言学研究七十年》,《方言》,2019 年第 3 期。

(第 2 版)由中国社会科学院语言研究所、中国社会科学院民族学与人类学研究所和香港城市大学语言资讯科学研究中心合作,组织国内 50 多位专业语言学者共同编制而成。该课题于 2003 年启动,2012 年由商务印书馆正式出版。新版《地图集》有地图总计 79 幅,仍分 A、B、C 三组。A 组为 5 幅中国语言总图,B 组为 36 幅汉语方言分区图和分省区汉语方言分布图,C 组是 38 幅中国少数民族语言分类图和分省区少数民族语言分布图。每幅地图都有详细的文字说明。此外,"汉语方言卷增加了关于有争议的方言分区如晋语、徽语、平话归属问题的讨论,归纳了争论的焦点和划分的理由。民族语言卷则增加了新发现的 49 种少数民族语言"①。总的来说,新版《地图集》既有继承,又有发展,体现了新的语言和方言事实,反映了中国方言地理学的新发展。

史皓元(R. V. Simmons)、石汝杰和顾黔合著的《江淮官话与吴语边界的方言地理学研究》(2006),用方言地理学的方法,在长江南北两岸的方言交界地带进行了大规模、布点密集的方言实地调查,绘制方言地图 81 幅,探讨江淮官话与吴语长期的接触影响以及两者的渊源关系。此书首次厘清了江淮官话与吴语的边界,解决了长期困扰方言学界的难题。就汉语方言分区的标准进行了理论探讨。"该书在理论方法上的探讨及田野调查和方言地图绘制、分析的技术实现等方面都颇有值得注意的地方。"②

2008 年,曹志耘主编的《汉语方言地图集》由商务印书馆出版。该地图集组织了国内外 34 所高校和研究单位的 57 位学者共同参与调查、编纂,是国内首部汉语方言特征地图集。该书共调查方言点 930 个,绘制方言特征分布图 510 幅,包括"语音卷"(205 幅)、"词汇卷"

---

① 沈明:《汉语地理语言学研究七十年》。
② 詹伯慧、张振兴主编:《汉语方言学大词典》,第 83 页。

(203幅)和"语法卷"(102幅),较为全面地展示了重要汉语方言特征的共时分布,为方言地理学在中国的发展提供了有力支撑。

还有大批方言志、方言调查报告和方言研究论著,都运用了方言地理学的方法,绘制了很多汉语方言分区图或特征图等,详见表6-2。

表6-2 含方言地图的文献举例表

作者	成果名称	出版/发表时间	出版单位/出版物	地图数量(幅)
河北省昌黎县县志编纂委员会、中国社会科学院语言研究所	《昌黎方言志》	1960	科学出版社	12
四川方言调查工作指导组	《四川方言音系》	1960	《四川大学学报(哲学社会科学版)》	18
江苏省和上海市方言调查指导组	《江苏省和上海市方言概况》	1960	江苏人民出版社	43
福建省汉语方言调查指导组、福建省汉语方言概况编写组	《福建省汉语方言概况》(讨论稿)	1963	未正式出版	51
潘茂鼎等	《福建汉语方言分区略说》	1963	《中国语文》	21
叶祥苓	《苏州方言地图集》	1981	日本龙溪书社	51
鲍明炜、颜景常	《苏北江淮官话与北方话的分界》	1985	《方言》	11
詹伯慧、张日昇	《珠江三角洲方言综述》	1990	广东人民出版社	42
钱乃荣	《当代吴语研究》	1992	上海教育出版社	50

(续表)

作者	成果名称	出版/发表时间	出版单位/出版物	地图数量（幅）
侯精一、温端政	《山西方言调查研究报告》	1993	山西高校联合出版社	50
山东省地方史志编纂委员会	《山东省志·方言志》	1993	山东人民出版社	25
许宝华、汤珍珠、陈忠敏	《上海地区方言的分片》	1993	《方言》	12
詹伯慧、张日昇	《粤北十县市粤方言调查报告》	1994	暨南大学出版社	45
陈章太、李行健	《普通话基础方言基本词汇集》	1996	语文出版社	63
詹伯慧、张日昇	《粤西十县市粤方言调查报告》	1998	暨南大学出版社	68
江苏省地方志编纂委员会	《江苏省志·方言志》	1998	南京大学出版社	55
刘纶鑫	《客赣方言比较研究》	1999	中国社会科学出版社	36
钱曾怡	《山东方言研究》	2001	齐鲁书社	24
邢向东	《神木方言研究》	2002	中华书局	19
项梦冰、曹晖	《汉语方言地理学》	2005	中国文史出版社	162
王文胜	《处州方言的地理语言学研究》	2008	中国社会科学出版社	86
岩田礼	《汉语方言解释地图》	2009	日本白帝社	95
彭泽润、彭建国	《湖南方言》	2013	湖南教育出版社	40
顾黔	《长江中下游沿岸方言"支微入鱼"的地理分布及成因》	2016	《语言研究》	4

随着方言调查的深入,方言地理学积累了大量成果,在方言地图的

设计及绘制、数据处理和分析等方面进行了有益探索。近年来,地理信息系统(GIS)、数据库等信息技术的应用,使我国方言地理学在数字化、信息化方面取得了突破性进展,涌现出大量方言电子地图、方言地图数据库和方言地理信息系统,如"中国语言资源保护工程采录展示平台"等。随着研究角度的多元化,研究视野逐渐拓宽,汉语方言地理学正迎来全新的机遇。

第二节 方言地理学的研究步骤和方法

方言地理学的研究步骤和方法主要包括方言区域调查、方言地图的绘制以及对方言地图的解释。

一 方言区域调查

方言调查是绘制方言地图的基础,具体包含以下几个步骤:

1. 确定调查地区和调查点。首先应根据调查地区确定布点的疏密。如果进行全国性的汉语方言调查,那么调查点可以相对稀疏,不必遍及每一个地级行政单位,但至少每个省级行政单位和每个方言区都有方言点分布。如果对一个市或一个县的方言进行调查,那么布点就要相对密集,至少每个区县或乡镇布一个点,甚至每个自然村布一个点。在方言交界地带,要适当增加调查点。若条件允许,布点越密越好,同时兼顾均匀。此外,布点的疏密还要注意体现方言差异。比如广袤的北方地区,同一县、同一市甚至同一省的方言往往差异不大,那么一县一点的布点方式就稍显密集;而"十里不同音"的南方地区,方言情况十分复杂,有时一县一点也无法体现其方言实际情况,须酌情增加布点。

2. 确定调查方式。一般情况下,调查的基本方式为实地调查,具体步骤参看第三章。有时为了进行布点密集的大规模调查,也可以采用通信调查、网络调查等间接调查方式。间接调查的成功取决于方言特点、方言分歧程度以及调查问卷设计是否合理等诸多因素。中国科学院语言研究所在20世纪50年代曾对官话区方言是否分尖团进行过通信调查,所得到的结果是官话区方言80%不分尖团,20%分尖团。应当说,这是一次设计合理的成功调查。当然也可以利用已有语料,但是已有语料常常存在调查点有限、选择空间小、布点少且分布不均匀等问题。

3. 确定调查项目并编制调查表,在确定调查者和调查对象后实施调查。具体步骤参看本书第三、四、五章。

二 方言地图

方言地图是方言地理学的基础,是方言地理学区别于其他方言学分支学科的重要特征。方言地图的绘制方法主要是将方言调查的结果逐项绘制在基础地图①上。方言的空间位置在地图中主要是通过点、线、面的形式来表示的。据此,可将方言地图大致分为点状分布图、同言线图和面状分布图三类。

---

① 基础地图指包含基础要素的地图,如:方言调查的范围、主要的行政区划和山川湖海、标志性地点、经纬度和比例尺等。

(一) 点状分布图

点状分布图是以点状形式显示某种方言现象分布状态的地图,是方言地图中最基本的形式。点状分布图表现内容非常丰富,可以是方言类别,如李荣《语文论衡》中有"江苏省和上海市方言分区图",反映了江苏省和上海市不同方言点的分区和系属;其表现内容也可以是具体的方言语音、词汇、语法,如《江淮官话与吴语边界的方言地理学研究》(2006)第164页图69展现了通州等地"茶"的读音差异,第84页图10展示了丹阳、丹徒两地否定词"不"和"弗"的分布。

(二) 同言线图

"同言线"又叫"同语线""等语线",是将地图上具有相同或相近特征的方言点连接成线。同言线图通常是在点状分布图的基础上绘制的。一幅地图上可以只画一条同言线,也可以同时画几条不同的同言线。如果许多同言线重叠或接近,就形成同言线束。同言线束反映两边的语言差异,是划分方言区的重要依据。

如在《江淮官话与吴语边界的方言地理学研究》(2006)第六章"跨越长江的同言线"中,根据第三人称代词"他"、否定词的形式、浊音或浊流的语音形式、日母与微母的对应关系等分类学检测标准,以长江两岸江淮官话和吴语交界地带的484个方言点的调查资料为依据,画出官话与吴语的分界线。同时指出,没有任何一个单一的标准是完善的,单条同言线往往只能部分地反映官话与吴语的边界。在江淮官话和吴语的交界地区,方言从西到东差异很大。这样的语言事实决定了不能只用一项标准就画出一条令人信服的分界线。为了更准确地反映该地方言的真实面貌,必须谨慎、全面、深入地考察多种标准,找出官话与吴语之间同言线集结成束的地带,准确反映官话和吴语叠置、竞争的情况。

《江淮官话与吴语边界的方言地理学研究》第九章"丹阳和丹徒的声调同言线"讨论了丹阳、丹徒地区的同言线束带。通过考察丹阳、丹徒两市县 184 个方言点的声调系统,绘制了 10 条声调特征同言线,反映了这一地区自北向南吴语特征逐步增多、官话特征逐渐减少的渐变特征。其中,前 7 条同言线聚集成束,构成了丹阳、丹徒地区的同言线束带,同时也是官话和吴语的过渡带,将官话与吴语隔开。第 1 条至第 4 条处于过渡地带北部,结合成紧密的一束,显示了丹徒境内的吴语特征。第 4、5 条均为日母同言线,但并不重合,显示了日母在吴语(鼻音)和官话(非鼻音)中的各种变体分布,是按字逐步替换的,形成了一条日母交错渐变带。第 7 条"否定词的同言线",明确显示出官话的南沿。

再以《汉语方言地理学》(2003)第二章"大同市东南部方言的方言边界线"为例,作者在大同东南部、桑干河南侧,调查了 26 个方言点。根据"堂屋""舅母"等 40 个词语的调查结果,画出 15 条南北走向的同言线。[①]

作者将这束同言线称为"弘州线",指出这条线反映了 10 世纪行政界线的变更:线西属辽金时期的西京路(大同县),线东属金元时期的弘州。"弘州线"并不是单纯由语言本身的原因而产生的,造成该地区文化要素东西对立的影响因素包括行政结构、地理交通、人口流动等诸多方面。

(三)面状分布图

以面状形式显示某种方言现象分布状态的地图,通常是在点状分

---

① 〔比〕贺登崧:《汉语方言地理学》,石汝杰、岩田礼译,上海教育出版社,2003 年,第 34 页地图 3。

布图或同言线图的基础上绘制的。面状分布图的表现内容也很丰富，与点状分布图类似。如赵元任等《湖北方言调查报告》(1948)中的第一图，反映了湖北方言 f-、x-分混特征的分布情况。方言分区图常采用面状分布图。

以上三类地图是常见的方言地图，其中点状分布图是最基本的形式。相比同言线图和面状分布图，点状分布图更加客观。因为点状分布图通常根据实际调查点和调查语料绘制，有多少调查点就在地图中标多少调查点，没有调查点的就如实留白。而同言线图和面状分布图则是基于点状分布图的概括和归纳。当将点连成线和面时，难免存在调查的空白，即用已调查方言点的材料概括许多未调查方言点的情况。当我们使用同言线图和面状分布图时，要记住这类地图的缺点。当然，可以通过提高布点的密度尽量弥补这一缺点。

方言地图的准确性是由布点的疏密决定的，而不是由方言地图的形式决定。在布点相同、语料相同的情况下，点状分布图、同言线图和面状分布图所得到的地理分布结果应该是相同的。

参考文献

一、古代文献

[汉]刘熙:《释名》,中华书局,2016年。
[汉]司马迁撰,[南朝宋]裴骃集解,[唐]司马贞索隐,[唐]张守节正义,中华书局编辑部点校:《史记》,中华书局,1982年。
[汉]许慎:《说文解字》,中华书局,1978年。
[汉]扬雄撰,[晋]郭璞注:《方言》,中华书局,2016年。
[汉]应劭著,王利器校注:《风俗通义校注》,中华书局,1981年。
[汉]赵晔撰,周生春辑校汇考:《吴越春秋辑校汇考》,中华书局,2019年。
[汉]刘向集录,范祥雍笺证,范邦瑾协校:《战国策笺证》,上海古籍出版社,2006年。
[汉]刘向辑,[汉]王逸注,[宋]洪兴祖补注,孙雪霄校点:《楚辞》,上海古籍出版社,2015年。
[晋]郭璞注,[宋]邢昺疏,王世伟整理:《尔雅注疏》,上海古籍出版社,2010年。
[南北朝]颜之推撰,檀作文译注:《颜氏家训》,中华书局,2011年。
[南朝宋]刘义庆著,[南朝梁]刘孝标注,余嘉锡笺疏,周祖谟、余淑宜、周士琦整理:《世说新语笺疏》,中华书局,2007年。
[唐]房玄龄等撰,中华书局编辑部点校:《晋书》,中华书局,1974年。
[唐]陆德明:《经典释文》,上海古籍出版社,2013年。
[唐]张籍撰,徐礼节、余恕诚校注:《张籍集系年校注》,中华书局,2011年。

参考文献

[宋]丁度等编:《宋刻集韵》,中华书局,2015年。

[元]于钦:《齐乘》,《四库全书》本,上海古籍出版社,1987年。

[明]方以智:《通雅》,中国书店出版社,1990年。

[明]冯梦龙编撰,陆国斌、吴小平点校:《古今谭概》,魏同贤主编《冯梦龙全集》,江苏古籍出版社,1993年。

[明]何东序修,[明]汪尚宁等纂:嘉靖《徽州府志》,《北京图书馆古籍珍本丛刊29 史部·地理类》,书目文献出版社,1988年。

[明]兰茂:《韵略易通》,《续修四库全书》(第259册),上海古籍出版社,2002年。

[明]郎瑛:《七修类稿》,上海书店出版社,2009年。

[明]卢熊:《苏州府志》,《中国方志丛书·华中地方·第四三二号》,成文出版社有限公司,1983年。

[明]徐光启撰,石声汉校注,西北农学院古农学研究室整理:《农政全书校注》,上海古籍出版社,1979年。

[明]张涛等纂修:万历《歙志》,上海图书馆藏稀见方志丛刊(第123—125册),国家图书馆出版社,2011年。

[明]张位:《问奇集》,《续修四库全书》(第238册),上海古籍出版社,1996年。

[清]林端材:《建州八音》,清乾隆六十年(1795)刻本。

[清]崔灏撰,陈志明编校:《通俗编》,东方出版社,2012年。

[清]胡柏:《休宁南乡土音音同字异音义》,民国胡义盛抄记,安徽大学伯山书屋藏。

[清]黄谦:《汇音妙悟》,清嘉庆六年(1801)本。

[清]黄宗羲辑:《古歙乡音集证》,民国抄本,复旦大学图书馆藏。

[清]嵇有庆修,[清]刘沛纂:光绪《零陵县志》,清光绪二年(1876)刻本。

[清]晋安编:《戚林八音》,学海堂木刻本,1749年。

[清]李镜蓉修,[清]许清源等纂:光绪《道州志》,清光绪四年(1878)刻本。

[清]李实著,黄仁寿校注:《蜀语校注》,巴蜀书社,1990年。

［清］李文炟修，［清］朱润芸等纂：光绪《清远县志》，清光绪六年（1880）刊本。

［清］刘华邦纂修：同治《江华县志》，清同治九年（1870）刻本。

［清］刘业勤纂修：《揭阳县正续志》，成文出版社有限公司，1973年。

［清］彭定求等编：《全唐诗》，中华书局，1960年。

［清］钱绎撰集，李发舜、黄建中点校：《方言笺疏》，中华书局，1991年。

［清］任璇：《贵州古籍集粹・梅花缘》，贵州人民出版社，1988年。

［清］阮元校刻：《十三经注疏（清嘉庆刊本）》，中华书局，2009年。

［清］阮元修，［清］陈昌齐等纂：道光《广东通志》，清道光二年（1822）刊本。

［清］王春藻、刘圭修，徐典等撰：《永明县志》（铅印本），1933年。

［清］王念孙：《广雅疏证》，江苏古籍出版社，1984年。

［清］温仲和总纂：光绪《嘉应州志》，清光绪二十四年（1898）刊本，《中国方志丛书・第一一七号》，成文出版社有限公司，1968年。

［清］西清：《黑龙江外记》，黑龙江人民出版社，1984年。

［清］谢启昆修，［清］胡虔纂：嘉庆《广西通志》，清嘉庆六年（1801）刻本。

［清］谢庭薰修，［清］陆锡熊纂：《娄县志》，《中国方志丛书・华中地方・第一一四七号》，成文出版社有限公司，1974年。

［清］谢秀岚：《汇集雅俗通十五音》，文林堂刻本，1818年。

［清］杨宾：《柳边纪略》，中华书局，1985年。

［清］杨恭桓撰，谭赤子点校：《客话本字》（光绪三十三年［1907］刊本），爱华出版社，1997年。

［清］叶开温：《八音定诀》，甲午端月版，1894年。

［清］张世珍：《潮声十五音》，汕头图书报石印社出版，1913年。

［清］张同声修，［清］李图等纂：《胶州志》，道光二十五年（1845）刻本。

二、现当代文献

安徽省地方志编纂委员会编：《安徽省志・方言志》，方志出版社，1997年。

白涤州著,喻世长整理:《关中方音调查报告》,中国科学院,1954年。
白宛如:《广州方言词典》,江苏教育出版社,1998年。
白维国:《白话小说语言词典》,商务印书馆,2011年。
宝安县地方志编纂委员会编:《宝安县志》,广东人民出版社,1997年。
鲍厚星:《方言词汇比较与湖南方言分区》,《湖南师大学报(哲学社会科学版)》,1985年第3期。
鲍厚星、颜森:《湖南方言的分区》,《方言》,1986年第4期。
鲍厚星、崔振华等:《长沙方言词典》,江苏教育出版社,1998年。
鲍厚星、陈立中、彭泽润:《二十世纪湖南方言研究概述》,《方言》,2000年第1期。
鲍厚星:《湘南东安型土话的系属》,《方言》,2002年第3期。
鲍厚星等:《湘南土话论丛》,湖南师范大学出版社,2004年。
鲍厚星、陈晖:《湘语的分区(稿)》,《方言》,2005年第3期。
鲍厚星:《湘方言概要》,湖南师范大学出版社,2006年。
鲍怀翘、林茂灿主编:《实验语音学概要》(增订版),北京大学出版社,2014年。
鲍明炜:《六十年来南京方音向普通话靠拢情况的调查》,《中国语文》,1980年第4期。
鲍明炜、颜景常:《苏北江淮官话与北方话的分界》,《方言》,1985年第2期。
鲍士杰:《杭州方言词典》,江苏教育出版社,1998年。
北大中文系语言学教研室编,王福堂修订:《汉语方音字汇》(第二版重排本),语文出版社,2003年。
贝先明、向柠:《实验语音学的基本原理与Praat软件操作》,湖南师范大学出版社,2016年。
蔡国璐:《丹阳方言词典》,江苏教育出版社,1995年。
蔡国妹:《吴闽语进行体和持续体的语法化序列分析》,《福建师范大学学报(哲社版)》,2006年第3期。
蔡国妹:《莆仙方言研究》,厦门大学出版社,2016年。

蔡华祥:《盐城方言研究》,中华书局,2011年。
蔡华祥:《东台方言的后缀"儿"和"儿+子"》,《中国语文》,2014年第3期。
蔡权:《广西廉州方言音系》,《方言》,1987第1期。
蔡嵘:《浙江乐清方言音系》,《方言》,1999年第4期。
曹家铭修,邓典谟纂:民国《宜章县志》,民国三十年(1941)木活字印本。
曹延杰:《德州方言志》,语文出版社,1991年。
曹延杰:《宁津方言志》,中国文史出版社,2003年。
曹志耘:《金华方言词典》,江苏教育出版社,1996年。
曹志耘:《敦煌方言的声调》,《语文研究》,1998年第1期。
曹志耘、〔日〕秋谷裕幸、〔日〕太田斋、赵日新:《吴语处衢方言研究》,日本好文出版,2000年。
曹志耘、张世方:《北京话研究的回顾与展望》,于根元主编《世纪之交的应用语言学》,北京广播学院出版社,2000年。
曹志耘、邵朝阳:《青海乐都方言音系》,《方言》,2001年第4期。
曹志耘:《地理语言学及其在中国的发展》,《中国方言学报》,2006年第1期。
曹志耘主编:《汉语方言地图集》,商务印书馆,2008年。
曹志耘等:《吴语婺州方言研究》,商务印书馆,2016年。
曹志耘:《徽语严州片方言研究》,北京语言大学出版社,2017年。
曹志耘:《南部吴语语音研究》,商务印书馆,2022年。
岑麒祥:《方言调查方法概论》,《语言文学专刊》,1936年第1卷第1期。
常之英修,刘祖干修纂:《潍县志稿》(铅印本),1941年。
陈昌仪:《余干方言同音字汇》,《方言》,1990年第3期。
陈昌仪:《赣方言概要》,江西教育出版社,1991年。
陈传德修,黄世祚纂:《嘉定县续志》,成文出版社有限公司,1975年。
陈刚:《古清入声在北京话里的演变情况》,《中国语言学报》,1988年第3期。
陈海伦、林亦主编:《粤语平话土话方音字汇 第1编 广西粤语、桂南平话部分》,上海教育出版社,2009年。
陈海伦、刘村汉主编:《粤语平话土话方音字汇 第2编 桂北、桂东及周边平话、土话部分》,上海教育出版社,2009年。

陈鸿迈:《海口方言词典》,江苏教育出版社,1996年。

陈晖:《湘方言语音研究》,湖南师范大学出版社,2006年。

陈立中:《湖南客家方言的源流与演变》,岳麓书社,2003年。

陈立中:《黑龙江站话研究》,中国社会科学出版社,2005年。

陈丽:《安徽歙县大谷运方言》,方志出版社,2013年。

陈满华:《安仁方言》,北京语言学院出版社,1995年。

陈美文修,李繁滋纂:《灵川县志》,民国十八年(1929)石印本。

陈淑静主编:《获鹿方言志》,河北人民出版社,1990年。

陈淑静:《河北方言的音变造词》,温端政、沈慧云主编《语文新论:〈语文研究〉15周年纪念文集》,山西教育出版社,1996年。

陈文彬:《北京话多音词发展的趋势和速度》,《中国语文》,1958年第4期。

陈泽平:《福州方言研究》,福建人民出版社,1998年。

陈章太、李如龙:《闽语研究》,语文出版社,1991年。

陈章太、李行健主编:《普通话基础方言基本词汇集·语音卷》,语文出版社,1996年。

陈忠敏:《重论文白异读与语音层次》,《语言研究》,2003年第3期。

陈忠敏:《吴语人称代词的范式、层次及音变》,《汉语史学报》第16辑,上海教育出版社,2016年。

崔荣昌:《四川方言与巴蜀文化》,四川大学出版社,1996年。

〔日〕大岛广美:《南丰音系》,《中山大学学报(社会科学版)》,1995年第3期。

〔日〕大岛广美:《赣语知三、章组声母》,日本《中国语学》,1996年第243号。

代少若:《湖南赣语词汇研究》,上海辞书出版社,2020年。

邓玉荣:《贺县客家话量词的衍音重叠》,《广西梧州师范高等专科学校学报》,1998年第4期。

邓玉荣:《广西钟山董家垌土话》,商务印书馆,2019年。

丁邦新:《如皋方言的音韵》,《"中研院"历史语言研究所集刊》第36本,台湾商务印书馆,1966 年。

丁邦新:《台湾语言源流》,学生书局,1970 年。

丁邦新:《汉语方言分区的条件》,《丁邦新语言学论文集》,商务印书馆,1998 年。

丁邦新:《方言词汇的时代性》,《北京大学学报(哲学社会科学版)》,2005 年第 5 期。

丁邦新:《音韵学讲义》,北京大学出版社,2015 年。

丁声树、李荣编:《汉语方言调查简表》,中国科学院语言研究所,1956 年。

丁声树:《关于进一步开展汉语方言调查研究的一些意见》,《中国语文》,1961 年第 3 期。

丁声树:《方言调查词汇手册》,《方言》,1989 年第 2 期。

董绍克等:《汉语方言词汇比较研究》,商务印书馆,2013 年。

董同龢:《华阳凉水井客家话记音》,商务印书馆,1948 年。

董同龢:《厦门方言的音韵》,《"中研院"历史语言研究所集刊》第 29 本,台湾商务印书馆,1957 年。

董同龢:《四个闽南方言》,台湾商务印书馆,1959 年。

董志翘、蔡镜浩:《中古虚词语法例释》,吉林教育出版社,1994 年。

杜依倩:《海口方言(老派)同音字汇》,《方言》,2007 年第 2 期。

段亚广:《中原官话音韵研究》,中国社会科学出版社,2012 年。

范俊军编著:《中国田野语言学概要》,广东人民出版社,2016 年。

方梅:《指示词"这"和"那"在北京话中的语法化》,《中国语文》,2002 年第 4 期。

丰顺县地方志编纂委员会编:《丰顺县志》,广东人民出版社,1995 年。

冯爱珍:《福州方言词典》,江苏教育出版社,1998 年。

冯冬梅:《广西博白(永安)方言同音字汇》,《方言》,2022 第 3 期。

凤凰出版社编:《中国地方志集成·嘉庆广西通志》(第 2 册),凤凰出版社、上海书店、巴蜀书社,2010 年。

福建省地方志编纂委员会:《福建省志·方言志》,方志出版社,1998 年。

福建省汉语方言调查指导组、福建省汉语方言概况编写组:《福建省汉语方言概况》,未正式出版,1963年。

付欣晴:《抚州方言研究》,文化艺术出版社,2006年。

傅国通、蔡勇飞、鲍士杰、方松熹、傅佐之、郑张尚芳:《吴语的分区(稿)》,《方言》,1986年第1期。

傅林:《沧州献县方言研究》,中华书局,2020年。

傅懋勣:《北京话的音位和拼音字母》,《中国语文》,1954年第5期。

傅振伦:《新河方言中名物之性属》,《北京大学研究所国学门周刊》第2卷24期,上海开明书店,1926年。

甘肃师范大学中文系方言调查室编:《甘肃方言概况》(铅印本),1960年。

高葆泰:《兰州方言音系》,甘肃人民出版社,1985年。

高葆泰、张安生编写:《银川话音档》,上海教育出版社,1997年。

高慎贵:《新泰方言志》,语文出版社,1996年。

高晓虹:《北京话庄组字分化现象试析》,《中国语文》,2002年第3期。

高晓虹:《章丘方言志》,齐鲁书社,2011年。

高永安:《明清皖南方言研究》,商务印书馆,2007年。

〔瑞典〕高本汉:《中国音韵学研究》,赵元任、罗常培、李方桂译,商务印书馆,1940年。

耿振生:《北京话文白异读的形成》,《语言学论丛》第27辑,商务印书馆,2003年。

贡贵训:《豫皖两省境内沿淮方言语音研究》,中国社会科学出版社,2019年。

顾黔:《通泰方言音韵研究》,南京大学出版社,2001年。

顾黔:《泰兴方言研究》,中华书局,2015年。

顾黔:《长江中下游沿岸方言"支微入鱼"的地理分布及成因》,《语言研究》,2016年第1期。

顾黔:《江苏兴化方言音系》,《方言》,2020年第2期。

广西师范学院中文系《广西汉语方言概要》编辑组编:《广西汉语方言概要》(油印本),1960年。

广西壮族自治区地方志编纂委员会编:《广西通志·汉语方言志》,广西人民出版社,1998年。

贵州省地方志编纂委员会编:《贵州省志·汉语方言志》,方志出版社,1998年。

郭丽:《湖北西南官话音韵研究》,复旦大学博士学位论文,2009年。

郭利霞:《九十年代以来汉语方言语法研究述评》,《汉语学习》,2007年第6期。

郭攀、夏凤梅:《浠水方言研究》,华中师范大学出版社,2016年。

郭启熹:《龙岩方言研究》,纵横出版社,1996年。

郭正彦:《黑龙江方言分区略说》,《方言》,1986年第3期。

〔印度尼西亚〕哈玛宛:《印度尼西亚西爪哇客家话》,中国社会科学出版社,1994年。

海南省地方史志办公室编:《海南省志 人口志·方言志·宗教志》,海南出版社,1994年。

合肥师范学院方言调查工作组编:《安徽方言概况》,内部发行,1962年。

何大安:《论赣方言》,《汉学研究》,1987年第5卷第1期。

何炯璋修,谭凤仪纂:《仁化县志》,民国二十年(1931)铅印本。

何旭良:《英语语音——用Praat学语音》,东华大学出版社,2015年。

和平县地方志编纂委员会编:《和平县志》,广东人民出版社,1999年。

河北北京师范学院、中国科学院河北省分院语文研究所编:《河北方言概况》,河北人民出版社,1961年。

河北省昌黎县县志编纂委员会、中国科学院语言研究所合编:《昌黎方言志》,科学出版社,1960年。

河北省地方志编纂委员会编:《河北省志·方言志》,方志出版社,2005年。

〔比〕贺登崧:《汉语方言地理学》,石汝杰、岩田礼译,上海教育出版社,2003年。

贺巍:《河南省西南部方言的语音异同》,《方言》,1985年第2期。

贺巍:《东北官话的分区(稿)》,《方言》,1986年第3期。

贺巍:《获嘉方言研究》,商务印书馆,1989年。

贺巍:《汉语方言语法研究的几个问题》,《方言》,1992年第3期。

贺巍:《洛阳方言研究》,社会科学文献出版社,1993年。

贺巍:《洛阳方言词典》,江苏教育出版社,1996年。

黑维强:《绥德方言调查研究》,北京师范大学出版社,2016年。

侯超:《皖北中原官话方言语法研究》,中国社会科学出版社,2021年。

侯精一:《长治方言志》,语文出版社,1985年。

侯精一:《山西理发社群行话的研究报告》,《中国语文》,1988年第2期。

侯精一、温端政主编:《山西方言调查研究报告》,山西高校联合出版社,1993年。

侯精一:《现代晋语的研究》,商务印书馆,1999年。

侯精一主编:《现代汉语方言概论》,上海教育出版社,2002年。

侯兴泉:《广东封开南丰话的三种正反问句》,《方言》,2005年第2期。

侯兴泉:《粤语勾漏片封开开建话语音研究——兼与勾漏片粤语及桂南平话的比较》,中西书局,2016年。

侯兴泉:《封开方言志》,世界图书出版广东有限公司,2017年。

胡方:《宁波方言元音的声学语音学研究》,2003年语音研究报告会议论文,2003年12月。

胡明扬:《北京话初探》,商务印书馆,1987年。

胡明扬:《北京话研究》,北京燕山出版社,1992年。

胡明扬:《B. Comrie〈动态〉简介》,《国外语言学》,1996年第3期。

胡萍:《湘西南汉语方言语音研究》,湖南师范大学出版社,2007年。

胡双宝:《文水方言志》,语文出版社,1984年。

胡松柏等:《赣东北方言调查研究》,江西人民出版社,2009年。

胡松柏:《赣东北徽语调查研究》,社会科学文献出版社,2020年。

胡以鲁编:《国语学草创》,商务印书馆,1923年。

胡裕树:《现代汉语》,上海教育出版社,1995年。

湖北省方言调查指导组编:《湖北方言概况》,内部发行,1960年。

湖南省地方志编纂委员会编:《湖南省志·第25卷·方言志》,湖南人民出版社,2001年。

湖南师范学院中文系汉语方言普查组编:《湖南省汉语方言普查总结报告(初稿)》(石印本),1960年。

华学诚:《周秦汉晋方言研究史》,上海人民出版社,2014年。

黄伯荣:《汉语方言语法类编》,青岛出版社,1996年。

黄淬伯:《唐代关中方言音系》,江苏古籍出版社,1998年。

黄典诚:《北京话(上)》,《语文知识》,1954年第3期。

黄典诚:《北京话(下)》,《语文知识》,1954年第4期。

黄典诚:《建瓯方言初探》,《厦门大学学报(哲学社会科学版)》,1957第1期。

黄群建:《鄂东南方言音汇》,华中师范大学出版社,2002年。

黄拾全:《广东四会(城中)方言同音字汇》,《方言》,2022第3期。

黄婷婷:《广东丰顺客家方言的差比句》,《方言》,2009年第4期。

黄婷婷:《客家与客家方言》,暨南大学出版社,2019年。

黄晓东:《浙江临海方言音系》,《方言》,2007年第1期。

黄雪贞:《西南官话的分区(稿)》,《方言》,1986年第4期。

黄雪贞编纂:《梅县方言词典》,江苏教育出版社,1995年。

黄钊:《石窟一征》,清宣统元年(1909)重印本,台湾学生书局,1970年。

吉林省推广普通话委员会编:《吉林人学习普通话手册》,吉林人民出版社,1959年。

贾采珠编:《北京话儿化词典》,语文出版社,1990年。

《江苏语言资源资料汇编》编委会编:《江苏语言资源资料汇编》,凤凰出版社,2015年。

〔法〕金尼阁:《西儒耳目资》,文字改革出版社,1957年。

江苏省地方志编纂委员会编:《江苏省志·方言志》,南京大学出版社,1998年。

江苏省和上海市方言调查指导组编:《江苏省和上海市方言概况》,江苏人民出版社,1960年。

江永县政府(永明县志)工作组整理校点:《永明县志(道光版)》,内部发行,2018年。

江西省地方志编纂委员会编:《江西省志·江西省方言志》,方志出版社,2005年。

姜迎春、甘于恩:《湖北武穴方言指示代词三分型研究》,《语言研究》,2021年第3期。

蒋冰冰:《吴语宣州片方言音韵研究》,华东师范大学出版社,2003年。

教育部语言文字信息管理司、中国语言资源保护研究中心编著:《中国语言资源调查手册·汉语方言》,商务印书馆,2015年。

揭西县地方志编纂委员会编:《揭西县志》,广东人民出版社,1994年。

金贵士:《东北黄海沿岸几个地方的语音问题》,《吉林师大学报》,1959年第4期。

金有景:《江西广丰话效摄字的读音》,《中国语文》,1961年第10、11期合刊。

兰宾汉:《西安方言语法调查研究》,中华书局,2011年。

蓝小玲:《闽西客家方言》,厦门大学出版社,1999年。

乐昌县地方志编纂委员会编:《乐昌县志》,广东人民出版社,1994年。

雷飞鹏修,成守廉纂:《蓝山县图志》,民国二十二年(1933)刻本。

黎锦熙:《新著国语教学法》,商务印书馆,1925年。

李旦蓂:《湘音检字》,锦文印务馆,1937年。

李冬香:《粤北犁市土话音系》,《方言》,2013年第4期。

李冬香:《湖南赣语语音调查研究》,中国社会科学出版社,2015年。

李恩军主编:《中国历史地理学》,人民交通出版社,1995年。

李范文:《宋代西北方音》,中国社会科学出版社,1994年。

李行健主编:《河北方言词汇编》,商务印书馆,1995年。

李行杰编写:《青岛话音档》,上海教育出版社,1999年。

李敬忠:《粤语是汉语族群中的独立语言》,《学术论坛》,1990年第1期。

李军:《湖南洞绥片赣方言语音调查研究》,社会科学文献出版社,2021年。

李军:《江西赣方言历史文献与历史方音研究》,商务印书馆,2015年。
李蓝:《贵州大方方言名词和动词的重叠式》,《方言》,1987年第3期。
李蓝:《贵州丹寨方言音系》,《方言》,1994年第1期。
李蓝:《湖南方言分区述评及再分区》,《语言研究》,1994年第2期。
李蓝:《现代汉语方言差比句的语序类型》,《方言》,2003年第3期。
李蓝:《西南官话的分区(稿)》,《方言》,2009年第1期。
李蓝:《四川木里汉语方言记略》,《方言》,2010年第2期。
李蓝、曹茜蕾:《汉语方言中的处置式和"把"字句》,《方言》,2013年第1、2期。
李连进:《平话音韵研究》,广西人民出版社,2000年。
李连进:《平话的分布、内部分区及系属问题》,《方言》,2007年第1期。
李巧兰:《河北邢台县方言的D变音》,《石家庄学院学报》,2019年第5期。
李巧兰:《河北邢台县方言的Z变音》,《保定学院学报》,2019年第6期。
李庆富:《合肥方言考》,《学风》,1936年第6卷第4期。
李荣:《汉语方言调查手册》,科学出版社,1957年。
李荣:《温岭方言语音分析》,《中国语文》,1966年第1期。
李荣:《语文论衡》,商务印书馆,1985年。
李荣:《官话方言的分区》,《方言》,1985年第1期。
李荣:《汉语方言的分区》,《方言》,1989年第4期。
李荣主编:《现代汉语方言大词典》(综合本),江苏教育出版社,2002年。
李荣:《方言存稿》,商务印书馆,2012年。
李琼琼:《广西梧州市区白话同音字汇》,《钦州学院学报》,2019年第4期。
李如龙、张双庆主编:《客赣方言调查报告》,厦门大学出版社,1992年。
李如龙、庄初升、严修鸿:《福建双方言研究》,汉学出版社,1995年。
李如龙:《福建方言》,福建人民出版社,1997年。
李如龙、周日健:《客家方言研究》,暨南大学出版社,1998年。
李如龙、潘渭水:《建瓯方言词典》,江苏教育出版社,1998年。
李如龙等:《粤西客家方言调查报告》,暨南大学出版社,1999年。

李如龙:《汉语方言学》,高等教育出版社,2001 年。
李如龙、王升魁:《戚林八音校注》,福建人民出版社,2001 年。
李如龙:《福建县市方言志 12 种》,福建教育出版社,2001 年。
李如龙:《论汉语方言特征词》,《中国语言学报》第 10 期,商务印书馆,2001 年。
李如龙主编:《汉语方言特征词研究》,厦门大学出版社,2002 年。
李如龙:《汉语方言学》(第二版),高等教育出版社,2007 年。
李如龙、姚荣松:《闽南方言》,福建人民出版社,2008 年。
李如龙:《汉语方言调查》,商务印书馆,2017 年。
李如龙:《汉语特征研究》,厦门大学出版社,2018 年。
李申:《徐州方言志》,语文出版社,1985 年。
李树楠修,吴寿崧、梁材鸿纂:民国《昭平县志》,民国二十三年(1934)铅印本。
李树俨、张安生:《银川方言词典》,江苏教育出版社,1996 年。
李无未:《清末民初东北官话的语音特点》,《方言》,2013 年第 4 期。
李小凡:《新派苏州方言声母系统的演变》,《方言》,1997 年第 3 期。
李小凡:《汉语方言分区方法再认识》,《方言》,2005 年第 4 期。
李小凡:《两广毗连地区汉语方言的归属》,《语文研究》,2011 年第 1 期。
李小凡:《汉语方言语法研究九十年》,《方言语法论丛》第 7 辑,商务印书馆,2016 年。
李小凡、项梦冰编著,项梦冰修订:《汉语方言学基础教程》(第二版),北京大学出版社,2020 年。
李新魁、林伦伦:《潮汕方言考释》,广东人民出版社,1992 年。
李学军:《河南内黄方言研究》,中国社会科学出版社,2016 年。
李永明:《潮州方言》,中华书局,1959 年。
李永明:《衡阳方言》,湖南人民出版社,1986 年。
李永明:《长沙方言》,湖南出版社,1991 年。
李宇明、陈前瑞:《北京话"给"字被动句的地位及其历史发展》,《方言》,2005

年第 4 期。

李宇明、王莉宁主编:《辅轩使者:语言学家的田野故事》,商务印书馆,2020 年。

李玉晶:《河南南阳话的频率副词"肯"及其来源》,《语言研究》,2015 年第 4 期。

李作南:《客家方言的代词》,《中国语文》,1965 年第 3 期。

〔意〕利玛窦:《明末罗马字注音文章》,文字改革出版社,1957 年。

〔意〕利玛窦、〔比〕金尼阁:《利玛窦中国札记》,何高济等译,何兆武校,中华书局,1983 年。

连谊慧:《"汉民族共同语"多人谈》,《语言战略研究》,2016 年第 4 期。

梁德曼、黄尚军:《成都方言词典》,江苏教育出版社,1998 年。

梁福根:《桂北平话与推广普通话研究——阳朔葡萄平声话研究》,广西民族出版社,2005 年。

梁金荣:《临桂两江平话研究》,广西民族出版社,2005 年。

梁猷刚:《广东省北部汉语方言的分布》,《方言》,1985 年第 2 期。

梁玉璋:《武平县中山镇的"军家话"》,《方言》,1990 第 3 期。

林华东:《泉州方言研究》,厦门大学出版社,2008 年。

林伦伦:《粤西闽语雷州话研究》,中华书局,2006 年。

林素娥:《19 世纪以来吴语反复问句类型的演变》,《语言研究集刊》第 13 辑,上海辞书出版社,2014 年。

林焘:《北京官话区的划分》,《方言》,1987 年第 3 期。

林焘:《北京官话溯源》,《中国语文》,1987 年第 3 期。

林焘、周一民、蔡文兰:《北京话音档》,上海教育出版社,1998 年。

林焘:《中国语音学史》,语文出版社,2010 年。

林亦:《近代汉语平话土话方言文献集成》,商务印书馆,2023 年。

林语堂:《前汉方音区域考》,《林语堂名著全集(第 19 卷:语言学论丛)》,东北师范大学出版社,1994 年。

林语堂:《研究方言应有的几个语言学观察点》,《语言学论丛》,上海开明书店,1923年。

刘翠香:《山东栖霞方言中表示处所/时间的介词》,《方言》,2004年第2期。

刘翠香:《山东栖霞方言的持续体》,《方言》,2007年第2期。

刘村汉:《柳州方言词典》,江苏教育出版社,1995年。

刘丹青:《南京方言词典》,江苏教育出版社,1995年。

刘丹青:《吴江方言的代词系统及内部差异》,李如龙、张双庆主编《代词》,暨南大学出版社,1999年。

刘半农:《四声实验录》,群益书社,1924年。

刘禾编:《常用东北方言词浅释》,吉林人民出版社,1959年。

刘俐李:《焉耆汉语方言研究》,新疆大学出版社,1994年。

刘俐李、周磊:《新疆汉语方言的分区(稿)》,《方言》,1986年第3期。

刘林:《河北盐山方言研究》,苏州大学出版社,2015年。

刘纶鑫:《客赣方言比较研究》,中国社会科学出版社,1999年。

刘纶鑫:《江西客家方言概况》,江西人民出版社,2001年。

刘叔新:《汉语描写词汇学》,商务印书馆,1990年。

刘淑学:《冀鲁官话的分区(稿)》,《方言》,2006年第4期。

刘祥柏:《北京话"一+名"结构分析》,《中国语文》,2004年第1期。

刘祥柏:《安徽黄山汤口方言》,方志出版社,2013年。

刘祥柏、陈丽:《安徽泾县查济方言同音字汇》,《方言》,2015年第3期。

刘晓英:《近代湘南官话语音研究》,湖南师范大学博士学位论文,2008年。

刘泽民:《客赣方言历史层次研究》,甘肃民族出版社,2005年。

刘泽民:《瑞金方言研究》,文化艺术出版社,2006年。

刘泽民:《方言中濒临消失的存古语音层——从纯学术的角度看方言的濒危》,庄初升、邹晓玲主编《濒危汉语方言研究》,中山大学出版社,2016年。

龙川县地方志编纂委员会编:《龙川县志》,广东人民出版社,1994年。

〔俄〕龙果夫:《汉语的结构单位》,《中国语文》,1959年第5期。

卢甲文:《郑州方言志》,语文出版社,1992年。

卢小群:《湘南土话代词研究》,中国社会科学出版社,2004年。

鲁国尧:《明代官话及其基础方言问题——读〈利玛窦中国札记〉》,《南京大学学报(哲学社会科学版)》,1985年第4期。

鲁国尧:《泰州方音史与通泰方言史研究》,《鲁国尧语言学论文集》,江苏教育出版社,1988年。

鲁国尧:《"方言"的涵义》,《语言教学与研究》,1992年第1期。

陆玖译注:《吕氏春秋》,中华书局,2011年。

陆勤:《扬州方言重叠式研究》,《南京师范大学文学院学报》,2011年第4期。

陆志韦:《记徐孝〈重订司马温公等韵图经〉》,《陆志韦近代汉语音韵论集》,商务印书馆,1988年。

陆致极:《计算语言学导论》,上海教育出版社,1990年。

路遇:《清代和民国山东移民东北史略》,上海社会科学院出版社,1987年。

罗常培:《厦门音系》,商务印书馆,1930年。

罗常培:《徽州方言的几个要点》,《世界日报》,1934年8月25日第13版。

罗常培:《临川音系》,商务印书馆,1940年。

罗常培:《从客家迁徙的踪迹论客赣方言的关系》,《中国青年》,1942年第7卷第1号。

罗常培、吕叔湘:《现代汉语规范问题》,《现代汉语规范问题学术会议文件汇编》,科学出版社,1956年。

罗常培:《罗常培文集(第三卷)》,山东教育出版社,2008年。

罗常培:《绩溪方音述略》,《罗常培文集(第九卷)》,山东教育出版社,2008年。

罗常培、王均编著:《普通语音学纲要》(修订本),商务印书馆,2001年。

罗常培:《唐五代西北方音》,商务印书馆,2012年。

罗福腾:《牟平方言志》,语文出版社,1992年。

罗福腾:《山东方言里的反复问句》,《方言》,1996年第3期。

罗福腾:《牟平方言词典》,江苏教育出版社,1997年。

罗福腾:《胶辽官话研究》,山东大学博士学位论文,1998年。

罗福腾:《胶辽官话尖团音的现状与演变轨迹》,《中国语言学报》第 17 期,商务印书馆,2016 年。

罗翙云:《客方言》(国立中山大学国学院丛书 第一种),1932 年。

[美]罗杰瑞:《汉语概说》,张惠英译,语文出版社,1995 年。

罗昕如:《湘南土话词汇研究》,中国社会科学出版社,2004 年。

罗昕如:《湘方言词汇研究》,湖南师范大学出版社,2006 年。

罗昕如、李斌:《湘语的小称研究——兼与相关方言比较》,《湖南师范大学社会科学学报》,2008 年第 4 期。

罗昕如:《湘语与赣语比较研究》,湖南师范大学出版社,2011 年。

罗昕如:《湖南蓝山太平土话研究》,湖南师范大学出版社,2016 年。

罗昕如:《湘语在广西境内的接触与演变研究》,湖南师范大学出版社,2017 年。

罗肇锦:《客语语法》,台湾学生书局,1984 年。

吕叔湘:《汉语语法分析问题》,商务印书馆,1999 年。

吕叔湘:《吕叔湘自选集》,上海教育出版社,2019 年。

吕枕甲:《运城方言重叠式的韵律特征》,《语言研究》,1988 年第 2 期。

吕枕甲:《运城方言志》,山西高校联合出版社,1991 年。

马启红:《太谷方言"圪"字研究》,《语文研究》,2008 年第 4 期。

马文忠、梁述中:《大同方言志》,语文出版社,1986 年。

马重奇:《闽台闽南方言韵书比较研究》,中国社会科学出版社,2008 年。

孟庆惠:《安徽方音辨正》,安徽人民出版社,1961 年。

孟庆惠:《徽州方言》,安徽人民出版社,2005 年。

孟庆泰、罗福腾:《淄川方言志》,语文出版社,1994 年。

莫超:《白龙江流域汉语方言语法研究》,中国社会科学出版社,2004 年。

牟成刚:《西南官话音韵研究》,中国社会科学出版社,2016 年。

南京大学中文系方言研究室编:《江淮方言基本词汇调查表》(油印本),1988 年。

内蒙古教育厅方言调查工作组:《乌兰浩特语音简介》,《语言文字》,1958 年第 2 期。

潘国英:《论明清白话小说中表持续义的"在这里/那里"》,《河南师范大学学报(哲学社会科学版)》,2005 年第 2 期。

潘家懿:《海陆丰客家话与台湾"海陆客"》,《汕头大学学报(人文科学版)》,2000 年第 2 期。

潘茂鼎等:《福建汉语方言分区略说》,《中国语文》,1963 年第 6 期。

潘渭水:《闽北方言研究》,福建教育出版社,2007 年。

潘耀武:《清徐方言志》,山西高校联合出版社,1990 年。

彭小川:《广州方言表"持续"义的几种形式及其意义的对比分析》,《语文研究》,2003 年第 4 期。

彭泽润:《衡山方言研究》,湖南教育出版社,1999 年。

彭泽润、彭建国:《湖南方言》,湖南教育出版社,2013 年。

〔日〕平山久雄:《江淮方言祖调值构拟和北方方言祖调值初案》,《语言研究》,1980 年第 1 期。

〔日〕平田昌司主编:《徽州方言研究》,日本好文出版,1998 年。

莆田市志编纂委员会编:《莆田市志·莆田方言志》,方志出版社,2001 年。

钱曾怡:《文登、荣成方言中古全浊平声的读音》,《中国语文》,1981 年第 4 期。

钱曾怡等:《烟台方言报告》,齐鲁书社,1982 年。

钱曾怡等:《山东诸城、五莲方言的声韵特点》,《中国语文》,1984 年第 3 期。

钱曾怡、曹志赟、罗福腾:《平度方言内部的语音差别》,《方言》,1985 年第 3 期。

钱曾怡、高文达、张志静:《山东方言的分区》,《方言》,1985 年第 4 期。

钱曾怡:《济南方言词典》,江苏教育出版社,1997 年。

钱曾怡主编:《山东方言研究》,齐鲁书社,2001 年。

钱曾怡:《汉语方言研究的方法与实践》,商务印书馆,2002 年。

钱曾怡:《古知庄章声母在山东方言中的分化及其跟精见组的关系》,《中国语文》,2004 年第 6 期。

钱曾怡主编:《汉语官话方言研究》,齐鲁书社,2010年。
钱奠香:《海南屯昌闽语语法研究》,云南大学出版社,2002年。
钱乃荣:《也谈吴语的语法、词汇特征》,《温州师范学院学报》,1987年第3期。
钱乃荣:《当代吴语研究》,上海教育出版社,1992年。
钱乃荣:《上海方言》,文汇出版社,2007年。
钱文晋:《沭阳方言考》,《中央大学半月刊》,1930年第1卷第6期。
乔全生:《洪洞方言研究》,中央文献出版社,1999年。
乔全生:《晋方言语法研究》,商务印书馆,2000年。
覃远雄等:《南宁平话词典》,江苏教育出版社,1997年。
覃远雄:《广西南北平话的差异》,《方言》,2014年第4期。
覃远雄:《广西南宁五塘平话音系》,《方言》,2020年第4期。
清远县地方志编纂办公室编:《清远县志》,内部发行,1995年。
邱雁:《汉语"肯"的多功能性研究》,湖南师范大学硕士学位论文,2021年。
〔日〕秋谷裕幸:《吴语处衢方言(西北片)古音构拟》,日本好文出版,2003年。
〔日〕秋谷裕幸:《闽东区福宁片四县市方言音韵研究》,福建人民出版社,2010年。
〔日〕秋谷裕幸、徐朋彪:《韩城方言调查研究》,中华书局,2016年。
〔日〕秋谷裕幸:《中原官话汾河片音韵史研究》,商务印书馆,2020年。
瞿建慧:《湘语辰溆片语音研究》,中国社会科学出版社,2010年。
饶秉才:《兴宁客家话语音》,李逢蕊主编《客家纵横——首届客家方言学术研讨会专集》(增刊),闽西客家学研究会,1994年。
仁化县地方志编纂委员会编:《仁化县志》,内部发行,1992年。
乳源县地方志编纂委员会编:《乳源县志》,广东人民出版社,1997年。
山东省地方史志编纂委员会编:《山东省志·方言志》,山东人民出版社,1993年。
山东省方言调查指导组主编,山东大学方言调查工作组编:《胶东人怎样学习普通话》,山东人民出版社,1960年。
陕西方言调查指导组、陕西省教育厅编:《陕西方言概况》(油印本),内部发行,1960年。
邵慧君:《粤西湛茂地区粤语语音研究》,中山大学出版社,2016年。
邵敬敏:《现代汉语通论》,上海教育出版社,2001年。
邵燕梅、刘长锋、邵明武:《沂南方言志》,齐鲁出版社,2010年。
沈丹萍:《唐山曹妃甸方言研究》,中华书局,2021年。
沈明:《太原方言词典》,江苏教育出版社,1994年。
沈明:《晋语的分区(稿)》,《方言》,2006年第4期。
沈明:《安徽歙县(向杲)方言》,方志出版社,2012年。
沈明:《山西岚县方言》,中国社会科学出版社,2014年。
沈明:《汉语地理语言学研究七十年》,《方言》,2019年第3期。
盛益民:《吴语绍兴(柯桥)方言参考语法》,商务印书馆,2021年。
施其生:《闽南方言的比较句》,《方言》,2012年第1期。
石明远:《山东省莒县方言音系》,《方言》,1987年第3期。
石明远:《莒县方言志》,语文出版社,1995年。
石汝杰:《苏州方言的代词系统》,李如龙、张双庆主编《代词》,暨南大学出版社,1999年。
石汝杰:《吴语文献资料研究》,日本好文出版,2009年。
〔美〕史皓元、顾黔、石汝杰编著:《汉语方言词汇调查手册》,中华书局,2006年。
〔美〕史皓元、石汝杰、顾黔编著:《江淮官话与吴语边界的方言地理学研究》,上海教育出版社,2006年。
史秀菊:《河津方言研究》,山西人民出版社,2004年。
始兴县地方志编纂委员会编:《始兴县志》,广东人民出版社,1997年。
四川大学方言调查工作组:《四川方言音系》,《四川大学学报(社科版)》,1960年第3期。
宋宪章等修,于清泮纂:《牟平县志》,民国二十五年(1936)铅印本。

宋学:《辽宁语音说略》,《中国语文》,1963年第4期。

宋益丹:《浙江仙居吴语浊内爆音的语音学考察》,《方言》,2014年第2期。

苏俊波:《丹江方言语法研究》,中国社会科学出版社,2021年。

苏晓青、吕永卫:《徐州方言词典》,江苏教育出版社,1996年。

孙红举:《中原官话合音现象研究》,陕西师范大学博士学位论文,2014年。

孙立新编:《西安方言研究》,西安出版社,2007年。

孙维张、路野、李丽君:《吉林方言分区略说》,《方言》,1986年第1期。

孙宜志、陈昌仪、徐阳春:《江西境内赣方言区述评及再分区》,《南昌大学学报(人文社会科学版)》,2001年第2期。

孙宜志:《安徽江淮官话语音研究》,黄山书社,2006年。

孙宜志:《江西赣方言语音研究》,语文出版社,2007年。

孙越川:《四川西南官话语音研究》,电子工业出版社,2016年。

汤珍珠等:《宁波方言词典》,江苏教育出版社,1997年。

唐七元:《广西汉语方言概要》,世界图书出版广东有限公司,2021年。

陶寰、盛益民:《吴闽语共同特有词汇说略》,《汉语史学报》,2023年第1期。

陶燠民:《闽音研究》,科学出版社,1956年。

田希诚:《和顺方言志》,语文出版社,1987年。

万波:《赣语声母的历史层次研究》,商务印书馆,2009年。

汪国胜:《湖北方言的"在"和"在里"》,《方言》,1999年第2期。

汪国胜:《大冶方言的"在里"和"过来"》,《华中学术》,2016年第4期。

汪化云、李倩:《河南固始方言的"可"字句》,《方言》,2013年第4期。

汪化云:《黄孝方言的"在"类词研究》,《语言研究》,2016年第4期。

汪化云:《黄孝方言语法研究》,语文出版社,2016年。

汪平:《苏州方言的重叠式》,汪国胜、谢晓明主编《汉语重叠问题》,华中师范大学出版社,2000年。

汪平:《苏州方言研究》,中华书局,2011年。

汪如东:《江淮方言泰如片与吴语的语法比较研究》,中国社会科学出版社,2017年。

汪莹:《明代以来南京方言语音的历史演变》,南京大学博士学位论文,
　　2018年。
汪维辉编:《朝鲜时代汉语教科书丛刊》,中华书局,2005年。
王福堂:《绍兴话记音》,《语言学论丛》第3辑,上海教育出版社,1959年。
王福堂:《关于客家话和赣语的分合问题》,《方言》,1998年第1期。
王福堂:《汉语方言语音的演变和层次》,语文出版社,1999年。
王福堂:《平话、湘南土话和粤北土话的归属》,《方言》,2001年第2期。
王福堂:《北京话儿化韵的产生过程》,《语言学论丛》第26辑,商务印书馆,
　　2002年。
王福堂:《绍兴方言研究》,语文出版社,2015年。
王洪君:《山西闻喜方言的白读层与宋西北方音》,《中国语文》,1987年第
　　2期。
王洪君:《历史语言学方法论与汉语方言音韵史个案研究》,商务印书馆,
　　2014年。
王洪钟:《海门方言研究》,中华书局,2011年。
王健:《苏皖区域方言语法比较研究》,商务印书馆,2014年。
王军虎:《西安方言词典》,江苏教育出版社,1996年。
王军虎:《陕西关中方言的ɿ类韵母》,《方言》,2001第3期。
王力:《中国音韵学》,商务印书馆,1936年。
王力:《中国语言学史》,山西人民出版社,1981年。
王力:《中国现代语法》,商务印书馆,1985年。
王力:《博白方音实验录》,中华书局,2014年。
王临惠:《试论晋南方言中的几种文白异读现象》,《语文研究》,1999年第
　　2期。
王丕煦等修纂:《莱阳县志》(铅印本),1935年。
王森:《甘肃临夏方言的两种语序》,《方言》,1993年第3期。
王世华、黄继林:《扬州方言词典》,江苏教育出版社,1996年。
王文胜:《处州方言的地理语言学研究》,中国社会科学出版社,2008年。

王希杰:《汉语词汇学》,商务印书馆,2018年。
王莹莹:《苏皖方言处置式比较研究》,中国社会科学出版社,2023年。
王泽鹏:《现代汉语的中缀问题》,《烟台师范学报》,1998年第4期。
王志勇:《河北中南部方言变音研究》,河北大学博士学位论文,2019年。
魏钢强:《萍乡方言志》,语文出版社,1990年。
魏钢强:《萍乡方言词典》,江苏教育出版社,1998年。
魏建功、舒耀宗、胡棨、刘复、白涤洲:《黟县方音调查录》,《国立北京大学国学季刊》,1934年第4卷第4号。
温昌衍:《客家方言》,华南理工大学出版社,2012年。
温昌衍:《客家方言特征词研究》,商务印书馆,2012年。
温端政:《忻州方言志》,语文出版社,1985年。
温端政:《苍南方言志》,语文出版社,1991年。
温端政、张光明:《忻州方言词典》,江苏教育出版社,1995年。
温美姬:《梅县方言古语词研究》,华南理工大学出版社,2009年。
翁源县地方志编纂委员会编:《翁源县志》,广东人民出版社,1997年。
吴波:《江淮官话音韵研究》,商务印书馆,2020年。
吴福祥:《近年来语法化研究的进展》,《外语教学与研究》,2004年第1期。
吴继章:《河北方言"处置""被动"等常见句式的特点》,《河北师范大学学报(哲学社会科学版)》,2017年第5期。
吴建生、赵宏因:《万荣方言词典》,江苏教育出版社,1997年。
吴建生:《万荣方言的"子"尾》,《语文研究》,1997年第2期。
吴守礼:《福建语研究导论》,台湾人文科学论丛第一辑,1949年。
吴守礼:《台湾省通志稿·人民志·语言篇》,台湾省文献委员会编纂组,1954年。
吴媛、韩宝育:《岐山方言调查研究》,中华书局,2016年。
伍巍:《论桂南平话的粤语系属》,《方言》,2001年第2期。
夏俐萍:《益阳方言"在咯里、在哦里"及其相关问题研究》,《成都理工大学学报(社会科学版)》,2007年第1期。

夏俐萍、唐正大:《汉语方言语法调查问卷》,上海教育出版社,2021年。

项菊:《湖北英山方言"在"的用法及相关问题》,《方言》,2012年第3期。

项梦冰:《连城客家话语法研究》,语文出版社,1997年。

项梦冰、曹晖:《汉语方言地理学》,中国文史出版社,2005年。

项梦冰:《赣语古全浊声母今读浊音的类型》,《语言学论丛》第47辑,商务印书馆,2013年。

肖九根:《赣方言古语词探源与论析》,中国社会科学出版社,2017年。

谢建猷:《南宁白话同音字汇》,《方言》,1994第4期。

谢建猷:《广西汉语方言研究》,广西人民出版社,2007年。

谢留文编纂:《于都方言词典》,江苏教育出版社,1998年。

谢留文:《赣语古上声全浊声母字今读阴平调现象》,《方言》,1998年第1期。

谢留文:《客家方言语音研究》,中国社会科学出版社,2003年。

谢留文:《赣语的分区(稿)》,《方言》,2006年第3期。

谢留文、沈明:《黟县宏村方言》,中国社会科学出版社,2008年。

谢留文:《江西浮梁(旧城村)方言》,方志出版社,2012年。

谢自立:《苏州方言的代词》,复旦大学中国语言文学研究所吴语研究室主编《吴语论丛》,上海教育出版社,1988年。

辛世彪:《赣方言声调的演变类型》,《暨南学报(人文社科版)》,1999年第3期。

辛永芬:《浚县方言中"在"的语音形式、意义和用法研究》,《河南教育学院学报》,2004年第5期。

辛永芬:《浚县方言语法研究》,中华书局,2006年。

邢福义:《现代汉语语法研究的两个"三角"》,《云梦学刊》,1990年第1期。

邢福义:《现代汉语语法研究的三个"充分"》,《湖北大学学报(哲学社会科学版)》,1991年第6期。

邢向东编写:《呼和浩特音档》,上海教育出版社,1998年。

邢向东:《论加强汉语方言语法的历时比较研究》,《陕西师范大学学报(哲学社会科学版)》,2002年第5期。

邢向东:《神木方言研究》,中华书局,2002年。
邢向东:《陕北晋语语法比较研究》,商务印书馆,2006年。
邢向东、蔡文婷:《合阳方言调查研究》,中华书局,2010年。
邢向东、王临惠、张维佳、李小平:《秦晋两省沿河方言比较研究》,商务印书馆,2012年。
熊燕:《客赣方言语音系统的历史层次》,世界图书出版广东有限公司,2015年。
熊正辉:《南昌方言的声调及其演变》,《方言》,1979年第4期。
熊正辉:《南昌方言的文白读》,《方言》,1982年第3期。
熊正辉:《南昌方言词汇(一)》,《方言》,1982年第4期。
熊正辉:《南昌方言词汇(二)》,《方言》,1983年第1期。
熊正辉:《广东方言的分区》,《方言》,1987第2期。
熊正辉:《南昌方言词典》,江苏教育出版社,1995年。
徐世荣:《普通话语音讲话》,文字改革出版社,1958年。
徐世荣:《普通话语音和北京土音的界限》,《语言教学与研究》,1979年第11期。
徐通锵:《历史语言学》,商务印书馆,1991年。
徐通锵:《音变的规律和汉语方言的分区》,《南开语言学刊》,2004年第2期。
许宝华、游汝杰:《苏南和上海吴语的内部差异》,《方言》,1984年第1期。
许宝华、汤珍珠、陈忠敏:《上海地区方言的分片》,《方言》,1993年第1期。
许宝华、陶寰:《上海方言词典》,江苏教育出版社,1997年。
许宝华、〔日〕宫田一郎主编:《汉语方言大词典》,中华书局,1999年。
许皓光、张大明编:《简明东北方言词典》,辽宁人民出版社,1988年。
薛力玮:《南京方言动词重叠式比较研究》,南京大学硕士学位论文,2020年。
严学宭:《广韵导读》,巴蜀书社,1990年。
严春艳:《百色市右江区粤语同音字汇》,《百色学院学报》,2013年第4期。
颜清徽、刘丽华编纂:《娄底方言词典》,江苏教育出版社,1998年。
颜森:《高安(老屋周家)方言的语音系统》,《方言》,1981年第2期。

颜森:《江西方言的分区稿》,《方言》,1986年第1期。
颜森:《黎川方言研究》,社会科学文献出版社,1993年。
颜森:《黎川方言词典》,江苏教育出版社,1995年。
颜逸明:《吴语概说》,华东师范大学出版社,1994年。
颜逸明:《浙南瓯语》,华东师范大学出版社,2000年。
〔日〕岩田礼:《汉语方言解释地图》,日本白帝社,2009年。
阳山县地方志编纂委员会编:《阳山县志》,中华书局,2003年。
杨道经:《湖南临湘方音与北京语音的比较》,《方言与普通话集刊》第4辑,文字改革出版社,1958年。
杨焕典:《桂林语音》,《中国语文》,1964年第6期。
杨耐思:《临湘方言里的动词补足语》,《中国语文》,1957年第9期。
杨耐思、沈士英:《藁城方言里的"们"》,《中国语文》,1958年第6期。
杨秋泽:《利津方言志》,语文出版社,1990年。
杨时逢:《台湾桃园客家方言》,"中研院"历史语言研究所,1957年。
杨时逢:《湖南方言声调分布》,《"中研院"历史语言研究所集刊》第29本上册,台湾商务印书馆,1957年。
杨时逢:《南昌音系》,《"中研院"历史语言研究所集刊》第39本上册,台湾商务印书馆,1969年。
杨时逢:《云南方言调查报告》,"中研院"历史语言研究所,1969年。
杨时逢:《湖南方言调查报告》,"中研院"历史语言研究所,1974年。
杨时逢:《江西方言的内部分歧现象》,《清华学报》,1982年第14卷。
杨时逢:《四川方言调查报告》,"中研院"历史语言研究所,1984年。
杨时逢:《李庄方言记》,"中研院"历史语言研究所,1987年。
杨树达:《积微居小学金石论丛(增订本)》,中华书局,1983年。
杨秀芳:《台湾闽南语语法稿》,大安出版社,1991年。
杨炎华、刘道海:《耀州方言复数表达形式》,《语言研究》,2023年第1期。
叶宝奎:《明清官话音系》,厦门大学出版社,2001年。
叶德均:《淮安方言录》,《民俗》,1929年第45期。

叶祥苓:《苏州方言地图集》,日本龙溪书社,1981年。
叶祥苓:《苏州方言志》,江苏教育出版社,1988年。
叶祥苓:《苏州方言词典》,江苏教育出版社,1998年。
叶祖贵:《信阳地区方言语音研究》,中国社会科学出版社,2014年。
叶祖贵:《汉语方言中的两类"VV"式动词重叠》,《汉语学报》,2020年第
    2期。
尹世超:《哈尔滨方言词典》,江苏教育出版社,1997年。
尹世超编写:《哈尔滨话音档》,上海教育出版社,1998年。
尹世超主编:《东北方言概念词典》,黑龙江大学出版社,2010年。
游汝杰:《黑龙江省的站人和站话述略》,《方言》,1993年第2期。
游汝杰、杨乾明:《温州方言词典》,江苏教育出版社,1998年。
游汝杰:《吴语语法的历史层次叠置》,《语言研究集刊》第二辑,上海辞书出
    版社,2005年。
游汝杰:《汉语方言学教程》(第二版),上海教育出版社,2016年。
游汝杰:《汉语方言学导论》(修订本),上海教育出版社,2018年。
游汝杰:《吴语方言学》,上海教育出版社,2018年。
余瑾等:《广西平话研究》,中国社会科学出版社,2016年。
余心乐、何姿文:《江西方音辨正》,《争鸣》,1964年第2期。
俞光中:《嘉兴方言同音字汇》,《方言》,1988年第3期。
语言研究所方言组:《方言调查词汇表》,《方言》,1981年第3期。
尉迟治平:《论隋唐长安音和洛阳音的声母系统》,《语言研究》,1985年第
    2期。
袁丹:《安徽泾县茂林方言同音字汇》,《方言》,2022年第1期。
袁家骅:《汉语方言概要》(第二版),语文出版社,2001年。
袁同凯编著:《文化人类学简论》,南开大学出版社,2017年。
岳立静:《济南话的虚词"可"》,《东岳论丛》,1994年第5期。
岳立静、钱曾怡:《口语高频词比较的方言分区意义》,《文史哲》,2012年第
    3期。

云南省地方志编委会编:《云南省志·汉语方言志》,云南人民出版社,
　　1989年。
云惟利:《海南方言》,澳门东亚大学,1987年。
曾献飞:《湘南官话语音研究》,江西人民出版社,2012年。
詹伯慧、黄家教:《关于汉语方言词汇调查研究的问题》,《武汉大学学报》,
　　1963年第1期。
詹伯慧、黄家教:《谈汉语方言语法材料的收集和整理》,《中国语文》,1965年
　　第3期。
詹伯慧:《现代汉语方言》,湖北人民出版社,1981年。
詹伯慧、张日昇主编:《珠江三角洲方言字音对照》,新世纪出版社,1987年。
詹伯慧、张日昇主编:《珠江三角洲方言词汇对照》,广东人民出版社,1988年。
詹伯慧、张日昇主编:《珠江三角洲方言综述》,广东人民出版社,1990年。
詹伯慧、陈晓锦:《东莞方言词典》,江苏教育出版社,1997年。
詹伯慧、李如龙、黄家教、许宝华:《汉语方言及方言调查》,湖北教育出版社,
　　2001年。
詹伯慧:《广东粤方言概要》,暨南大学出版社,2002年。
詹伯慧、崔淑慧、刘新中、杨蔚:《关于广西"平话"的归属问题》,《语文研究》,
　　2003年第3期。
詹伯慧、张振兴主编:《汉语方言学大词典》,广东教育出版社,2017年。
张爱玲:《汉语方所存在结构向进行体结构的语法化》,《中南大学学报(社会
　　科学版)》,2015年第5期。
张安生:《同心回民话中的阿拉伯语、波斯语借词》,《回族研究》,1994年第
　　1期。
张斌:《现代汉语描写语法》,商务印书馆,2010年。
张丙钊:《兴化方言志》,上海科学院出版社,1995年。
张赪:《从汉语比较句看历时演变与共时地理分布的关系》,《语文研究》,
　　2005年第1期。
张成材:《西宁方言词典》,江苏教育出版社,1994年。

张成材:《中古音与青海方音字汇》,青海人民出版社,2006年。
张崇:《延川县方言志》,语文出版社,1990年。
张德新:《陕南湘语文白异读》,《安康师专学报》,2006年第3期。
张光宇:《闽客方言史稿》,南天书局,1996年。
张鹤泉:《聊城方言志》,语文出版社,1995年。
张惠英:《崇明方言词典》,江苏教育出版社,1998年。
张嘉星:《闽方言研究专题文献辑目索引》,社会科学文献出版社,2004年。
张凯、葛婷:《枣庄方言语音研究》,山东人民出版社,2011年。
张敏:《汉语方言反复问句的类型学研究》,北京大学博士学位论文,1990年。
张宁:《昆明方言的重叠式》,《方言》,1987年第1期。
张启焕、陈天福、程仪:《河南方言研究》,河南大学出版社,1993年。
张盛裕:《潮阳方言的连读变调(一)》,《方言》,1979年第2期。
张盛裕:《银川方言的声调》,《方言》,1984年第1期。
张盛裕、张成材:《陕甘宁青四省汉语方言的分区(稿)》,《方言》,1986年第2期。
张世方:《东北方言知系声母的演变》,《汉语学报》,2009年第1期。
张世方:《北京官话语音研究》,北京语言大学出版社,2010年。
张淑敏:《兰州话量词的用法》,《中国语文》,1997年第2期。
张树铮:《山东寿光方言的形容词》,《方言》,1990年第3期。
张树铮:《寿光方言志》,语文出版社,1995年。
张树铮:《胶辽官话的分区(稿)》,《方言》,2007年第4期。
张树铮:《山东方言语音特征的扩散方向和历史层次》,《山东大学学报(哲学社会科学版)》,2007年第5期。
张双庆主编:《动词的体》,香港中文大学中国文化研究所、吴多泰中国语文研究中心,1996年。
张双庆、万波:《从邵武方言几个语言特点的性质看其归属》,《语言研究》,1996年第1期。
张双庆、万波:《南雄(乌迳)方言音系特点》,《方言》,1996年第4期。

张双庆、万波:《赣语南城方言古全浊上声字今读的考察》,《中国语文》,1996年第5期。

张双庆主编:《乐昌土话研究》,厦门大学出版社,2000年。

张双庆、庄初升:《香港新界方言》,商务印书馆(香港)有限公司,2003年。

张双庆主编:《连州土话研究》,厦门大学出版社,2004年。

张维佳:《关中方言果摄读音的分化及历史层次》,《方言》,2002年第3期。

张维佳:《山西晋语指示代词三分系统的来源》,《中国语文》,2005年第5期。

张晓静:《衡水武邑县方言研究》,中华书局,2023年。

张洵如:《河间方言一瞥》,(北平)《世界日报》,1932年(国语周刊54、56、57期)。

张燕来:《兰银官话语音研究》,北京语言大学出版社,2014年。

张玉梅、李柏令:《汉字汉语与中国文化》,上海人民出版社,2012年。

张振兴:《闽语的分区(稿)》,《方言》,1985第2期。

张振兴:《广东省吴川方言记略》,《方言》,1992第3期。

张振兴、蔡叶青:《雷州方言词典》,江苏教育出版社,1998年。

张振兴:《闽语特征词举例》,《汉语学报》,2004年第1期。

张振兴:《再读〈昌黎方言志〉,怀念大家丁声树——纪念〈昌黎方言志〉出版50周年》,《语文研究》,2010年第2期。

张振兴:《汉语方言调查研究名著讲解》,华中师范大学出版社,2014年。

张志敏:《东北官话的分区(稿)》,《方言》,2005年第2期。

张志毅、张庆云:《词汇语义学》(第三版),商务印书馆,2012年。

章炳麟:《章太炎全集(三)》,上海人民出版社,1984年。

赵葵欣:《武汉方言语法研究》,武汉大学出版社,2012年。

赵琪修、袁荣叟等:《胶澳志》,民国十七年(1928)胶澳商埠局排印本。

赵日新等:《即墨方言志》,语文出版社,1991年。

赵日新:《绩溪方言词典》,江苏教育出版社,2003年。

赵日新:《徽语的特点和分区》,《方言》,2005年第3期。

赵日新:《绩溪荆州方言研究》,安徽教育出版社,2015年。

赵元任:《中国言语字调底实验研究法》,《科学》,1922 年第 9 期。
赵元任:《北京、苏州、常州语助词的研究》,《清华学报》,1926 年第 2 期。
赵元任:《南京音系》,《科学》,1929 年第 13 卷第 8 期。
赵元任:《定县方言改国音的注意点》,(北平)《世界日报》,1936 年(国语周刊 243 期)。
赵元任:《北平音系的性质》,《国语周刊》,1937 年总第 289 期。
赵元任:《钟祥方言记》,商务印书馆,1939 年。
赵元任等:《湖北方言调查报告》,商务印书馆,1948 年。
赵元任:《台山语料》,《"中研院"历史语言研究所集刊》第 23 本,台湾商务印书馆,1951 年。
赵元任:《中山方言》,科学出版社,1956 年。
赵元任:《绩溪岭北音系》,《"中研院"历史语言研究所集刊》第 34 本上册,台湾商务印书馆,1962 年。
赵元任、杨时逢:《绩溪岭北方言》,《"中研院"历史语言研究所集刊》第 36 本上册,台湾商务印书馆,1965 年。
赵元任等:《汉语口语语法》,商务印书馆,1979 年。
赵元任:《语言问题》,商务印书馆,1980 年。
赵元任:《赵元任语言学论文集》,商务印书馆,2002 年。
赵元任:《现代吴语的研究》,商务印书馆,2017 年。
浙江省桐庐县县志编纂委员会、北京师范学院中文系方言调查组编:《桐庐方言志》,语文出版社,1992 年。
郑莉:《衡水桃城区方言研究》,中华书局,2021 年。
郑张尚芳:《温州音系》,《中国语文》,1964 年第 1 期。
郑张尚芳:《浦城方言的南北区分》,《方言》,1985 第 1 期。
郑张尚芳:《皖南方言的分区(稿)》,《方言》,1986 年第 1 期。
中国大百科全书出版社编辑部编:《中国大百科全书·语言文字》,中国大百科全书出版社,1988 年。
中国科学院语言研究所编:《方言调查字表》,科学出版社,1955 年。

中国社会科学院和澳大利亚人文科学院合编:《中国语言地图集》,朗文出版(远东)有限公司,1987年。

中国社会科学院语言研究所、中国社会科学院民族学与人类学研究所、香港城市大学语言资讯科学研究中心编:《中国语言地图集》(第2版),商务印书馆,2012年。

中国社会科学院语言研究所:《方言调查字表》(修订本),商务印书馆,1981年。

中国社会科学院语言研究所词典编辑室编:《现代汉语词典》(第7版),商务印书馆,2016年。

中华人民共和国民政部:《中华人民共和国行政区划简册》,中国地图出版社,2004年。

周本良:《临桂义宁话研究》,广西民族出版社,2005年。

周及徐等:《岷江流域方音字汇——20世纪四川方音大系之一》,四川大学出版社,2018年。

周建设主编:《现代汉语教程》,人民教育出版社,2014年。

周荐:《汉语词汇研究史纲》,语文出版社,1995年。

周静芳:《赣方言的形成与发展初论》,《南昌大学学报(社会科学版)》,1998年第3期。

周磊编纂:《乌鲁木齐方言词典》,江苏教育出版社,1995年。

周磊编写:《乌鲁木齐话音档》,上海教育出版社,1998年。

周磊:《兰银官话的分区(稿)》,《方言》,2005年第3期。

周萍:《从闽语借词看海南与南洋的文化交流》,《辽宁教育行政学院学报》,2012年第3期。

周日健:《广东省惠阳客家话音系》,《方言》,1987年第3期。

周日健:《广东新丰客家方言记略》,《方言》,1992年第1期。

周日健:《广东省惠东客家方言的语缀》,《方言》,1994年第2期。

周一良:《南朝境内之各种人及政府对待之政策》,《中央研究院历史语言研究所集刊》第七本第四分,商务印书馆,1938年。

周一民、朱建颂:《关于北京话中的满语词(一)(二)》,《中国语文》,1994年第3期。

周长楫、林宝卿:《永安方言》,厦门大学出版社,1992年。

周长楫:《略论闽南话词汇与普通话词汇的主要差异》,《语言文字应用》,1992年第3期。

周长楫、欧阳忆耘:《厦门方言研究》,福建人民出版社,1998年。

周长楫:《厦门方言词典》,江苏教育出版社,1998年。

周振鹤、游汝杰:《湖南省方言区画及其历史背景》,《方言》,1985年第4期。

周振鹤、游汝杰:《方言与中国文化》,上海人民出版社,1986年。

周祖谟校笺,吴晓铃通检:《方言校笺及通检》,科学出版社,1956年。

周祖谟:《宋代汴洛语音考》,《问学集》,中华书局,1966年。

周祖谟校笺:《方言校笺(附索引)》,中华书局,1993年。

朱炳玉:《五华客家话研究》,华南理工大学出版社,2010年。

朱德熙:《说"的"》,《中国语文》,1961年第12期。

朱德熙:《北京话、广州话、文水话和福州话里的"的"字》,《方言》,1980年第3期。

朱德熙:《汉语方言里的两种反复问句》,《中国语文》,1985年第1期。

朱德熙:《"V-neg-VO"与"VO-neg-V"两种反复问句在汉语方言里的分布》,《中国语文》,1991年第5期。

朱德熙:《从方言和历史看状态形容词的名词化》,《中国语文》,1993年第2期。

朱德熙:《谈汉语方言语法的调查研究》,《中文自学指导》,2008年第6期。

朱富林、包妍、吕倩倩:《甘肃陇西方言的子尾与儿尾》,《方言》,2021年第4期。

朱富林编著:《甘肃方音字汇》,中国社会科学出版社,2022年。

朱建颂:《武汉方言研究》,武汉出版社,1992年。

朱建颂:《武汉方言词典》,江苏教育出版社,1995年。

朱景松:《扬州话单音动词的生动重叠》,《中国语文》,1993年第3期。

朱晓农:《语音学》,商务印书馆,2010年。

朱耀龙编著:《新绛方言志》,山西高校联合出版社,1990年。

祝鸿杰:《汉语词缀研究管见》,《语言研究》,1991年第2期。

庄初升:《闽语平和方言的介词》,《韶关大学学报(社会科学版)》,1998年第4期。

庄初升:《粤北土话音韵研究》,中国社会科学出版社,2004年。

庄初升:《清末民初西洋人编写的客家方言文献》,《语言研究》,2010年第1期。

庄初升、黄婷婷:《19世纪香港新界的客家方言》,广东人民出版社,2014年。

庄初升:《湘、赣方言与"儿子"义名词相关的后缀》,《方言》,2021年第1期。

紫金县地方志编纂委员会编:《紫金县志》,广东人民出版社,1994年。

邹德文:《清代东北方言语音研究》,中国社会科学出版社,2016年。

邹晓玲:《粤北连州沙坊话音系》,《方言》,2016年第4期。

三、外文文献

Bridgman, E. C. (1841). *A Chinese Chrestomathy in the Canton Dialect*. S. W. Williams.

Bybee, J., Perkins, R., & Pagliuca, W. (1994). *The Evolution of Grammar: Tense, Aspect, and Modality in the Languages of the World*. University of Chicago Press.

Castaneda, B. (1869). *Gramatica elemental de la Lengua China, Dialeto cantones*. Typ. de De Souza & ca.

Chalmers, J. (1859). *An English and Cantonese Pocket Dictionary*. London Missionary Society Press.

Chao, Y. R. (1943). "Language and dialects in China". *The Geographical Journal*, 102(2).

Coblin, W. S. (2019). *Common Neo-Hakka: A Comparative Reconstruction*.

Institute of Linguistics, Academia Sinica.

Douglas, C. (1873). *Chinese-English Dictionary of Vernacular or Spoken Language of Amoy*. Trubner & Co.

Edkins, J. (1853). *A Grammar of Colloquial Chinese as Exhibited in the Shanghai Dialect*. London Mission Press.

Edkins, J. (1857). *A Grammar of the Chinese Colloquial Language Commonly Called the Mandarin Dialect*. London Mission Press.

Edkins, J. (1869). *A Vocabulary of the Shanghai Dialect*. American Presbyterian Mission Press.

Gabelentz, G. von der. (1881). *Chinesische Grammatik: Mit Ausschluss des niederen Stiles und der heutigen Umgangssprache*. T. O. Weigel.

Goddard, J. (1883). *A Chinese and English Vocabulary in the Tie-Chiu Dialect*. American Presbyterian Mission Press.

Goldberg, A. E. (1995). *Constructions: A Construction Grammar Approach to Argument Structure*. University of Chicago Press.

Grainger, A. (1900). *Western Mandarin, or the Spoken Language of Western China*. American Presbyterian Mission Press.

Hemeling, K. (1902). *The Nanking Kuan Hua*. Statistical Department of the Inspectorate General of Customs.

Ingle, J. A. (1899). *Hankow Syllabary: With References to Giles Dictionary*. Kung Hing.

Kühnert, F. (1898). *Syllabar des Nanking-Dialectes*. Alfred Hölder.

Lechler, R. (1860). *Das Evangelium des Mattaeus im Volksdialekte der Hakka-Chinesen*. Evangelical Missionary Society.

Maciver, D., & Mackenzie, M. C. (1905). *A Chinese-English Dictionary, Hakka Dialect as Spoken in Kwang-Tung Province*. American Presbyterian Mission Press.

Maclay, R. S. (1870). *An Alphabetic Dictionary of the Chinese Language in the Foochow Dialect.* Methodist Episcopal Mission Press.

Medhurst, W. H. (1832). *A Dictionary of the Hok-keen Dialect of the Chinese Language.* East India Company's Press.

Medhurst, W. H. (1845). *A Glance at the Interior of China: Obtained During a Journey Through the Silk and Green Tea Districts.* Mission Press.

Möllendorff, P. G. von. (1896). "On the foreign language spoken in China and the classification". *The China Mission Handbook.* American Presbyterian Mission Press.

Morrison, R. (1815). *A Grammar of the Chinese Language.* Mission Press.

Morrison, R. (1828). *A Vocabulary of the Canton Dialect.* East India Company's Press.

Morrison, W. T. (1876). *An Anglo-Chinese Vocabulary of the Ningpo Dialect.* American Presbyterian Mission Press.

Norman, J. (1988). *Chinese.* Cambridge University Press.

Norman, J. (2003). "Chinese dialects: Phonology". In Thurgood, G., & LaPolla, R. J. (Eds.), *The Sino-Tibetan Languages.* Routledge.

Parker, E. H. (1880). "Canton syllabary". *The Chinese Review,* 8.

Perny, P. (1869). *Dictionnaire Français-Latin-Chinois de la Langue Mandarine Parlée.* Librairie de Firmin Didot Frères.

Ruggieri, M., Witek, J. W., & Ricci, M. (2001). *Dicionário português-Chinês.* Biblioteca Nacional de Portugal.

Sagart, L. (1982). *Phonologie du dialecte Hakka de Sung Him Tong.* Langues Croisées.

Sagart, L. (1993). *Les dialectes Gan: Études sur la phonologie et le lexique d'un groupe de dialectes chinois.* Langues Croisées.

Steele, J. (1909). *The Swatow Syllabary with Mandarin Pronunciations.* Presbyterian Mission Press.

Varo, F. (c. 1700). *Vocabulario de la lengua Mandarina* [Manuscript]. German State Library; British Library.

Wade, T. F. (1867). *Yu-yen Tzŭ-êrh Chi*. Trubner & Co.

White, W. C. (1901). *A Chinese-English Dictionary of the Kien-Ning Dialect*. Methodist Episcopal Anglo-Chinese Book Concern.

Woodin, S. F. (1890). "Review of the various colloquial versions and the comparative advantages of Roman letters and Chinese characters". *Records of the General Conference of the Protestant Missionaries of China*. American Presbyterian Mission Press.

Yates, M. T. (1890). *Records of the General Conference of the Protestant Missionaries of China held at Shanghai*. American Presbyterian Mission Press.

First Book of Reading in the Romanised Colloquial of the Hakka-Chinese in the Province of Canton. (1879). Evangelical Missionary Society.

Kleine Hakka-Grammatik. (1909). Evangelical Missionary Society.

Kleines Deutsch-Hakka-Wörterbuch für Anfänger. (1909). Evangelical Missionary Society.

图书在版编目（CIP）数据

汉语方言学/顾黔著. -- 北京：商务印书馆，2025. -- ISBN 978-7-100-24920-1

Ⅰ.H17

中国国家版本馆 CIP 数据核字第 2025B8Q921 号

权利保留，侵权必究。

汉语方言学

顾黔 著

商务印书馆出版
（北京王府井大街 36 号　邮政编码 100710）
商务印书馆发行
南京鸿图印务有限公司印刷
ISBN 978-7-100-24920-1

2025 年 7 月第 1 版　　开本 880×1240　1/32
2025 年 7 月第 1 次印刷　印张 19¼

定价：138.00 元